浙江省社会科学重点研究基地

浙江师范大学江南文化研究中心重大项目系列成果

戴复古考论

张继定　著

浙江大学出版社·杭州
ZHEJIANG UNIVERSITY PRESS

序 言

罗仲鼎

张继定先生以晚年余力，对南宋江湖诗人戴复古做了深入细致的研究，相关文章陆续发表于国内多家刊物，引起了学术界的关注。如今裒辑成集，由浙江大学出版社出版，这是一件值得庆贺的事情。

戴复古是南宋后期江湖诗派的杰出代表，也是南宋诗坛重要的诗人之一。严格讲来，江湖诗派并非一个诗歌派别，而是游离于官场之外的、基本以诗歌创作为主要职业的诗人群落。20 世纪 90 年代以前，这一诗人群落一直受到主流文学史的贬抑，总是被批评不关心社会现实、缺乏爱国情怀等等，其实这样的批评并不公允，也不完全符合实际。在这样的语境中，戴复古自然也不免深受其累。

戴复古在当时虽然以诗名闻于天下，但是湖海飘零垂五十年，未曾步入仕途，以布衣终身，因此正史无传。一些研究者根据戴氏自己的诗词以及各种地方史料、笔记小说来考定其平生事迹、江湖经历以至私人生活等等，不免歧见迭出、错讹纷呈。本书作者有鉴于此，对诗人戴复古的生卒年月、身世行迹、师承交游、版本源流等方面详加考察、探真辨伪，同时又综合论述了戴复古诗词作品的思想艺术特色，以及戴氏在宋代文学史特别是在南宋江湖诗派中的重要地位，对推进戴复古及其作品的研究，乃至对宋代文学的研究，做出了自己的贡献。

综观继定先生的研究，正如书名所标示，其重点在历史事实的考辨。这多少体现了近些年来学界所提倡的一种新风。从事学术研究，诚如本书作者所感受的，首先要求真，从错综复杂的事件中探真求实。在此基础上，再进行研究和论述，才能避免各种虚假伪饰信息的迷惑和蒙蔽，得出正确可靠的结论。

若论本书的特点，笔者以为大体有以下几个方面：

首先，辨析细入毫芒，结论小中见大。例如关于戴复古的出生年代问题，学术界似乎已经达成了共识：戴复古诞生于宋孝宗乾道三年，即公元

1167年。据我所知，首次对这一“共识”公开表示质疑的是继定先生。1996年，他对戴氏的几首诗词详加考辨以后，最早提出“径把戴氏的生年写成公历1167年是不确切的，也是不恰当的。事实上，戴氏生于公元1168年，而非公元1167年”。为什么呢？因为我国传统的干支纪年方法，与明代传入的西方公历纪年方法存在着相当的时间差距。戴复古生于宋乾道三年丁亥十二月，按中西历对照表推算，已是公元1168年1月至2月间，而不是通常所认定的1167年(参见张继定《对〈新发现的戴复古重要史料及其考证〉的几点辨正》，《浙江师大学报(社会科学版)》1996年第5期，第42—45页)。应该承认，继定先生的推算方法比习见的方法更加精确，也更加科学。这一发现并非小事，因为它可能会牵涉历史上许多重要的人物和事件。按照这种方法推算，中国历史上许多出生于阴历十二月的人(包括许多重要人物)的出生年份，某些发生在阴历十一、十二月的重大事件，其公历计算往往都要推迟一年。

又，我国古代文人的姓名字号非常复杂，几乎每一个人都有名有字，也有号，其中同名、同字或同号者，几乎无代无之。一不小心，就可能分辨不清，混淆出错。例如著名学者曾枣庄先生主编的《中国文学家大辞典·宋代卷》就存在这样的失误。该书中“王埜”辞目的撰稿者认为，戴复古诗《东谷王子文死，读其诗文有感》是为悼念曾任福建邵武知军的金华籍诗友王埜(字子文，号潜斋)而写的。继定先生深入考证，探明此诗并非悼念王埜，而是为悼念戴氏之同乡故友王汶(字希道，一字子文，号东谷，亦号蒙斋)而作的。尽管王埜和王汶两位诗人之姓字相同，但其名、号却并不一样，何况王汶在戴氏辞世(理宗淳祐八年前后，即公元1248年左右)数年前业已亡故，而王埜则在戴氏去世十多年之后的理宗景定元年(1260)才去世。试想先于王埜十多年去世的戴氏，怎么能为后死的友人王埜写悼诗，这岂不荒诞！还有该辞书的“姚镛”这一条目，也有类似的讹误。该条目的编撰者沿用《(万历)黄岩县志》的不实记载，认为嘉定十年(1217)进士、越州剡溪人姚镛“景定五年，掌教黄岩县学”。继定先生据周密《齐东野语》考定，理宗景定五年“掌教黄岩县学”的主学，乃周密少时的启蒙老师、福建合沙的杂文家姚镕(字乾父，号秋圃)，从而澄清了《(万历)黄岩县志》等几家地方志关于姚镛仕历的这一误载。这类因姓氏名号相同或形、音相近而致误的情况在学界并非个例。应该说，继定先生的这些考证，也给严肃的学人一个提示，在对待古人姓名字号的问题上，一定要慎之又慎，千万不要掉以轻心，以免张冠李戴，误导读者。

其次，探源溯流，从考析戴氏师承入手，揭示了戴氏成才之由。在我国诗歌史上，唐代以前几乎不存在诗歌流派，孟郊和贾岛虽然都受到过韩愈的提携，但是并未形成派别，各人诗歌的艺术风格也并不相同。从北宋苏轼开始，有了所谓苏门四学士的称谓，即黄庭坚、秦观、晁补之和张耒，但其实也算不上一个派别，四人诗歌创作的艺术风格也互有区别。不过自从江西诗派出现以后，奉杜甫为始祖，以黄庭坚、陈师道、陈与义为三宗，提出了一系列艺术主张，一时风靡大江南北，南宋中兴四大诗人尤、杨、范、陆，以及戴复古，无不受其影响。这样就产生了一个问题，戴复古的师承关系究竟如何？继定先生在《戴复古师承林宪、徐似道考略》和《戴复古师承陆游考》两文中引用了大量的历史资料，证明戴复古之所以成为江湖诗派的巨擘，是与他受到林宪（字景思）、徐似道（字渊子）和陆游几位名师的指导分不开的。林宪是戴复古诗歌创作的启蒙老师，徐似道是戴复古的第二位老师，在师从徐似道学诗的过程中，徐的渊博知识、出众才华以及“不屑于功名”的品格，令戴复古深为敬重，二人之间结下了深厚的师生情谊。继定先生又认为，“陆游是戴复古学诗的第三位老师，也是使戴复古诗歌创作取得突破性进步，从而使他成为江湖诗派中杰出的爱国诗人的一位关键性指导者”，并且从爱国主义精神、诗歌题材风格的多样化、博采众长自成一家这三个方面，论述了陆游实际上是戴复古最重要的老师。这就为戴复古在诗歌创作道路上不断成长，最终成为被近代诗坛巨擘陈衍（号石遗老人）所称许的“晚宋之冠”，提供了一个可信的依据。

再次，尊重学界名家，又不迷信盲从。众所周知，钱锺书先生是现当代学贯中西、具有世界影响的古典文学研究专家。在学界，其地位之崇高，人们似乎只能仰望。但是在他的论著中也会有判断失当之处，这并不奇怪。钱先生在《宋诗选注》补注中就坦承此书初版的错误或不当之处有十余条，这反而获得了人们更多的尊敬。戴复古有一首著名的五言律诗《世事》，中有一联云：“春水渡旁渡，夕阳山外山。”诗前有一段自序，说明本诗的创作过程，但却为钱锺书先生所误解，指责诗中此联乃戴氏剽窃其侄儿之作。为了替戴氏这位江湖爱国诗人和乡贤辩诬，继定先生以大量的历史资料证明，钱先生对戴氏的批评有误，既错判了《世事》一诗的定稿时间，又误读了《世事》诗题之后的小序。对于叶嘉莹先生以为南宋楼钥的《跋戴式之诗卷》（按：实为序）对陶宗仪《辍耕录 • 贤烈》“此一本事已曾有所记述”的错觉，继定先生亦能据实指出楼钥之文并无涉及《辍耕录·贤烈》所述的"本事",以澄清事实的真相。这种不盲目迷信、坚持求真务实的精神,在当今学界,尤其显得难能可贵。

其四,从考定史实开端,以理论创新作结。戴复古和严羽是南宋后期诗坛两位重量级人物,前者是江湖诗派的代表人物,后者是独具只眼的诗歌理论家。两人年龄相差近三十岁,诗学理论与诗歌风格也存在明显差异,但二人却成了十分知己的忘年之交。这一事实证明,文人相轻并非普遍现象,惺惺相惜才是优秀文人的本质特点。继定先生在本书中有两篇论述戴复古和严羽的文章,第一篇考定两人的身世行踪,第二篇论述两人诗歌创作及理论主张的异同。尤其在第二篇文章《严羽、戴复古异同论》(收入本书综论部分)中,作者以翔实的资料为依据,客观公正地评析了二人诗歌创作与诗歌理论的相同、相近、相异之处,颇能启人深思。本书综论部分的另三篇文章,首篇对江湖诗派的形成、发展演变以及在文学史上应有的地位,作了全面而深入的评论,有材料、有分析、有个人见解、有理论深度,读后令人信服。而后两篇(即《江湖诗派名家戴复古及其诗歌》和《"四海九州双脚底,千愁万恨两眉头"——读石屏词》),亦是鄙人在有限阅读范围内读到过内容全面、分析到位的论文,对于人们了解南宋江湖诗派及戴复古诗词作品的思想艺术特色及其社会历史价值,均有很大帮助。

当然,继定先生此书的特点和意义远不止于此,这里不过是举其荦荦大者而已。不知读者以为然否?

2024 年 12 月于杭州

前　言

本书是笔者三十多年来关于南宋江湖派著名爱国诗人戴复古研究的论文结集。由于其内容主要是戴氏身世经历及其作品诸方面的考证辨析，姑且以“戴复古考论”名之。

论及考论的写作，我国著名语言学家徐复先生（1912—2006）曾有一名言：“考论之至者，语必摭实，义必综贯。唯其摭实，故语不蹈虚；唯其综贯，故义不偏至。”[①]说来惭愧，徐老先生关于考论的这一论述，我闻见已迟，更不曾认真践行过。

1958年8月，我从台州温岭中学毕业，随后就读于杭州大学中文系。1962年自杭大毕业后，分配至新组建的浙江师范学院（1985年改名为浙江师范大学）从教，由于多种原因，一直没有系统地接受过古典文献学包括考据学专业的学习和训练，也没有认真研读过南宋江湖爱国诗人、温岭乡贤戴复古的诗词作品。

笔者后来之所以参与戴复古及其作品的学习与研究，实有赖于台州温岭市的亲朋师友们的激励帮助，有赖于学界多位专家的指点、引领和提携。

由于戴复古是古代台州地区诗歌创作成就最高的一位作家，而台州温岭又是戴复古的故乡，当地政府和许多学者都十分重视对这位乡贤的推介和研究。在温岭市政协副主席、文史专家陈诒先生的鼓励下，市报道组的吴茂云先生撰写了《戴复古家世考》，刊载于《成都大学学报（社会科学版）》1987年第4期，引起学界的关注和好评。20世纪90年代中期，经温岭市有关部门批准，温岭市戴复古研究会成立，创办内部交流会刊《石屏》，并经常开展戴氏作品的阅读研讨活动。这些活动得到了国内知名古典文学研究专家刘扬忠、张宏生、胡可先等先生的积极支持，也激发了我学习研究和考证戴氏生平及作品的兴趣和责任感。

1992年至2005年期间，笔者先后在《石屏》内刊和省内外的学术期刊

---

① 徐复：“序”，见赵生群《〈史记〉文献学丛稿》，江苏古籍出版社2000年版，“序”第1页。

上发表了十多篇戴氏研究的文稿。只是囿于个人学识有限和所掌握的文献资料不足，这些稿子显得肤浅平庸而缺乏创见，加上自己治学粗疏，文中还出现诸多知识性差错。例如《关于弘治本〈石屏诗集〉及其点校本的几个问题》一文，把宋愿父说成“名自逊，号壶山”，实则这个说法是错的。据当代学者熊海英考证，宋愿父并非“名自逊，号壶山”，“愿父”乃宋氏六兄弟中的宋自逢、宋自迪其中一人之字。① 更有甚者，拙文《戴复古佚诗辑录》中出现的差错更多，幸蒙北大王岚教授撰文予以纠正（详见王岚《〈诗渊〉所收戴复古集外诗》，《古籍整理研究学刊》2004 年第 1 期），才避免拙文造成更大的负面影响。

反思自己 2005 年前所撰戴氏研究文稿的问题，似可用两个字来概括：粗浅。粗者，粗疏也，包括文字差错和知识性失误；浅者，平庸也，卑之无甚高论。正打算退休后重新起步补习专业知识，加强考据方面的理论学习和写作训练，克服存在的问题，不料 2006 年突患一场大病，几乎一蹶不振。经过数年的治疗和休养，虽然身体有所恢复，但慢性病依然缠身，思维能力不断衰退，因而在很长一段时间内中断了关于戴复古及其作品有关问题的研究，每以无力接续原来的戴氏研究计划、提高考据写作的水平而自憾。

帮助我逐渐走出自卑困境、重拾考论写作之信心的是学界多位专家师友。

2017 年，温岭市为纪念戴复古诞辰 850 周年，联合全国宋代文学研究会共同召开了一次戴复古研讨会，国内有不少著名专家学者与会。他们精彩纷呈的报告和发言，给了我诸多有益的启发。庆幸的是，先前对拙文有过校正的《全宋诗》编委、北大中文系王岚教授，这次也应邀与会了。会议期间，诸位专家学者针对我请教的有关问题与我多次亲切交谈，强调要坚持实事求是的精神，个人治学为文之不足和失误，也只能在不断学习和实践中去改进，不必过于自卑。他们的指引和鼓励，令我大受感动，从而也增强了我考论写作的勇气。拙文《钱锺书先生对戴复古〈世事〉创作的误解》就是在王岚教授及沈松勤教授的分别指点下撰写并改定的，最终刊于《中国典籍与文化》2019 年第 2 期。

2019 年 10 月，应首都师范大学四库学研究中心的邀请，我参加该校承

---

① 参见熊海英：《晚宋江湖诗人宋自逊家世生平与交游创作考论——兼及对南宋“江湖诗人”和“江湖体”的再认识》，《湖北大学学报（哲学社会科学版）》2020 年第 1 期，第 99—109 页。

办的全国“四库学”研讨会，与会的北大吴国武教授和首都师大的一位教授，虽然与我素昧平生，却对我这个年高而学浅的后进生热心地出以援手，认真帮助我修改参会论文。特别是会议主持者、首都师大历史学院教授、四库学研究中心陈晓华主任，百忙之中还引导我扩大研究视野，把戴复古研究与四库学研究结合起来，从而让我找到了当下戴氏考论写作的一个新选题。经过一年多收集、校勘有关文献资料、起草文稿并反复修改的过程，我终于写出一篇题为《戴复古“江西重婚案”与四库馆臣求实精神》的长文。此文经陈晓华先生的审改与推荐，被首都图书馆编入《盛世文华　四库纵谈》一书中，由学苑出版社于 2021 年 11 月出版。虽然该文的考辨与论证仍有某些不足，但对个人来说，毕竟是一个进步。

回顾上述写作的曲折经过，笔者深切地感受到，如果没有浙江师范大学人文学院诸多同事、师友以及校图书馆老师的多方支持与帮助，如果没有省内外学界(包括有关书刊出版单位)相关专家学者和编辑们的指导和审正，如果没有台州温岭亲友们的教导和鼓励，本书是很难得以编印出版的。

同时，这一回顾，也使笔者由浅入深地认识到本文开头所引徐复先生的名言对考论写作之重要意义。所谓“摭实”，就是摘取并依据事实真相加以说明，而不能凿空造假；所谓“综贯”，意谓总括贯通，强调的是综合、全面地分析理解事物或问题的意义，避免片面性。这实际上也就是要求人们在考据时应实事求是，从错综复杂的事件中探取事实真相，避免各种虚假伪饰信息的迷惑和蒙蔽，进而综合、总括性地贯通论述事物或问题，得出正确可靠的结论。

按照这一要求，我觉得从事文献考据时，以下几点是需要尽力注意的：

其一，要尽可能多地收集文献资料，认真校勘核实。倘若一看到以往未曾见过的新材料，只看前面部分，未及全篇就轻下结论，往往会误解该文献的原意。

其二，古代典籍包括各种史志和笔记，往往精华和糟粕并存，有相当多的方志或笔记，例如南宋周密的《齐东野语》《癸辛杂识》和元末陶宗仪的《辍耕录》等，于史实之中常夹杂着著者之臆想或未经核实的道听途说，可谓真伪杂陈。对此，需要多方考证，客观分析，辨其真伪。某些文献编著者把有关戴复古重婚的记载当成史实引用，进而对戴氏大加斥责鞭挞，恐怕是对《辍耕录·贤烈》这则笔记缺乏深入考证与客观分析所致。

其三，古今一些名家名著和影响较大的辞书或丛书，亦有少数舛误。特别是古今文献中人物的姓名、字号、籍贯、生卒年等等，有时由于编著、抄写或制作者的笔误或记忆失误而难免发生差错。对此，我们既不能以微瑕而否定其全璧，也不能因是名家名著而讳言其讹误。

这里仅举一个与笔者有关的例子。

某知名出版社于2004年出版的一部大型工具书《唐宋词汇评》，以其资料丰富、内容充实、编排新颖、富有特色而赢得广泛赞誉。然该书第四分册介绍戴复古的资料时，却有一行不实的介绍："【年谱】张继定《戴复古年谱》（北京出版社1999年版）。"笔者自知水平有限，至今不曾动过撰写戴氏年谱的念头。我曾为此事向出版社探询，才知此乃该章节撰稿人记忆失误所致。为避免盗名窃誉之嫌，笔者顺便在此予以更正说明。

收入本书的大多数文稿，曾先后始发于国内的多家学术期刊。鉴于各家期刊对稿件的规格体例要求不一，故这些文稿编入本书时，其原有的格式体例不得不按照本书的格式要求，予以相应的改变和调整，删去了各篇论稿题后之内容摘要和关键词等文字。至于正文，则基本保持始发稿的原貌，若有需要说明的问题（包括原稿存在的大的失误），则在文内或文后加按语予以说明；原稿中少数文字标点的错讹以及个别表达欠当之文句，收入本书时亦尽力作了相应的修改润色。只是，限于著者水平，书中肯定还有诸多不当之处，祈望方家和广大读者多予指正。

著者于2024年12月

目　录

第一辑

生卒年、籍贯、身世和行迹考辨

戴复古生卒年考辨

一、生年考补

关于南宋江湖派诗人戴复古(字式之,号石屏)的生年,戴氏在自己写的诗中有过说明:

圣朝开宝历,淳祐四年春。生自前丁亥,今逢两甲辰。黄粱一梦觉,青镜二毛新。七十八岁叟,乾坤有几人?①

此诗是戴复古于理宗淳祐四年(1244)春节期间所写。这一年是甲辰年,上一个甲辰年乃孝宗淳熙十一年(1184)。戴氏自谓"生自前丁亥",即是淳熙十一年前的丁亥年——孝宗乾道三年(1167)。这一年距淳熙十一年已有十八载,至下一个甲辰年——淳祐四年,诗人正好是七十八岁。

第二年,诗人又有诗说及自己的年龄:

衰年百病身,淳祐五年春。尘世自多事,风光又一新。……七十九岁叟,时吟感寓诗。年高胡不死,身健欲何为!……②

戴氏自述的生年,亦可从他同时代的友人吴子良于淳祐三年(1243)所撰的《石屏诗后集序》中得到证明。文中曰:

……虽然,此旧日石屏也。今则不类。行年七十七矣,焚香观化,付断简于埃尘;隐几闭关,等一楼于宇宙;离群绝侣,对独形为宾朋。③

---

① 金芝山校点:《戴复古诗集》卷四,《新年自唱自和》,浙江古籍出版社 1992 年版,第 118 页。

② 金芝山校点:《戴复古诗集》卷四,《新岁书怀四首》之一,第 121 页。

③ 金芝山校点:《戴复古诗集》附录二,第 322 页。

淳祐三年，上推七十七年，正是孝宗乾道三年。据此，戴氏生于孝宗乾道三年应是没有疑问的。文学史家也都是这么记述的，有些文学史专著、论文及辞典则仅以公历纪年，径将戴复古的生年写作1167年，此说向无疑义。

然而，笔者几年前在反复研读戴氏写的两首五律之后，忽然意识到，戴氏生于孝宗乾道三年固然无可辩驳，但直接把戴氏的生年写成公元1167年却是不确切、不恰当的。事实上，戴氏生于公元1168年，而非公元1167年。

且看戴复古写的两首诗。其一是《生朝对雪，张子善有词为寿》：

焚香拜天贶，满眼是瑰琦。腊月雪三尺，春风梅数枝。登楼忘老态，对酒展愁眉。争唱阳春曲，山翁醉不知。①

另一首是组诗《斗山子王深父作〈石屏记〉，为老夫书，其文甚佳，采〈记〉中语作五诗致谢》之四：

细读《石屏记》，堪嗟老病身。谁知饥欲死，曷取寿长贫。雪片丰年瑞，梅花腊月春。今朝一杯酒，谁道是生辰。②

张子善、王深父（名澡，字深父，一作身甫，斗山子当是其号）都是诗人之同乡朋辈。他们在诗人生日的时候，或填词，或作记，为之祝寿。二人写的词或记今已不传，但从诗人答谢王深父的组诗中可知，王深父在记中曾将诗人比作"名山"，将其诗比作"金石之声"，高度赞扬了诗人的非凡人品和诗才。这一组诗是我们了解诗人思想和生平经历的重要材料。同时，上引二诗亦表明诗人的生日是在"腊月"即阴历十二月，也就是说，诗人是在孝宗乾道三年丁亥的十二月某一天诞生的。按照中西历对照表推算，乾道三年丁亥十一月十九日已是公元1168年元旦，而十二月（腊月）一日至三十日（除夕），公历为1168年1月12日至2月10日。因此，戴复古的生年按阴历算，固然是宋乾道三年，而按公历计，则是1168年；若论其月日，则在1月12日至2月10日之间。现代众多的文学史著作、文学家辞典和论及戴复古的有关文章在介绍戴氏生年时，之所以都将它定为公元1167年，就因为著者

① 金芝山校点：《戴复古诗集》卷五，第148页。

② 金芝山校点：《戴复古诗集》卷四，第123页。

只看到了农历和公历对应的主要一面，而忽视了由于历法制定标准和方式的不同，两者还有不对应的一面，尤其是在农历十一二月间，公历可能已经进入新年。

这一问题，笔者在1996年的一篇短文中已经谈到，短文指出戴复古生于宋乾道三年丁亥十二月，按中西历对照表推算，已是公元1168年，而不是通常所认定的公元1167年。也许该文不起眼，所见者少，或是笔者人微言轻，未被人们所注意，据我所知，至今仍有不少著作或论文用公历记述戴复古之生年时，依然写作1167年。这是有违历史事实的。这里谨趁撰写本文再次提及，希望能引起学界的注意。

二、卒年考辨

关于戴复古的卒年，古代文献中缺乏明确记载，方回《瀛奎律髓》说戴氏"寿至八十余"①，但未曾确指他何时辞世。有关学者往往根据自己所能看到的文献资料及对它们的理解，推断戴氏的卒年。这样，就难免产生种种歧说。据笔者所知，关于戴复古的卒年，至今有以下几种推测：

1. 公元1246年。蔡宝定主编的《石屏诗词三百首》（江苏古籍出版社1993年版）主此说。

2. 公元1248年。张高宽等主编的《宋词大辞典》（辽宁人民出版社1990年版），程千帆、吴新雷的《两宋文学史》（上海古籍出版社1991年版）等主此说。

3. 公元1250年。游国恩等主编的《中国文学史》（人民文学出版社1964年版）、廖仲安等主编的《中国古典文学辞典》（北京出版社1989年版）等主此说。

4. 公元1252年。张炯等主编的《中华文学通史》（中华书局1997年版）、胡俊林《永嘉四灵暨江湖派诗传》（吉林人民出版社2000年版）等主此说。

以上几种推测，都在年份后面打了问号，说明这些推测没有很大把握，表现了推测者的谨慎态度。不过，既然持此种看法，相信总有一定的依据。

---

①　[元]方回：《瀛奎律髓》卷二〇，《景印文渊阁四库全书》第1366册，台湾商务书馆1986年版，第222页。

只是后三种推测的提出者均不见有过什么论证;第一种推测虽然有过论述,但看来论据并不充分。因此,似有必要对这几种看法作一番推考,希望能有助于对戴复古卒年的合乎事实的推定。

为什么认为戴复古可能卒于1246年?持此说者的理由是:"戴复古晚年居家,每年的岁旦总要做几首诗纪念。……'我已八十翁,此身宁久绊。诸君才杰出,玉石自有辨。'这里可看出他已年高八十。此后未见再有诗,也许这首诗就是绝笔诗了。看来,他的卒年大约是淳祐六年(1246)。"[①]文中所引的这首诗,见于《石屏诗集》卷一《懒不作书,急口令寄朝士》。同卷《和郑润甫提举见寄》亦有"痴生年八秩"之句。这说明戴复古八十岁(时当淳祐六年)时还活在世上,但并不能据此推断他即在这一年去世。1993年前后,在戴复古的家乡(今浙江省台州温岭市)发现了多年前村民拆坟平整土地时出土并被搁置某处的一块碑石,上面刻有戴复古所撰《宋故淑妇太孺人毛氏墓志铭》(见本书第三辑《〈全宋文·戴复古〉补正》一文)。这在当地文物部门及文史学界引起了轰动。这篇新发现是研究戴复古及其宗族的重要史料,不仅推翻了学术界一直认为戴复古之父戴敏为宋进士戴舜钦之从侄、戴复古是戴丁(叶适曾为其撰写墓志铭)族兄的论断,纠正了以往被一些学者误排的戴氏宗族上下辈分的承接关系,而且明确提供了戴复古在淳祐六年十一月后还活在世上的证据。论者以为这一年以后"未见再有诗",所以"他的卒年大约是淳祐六年(1246)",此说亦未然。第一,未见再有诗,不等于此后不曾写过诗,考其诗集,戴氏一生至少写了二千首诗,只是流传下来的已不到一半;退一步说,即使自那一年后他没有再写诗,也不等于他即已离世,或许因得重病而不能提笔了呢?

其实,戴复古于淳祐六年(1246)之后并未搁笔。这从《戴复古诗集》卷七《寄上赵南仲枢密》二首七绝即可探知。且看其第一首七绝:

> 贵为公相不如归,一夕飘然去不知。乐在五湖风月底,扁舟载酒对西施。[②]

诗题中的赵南仲,即赵葵(1186—1266),潭州衡山人,抗金名将赵方次

---

① 吴茂云:《石屏人生与诗》,见蔡宝定主编:《石屏诗词三百首》,江苏古籍出版社1993年版,第165页。

② 金芝山校点:《戴复古诗集》卷七,第221页。

子。少随父抗金，与兄范在蕲、邓州等地屡败金军。以军功补承务郎，知枣阳军。绍定间，与范击杀叛将李全，有战功，进兵部侍郎。端平元年（1234），权兵部尚书、京湖制置使，统兵欲复河南，失利而归。嘉熙元年（1237），为淮东制置使兼知扬州。这一年，年届七十一的戴复古从江西北上扬州拜访赵葵，受到他的热情款待。戴氏离开扬州返家前写的一首七律《见淮东制帅赵南仲侍郎，相待甚厚，特送买山钱，又欲刊〈石屏诗〉置于扬州郡斋。话别叙谢》，充分反映了赵葵对诗人的尊重、关心以及诗人对赵葵的真切感激之情，从中不难看出二人关系之深厚。考《宋史·理宗纪》，赵葵于淳祐七年（1247）丁未四月被特授枢密使兼参知政事，后又于淳祐九年二月甲辰升任右丞相兼枢密使。据此，可知《寄上赵南仲枢密》这二首七绝当写于赵葵淳祐七年四月担任枢密使之后、淳祐九年升任右丞相之前，不然诗题中就会以丞相相称或丞相、枢密兼称而不会单称枢密而不及丞相了。此诗的主旨是规劝赵葵急流勇退、辞官归隐，以避朝廷权力斗争的风险，思想情感不免消极，但这与戴复古返家归隐后的思想却是相合的。也许戴复古已经预感到赵葵在朝廷处境之艰险，出于对朋友政治命运的关切，而呈寄上这两首七绝。果然，赵葵出任右丞相兼枢密使仅一年，就被人参奏，以非儒臣而罢为观文殿学士，封冀国公，以武安军节度使致仕。可惜此后我们未能再发现戴复古与赵葵联系的信息。

这样看来，戴复古卒于公元1246年之推测是可以排除了。那么前列的后三种推测又如何呢？比较起来，笔者以为还是卒于公元1248年至1250年之间的推测相对接近事实。一是这个推测与方回关于戴复古“寿至八十余”的说法较符合，二是他在这段时间（至少是在1247年至1249年间）还写过诗。除了前引的《寄上赵南仲枢密》七绝外，五律《萧飞卿将使赴湖北戎幕，诗送其行，兼简秋壑贾总侍二首》[①]大约也写于此时。萧飞卿是诗人的年轻朋友，秋壑即贾似道，台州临海人，与诗人同郡。淳祐元年（1241），贾始任湖广总领，淳祐三年（1243）后加户部侍郎。据《宋史·理宗纪》，淳祐六年（1246）九月，贾又接替刚逝世的孟珙任京湖制置使，知江陵，淳祐九年三月又进为京湖制置大使。当时他的专权卖国行径尚未暴露，在江湖诗人中有一定声望，刘克庄、戴复古等诗人对他也颇为推重。戴诗中有“鄂渚三千里，遥遥望使星”之句，称贾似道为“使星”，表明此诗当写于淳祐六年九月后至

---

① 金芝山校点：《戴复古诗集》卷四，第122页。

淳祐九年(1249)贾似道担任京湖制置使、知江陵府这段时间。此后,尚未发现或考证出戴氏新写的诗作。所以,戴复古卒于1248年至1250年之间的可能性较大,卒于1252年的可能性则较小。

笔者不清楚戴复古卒于1252年的推测是根据哪方面的史料,也许是《戴复古诗集》卷三有一首诗评赞戴昺《东野农歌》(按:东野系戴昺之号)的缘故吧。该诗标题颇长,可说是一篇诗序:"侄孙昺以《东野农歌》一编来,细读足以起予。七言有'汲水灌花私雨露,临池叠石幻溪山''草欺兰瘦能香否,杏笑梅残奈俗何',似此两联,皆自出新意,自可传世。然言语之工,又未足多,其体格纯正、气象和平为可喜。余非谀言,自有识者。因题其卷末以归之。"[①]据戴昺《东野农歌集自序》云《东野农歌集》编定于宝祐元年(1253),论者或以为戴复古卒于《东野农歌集》编成前后。其实不然。四库馆臣指出《东野农歌集》世有两种版本:"一为两淮所进,题曰'戴东野诗',只一卷,乃附录《石屏集》后者;一为浙江所进,分为五卷,其编次稍有条理,而诗视两淮本较少数篇。"[②]从《石屏诗集》及其所附《戴东野诗》可知,戴复古自嘉熙二年(1238)春回到家乡隐居,直至离世前的十多年间,与当时侄孙辈包括赋闲在家的戴昺来往密切,时有唱和。在《东野农歌集》最后编定之前的这十余年间,戴昺实际上已在着手编纂这一诗集。戴复古题品的那卷《东野农歌》只是戴昺初编的一卷,其中收有不少与戴复古酬唱之诗,它们大多写于淳祐元年(1241)至八年(1248)之间。淳祐的最后两年即淳祐十一年(1251)、十二年(1252),以及宝祐元年(1253),戴昺均在池州秋浦做幕僚,为属官。他在池州任上所作的诗以及最后编定《东野农歌集》之后写的自序,均没有提到过戴复古,更未见与他相互唱和之事,想来那时戴复古业已去世,自然不可能见到最后编定的《东野农歌集》并为之题品了。因此他为戴昺初编的《东野农歌》题品的那首诗,也只能写于淳祐十年(1250)之前。可见,如果以《东野农歌集》的最后编定日期来推测戴复古卒于1252年,也是不足为据的。

综上所述,关于戴复古卒年的四种推测,第一种1246年说和第四种1252年说基本可以排除,中间两种推测即1248年说和1250年说比较接近事实。当然若要把戴复古的去世时间锁定于某年,则尚需进一步发掘有关

---

① 金芝山校点:《戴复古诗集》卷三,第78页。

② [清]永瑢、纪昀等:《四库全书总目》卷一六三,《东野农歌集》提要,《景印文渊阁四库全书》第3册,台湾商务印书馆1986年版,第335页。

文献。戴复古去世后,江湖诗人武衍曾有诗悼之,刘克庄《跋二戴诗卷》亦言及戴复古之离世事,但二人在诗文中均没有说明戴氏的卒年,也没有标示诗、跋的具体写作时间。现代有的著作为谨慎起见,对戴复古的卒年干脆打一个问号了之。这固然未尝不可,但能探知与其卒年更为接近的年份,毕竟是戴复古研究工作的一个进步。我们相信,随着南宋文史研究特别是戴复古研究的深入,戴复古的卒年之确切答案终有一天会彻底揭开。

本文始刊于《文献》2003 年第 1 期

戴复古籍贯绝非天台县

查阅1994年前出版的各种辞书和中国文学史、作品选等著作及有关文章，对于戴复古的籍贯，约有以下几种说法：

1."黄岩"。持此说的有中国科学院文学研究所编的《中国文学史》(人民文学出版社1962年版)、游国恩等主编的《中国文学史》(人民文学出版社1964年版)和钱锺书的《宋诗选注》(人民文学出版社1958年版)等。

2."黄岩(今浙江省黄岩县)"。持此说的有《千家诗新注》(广西人民出版社1982年版)、《千家诗评注》(华东师范大学出版社1982年版)等。

3."宋黄岩(今浙江温岭塘下)"。持此说的有吴茂云《戴复古家世考》(载《成都大学学报(社会科学版)》1987年第4期)等。

4."台州黄岩"。持此说的有《宋诗鉴赏辞典》(上海辞书出版社1987年版)、《唐宋词鉴赏辞典》(上海辞书出版社1988年版)等。

5."天台"。持此说的有《中国人名大辞典》(商务印书馆1940年版)、唐圭璋编的《全宋词》(中华书局1965年版)等。

6."天台(今浙江天台县)"。持此说的有唐圭璋选编的《全宋词简编》(上海古籍出版社1993年版)和唐圭璋选编、王一鹗注释的《历代爱国词选》(广东人民出版社1989年版)等。

7."天台黄岩"。持此说的有朱培高编著的《中国古代文学流派词典》(湖南出版社1991年版)、《宋辽金诗选注》(北京出版社1988年版)等。

8."天台黄岩(今浙江省黄岩县)"。持此说的有《中国大百科全书·中国文学》(中国大百科全书出版社1986年版)、廖仲安等主编的《中国古典文学辞典》(北京出版社1989年版)、胡云翼的《宋词选》(上海古籍出版社1982年版)等。

上列多种说法，有的大同小异，有的则具明显的不同。究竟哪一种说法最符合戴复古籍贯当时称谓的实际、因而是最确切的呢?

据戴氏的明代后裔戴豪《赘言录》所述，戴氏的祖籍原在福建。五代十国时，为避战乱，戴氏的祖先才举家从福建迁到了浙江台州黄岩一个叫南塘的地方。以后逐渐蕃衍发展，成为当地的大族。传至南宋时戴复古的父亲戴敏，已是第十代了。戴复古就是在南宋乾道三年腊月出生于黄岩南塘的

(参见《四部丛刊续编·石屏诗集》中的元代贡师泰《重刊石屏先生诗序》)。明《(嘉靖)太平县志·古迹》记载:"南塘戴氏故居在石屏山之阳,俗名塘下,地东南并海,旧有海塘故名。"石屏山,又叫翠屏山或屏山。宋时台州学者陈耆卿所著《(嘉定)赤城志》也记载:"屏山,在黄岩县东南十八里,其东西二石耸为屏,故云。东屏挺立无倚,有藤缠绕之,冬寒不凋;西屏因风雨,仆为二矣。"大概是长期生活于石屏山下的缘故,戴复古对石屏山有着深厚的感情,在诗词中多次提到它,并自号石屏。

前列关于戴复古籍贯的第一种说法"黄岩"和第四种说法"台州黄岩"应符合南宋戴氏籍贯的实际,是正确的,但未曾在其后注出现今对应的地名,是个缺憾。前列的第二种和第八种说法,倒是注意到这个问题,在"黄岩"二字后面加上了"今浙江省黄岩县"的说明,可惜此说明不符合戴复古故里南塘现今的归属情况,是有误的。

查《太平县志》可知,南塘在宋时虽属黄岩县,但到明代成化六年(1470)已划归于新设的太平县。民国四年(1915),太平县改名为温岭县,此后南塘一直隶属于温岭县。清人黄濬在《梅初录》中曾指出:"石屏,南塘其故里,今太邑之塘下。""太邑",指当时的太平县,"塘下",也就是今温岭新河镇塘下。笔者不久前曾去温岭塘下戴复古故里实地考察,那里至今还耸立着戴复古当年在诗中提到的"石屏"。它位于屏山脚下屏上村的南谷口,高约 7 米,上宽约 2 米,下宽约 4 米,厚度为 0.6 米,状若屏风,石上长满了藤蔓、苔藓。距此石屏约三百步,还有一座经过整修的旧建筑,是后人纪念戴复古而造的祠庙,俗称"戴相公庙",庙内还设有戴复古夫妇之塑像。这些与戴复古有关的古迹,已充分证明现温岭塘下,正是南宋时戴复古的故里南塘。

由此,我们已不难判断,前面所列关于戴复古籍贯的几种说法中,还是第三种说法"宋黄岩(今浙江温岭塘下)"较为恰当,因为它反映了黄岩和温岭两地的历史地理沿革情况,符合客观实际。这个表述的不足之处是括号内外地名大小不相对应(宋黄岩系县建制,而塘下只是一个乡)。如果改写为"宋黄岩南塘(今浙江温岭塘下)",就不至于古今地名对照失检了。

那么,前面关于戴复古籍贯的其他四种说法(即第五至第八种说法)是否都是错误的呢?对此需要作一些具体分析。

应该承认,这几种说法大都古已有之,戴复古本人就曾多次自称"天台人"。《石屏诗集》《石屏续集》和《石屏长短句》等刻本所署的作者籍贯和名字,均为"天台戴复古式之"。赵汝腾在《石屏诗序》中亦云:"复古字式之,天台人。”李贾赠戴复古的诗中有“戴君天台秀，忽向南方来”之句。严羽送别戴复古的一首诗，题目即是《送戴式之归天台歌》。赵、李、严三人都是戴复古的诗友，他们都把“天台”作为戴复古的籍贯。至于“戴复古是天台黄岩人”之说，亦非凭空杜撰。《四库全书总目》卷一三一子部《石屏新语》的提要以及陈衍《宋诗精华录》等都是这样介绍戴复古的。

戴复古既然是黄岩人(其故里今属浙江温岭市)，为什么他有时却自称“天台人”，而与他同时的友人乃至后来的某些学者也这样认为呢？原来，在古代，特别是宋、元、明时期，“天台”是一个具有多重含义的地名。它是天台山的山名，又是天台县的县名，在某种情况下，它还是台州郡的代称。

据《(民国)台州府志》载，台州郡是唐武德四年析永嘉之临海而设置的，因境内有著名的天台山而取此郡名。台州郡的文人学士颇以郡内有此名山为荣，有时便以“天台”作为“台州”之代称，自称“天台人”。说得多了，时间一久，约定俗成，“天台”这一地名在特定的情况下也就有了“台州一郡之统称”的义项。宋、元、明的部分士人常沿用之，例如宋末周密的《齐东野语》把台州郡直称“天台郡”；元代黄庚为临海人，在其《月屋漫稿》自序中却自称“天台山人”；明陶宗仪、陈庭学都是黄岩人，他们都自称或被他人称为“天台人”。究其原因，正如《(民国)台州府志》的编者经过考异，正确地指出：“其称天台者，盖台州一郡之统名也。”这就解决了这个看似矛盾的问题。

根据以上的考辨和分析，关于戴复古的籍贯问题，似可以概括说明如下：戴复古，南宋时台州黄岩人，其故里南塘，今属浙江省温岭市，故戴氏又可以说是今浙江温岭市之先贤。“天台”之地名，在现代已失去古时兼有的“台州代称”之义项，故现代的出版物不能把戴复古籍贯写作“天台”或“天台黄岩”。至于说戴氏是“天台县人”，那不论在现代还是古代，都是错误的。希望现代的出版物不要再出现此类混乱现象了。

本文系《浙江学刊》1994 年第 2 期《戴复古及其作品考辨三题》中的第二部分，收入本书时略有改动

戴复古籍贯问题再考辨

1998年至2017年间出版的不少古典文学方面的出版物，在对南宋江湖派诗人戴复古的籍贯介绍中存在着诸多失误。那么究竟如何准确地认识戴复古的籍贯问题呢？笔者拟就此略申己见，以俟公论。

一、“天台”之由来与含义

在讨论这一问题以前，有必要先了解一下“天台（tāi）”这一名称的由来和多项词义。

根据现有的文献材料，“天台山”之称谓最早出现于《山海经·大荒南经》。唐李善注《文选·游天台山赋》中引支遁《天台山铭序》曰：“余览《内经·山记》云：‘剡县东南有天台山。’”[①]关于它得名的由来，南朝梁陶弘景《真诰》中有个说明：“（山）高一万八千丈，周八百里，山有八重，四面如一。当斗牛之分，上应台宿，故曰天台。”[②]意谓天上的星宿与地上的区域对应，天台山脉的地理位置对应着天上的三台星宿，所以取名曰“天台”。据《天台山全志》卷一描述，天台山以华顶峰为天台山最高处，下瞰众山，如龙虎盘踞、旗鼓布列之状。[③] 东晋时，文学家孙绰出任章安令，曾入附近的天台山寻幽探险，惊叹此山之雄伟奇峭，钟灵毓秀，情不自禁地撰作《游天台山赋》，把天台山与传说中的蓬莱仙山相比，极尽想象、夸张、绘饰之能事，赞美它“穷山海之瑰富，尽人神之壮丽”[④]，“赤城霞起以建标，瀑布飞流以界道”[⑤]，把景色描写与情感抒发融为一体，妙句满目，胜景迭出，让人仿佛置身于传说中的仙源佛国，心旷神怡。孙绰写成此赋，得意地对朋友范荣期曰：“卿试

---

① ［南朝梁］萧统辑，［唐］李善注：《文选》卷一一，清嘉庆胡克家重刻宋淳熙本。

② ［清］许鸿磐：《方舆考证》卷七六，清济宁潘氏华鉴阁本。

③ ［明］张联元修：《天台山全志》卷一，清康熙刻本。

④ ［南朝梁］萧统辑，［唐］李善注：《文选》卷一一。

⑤ ［南朝梁］萧统辑，［唐］李善注：《文选》卷一一。

掷地，当作金石声也。”[①]范始不信，读完全篇，也忍不住击节赞赏。由此，天台山更是名震寰宇，后来又衍生出东汉刘晨、阮肇入山采药遇仙女等仙话传说。《汉语大词典》“天台女”辞条释义为“仙女”，“天台宗”辞条释义为“中国佛教派别之一”，均是由天台山之传说引申出来的义项。此后，佛道名流、文人学士纷纷入山，或游历览胜，或修炼隐居。葛洪、陶弘景、司马承祯，丰干、寒山、拾得，陈子昂、贺知章、李白和王维等名人，都在天台留下了他们的传说故事或著作文字。天台山成了道、释、儒等各界人士向往的神仙窟宅，罗汉隐居、士人修身的福地。

因为天台山主要在台州郡天台县的境内，故天台县和台州郡的取名也与此山的名称有关。自唐宋至明清的各个时期，不仅天台县，台州郡所属的其他各县（黄岩、临海、仙居、宁海等县）中，许多文人学士都以自己所在郡境内有此闻名天下的天台山为荣，把“天台”作为台州郡的代称，对外往往自称是“天台人”，当时外地人士或相关文献中也常这样称呼他们。南宋时台州郡黄岩县南塘（今台州温岭市塘下）的江湖诗人戴复古就曾在诗词作品中自称“天台戴复古”[②]、“天台狂客”[③]。与他同时代的朋友和元明清时期的某些学者文士及有关文献，亦多有将他称为“天台人”的，如南宋时的李贾有诗曰“戴君天台秀”[④]，赵汝谈（号南塘）、刘克庄（号后村）称其曰“天台戴式之”[⑤]；明代马金称其“天台布衣戴屏翁”[⑥]；清代《宋诗钞》编者称其“天台黄岩人”[⑦]等等。宋元明清时期台州郡之非天台县的知名人士，类似戴复古那样被称为“天台人”的例子可谓不胜枚举。南宋时，与戴复古同一籍贯的诗人徐似道（他还是戴氏的老师）、《全芳备祖》的编者陈景沂、戴复古的侄孙戴昺等，以及宁海县的史学家胡三省，临海县的词人陈克、学者陈骙，元时仙居县的书画家柯九思，元明之际黄岩县的陶宗仪，甚至南宋丞相临海人谢深甫及其孙女理宗皇后谢道清，都曾被有关史料、文献称为“天台人”。显然，这里的“天台”，既不是辞书所注释的通常的义项“县名（天台县）”和“山名（天台

① ［唐］房玄龄：《晋书》卷五六，清乾隆武英殿刻本。

② 金芝山校点：《戴复古诗集》卷一，浙江古籍出版社 1992 年版，第 25 页。

③ 金芝山校点：《戴复古诗集》卷八，第 236 页。

④ 金芝山校点：《戴复古诗集》附录二，第 337 页。

⑤ ［宋］刘克庄：《后村诗话》新集卷六，民国二年至六年乌程张氏刻适园丛书本。

⑥ 金芝山校点：《戴复古诗集》附录二，第 331 页。

⑦ 金芝山校点：《戴复古诗集》附录二，第 334 页。

山)”,也不是指神仙住的仙境(元代白朴《墙头马上》第二折“又不是瀛洲方丈接蓬莱,远上天台”,句中的“天台”,即是此义),而是指这些人的郡籍——台州。唐至清代的一些文人学者及不少文献,甚至直接把台州郡称为“天台郡”。以下略举数例:

唐代诗人钱起有诗《送丁著作佐天台郡》①。

宋代诗人曾几《茶山集》之《宫祠满秩》有“云水天台郡,祠庭我所监”②之句;周密《齐东野语》之《谢太后》一篇,有“是岁,天台郡元夕,有鹊巢灯山间”③之语。

元代章喆编有《天台郡志》(已佚)④;贡师泰《玩斋集》有散文《赠天台郡君王氏墓志铭》⑤。

明杨士奇《东里集》卷二《送陈公余赴台州教授诗》(二首)有“海上天台郡,云边岛屿青”之句⑥。

清代魏之琇《续名医类案》有“括苍叶仲刚氏,居天台郡为府吏”之语⑦。

至于《(嘉定)赤城志》《(雍正)浙江通志》等志书更有多处提及“天台郡”的郡名。

为什么唐至清代的这些文人学士和文献资料都把台州郡称为“天台郡”呢?

这是因为,当时社会上似乎已约定俗成将“天台”作为“台州”的一个代称,正如后出的《(民国)台州府志》针对这一现象所揭示的,“其称天台者,盖台州一郡之统名也”⑧。可以说,在唐至清代,此含义实际成了“天台(tāi)”这一词语又一义项(可惜有关辞书未曾将这一义项收入“天台”辞条之内)。

---

① [宋]李庚:《天台集·前集别编》,《景印文渊阁四库全书》第1356册,台湾商务印书馆1986年版,第448页。

② [宋]曾几:《茶山集》卷四,清武英殿聚珍版丛书本。

③ [宋]周密:《齐东野语》卷一六,齐鲁书社2007年版,第200页。

④ 存目见[明]杨士奇:《文渊阁书目》卷四,《景印文渊阁四库全书》第675册,台湾商务印书馆1986年版,第216页。

⑤ [元]贡师泰:《玩斋集》,明嘉靖刻本。

⑥ [明]杨士奇:《东里集》卷二,《景印文渊阁四库全书》第1238册,台湾商务印书馆1986年版,第329页。

⑦ [清]魏之琇:《续名医类案》卷一七,《景印文渊阁四库全书》第784册,台湾商务印书馆1986年版,第351页。

⑧ [清]喻长霖:《台州府志》卷一一七,民国二十五年铅印本。

二、戴复古并非天台县人

判断古今文献关于戴复古籍贯的各种记述准确与否，如今可不可以称戴氏为“天台人”或“天台黄岩人”，还需要了解南宋台州郡及其所属的天台县、黄岩县的历史沿革情况。

考南宋陈耆卿编的《(嘉定)赤城志》，春秋战国时，台州所辖地域为越地，后为楚所并，秦灭楚后为闽中郡。两汉魏晋南北朝间，或属会稽郡，或名临海郡，名称几经变换，至唐武德四年朝廷“平李子通，以临海县置台州，取天台山而名”①。宋元明清数朝，基本沿用台州之郡名，下属临海、黄岩、天台、仙居和宁海诸县。天台县，在汉时名始平县，晋太康改名始丰，隋唐五代数易其名。《宋会要·方域》六之二三云：“天台县，唐为唐兴县，梁为天台，晋为台兴。”②《舆地纪胜》卷一二云：“天台县，石晋改为台兴。《国朝会要》云‘建隆元年复曰天台’。”③而黄岩故地，秦代属闽中郡，汉代至唐初属临海县，唐上元二年(675)，析临海县南部置永宁县，唐天授元年(690)改永宁县为黄岩县，以县之西面上郑乡的黄岩山命名。此时黄岩县的区域颇广。明成化五年(1469)明廷析黄岩县南部太平、繁昌、方岩三乡，并析乐清县小部分土地新置太平县(今温岭市)。1980 年至 1984 年间，黄岩县的部分区镇陆续被划归新成立的椒江市。1989 年，经国务院批准，黄岩县撤县设市。但到了 1994 年，黄岩市、椒江市同时撤市设区(县级)，并划出原黄岩市所辖的 10 个乡镇另成立路桥区(县级)，这新成立的三个县级区(黄岩区、椒江区和路桥区)之区域，在 1980 年以前，都属于原黄岩县的版图。而戴复古家乡南塘，宋时属黄岩县的繁昌乡，至明成化五年(1469)，南塘及周边的区域，已划归新设的太平县。民国四年(1915)，太平县改名温岭县。1994 年，温岭县经国务院批准，撤县建市，成为台州市所属的又一个县级市。戴复古是南宋时期江湖诗派的著名爱国诗人，自明清以来编纂的浙江通志、台州府志、黄岩县志、太平县志、温岭县志和温岭市志都将其列入本省、州、县(市)历史上的名人，为之立传。而宋以来的各部天台县志，则从没有将戴复古作为本

① [宋]陈耆卿：《(嘉定)赤城志》卷一，台州丛书本。
② [清]徐松：《宋会要辑稿》，方域六，清稿本。
③ [宋]王象之：《舆地纪胜》卷一二，清影宋抄本。

县史上的诗人收入志书之中,说明这些天台县志历来的编纂者就不曾认为天台县是戴复古的籍贯。

三、戴复古应为黄岩县人

知悉了上述情况,我们就不难对以往诸多文献关于戴复古籍贯的不同表述作出较为准确的判断了。

不少学者认为戴复古是"宋黄岩县人"或曰"宋台州黄岩人",这无疑是正确的;至于一些学者认为"说戴复古是'(宋)天台人'或'(宋)天台黄岩人',都是错误的",则不免绝对化,缺乏历史的具体的分析,反而是错误的了。这一观点忽视了"天台"这一词语的多重含义,以为"天台"作为地名指的就是天台县,殊不知在唐宋元明清时期,"天台"还可以作为"台州"一郡之代称或统称。同理,当时所谓"天台黄岩人",实际是"台州黄岩人"的另一种表述,并无不妥。由此也说明,对古人约定俗成的陈述,不可轻易地否定,不然,也许会落下"称人'错误'者,反而成寡闻"的笑柄。只有到了现当代,倘若有人不加区别地因袭古人陈述,在新编撰的出版物中说戴复古是"天台人"或"天台黄岩人",那才是不恰当的。

其实,关于戴复古籍贯问题,笔者 1994 年就在《浙江学刊》上发文做过初步的考辨。该文的第二部分列举现当代出版的一些辞书和著作关于戴复古籍贯的几种不同说法,并对它们进行了简要的评析,最后还强调说明:"戴复古,南宋时台州黄岩人。其故里后属浙江温岭县(现已改市),因而又可以说是'今浙江温岭市人'。'天台'之地名,在现代已失去古时兼有的'台州代称'之义项,故现代出版物不能把戴复古籍贯写作'天台'或'天台黄岩'。至于说戴氏是'天台县人',那不论在现代还是古代,都是错误的。"进而呼吁"现代的出版物不要再出现此类混乱现象了"①。

遗憾的是,此后二十多年间,拙文所指出戴复古籍贯介绍失当的现象,在出版物中仍然时有发生。笔者粗略翻检 1998 年至 2017 年间出版的一些辞书、文学作品选注和学术著作,其中对戴复古籍贯的介绍,与过去拙文所列的依然大同小异,鱼龙杂陈,并无多大改进,有的甚至更为出格。

且看 1998 年至 2017 年间有关出版物关于戴复古籍贯的若干称述:

---

① 张继定:《戴复古及其作品考辨三题》,《浙江学刊》1994 年第 2 期,第 76—80 页。

1.“天台(今属浙江台州)”。例见萧希凤注《宋词三百首简注》(对外经济贸易大学出版社2013年版)。

2.“天台(今浙江天台县)”。例见韦韬编著《豪放词》(陕西旅游出版社2003年版)。

3.“浙江天台”。例见韩达编著《古代哲理诗三百首》(中国国际广播出版社2014年版)。

4.“天台黄岩(今属浙江)”。例见肖鹏著《宋词通史》(凤凰出版社2013年版)。

5.“天台黄岩(今属浙江台州)”。例见王星注评《千家诗》(长江文艺出版社2015年版)。

6.“天台黄岩(今浙江县名)”。例见王林、唐燕飞主编《汉字的魅力:诗词曲联》(西南交通大学出版社2015年版)。

7.“天台黄岩(今浙江省黄岩市)”。例见刘克庄编,文红、虹艳译注《千家诗》(中国方正出版社2002年版)。

8.“台州黄岩(今浙江黄岩)”。例见王昶著《诗词曲名句赏析》(商务印书馆2015年版)。

9.“台州黄岩南塘(今浙江温岭)”。例见魏丕植著《解读诗词大家·宋代卷》(作家出版社2013年版)。

10.“黄岩”。例见中国社会科学院文学研究所编《中国文学史》(下)(知识产权出版社2010年版)。

对照前文阐释的“天台(tāi)”地名古今词义的同异以及黄岩行政区域历史沿革的情况,读者自能看出上列诸种著作关于戴复古籍贯的介绍大多数存在着表述不准确、不对应的问题,特别是不作历史的具体的分析,将天台这一地域词语仅理解为天台县,这就难免以偏概全了。遵照实事求是原则和与时俱进的精神,如今关于戴复古的籍贯,还是采用“宋台州黄岩县南塘(今浙江台州温岭市塘下)”或“宋台州黄岩县(其故里南塘今属浙江台州温岭市)”这样的说法比较准确,简略言之,则曰“今浙江温岭市”亦可。

四、余论

如何使今后出版物的编撰者能从上面所列的戴复古籍贯记述失当的现象中,举一反三,吸取教训,避免这样的差错或失误重复出现呢?

笔者认为，最根本的是要树立严肃认真的求实精神，坚持对具体问题历史地具体地分析的原则，而不能像以往某些编撰者那样，忽视某些词语含义因时代变迁而可能发生的变化，不作考查便沿袭过去有关文献的记述。就具体的操作层面来说，有关编撰人员提笔简介人物籍贯时，需要认真注意以下几个方面：

其一，要注意该人物籍贯的古今含义是否完全一致，有没有变化。如果有所变化（该词义扩大、缩小乃至消失），那么该地名在今天的表述也要作相应的变化。比如"天台""四明""永嘉"和"临安"等地名，它们的某项词义古今均有所不同，今天在介绍这些地区的古代人物籍贯时就要因时而异，作出相应的符合当今实际的记述。

其二，要注意该人物籍贯的历史沿革。例如曾任南宋淳祐年间丞相的杜范是黄岩县杜曲里人，可以说他的籍贯是台州黄岩（今属浙江），但是1994 年以后若说他是"台州黄岩（今台州黄岩县）人"或者"台州黄岩（今台州黄岩市）人"，就不那么准确了。因为 1994 年以后，黄岩和椒江已撤市设区，分为黄岩区、路桥区和椒江区，同属台州市的直属市区了。又如长期以来，宁海基本上是台州属下的一个县，1983 年已改隶宁波市，这样，此后就不拟再说"宁海县（今属浙江台州）"了。

其三，介绍历史人物籍贯需要加括号说明时，要注意"今"和"今属"这两种表述的区别：前者括号内外的行政建制大体相对应，后者括号外的区域行政建制级别则小于括号内的地域称谓，两者不宜相互混淆。

其四，一部出版物中先后介绍该人物及其同处一地的宗族人员的籍贯时，要注意前后的一致性。例如，戴昺本是戴复古的侄孙，二人之籍贯同在南宋黄岩南塘石屏山下（今属浙江温岭市），南宋至明清，一些文献或称他俩是"台州黄岩人"或"天台人"，均属正常。但是当代一部影响颇大的《中国文学家大辞典・宋代卷》，对戴复古和戴昺籍贯的介绍，居然并不一致，前者标为"黄岩（今属浙江）人"①，后者却标戴昺为"天台（今属浙江）人"②，这就有欠考虑了。

当然，我们希望出版物尽可能准确地介绍人物的籍贯，并不要求各类出版物在表述上千篇一律和机械划一。即使某些书刊在表述上有不尽准确之

---

① 曾枣庄主编：《中国文学家大辞典・宋代卷》，中华书局 2004 年版，第 986 页。

② 曾枣庄主编：《中国文学家大辞典・宋代卷》，第 985 页。

处，甚至有违史实，善意地指出即可，毕竟人物籍贯记述上的差错只是个小问题，无损于该书或该刊在文学上或学术上所具有的重要价值。不过，相信严谨的编撰者和出版者也不会忽视这类小问题。因为有的时候，不小心搞错了某位名人的籍贯，说不定会引发大的争论，甚至发生两个地区“争抢”名人的现象。尤其值得警惕的是，有些“好事者”出于某种功利的目的，利用错载了某历史名人籍贯的文献，将错就错，把自己所在州县当成这位名人的故里，并曲解该名人的一些传说，撰写所谓考证文章，伪造其所谓生平古迹，大造声势，招揽游客，误导民众，这是最要不得的现象。记得 1998 年 10 月江西《修水报》曾刊发两位当地人士撰写的《戴复古籍里考》一文，以新编《修水县志》和《重修戴氏宗谱》有关记载为依据，提出“戴复古籍贯江西修水说”。且不论这一说法是由于轻信了当地的方志宗谱之记载，还是知其失实而将错就错，其考证所提出的种种具体依据，实在大谬不然，令人大跌眼镜。为此，浙江省温岭市戴复古研究会负责人专门去江西修水县进行考察，回来后副会长吴茂云先生撰写了《戴复古原籍会在江西吗》的商榷文章，刊于《台州师专学报》1999 年第 2 期①。此后吴先生又约我合作写了《戴复古的籍贯是江西修水吗？》一文，刊于《湛江师范学院学报（哲学社会科学版）》②，对《修水报》所发的《戴复古籍里考》进行了质疑。现在看来，这些商榷文章，似乎有些浪费笔墨，实际上，只要送一本《戴复古诗集》或《石屏诗集》给修水县的有关作者，请他们认真读一读，所谓的“戴复古籍贯江西修水说”也就不攻自破了。

本文至此，也该结尾了。但关于戴复古籍贯的种种问题留给我们的思考，却是深长的。我们想，实事求是、严肃认真地对待任何一个学术问题（包括历史人物籍贯问题），应是当今每一个学者、作者和编者义不容辞的责任。

本文始刊于《江苏师范大学学报（哲学社会科学版）》2017 年第 6 期

① 吴茂云：《戴复古原籍会在江西吗》，《台州师专学报》1999 年第 2 期，第 9—13 页。

② 吴茂云、张继定：《戴复古的籍贯是江西修水吗？》，《湛江师范学院学报（哲学社会科学版）》1999 年第 4 期，第 91—95 页。

严羽和戴复古身世行迹诸问题考
——对《严羽评传》的几点商榷性意见

在南宋后期的诗坛上，严羽和戴复古是两位具有重要影响的作家。前者是杰出的诗论家兼诗人，后者是江湖诗派的典型代表。更令后人感兴趣的是，两人还是一对交谊颇深的朋友。遗憾的是，关于严羽和戴复古两人的生平事迹，有关文献缺乏详尽的记载，其诗文又大多没有明确标示写作时地，这给后人考察他们的经历和交游带来了相当大的困难。学者们往往根据其作品及历史文献的有限记载，推断其生平轨迹。由于对作品和有关文献理解的不同，各人的推断难免出现不相一致甚至大相径庭的情况。例如二十世纪八九十年代的两部研究严羽的重要著作即陈伯海先生的《严羽和沧浪诗话》和许志刚先生的《严羽评传》，对于严羽的生年及严羽与戴复古订交的时间地点等问题的看法，就存在着较大的分歧。而要分辨这些问题，得出正确的答案，除了对原有材料给予合乎实际的理解外，还需尽可能地发掘以往未曾注意或未发现的相关文献史料。笔者学识浅陋，自难胜任此项工作。这里仅对《严羽评传》(下文简称《评传》)中关于严羽与戴复古的交往及二人身世行迹的内容谈点商榷性意见。

一、严羽与戴复古结交始于何年?

《评传》第二章曰:"嘉定十三年秋，他(按:严羽)离开衡州赴洞庭……第二年秋冬之际，他离开洞庭到了江西临川。……在这期间，戴复古到过临川。严羽与他相聚、论诗，写下了《逢戴式之往南方》一诗以记其事。复古也写了《祝二严》，表达了对这位晚辈的敬意。"[①]《评传》第三章中也提到此事:"他们相识于严羽客游临川之时，当时严羽 31 岁，戴复古 51 岁。……这次相逢，严羽作《逢戴式之往南方》以表一时之感。"[②]

---

① 许志刚:《严羽评传》，南京大学出版社 1997 年版，第 50—53 页。

② 许志刚:《严羽评传》，第 108—109 页。

据《评传》的叙述，似乎严、戴二人的结交是在嘉定十四年(1221)客寓临川之时。其实，这个说法是与史实不符的。《戴复古诗集》卷一《祝二严》有句曰:“前年得严粲，今年得严羽。”①要确定严羽和戴复古结交的时间，关键是要弄清《祝二严》写于何时。此诗虽然没有标示写作的具体年月，但若对该诗细加分析和体味，再结合严羽《沧浪集》中的《送戴式之归天台歌》和《逢戴式之往南方》两首诗以相映照，还是可以探知其写作的年份。且让我们先看一看从戴复古《祝二严》和严羽《送戴式之归天台歌》中摘引的以下诗句吧:“我老归故山，残年能几许！平生五百篇，无人为之主。……再拜祝二严，为我收拾取。”②“手持玉杯酌我酒，付我新诗五百首。……君骑白鹿归仙山，我亦扁舟向吴越。”③

不难发现，二诗都提到了戴复古嘱托二严整理五百篇诗的事。显然，二诗的写作时间相隔不会很长。陈伯海先生《严羽和沧浪诗话》曾说到:“大约在绍定六年的秋天，戴复古就离开了邵武，严羽有《送戴式之归天台歌》相赠。”④此说可信。据《戴复古诗集》卷四《次韵郡倅王子文〈小园咏春〉》等诗，戴复古于绍定五年(1232)已来到邵武。这也正是严羽与戴复古订交的时间。考之《(嘉靖)邵武府志》和刘克庄《后村先生大全集》卷四《虚斋资政赵公神道碑》也可知，王埜(字子文)于绍定五年春任邵武郡倅，至是年冬邵武知军赵以夫“以悼亡再乞祠，主管武夷山冲佑观”⑤后，王埜即已升任摄知军事。而这期间严羽业已从外地回邵武家居，时与李友山等诗友切磋诗艺，开展诗社活动。戴复古此前早与李友山相知，与严羽虽未见过面，但对他超群拔俗的才华和诗论亦心慕已久，这时他在邵武与严羽结交，通过参加诗社活动，更加深了对严羽的了解和敬重之情，从而在计划“归故山”之前，写了《祝二严》一诗，一方面表达对二严——严粲、严羽的倾慕，另一方面嘱托他们帮助整理自己的新诗，自是合乎情理之事。其具体的写作时间，当在绍定五年冬之后，而不会在这年之前。不然，就会与《祝二严》中的“今年得严羽”

---

① 金芝山校点:《戴复古诗集》卷一，浙江古籍出版社1992年版，第18页。

② 金芝山校点:《戴复古诗集》卷一，第18页。

③ [宋]严羽:《沧浪集》卷三，《送戴式之归天台歌》，《景印文渊阁四库全书》第1179册，台湾商务印书馆1986年版，第64页。

④ 陈伯海:《严羽和沧浪诗话》，上海古籍出版社1987年版，第31页。

⑤ [宋]刘克庄:《后村先生大全集》，四部丛刊初编本缩印赐砚堂抄本，上海商务印书馆1926年版，第142页。

之说不合。绍定六年，已任邵武知军的王子文“日与李贾（字友山）、严羽共观前辈一两家诗及晚唐诗”①，参与其中的戴复古还因之而有《论诗十绝》。可以说，戴复古在邵武的这段时间，是邵武诗社活动最活跃的一个时期。这年秋天，戴复古离开邵武时，严羽特约李友山、高与权为戴氏饯行，其《送戴式之归天台歌》也即写于此时。诗中“付我新诗五百首”，正与戴复古此前不久写的《祝二严》最后的嘱托相呼应。戴复古很感谢严羽等诗友饯别之厚意，特撰《严仪卿约李友山、高与权酌别》七绝一首以纪其事。首二句曰：“江天惨澹日凄凉，木未经霜叶未黄。”②这也表明，戴复古在这年的深秋之前已离开了邵武。

另外，比较戴复古《祝二严》和严羽《逢戴式之往南方》二诗，更可得知它们不可能写于《评传》所谓嘉定十四年（1221）诗人客寓临川之时，因而说二人订交于此年，实在有违史实。严氏后一首诗是首五律：“此老相逢日，中原正用兵。黄尘空北望，白首更南征。今古悲秋意，江湖惜别情。几时群盗灭，匹马会神京。”③试想，戴诗《祝二严》明明说“我老归故山”，而严诗却说戴氏“白首更南征”，岂不是南辕北辙？而且，戴氏《祝二严》中对“二严”的评价，亦不符合当时二人在嘉定十四年的实际情况。据《（嘉靖）建昌府志》记载，严粲于嘉定十六年（1223）中进士，在此之前并未为官，“束之以簪组”④；而严羽的诗歌理论体系此时亦尚在构建之中，《沧浪诗话》成书并在社会上产生较大反响大约已在绍定、端平年间，戴复古不可能早在嘉定十四年即写出此诗。其实《评传》说二人于这一年在临川会面，仅是一种推测之词，并无充分的证据，而从严羽《逢戴式之往南方》“中原正用兵”“黄尘空北望”等诗句看，它也不会是嘉定十四年时局的反映，因为是年宋、金并未在“中原用兵”，倒可能是端平年间的蒙、宋两国中原用兵的形势，而在这段时间里，戴复古也确实有“白首更南征”之举。所以将此诗系年于端平年间严羽客游吴越与戴复古重逢之时，似较为合乎史实。

---

① 金芝山校点：《戴复古诗集》卷七，第230页。

② 金芝山校点：《戴复古诗集》卷七，第227页。

③ [宋]严羽：《沧浪集》卷二，《景印文渊阁四库全书》第1179册，台湾商务印书馆1986年版，第560页。

④ 金芝山校点：《戴复古诗集》卷一，第18页。

二、关于严羽绍定年间外出避乱返乡的时间

南宋理宗绍定年间(1228—1233),严羽所在的家乡邵武,发生过一次大的战乱。以晏彪为首的汀州等地的农民起义军,于绍定二年(1229)冬自汀州大规模起事,攻掠建宁、宁化、清流、泰宁等县邑,并于绍定三年(1230)闰二月,攻破邵武县城。朝廷震动,诏知南剑州的陈韡兼福建招捕使统领镇压事宜。绍定四年(1231)二月,陈韡"躬往邵武督捕余寇,贼首晏彪迎降,韡以其力屈乃降,卒诛之"①。这次农民起义的烽火至此终于被扑灭。

关于这一次战乱,严羽《避乱途中》《庚寅纪乱》等诗都有具体的记叙。从诗中可以看出,此次战乱波及邵武之前,严羽已"一身避乱辞乡国"②;而当晏彪授首、邵武乱定之后,严羽也从外地返回了家乡。《庚寅纪乱》一诗就是他避乱回乡后不久有感而作的。

对于严羽绍定年间乱前离乡乱后回乡的史实,学术界一般都是认同的,似无不同意见。但对于何时离乡和返乡却有着较大的分歧。关于离乡时间,有绍定元年、二年和三年这三种说法;至于返乡时间,多数研究者如陈伯海、王士博等先生均持绍定四年说,《评传》的作者许志刚先生则独持异议,提出绍定三年说。笔者以为,如果说严羽离乡避乱的时间由于缺乏足够的史料,尚待继续探究的话,那么,关于严羽返乡之时间,《评传》所持的绍定三年说及其论证则颇有商榷之必要。

严羽在乱后回乡不久写的《庚寅纪乱》诗曰:"比者因乱定,南归经旧廛。"③明确说明此诗写于"乱定"之后。诗中还提到这次战乱的结果:"近喜大告捷,所俘悉已还。凶渠戮庙社,党类归之田。"显然是指官军收复邵武、起义军首领晏彪被陈韡诛戮之事。据《宋史》及刘克庄《忠肃陈观文神道碑》等有关史志文献记载,晏彪授首在绍定四年二月,故严羽返乡并写此诗当在绍定四年二月之后。《评传》独持绍定三年说的主要理由是:《庚寅纪乱》诗题中的"庚寅"年就是"作诗的时间";诗中既有"凶渠戮庙社"之记叙,可见晏

---

① [元]脱脱:《宋史》卷四一九,中华书局 1985 年版,第 12562 页。

② [宋]严羽:《沧浪集》卷二,《将至浔阳途中寄诸从昆弟》,《景印文渊阁四库全书》第 1179 册,台湾商务印书馆 1986 年版,第 53 页。

③ [宋]严羽:《沧浪集》卷二,《庚寅纪乱》,《景印文渊阁四库全书》第 1179 册,台湾商务印书馆 1986 年版,第 556 页。

彪是在庚寅年即绍定三年被杀，严羽亦于是年回乡。《评传》还认为，“晏彪被杀的时间，各文献记载颇有出入。《续资治通鉴》《宋史》都载入绍定四年(1231)中，与刘克庄所说相同。在这些文献中，唯独刘克庄的文章是在事件结束后不久写成的，其他各文献都是后来整理、撰写而成”，属于“间接的、第二手、第三手的资料”，而严羽的《庚寅纪乱》则是直接的“最可靠的实录，就连刘克庄也与事件隔着一层”，因此，“相比之下，我们更应该相信严羽的记录”。[①]

这里，《评传》显然是把严羽此诗所记史实与《宋史》等文献有关记载对立起来了。其实两者所述时间原无矛盾，问题在于《评传》对《庚寅纪乱》的诗题作了机械的理解。所谓“庚寅纪乱”，在这里指的是“纪庚寅年之战乱”。此诗题之所以将“庚寅”二字前置，一是为了强调，因为邵武在这一年经历战乱时间最长，受害也最严重，二是使诗题更简洁，这并不意味着此诗是庚寅年写的纪乱诗。《评传》断言《宋史》《续资治通鉴》等史书属于第二手、第三手史料，所记载的邵武之战乱的始末不准确，刘克庄的记录“也与事件隔了一层”，殊不知与严羽生活于同一时期而比严羽更了解整个变乱形势和经过的福建籍理学名家真德秀所写的多份材料都是这样记述的，其中《招捕使陈公平寇录序》说得更加明白：“绍定四年，汀、剑、邵之寇平，剑人生祠陈公，予书其事于石。”“既盗作于汀，蔓延及旁郡，陈公起守延平，又兼招捕使。……未几，公提王师出，平剑平汀，明年平邵武，而一道正清矣。”[②]当时真德秀正闲居在距邵武不远的家乡建宁，曾耳闻目见起义军在建宁的活动，对汀州等地的民众起义及其迅速蔓延之势十分关注。起用陈韡以镇压起义是他首先提议的，擢拔宋惠父以与官军将领李华同议军事是他向陈韡建言的，为《招捕使陈公平寇录》作序的也是他。可以说他所写的有关汀、邵战乱始末的文稿正是直接的第一手材料。而刘克庄是真德秀的学生，又是陈韡的知友，汀、邵变乱期间，他主管仙都观，里居于福建莆田，对这一战乱的始末也很熟悉，其所作的《忠肃陈观文神道碑》对战乱的有关记载十分具体，且正与真德秀的上述记载相符合，很难说它“与事件隔了一层”、不如严羽诗中的记叙可靠和准确。《评传》为论证己说之合理而否定这些记载的准确性，未免有削足适履之嫌。

---

① 许志刚：《严羽评传》，第 18、63 页。

② 曾枣庄、刘琳主编：《全宋文》第 313 册，上海辞书出版社 2006 年版，第 171 页。

三、严羽《平寇颂》作于何年，"颂"的是谁

与上一问题相联系，《评传》为了进一步证明自己提出的严羽"外出避乱三年，于绍定三年（1230）返回家乡"这一看法之正确性，还把《沧浪先生吟卷》中《平寇上史君王潜斋》一诗的标题说成是后人误改，说该诗应依据《（嘉靖）邵武府志》所载，以《平寇颂》之诗题为是。《评传》引用了诗开首的四句"治平改元，有寇于建。昔犯我鄙，狼蹂豕践"，认为诗中所说的"改元"，"即指理宗的年号由宝庆改为绍定"，因而，它"应看作事件（笔者注：指晏彪起义）发生的确切时间，即绍定元年（1228）"。并且说，此诗是严羽"为了表达家乡动乱的局面归于安定之后的喜悦，同时，也把此诗献给当时的使君王遂，以为干谒之资"，而不是如《平寇上史君王潜斋》诗题所标示的，献给王潜斋即王埜。其理由是：绍定三年，王遂知邵武军事，镇压晏彪起义的是王遂和陈韡；而王埜，"绍定初，摄邵武县事，后复摄军事"，当时"地位还不很高"。[①]

考之宋代有关文献，我们发现，《评传》上述判断和论证也是站不住脚的。据《宋史》卷四一《理宗纪》，端平元年五月丙寅，"建阳县盗发，众数千人，焚劫邵武、麻沙、长平"[②]。真德秀《真文忠公集》卷一五《奏乞拨平江百万仓米赈粜福建四州状》中也说到，"建阳唐石之民，相挺为乱"。[③] 这次建阳饥民的起义，最终是被王埜镇压下去了。《宋史·王埜传》记载："盗起唐石，（王埜）亲勒兵讨之。"[④]事后，朝廷以其平建阳寇有功，官两转。这件事，颇受当时知识界之传颂。福建学者李芸子（字耘叟）特撰《平寇录》，真德秀于端平元年八月五日为之作跋，其跋文之前原有一小注："端平甲午，建阳龚贼犯邵武，守臣王埜平之。"跋文对王埜的"平乱功绩"作了高度评价："予友王子文讲学论政，素有本原，未尝娴军旅事也。一旦绿林叩境，从容筹划，动

---

① 许志刚：《严羽评传》，第 65 页。

② ［元］脱脱：《宋史》卷四一，第 802 页。

③ ［宋］真德秀：《西山先生真文忠公文集》，见王云五编：《万有文库》，商务印书馆 1935 年版，第 260 页。

④ ［元］脱脱：《宋史》卷四二〇，第 12575 页。

中节会，曾未旬浃，俘馘系途，樵川几危而复安……”[①]《戴复古诗集》卷四《客自邵武来，言王埜使君平寇》也是赞颂王埜此举的。那时严羽尚在家乡邵武，身处此变乱中心，对王埜的平寇经过想必更为了解，写诗称颂自亦不足为怪。因此，这一诗题并没有错，其写作时间当在端平元年五月王埜平寇之后，而不是绍定三年。

其实，只要认真分析一下《平寇上史君王潜斋》（即《平寇颂》）此诗，原可获得上面的认识。诗中所谓的“改元”，并非如《评传》所说是“指理宗的年号由宝庆改为绍定”，而是指理宗年号由绍定改为端平。早在绍定六年十一月丙午，朝廷即已“诏改明年为端平元年”[②]。诗开首“治平改元”等四句，其中第二句“有盗于建”的“建”，应是建阳县之简称。此句及其后“昔犯我鄙，狼蹂豕践”两句，说的就是史载的端平元年五月丙寅，“建阳县盗发，众数千人，焚劫邵武、麻沙、长平”[③]这一事件。而绍定元年，建阳县和邵武尚未发生战乱，《评传》认为诗中的“改元”是指绍定元年，并把它看作邵武战乱发生的“确切时间”，并说此诗是献给王遂的，这就未免牵强附会了。

熟悉宋史的读者都知道，绍定间镇压晏彪起义的主要功臣是陈韡，而不是王遂，《评传》将王遂之名置于陈韡之前，亦属非当。据《京口耆旧传·王遂传》[④]和刘克庄作于绍定五年的《邵武军新建郡治谯楼记》所载，王遂奉命差知邵武军、兼招讨司参议（系招捕使陈韡之属官），赴任途中，邵武城已被晏彪所部攻破。此时已是绍定三年闰二月。虽然王遂在任期间，“露居于野，握拳转战，诛筋竹洞渠魁”[⑤]，为平寇事立下功绩。但正当他率军攻打下瞿之时，便“以风闻去”——考之《宋史》本传，其罢职原因是“言者以遂妄自标致，邀誉沽名”[⑥]。绍定四年正月，陈韡“遣将破下瞿张原砦。二月，躬往邵武督捕余寇，贼首晏彪迎降”[⑦]。可见，王遂在官军攻破下瞿、收复邵武之

---

① [宋]真德秀：《真文忠公集》卷三五，《平寇颂》，见曾枣庄主编：《宋代序跋全编》，齐鲁书社2015年版，第5021页。

② [元]脱脱：《宋史》卷四一，第799页。

③ [元]脱脱：《宋史》卷四一，第802页。

④ 佚名：《京口耆旧传》，见何竹淇：《两宋农民战争史料汇编（四）》卷七，中华书局1959年版，第570页。

⑤ [宋]刘克庄：《后村先生大全集》卷八九，《邵武军新建郡治谯楼记》，载曾枣庄、刘琳主编：《全宋文》第330册，上海辞书出版社2006年版，第243页。

⑥ [元]脱脱：《宋史》卷四一五，第12461页。

⑦ [元]脱脱：《宋史》卷四一九，第12562页。

前已罢职,故他任邵武守的实际时间还不到一整年。严羽外地避乱返乡之时,王遂已离开邵武,继任邵武知军的是赵以夫,故严羽写《平寇颂》显然不会是呈献与王遂"以为干谒之资"的。

四、戴复古做过邵武军学教授吗?

《评传》第三章在介绍严羽与戴复古的交游时,颇为肯定地说:"绍定五年,王子文推荐他(戴复古)任邵武府学教授(笔者按:邵武当时是'军'建制,府学教授实乃军学教授)……第二年年底,复古回家探亲。为此,王子文赠送川资,他作诗《谢王使君送旅费》。……因为主人解留客,所以新年过后,复古又到邵武继续执教。直到嘉熙元年,复古辞教授之职还乡,前后在邵武达五年之久。"①此说唯一的根据是《(嘉靖)邵武府志》卷四《职官》表中,有绍定五年戴复古任邵武军学教授的记载。然而这只不过是府志编者的杜撰,或根据不确切的传闻误载。实际上,戴复古一生从未任过一官半职,包括邵武军学教授。这可从以下几个方面得到证明。

考戴复古生前的所有作品,从没有提及所谓曾任"邵武军学教授"之事,甚至连一丝做官的痕迹也没有,触目的是大量江湖漂泊、叹老嗟贫、以布衣自命的诗句:"一生飘泊客途中"②,"流落江湖成白首"③,"草茅无路谒君王,白首终为田舍郎"④,"自甘白屋为寒士"⑤,"布衣不换锦宫袍,刺骨清寒气自豪"⑥,等等。

军学教授,套用现在的行政级别,也许相当于地市级的教育局局长之类。如果说戴复古本人或由于谦虚或是对军学教授这一职务不当一回事,不曾在自己的诗文中谈及的话,那么与他同时的诗友或后人在与戴复古诗酒酬唱时,或为他的诗集撰写序跋、介绍其行迹时,出于对他的尊重,总会提到他所任的这一职务吧。但是很遗憾,他所交游的众多朋友竟没有一人在自己的有关诗文中称其为"教授"。而在《戴复古诗集》中,我们却能看到《濠

① 许志刚:《严羽评传》,第110—111页。
② 金芝山校点:《戴复古诗集》卷七,《次韵谷口郑柬之见寄》,第220页。
③ 金芝山校点:《戴复古诗集》卷八,《减字木兰花》,第237页。
④ 金芝山校点:《戴复古诗集》卷六,《醉吟》,第184页。
⑤ 金芝山校点:《戴复古诗集》卷六,《阅旧稿见乔丞相诗跋》,第183页。
⑥ 金芝山校点:《戴复古诗集》卷六,《饮中》,第173页。

州春日呈赵教授》《汪见可教授约诸丈凤山酌别》这样一些称呼对方所任职务的诗题。这只能说明，戴复古压根儿未曾担任此教职，其友人自然无从谈起。

戴复古绍定五年来邵武，其主要目的是访友论诗，所谓"欲课荒芜来入社"①，这从其二首七律诗题《过邵武访李友山诗社诸人》《李友山诸丈甚喜得朋，留连日久》中亦可了解其情趣。《（嘉靖）邵武府志》虽然误载戴复古任教授之职，但也并没有说是谁推荐的。而《评传》坐实为王子文，还注曰"见《（嘉靖）邵武府志》卷四"，不知《评传》此说何据。据该府志记载，绍定五年，开始是赵以夫任邵武知军，王埜则是"先倅本军后知军"②。赵、王二人均是戴复古相熟的朋友，凭什么就认定戴氏之所谓教职是王埜推荐的呢？另外，假若戴复古真的担任了军学教授，按规定自有其俸禄，何以竟穷得连回家探亲的路费也需使君赠送？实在是因为戴氏在邵武并未任教职，只不过以诗人的身份参加诗社活动，并无固定的生活来源，而王埜原是个诗人，曾被戴复古誉为"风流太守诗无敌"③，对这位以诗鸣江湖数十年的老诗人十分尊重，很希望他能在邵武多住些时间以切磋诗艺，所以"时送卖诗钱"与戴，作为他在邵武的生活费及日后回家之旅费。戴复古《谢王使君送旅费》一诗实因此而作，并非王埜希望他继续留任所谓的军学教授而送其春节探亲之川资。且细探诗意，此乃绍定五年冬所作，看来不久之后的春节戴氏并未回家，而是为王埜挽留在邵武过的年。绍定六年端午节前戴氏曾去吉州拜访过吉州会判李伯高，回邵武后，一直逗留到这年的秋日才告别王埜、严羽、李贾等友人返家。据《戴复古诗集》及其有关序跋的记述可以探知，自后数年，戴复古虽然曾在福建、江西、湖南、广东及江东、两淮等地辗转游食，也曾在旅途中与适在吴越漫游的严羽相遇，却再没有去过邵武，更谈不上担任什么"军学教授"了。

《评传》说绍定五年戴复古"出任邵武府学教授"，"直至嘉熙元年（1237），复古辞教授之职还乡，前后在邵武达五年之久"，显然是失考了。始作俑者，大概是《（嘉靖）邵武府志》，此后的《闽书》《福建通志》《台州府志》等方志均以讹传讹，而《评传》则又加以想象发挥，致使与史实相距越来越远。

---

① 金芝山校点：《戴复古诗集》卷六，《和高与权》，第178页。

② ［明］陈让：《（嘉靖）邵武府志》卷四，上海古籍出版社1982年版，影印天一阁藏明嘉靖刻本，第812页。

③ 金芝山校点：《戴复古诗集》卷六，《题邵武熙春台呈王子文使君》，第191页。

由此，更使我们深切地认识到，要弄清某一史实，应该尽可能地广泛收集、参阅涉及这一历史事件的各种文献史料，并对它们进行科学的、实事求是的比较分析，从而得出合乎情理的判断和结论；不宜仅凭少数不完整的史料和个人的主观想象、猜测而轻下断语。否则，就有可能出现张冠李戴、寅卯错乱之憾。

以上是笔者拜读《评传》之后，对此书前三章有关严羽与戴复古身世行迹考述的几点商榷意见。《评传》前三章中论及的其他一些问题，似亦有待进一步讨论，限于篇幅，这里暂不涉及了。就《评传》全书而论，其学术价值自不待言，特别是对严羽《沧浪诗话》理论体系及其杰出成就的论述，有不少创见和精辟的分析，给读者以诸多的启发和助益。本文所提的几点意见，自非对全书的评价。文中的不当之处，还望许志刚先生和有关专家及广大读者有以正之。

本文始刊于《南昌大学学报(人文社会科学版)》2001 年第 4 期

对《新发现的戴复古重要史料及其考证》一文的几点辨正

拜读《宁波师院学报(社会科学版)》1995 年第 1 期《新发现的戴复古重要史料及其考证》(以下简称《考证》)一文,不无收获。该文首次在刊物上披露了 1993 年在温岭发现的南宋江湖派诗人戴复古所撰的《宋故淑妇太孺人毛氏墓志铭》(以下简称《毛氏墓志铭》,见本书第三辑《〈全宋文・戴复古〉补正》一文),并据此对有关问题进行了考证,廓清了过去误传或疑而难决的一些问题,这对我们探究戴复古的生平和思想无疑具有一定的价值。但是笔者不无遗憾地发现,《考证》所载的《毛氏墓志铭》(以下简称"抄件")与原件相比较,文字上有多处错讹,其考证也存在着某些值得商榷之处。为避免以讹传讹,使有关研究工作建立在准确可靠的史料基础之上,对此似有必要予以勘误和辨正。

一、《考证》所载《毛氏墓志铭》勘误

对照《毛氏墓志铭》原件,抄件文字及所加之标点存在如下 10 处较为明显的错讹:

1. "习闻其咏。"按:原碑文为"习闻其训",抄件"咏"字系"训"字之误。

2. "羸衣羡镪。"按:"羸"字系"赢"字之误。原碑文为"赢衣羡镪",意思是多余的衣服和银钱。赢、羡,在这里均作"多余、盈余"解。镪,是成串的钱,后多指银子或银锭。而"羸",其义为瘦、弱,与"赢"的词义大不相同,用在此处显然不合。

3. "所难能者。"按:原碑文为"所难克者"。

4. "女三:嫁其侄从政,即前绍兴府嵊县主簿,仁厚进士,曾建大王修。"按:抄件此句不仅文字有误("即"乃"郎"字之误),而且标点亦有错。正确的标点应该是:"女三,嫁其侄从政郎前绍兴府嵊县主簿仁厚、进士曾建大、王修。"据《(万历)黄岩县志》等记载,毛氏之侄毛仁厚曾于开禧年间(1205—1207)发解于州,系太学内舍生,做过嵊县主簿,其官阶为从政郎(宋代文职阶官中的一种)。原碑文中"女三"全句的意思是:戴丁和毛氏生有三个女

儿，她们分别嫁给了曾任嵊县主簿的从政郎毛仁厚、进士曾建大和王修。此事还可以从叶适于嘉定十五年(1222)正月写的《戴佛墓志铭》(见《四部丛刊初编·水心先生文集》卷二五)中得到证实(笔者注："戴佛"是当时乡人对戴丁的敬称)。叶适在文中写道，戴丁"娶毛氏，子楷、木、栝、栩；女嫁内舍生毛仁厚、曾建大，幼未行"。因为叶适撰此墓志铭比戴复古撰《毛氏墓志铭》时间早24年之多，那时戴丁、毛氏的第三个女儿"幼未行"，尚未出嫁，叶氏文中没有提及王修，自不足怪。《考证》作者误将"从政郎"三字看成"从政即"进而把"从政"当作毛氏之侄的名字，是与仁厚并列的毛氏另一女婿，又把"曾建大王修"连写当作一人，显然是对碑文"女三"这句话作了错误的理解。

5."孙男八：宜老、双老、大老、翀老、君锡、(原文空一字)敕赐童科免解进士颜老、宗凭、伟老、大、锡、颜、伟，俱早夭。"按："伟老、大"中间的顿号应改为逗号，不然就不合文意了。因为句中的"大、锡、颜、伟"，并非与前面"宜老、双老"等八人并列的毛氏另四个孙儿的名字，而是前八人中的"大老、君锡、颜老、伟老"四人的简称，故句中的"伟老"与"大"之间应用逗号点开。抄件误用顿号，给人的印象似乎毛氏的孙男不是八个而是十二个，而且都是"早夭"了。这显然有违事实。

6."女十：郑蕃、陈观光、郑君礼、陈应梦、其婿也，余在室。"按：此句标点亦有二处失误。"女十"后的冒号应删去，"陈应梦"之后的顿号也应删去。另外，据上下文义，"女十"实际是"孙女十"，原碑文写作"女十"少"孙"字，大概是承上文"孙男八"而省略。

7."附葬于戴奥。"按："附"字误。原碑文为"祔"。"祔"，音fù，祭也，指新死者附祭于先祖，又有合葬义。《礼记·檀弓上》："周公盖祔。"孔颖达疏："周公以来，盖始祔葬。祔即合也，言将后丧合前丧。"据叶适《戴佛墓志铭》，嘉定十四年(1221)四月戴丁已去世，第二年二月壬寅葬于黄岩县"繁昌乡戴奥"(今属温岭市)。故《毛氏墓志铭》曰毛氏"祔葬于戴奥华父兆"，即合葬在她丈夫的戴奥的墓地那里。"祔葬"在这里就是合葬，"后丧合前丧"的意思。抄件误将"祔"作"附"，想是未仔细辨认碑文，因两字形近而致误。

8."以淳祐六年十一月壬申祔葬于戴奥。华父兆前，事楷等挨门乞铭。"按：此句中的"挨"字与原碑文不符，原碑文乃"款"字。款，在这里是叩、敲的意思。"款门"即叩门，敲门。《吕氏春秋·仲秋纪第八·爱士》："夜款门而谒。"抄件将"款"字误写作"挨"字，不仅改动了原文，于义亦有不合。另外，抄件对此句的标点位置也有错。细揣文意，该句句读应改为："以淳祐六年十一月壬申祔葬于戴奥华父兆。前事，楷等款门乞铭。”其意思是：淳祐六年十一月壬申，毛氏祔葬于戴奥华父墓。此前，其子戴楷等上门叩请我为其母撰写墓志铭。倘按抄件的句读，此句不免扞格难通。

9.“自小星之诗绝响。”按：此句中的“小星”实指《诗经·召南·小星》，故应加上书名号。朱熹《诗集传》：“《小星》二章，章五句。吕氏曰：‘夫人无妒忌之行，而贱妾安于其命。’”旧时多据朱熹此注把《小星》看成是赞美女性无妒忌之德行的。戴复古的铭文举出《小星》此诗，正是为了突出毛氏“秉性不妒”的“孺人之风”。

10.“其至专房擅宠。”按：“其”字误，原碑文乃“甚”字，联系上下文意，亦当以“甚”字为是。

以上是笔者对《考证》作者抄录、标点的戴复古所撰《毛氏墓志铭》的勘误和辨正。

二、戴丁夫妇关系及戴氏家族祖坟辨

鉴于《考证》作者对《毛氏墓志铭》的抄录与标点有以上多处错讹，故其以此抄件为史料依据而作的有关问题的考证，也就不免出现相应的失误。例如《考证》对于戴丁夫妇关系及戴氏家族祖坟所在地的看法即存在着片面性，与事实不甚相合。

《考证》说：“看到这块墓碑（笔者按：指《毛氏墓志铭》碑石），毛氏‘附葬于戴奥’，因毛氏是戴丁的‘小星’，故只能附葬在戴氏祖坟所在地，何况当时戴丁未死（‘华父兆前，事楷等挨门乞铭’可见）。也可能将她‘附葬’在丈夫祖上的墓地里。”

这段文字不仅词语、标点有误（详见前文第7、8条勘误），句子欠顺畅，其论述和推断也值得商榷。第一，毛氏安葬之时，其丈夫戴丁已离世25年之久（参见叶适《戴佛墓志铭》），并非如《考证》所说“当时戴丁未死”。第二，毛氏乃戴丁的原配，是正妻，后来被封为孺人，具有相当的地位，绝非身份低下的小妾。她去世后祔葬于戴奥，与先她而死的丈夫戴丁合葬在一起，原是理所当然之事。《考证》却误把毛氏当成戴丁的小妾，认为“因毛氏是戴丁的‘小星’，故只能附葬在戴氏祖坟所在地”，这显然是对戴复古所写铭文中“小星”二字的误解。也许有人要问：《毛氏墓志铭》开头称毛氏为戴丁之“妃”，不就是戴丁之妾吗？查辞书，可知“妃”的本义是配偶，是妻。《仪礼·少牢馈食礼》:“以某妃配某氏。”郑玄注:“某妃,某妻也。”后世“妃”的含义有所缩小,一般是指皇帝的妾,太子、王的妻。但戴复古在此处用“妃”字,是取其本义“妻”,不应理解为“戴丁之妾”,如同不能把此铭中的“小星”理解为“小妾”那样。

《考证》还认为“戴奥(即今丁岙村)当为南宋时戴氏家族之祖茔”,为此列举了三点理由。然而细加分析,这些理由大多是推测,缺乏强有力的史料证据,很难借以肯定戴奥即是戴氏家族祖坟所在地。《考证》说戴奥的“戴小姐墓”,相传是“戴复古两位殉情而亡的姐姐”之坟墓,这只是民间的传闻而已,从戴复古的诗词作品和有关史料中很难找到戴复古有这样两位姐姐的记述或线索。诚然,戴复古的从侄戴丁及其妻子毛氏的墓地在戴奥,但凭此证据仍嫌不足。因为,我们也可以举出南宋时南塘戴氏家族某些成员之墓地不在戴奥的事实。例如,同是戴复古的从侄,又是戴丁同族兄弟的戴龟朋(字叔宪,号竹洲)去世后就安葬在太平乡黄仙山(参见叶适《水心文集·竹洲戴君墓志铭》)。另外,据戴复古五言律诗《清明感伤》(见弘治本《石屏诗集》卷二)中的“清明思上冢,昨夜梦还家。……晋原松下泪,沾洒楚天涯”等诗句,似可推知,诗人家乡南塘屏山之南的晋原,当有诗人祖上的坟墓。我们固然不能因为明代南塘戴奥分属七都和八都两个行政区域,而否认戴氏家族在故里南塘之外的戴奥置建墓地之事实;同时我们亦不能反过来,因为宋代黄岩无七都、八都区域之分,而繁昌乡戴奥有戴氏家族墓地,便否认作为戴氏家族故里的太平乡及其所属的南塘(塘下)有戴氏家族成员墓地之事实或可能。正确的态度应该是尊重事实,历史地、客观地看待这些问题,在没有充分证据证明自己观点、推翻对方观点之时,不妨两说或数说并存,大家各自或共同发掘、搜求史料,寻找证据,继续进行探讨研究,以求问题的圆满解决。

三、关于戴复古的生卒年问题

戴复古的生年,以往文学史家历来无异议,认为是南宋乾道三年(1167)。对此,《考证》再次作了肯定。笔者过去也是这么认识的,但是后来发现,说戴复古生于南宋丁亥乾道三年诚然不错,而据此认定他即生于公元1167年则不那么准确了。这是因为笔者重读他的两首诗后注意到,他的出生月份原来是农历十二月(亦称腊月)!这两首诗都是诗人晚年生日那天所作，一首题曰《生朝对雪，张子善有词为寿》（见弘治本《石屏诗集》卷五），其中有“腊月雪三尺，春风梅数枝”之句；另一首题曰《斗山子王深父作〈石屏记〉，为老夫书，其文甚佳，采〈记〉中语，作五诗致谢》（见弘治本《石屏诗集》卷四），其中有“雪片丰年瑞，梅花腊月春。今朝一杯酒，谁道是生辰”等诗句。由此我们即可按中西历对照表，推算出南宋乾道三年十二月一日至三十日（除夕）正是公元 1168 年 1 月 12 日至 2 月 10 日。所以，按公历计算，戴复古生年不是公元 1167 年，而是 1168 年；若论出生月日，则是公元 1168 年 1 月 12 日至 2 月 10 日间。无独有偶，大诗人陆游的卒年也存在类似情况。据《宋史》，陆游逝世日期是宋嘉定二年十二月二十九日，按公历计，此时已不在与嘉定二年大体对应的公元 1209 年内，而是 1210 年 1 月 26 日了。为此，文学史上介绍陆游的公历卒年时一般均写作公元 1210 年。由此可见我们在介绍戴复古的出生年月时，严格地说也应写作“公元 1168 年”或者“乾道三年十二月（1168 年 1、2 月间）”，而不宜笼统地写成“乾道三年（1167）”。当然，对于非考证性的一般文章，为了行文简便按照惯例这样表述亦无不可，若仅用公历来记述戴氏生年，则还是写作公元 1168 年为好。因为这样更符合史实、更准确。

关于戴复古的卒年，文学史界的意见就颇不统一了。据笔者所知，戴氏的卒年，至今约有以下几种说法：淳祐六年（1246）、淳祐八年（1248）、淳祐十年（1250）、淳祐十二年（1252），还有人认为戴复古活了 80 余岁（如宋末元初的方回），但未能确指他的卒年。

以上几种看法，除了第一种外，提出者基本没有什么论据。

《考证》作者根据戴复古所撰《毛氏墓志铭》中有“以淳祐六年十一月壬申祔葬于戴奥华父兆”之语，对戴复古卒于淳祐六年（1246）、终年 80 岁的看法提出修正意见，认为戴氏至少活到了淳祐六年十一月。这个判断固然不无道理，但此墓志铭也仅能说明戴氏在 1246 年还活在世上，至于此后他究竟还活了多长时间，凭此仍然难以确定。其实，从《石屏诗集》卷七《寄上赵南仲枢密》二首七绝中，已可探知戴氏在淳祐七年乃至淳祐八年时仍然活在世上的证据。且看其中的一首：

贵为公相不如归，一夕飘然去不知。乐在五湖风月底，扁舟载酒对西施。

诗题中的赵南仲，即赵葵。考《宋史》，赵葵于淳祐七年丁未四月被特授枢密使兼参知政事，后又于淳祐九年二月甲辰升任右丞相兼枢密使。从此诗题即可看出，诗人写给赵葵的这两首诗应是在淳祐七年四月赵葵担任枢密使之后，淳祐九年升任右丞相之前。不然诗题中当不称枢密而改称丞相了。诗的主旨是规劝赵葵急流勇退，辞职归隐，以避免朝廷权力斗争之风险。其写作时间显然要比作者撰写《毛氏墓志铭》的时间晚。这也许是迄今看到的戴复古生前创作时间最晚的两首诗。虽然二诗没有标明具体写作时间，但却给我们提供了戴复古在淳祐七年乃至淳祐八年尚活在世上的证据，也为宋末方回在《桐江集》卷四《跋戴石屏诗》中关于戴氏活了80余岁的说法提供了佐证。至于戴氏辞世的确切岁月，由于史料缺乏，目前仍难考知。随着戴复古研究的深入，相信将来某一天能够解决这一悬而未决的问题。

本文是笔者读了《新发现的戴复古重要史料及其考证》一文后的几点浅见，不当之处，欢迎《考证》的作者和广大读者不吝赐教。

本文始刊于《浙江师大学报(社会科学版)》1996年第5期

王埜·姚镛·戴复古

——对《中国文学家大辞典》三则辞目的几点辨正

近读曾枣庄先生主编、中华书局出版的《中国文学家大辞典·宋代卷》(以下简称《大辞典》)中"王埜""姚镛""戴复古"三则辞目，发现其中有几处与史实不符。鉴于王埜、姚镛和戴复古在南宋文坛有着一定的地位，而《大辞典》在当代学界又有较大的影响，常为人们所引用，为避免这三则辞目中的失实之处被读者误信，乃至以讹传讹，故不揣冒昧，特撰此文，予以辨正。

一、"东谷王子文"是谁?

《大辞典》"王埜"辞目曰："王埜(? —1260)字子文，号潜斋，金华(今属浙江)人。……绍定初，辟议幕参赞，摄邵武县。端平元年，摄邵武军事……景定元年六月卒。……戴复古称其'议论波澜阔，文章气脉长'(《东谷王子文死，读其诗文有感》)。"①

按：戴复古，字式之，号石屏，南宋台州黄岩县人(其故里南塘今属浙江台州温岭市)，系宋代江湖诗派的代表人物，与王埜是交游颇深的诗友。绍定年间，戴氏客游邵武，时任邵武军要职的王埜与戴复古及当地的著名诗人严羽、李贾等诗酒酬唱，乃至论诗尽日，为人熟知的戴氏《论诗十绝》即写于那时。此后十多年间，无论王埜在何地任职，戴氏仍与他保持诗书联系。但是上文所引的那首戴氏诗却不是悼念王埜的，诗题中的"王子文"另有其人。

首先，王埜卒于景定元年(1260)，而戴复古卒于淳祐八年(1248)左右②，年八十余，比王埜去世时间早十余年，绝无可能死而复生，作悼念王埜的诗；其次，戴氏诗题中的"东谷"是指逝者之字号，而王埜本人从无这样的称谓，其众多交游也没有这样称呼他的。

那么戴氏诗题中的"东谷王子文"是谁？考之有关文献，可确知他就是戴复古的同乡诗友王汶。

---

① 曾枣庄主编：《中国文学家大辞典·宋代卷》，中华书局2004年版，第40页。

② 参见拙文《戴复古生卒年考辨》，《文献》2003年第1期，第87—93页。

王汶，字希道，又字子文，号东谷，亦称蒙斋，南宋黄岩县楼崎（今属台州温岭市）人。其父王木，字伯奇，号桂山，在当地是个博学多才、德高望重的儒者，育有汶、澄、濬、汲四子（汲早年离世）。《宋元学案·水心门人·王东谷先生汶》记述曰："王汶，字希道，黄岩人。警敏刻励，尝师事水心，又师王诚叟。取《周易·蒙卦》之义以名其斋，因购古今载籍，枕藉读之，已而豁然有悟。援笔为文，日数千百言。伯仲陈耆卿、吴子良之间。所著有《东谷集》。"[①]《（民国）台州府志》卷一六《人物传·王汶》及《（嘉靖）太平县志》卷六、《（万历）黄岩县志》卷六亦有类似的记载。长期漂泊江湖的戴复古在回乡期间常与他及其两个弟弟王澄（字渊道）、王濬（字深道）交游。王氏三兄弟并有盛名，时称"楼崎三王"[②]。

戴复古五律《东谷王子文死，读其诗文有感》："东谷今何在，骑鲸去渺茫。荆花半零落，岩桂自芬芳。议论波澜阔，文章气脉长。遗编犹可考，何必计存亡。"[③]此诗正好反映了王汶的家世、经历及其文学才华。首联是对王汶去世的哀悼。次联是说原来同枝并茂的王汶兄弟半已凋落，但是他们父亲桂山培育的家族品性仍在世间散发着芬芳。"荆花"，《汉语大词典》释为："①即指荆花。春天开花，花紫红色，布满全枝，连成一片，烂漫如朝霞。②比喻兄弟昆仲同枝并茂。"[④]该诗颔联是对王汶诗文特色的赞许，末联所说"遗编"系指王汶的诗文集《东谷集》（按：王汶书斋名"蒙斋"，故又称《蒙斋集》）。

《大辞典》"王埜"辞目之所以将戴复古悼念王汶的诗误作悼念王埜的，想必是由于王埜字子文，而诗题中恰恰有"王子文"三字。但该辞目撰写者不曾想到戴复古的同乡诗友王汶亦字"子文"，只是这位王汶，有关文献大都称其常用的字号——"希道"或"东谷"，较少以其另一字"子文"称之，故不大为后人所知。但无独有偶，诗题中称王汶为"王子文"的，除了戴复古，还有王汶同乡诗友、同属叶适门下的葛绍体（字元承）。葛氏曾写有《谢蒙斋王子文寄文卷》五言古诗一首[⑤]，只不过将王汶"东谷"之号换成其别称"蒙斋"而已。

---

① ［明］黄宗羲：《宋元学案》卷五五，清道光刻本。

② ［清］喻长霖：《（民国）台州府志》卷一百一十六，民国二十五年铅印本。

③ 金芝山校点：《戴复古诗集》卷三，浙江古籍出版社 1992 年版，第 82 页。

④ 罗竹风主编：《汉语大词典》第二卷，汉语大词典出版社 2001 年版，第 683 页。

⑤ ［宋］葛绍体：《东山诗选》卷上，民国宋人集本。

总之，不论是“东谷王子文”还是“蒙斋王子文”，指的都是戴复古的同乡王汶，而非《大辞典》辞目中的“王埜”。

最后，附带提一下，《大辞典》亦收有“王汶”之辞目。该辞目撰写者由于不知王汶又字“子文”，且与戴复古是同乡和诗友，所以未提及戴复古此诗对他的悼念和评论，这自不必苛求。但是曰王汶籍贯为“太平（今浙江温岭）”[①]，则似欠准确。南宋时并无太平县，只有到了明代成化五年（1469），朝廷析黄岩县南部的太平、繁昌和方岩三个乡（王汶的故里楼崎正在其中），又将另从乐清县析出的小部分土地合并另设一县，才有了太平县之建制。1914 年太平县改为温岭县，1994 年撤县建市，所以如今对王汶籍贯的确切表述应是“宋黄岩县楼崎（今属台州温岭市）”，或曰“宋黄岩县人（其故里楼崎今属温岭市）”。

二、姚镛“景定五年，掌教黄岩县学”吗？

《大辞典》“姚镛”辞目曰：“姚镛（1191—？），字希声，一字敬庵，号雪蓬，剡溪（今浙江嵊州）人，宪侄孙。嘉定十年进士。历县尉。……绍定元年为吉州判官。六年以平寇功知赣州。尝骑牛涧谷间，令画工肖其像，郡人赵东野题诗。江西安抚使陈韡劾贬衡阳。端平二年，裒诗文为《雪篷集》，自为序。嘉熙元年，始得自便。……景定五年，掌教黄岩县学。今存《雪蓬稿》一卷、杂著一卷。……事迹见《剡录》卷一、《鹤林玉露》丙编卷六、《浩然斋雅谈》卷中、《（万历）黄岩县志》卷四。”[②]

考姚镛“掌教黄岩县学”之说，最早出自《（嘉靖）太平县志》卷四“儒学设官”条目之记载：“宋旧制，（县）无学官，而令佐皆得兼之，故以勾管学事系衔。理宗景定间，始置主学一员。黄岩县主学姚镛、项大发、许近光（见旧志）。”[③]此后，《（万历）黄岩县志》卷四“学官”条目也有相似的记载：“宋初不专设官，令、丞、簿、尉兼主学事。景定五年，始设主学一员。主学姚镛、许近光（温州人）、项大发（东阳人）、林尚贤（永嘉人）、高子既（新昌人）。”[④]但这

---

① 曾枣庄主编：《中国文学家大辞典·宋代卷》，第 40 页。
② 曾枣庄主编：《中国文学家大辞典·宋代卷》，第 690 页。
③ ［明］叶良佩：《（嘉靖）太平县志》卷四，明嘉靖刻本。
④ ［明］袁应祺：《（万历）黄岩县志》卷六，明万历刻本。

两部县志都没有标示这位任黄岩县主学的姚镛是何方人氏，而《（万历）黄岩县志》对姚镛之后相继任县主学的许近光、项大发、林尚贤和高子既的籍贯，却都有明示。看来这两部县志的编者并不能确定景定五年这位县主学就是剡溪的姚镛，不敢擅自加上籍贯，只是沿用此前的黄岩“旧志”所述，列上姚镛的名字（按：此“旧志”估计后来已佚失，至今无考）。《大辞典》未认真查考这位任黄岩主学的籍贯在何处，便径将绍定年间任赣守的剡溪人姚镛当作景定五年的黄岩主学，编入辞目“姚镛”的仕历之中，甚至视《（万历）黄岩县志》卷四为记录其仕历的文献之一，这就不免有点轻率了。其实，清光绪三年刊本《（光绪）黄岩县志》已经揭示了这位景定五年县主学籍贯的线索，指出姚是“合沙人，以晚科主学，作《喻白蚁文》，又仿柳河东《三戒》作《三说》，其《马嘉鱼说》尤工”，并附注“《台州外书》作‘镕’”①，意即《台州外书》将姚镛写作姚镕。《（民国）台州府志》卷四“黄岩县学”一栏，也有类似记载：“姚镛，《台州外书》作‘镕’，合沙人。在晚科主事。在黄岩作《喻白蚁文》，又仿柳宗元《三戒》作《三说》，其《马嘉鱼说》尤工。”②可见，所谓景定五年掌教黄岩主学的，并非由赣守贬谪衡阳，“嘉熙元年，始得自便”的剡溪人姚镛，而是另有其人——即《台州外书》称作“（姚）镕”的一位寓言作家。

不过，《（光绪）黄岩县志》和《（民国）台州府志》的编者对这位景定五年“掌教黄岩县学”的合沙人，究竟是姚镛还是姚镕，或者后者是姚镛的一个别名，似乎也不甚了了。笔者对此也心存疑惑，直至去年翻阅周密的《齐东野语》，终于发现，这位景定五年黄岩主学并不是剡溪或别处称名曰姚镛的人，而是南宋著名词人、随笔作家周密的启蒙老师——福建合沙的杂文作家姚镕。

这一判断最有力的依据就是周密《齐东野语》中的一则随笔《姚乾父杂文》。该随笔收有姚镕所撰的杂文四篇，即《喻白蚁文》与《三说》（《马嘉鱼说》《江淮蜂蟹说》《蜀封溪猩猩说》），正好与《（光绪）黄岩县志》《（民国）台州府志》所列的篇数相同。这则随笔开首还有一段杂文作者的简介：“姚镕字乾父，号秋圃，合沙老儒也，余幼尝师之（笔者按：周密早年随在福建为官的父亲生活时，尝师事之）。记诵甚精，著述不苟，潦倒馀六旬，仅以晚科主天台黄岩学（按：此处的“天台”，乃古代台州之通称，非天台县），期年而殂。”③

① ［清］陈宝善，王咏霓：《（光绪）黄岩县志》卷六，清光绪三年刊本。

② ［清］喻长霖：《（民国）台州府志》。

③ ［宋］周密：《齐东野语》卷一四，齐鲁书社2007年版，第176页。

南宋有关文献并无姚镕又名"镛"或姚镛又作"镕"的记载，想是《（万历）黄岩县志》的编者由于"镛""镕"二字音、形相近，或者别的什么原因，误将姚镕写作姚镛了。《大辞典》失于查考，沿袭《（万历）黄岩县志》这一失误，进而把这位寓言作家姚镕晚年主持黄岩县学的经历，错安在曾任赣守的江湖派诗人姚镛身上，"镕"冠"镛"戴，还把《（万历）黄岩县志》列为记述姚镛事迹的文献之一，这实在是一个很大的误会。

此外，《大辞典》对姚镛的其他记述亦有不够确切或令人生疑之处。例如，姚镛始任赣守的时间是绍定五年还是六年，"敬庵"是姚镛之字还是号，其号是"雪篷"还是"雪蓬"，其书稿之名称是《雪篷稿（集）》还是《雪蓬稿》，古今各家文献往往记载不一，学界亦多有分歧，《大辞典》"姚镛"辞目对这些问题缺乏客观辨别，或作了不当表述，或在同一辞目内对其作品集名称的写法前后也不一致（如前面曰《雪篷集》，后面又曰《雪蓬稿》），让读者莫辨所以，不免遗憾。①

三、谓戴复古"绍定中，为邵武军学教授"，实无其事

《大辞典》"戴复古"辞目篇幅颇长，先是介绍戴复古的简历，接着叙述戴氏诗词特点及其诗学主张，节引了南宋至近代多位名家对其思想人格及其作品的品评，然后列举其诗词集的各种版本以及载有其事迹的若干部文献。这些叙介看似客观而全面，但大都沿用有关方志和其他文献的记载，缺乏真伪与否的鉴别和辩证分析，疏于吸收戴复古研究的新成果，以致出现某些叙介不够准确甚至有违史实的情况。其中"（戴复古）绍定中，为邵武军学教授"②的记述，便是辞目撰写者误信《（弘治）八闽通志》《（嘉靖）邵武府志》等方志的失实记载而以讹传讹的突出例子。

且看这两部方志的记载：

《（弘治）八闽通志》卷三五《秩官・历官》记曰："（邵武军学）教授：陈之茂、叶仪凤，俱见《名宦志》；张惇颐，绍兴末任；徐元德、戴式之，俱见《名宦

① 参见拙文《南宋江湖派诗人姚镛仕宦考》，《绍兴文理学院学报（人文社会科学版）》2018 年第 5 期。

② 曾枣庄主编：《中国文学家大辞典・宋代卷》，第 690 页。

志》;黄登,嘉定末任;王日新、饶愿,嘉熙初任;方澄孙,淳祐间任。”[①]同书卷三九《秩官·名宦》又有“戴式之,军学教授。有学行,尤工诗”[②]的记载。

《(嘉靖)邵武府志》卷四“教职”的列表中,则记曰:“淳熙十三年,徐元德,永嘉人;嘉定十五年,黄登;绍定五年,戴式之,天台人;嘉熙二年,饶愿。”[③]

按通例,史书方志在撰写官员的传记或列表记载其职务时,都是首先列其姓名,然后叙写其字号的。但《(弘治)八闽通志》和《(嘉靖)邵武府志》记录邵武军学教授的名单时唯独不列“戴复古”姓名,只称其姓字“戴式之”,岂非有违常规惯例?其次,这两部方志所载戴氏与其他几名教授任职时间排序也不一致,《八闽通志》将戴式之列于黄登之前,《邵武府志》又把戴氏置于黄登之后,而戴氏的任职时间,前者曰“嘉定末任”,后者曰“绍定五年至嘉熙元年”(因为嘉熙二年教授表格上明示为饶愿),凡此种种错乱,表明这两部志书的编者其实并不熟悉戴复古的经历,连他的名与字都未曾分辨清楚,更别说其任职之真实性了。《大辞典》沿袭其不确实的记载,能不引人生疑,对之打一个大大的问号吗?

如果检索现存南宋时的文献及戴复古作品集,了解戴氏绍定、端平年间的行迹,就更可以看出“绍定五年为邵武军学教授”只是个误传。

理由如次:

其一,现存南宋历史文献,包括史志,均不能提供明代方志所谓戴复古任军学教授的依据乃至出处线索。相反,与戴复古一起被《(嘉靖)邵武府志》列名为邵武军学教授的淳熙进士徐元德,则有当时多种文献可以为证。例如曾任南宋丞相的学者周必大《文忠集》卷一九一即明确提及“邵武教授徐元德”,南宋著名理学家朱熹还应时任邵武军教授的徐元德所请,为邵武新建的民族英雄李忠定(李纲)祠撰写了《李忠定公祠记》[④],故徐之任邵武军学教授,其真实性自无疑义,而戴之任职则缺乏宋元之文献依据。

其二,军学教授或府学教授,是朝廷任命的地方官员,是有官阶身份的

---

① [明]陈道:《(弘治)八闽通志》卷一七,明弘治刻本。

② [明]陈道:《(弘治)八闽通志》卷一七。

③ [明]陈让:《(嘉靖)邵武府志》,影印天一阁藏明嘉靖刻本,上海古籍出版社1982年版,第812页。

④ 参见[明]陈道《(弘治)八闽通志·秩官》。该志卷三九在介绍邵武军学教授徐元德之宦迹时曰:“(徐)尝辟讲堂之东,创李忠定祠,朱文公(按:朱熹)为记,雅称重之。”

人，与布衣的身份地位大相径庭，任职后，同僚和友人与之交往大都以其职务尊称之。如《戴复古诗集》中就有《濠州春日呈赵教授》《送黄教授日岩之官章贡》之诗呈送与两位担任府学教授的朋友。如果戴复古真的在绍定五年之后做过几年军学教授，按常理，他的朋友此后也会以“教授”之职务来称呼他。但是绍定、端平年间其诗友王埜、赵以夫、姚镛和李贾分别为戴复古的诗卷题跋，都没有提及其“教授”之职务，其他诗友以及戴复古的亲族也从未尊称其为“教授”。

其三，从戴复古自绍定四年至端平年间的行迹来看，他大都是在江西、福建、广东、湖南等地漫游访友，乃至参与当地的诗社活动，尤以游历福建汀州、邵武间的日子为多。试想，哪有一个地方的学官长年累月不在学府而在外地游历访友呢？

其四，戴复古本人更从未以“军学教授”的身份出现过，一直以布衣自称。即使在绍定五年及其后的岁月也是如此。且看戴复古写于绍定五年之后的如下诗句：“草茅无路谒君王，白首终为田舍郎”①，“济世功名付豪杰，野人事业在林泉”②，“办作升平老布衣”③等等，特别是他晚年写的那首买船回乡的七绝“诈称官职不如休，白板无题又可羞。只写江湖散人号，不然书作醉乡侯”④，更是有力的证明。诗人类似这样表白自己仅是草茅、布衣、野人、田舍郎的诗句，在现存的《戴复古诗集》中可谓不胜枚举。

其五，宋代对地方州、府学官的选拔有严格的规定和程序，须从已释褐、有出身（功名）者中选拔，还得进行学官考试，对无出身的布衣，即使名望卓著，也须经朝廷恩准，绝不是州府所能擅自聘任的。有学者曰“也许官家喜其（按：指戴复古）诗作而惜其无安家之费而聘为学吏也未可知”⑤。句中的官家是谁，是朝廷还是邵武主官？有聘为学吏的文字凭证吗？显然，这个没有当时任何文字依据的猜测不能令人信服。

关于戴复古“任邵武军学教授”的问题，《南昌大学学报（人文社会科学版）》2001 年第 4 期所刊拙文《严羽和戴复古身世行迹诸问题考——对〈严羽评传〉的几点商榷性意见》第四部分就曾提出过质疑。想是人微言轻，此

---

① 金芝山校点：《戴复古诗集》卷六，第 184 页。

② 金芝山校点：《戴复古诗集》卷六，第 165 页。

③ 金芝山校点：《戴复古诗集》卷六，第 179 页。

④ 金芝山校点：《戴复古诗集》卷七，第 219 页。

⑤ 吴茂云：《戴复古论稿》卷四，上海古籍出版社 2015 年版，第 146 页。

文发表后似乎并没有什么反响，至今众多学术著作包括一些文学史或辞书依然采信明代《邵武府志》或《八闽通志》所谓戴复古尝任邵武军学教授的不实记载，有学者甚至以“地方志书历来比较可靠”[①]为理由，忽视《邵武府志》等方志在这一问题上记载之错乱和混杂。其实，地方志的有些记述并不那么可靠，就是被公认严谨可靠的史书名著《史记》《汉书》，也有多处错讹。至于元人编的《宋史》，据顾吉辰先生考证，仅《宋史》纪、志、表的部分，在人名、地名、时间、职官、制度、史实以及重要数字等方面的疏误，就着实不少，顾先生的《〈宋史〉考证》质疑考异条目即达 2100 余条。[②] 二十四史都这样，遑论一般的地方志！所谓“地方志书历来比较可靠”之说，不免缺乏全面具体的辩证分析。

令人欣喜的是，原任北京大学教授、现在香港某高校任教的张健博士，在他一部厚重的宋代诗学研究著作《知识与抒情：宋代诗学研究》的附录中，不但具体论述了宋代选拔地方学官制度，还就“戴复古尝任邵武教授”之说，作出了实事求是的论证和分析。书中指出：

> 戴复古本来是布衣，如果他被荐举做邵武军学教授，也应有个官阶，有了官职，就不再是布衣。两者之间有明确的界限。但《石屏诗集》卷六《人日》有云：“自换端平新历日，眼看日月倍光辉。……朝廷有道吾君圣，办作升平老布衣。”此诗作于端平年间，正是在绍定之后，如果戴复古做了教授的话，何以还自称“老布衣”呢？再者，当时与戴复古有交往者均未提及其任教授一事，而且也未称其官职，直至明弘治间马金序戴复古诗仍称其布衣。故戴复古任邵武军学教授，实无其事。[③]

张健先生的这一论证和结论，可谓与笔者于 2001 年刊于《南昌大学学报（人文社会科学版）》的稿子中对戴氏任职的质疑不谋而合。真相愈辩愈明。我们欢迎持“戴复古尝任邵武教授”之说者拿出史实根据反驳我们的诸多质疑，而不能仅凭明代有关方志的不实记载而轻下结论，坚持给戴氏套上一顶“学官”的桂冠，而否定其布衣终生的身世。

---

① 吴茂云：《戴复古论稿》卷四，第 145 页。

② 参见顾吉辰：《〈宋史〉考证》，内容提要及说明，华东理工大学出版社 1994 年版。

③ 张健：《知识与抒情：宋代诗学研究》，附录，北京大学出版社 2015 年版，第 618 页。

此外,《大辞典》"戴复古"辞目关于戴复古生年和结束江湖游历、最后自镇江返乡时间的记述,严格说来,也并不准确。

据戴复古《石屏诗集》卷四《新年自唱自和》《新岁书怀四首》和卷五《生朝对雪,张子善朋词为寿》等诗,戴氏于南宋乾道三年丁亥的十二月某日生,按中西历对照表推算,乾道三年丁亥十一月十九日已是公历1168年元旦,而丁亥十二月一日至三十日,已是公历1月12日至2月10日,因此戴复古生年,按农历算,固然是宋乾道三年丁亥,按公历算,则已是公元1168年了,而不是该辞目沿袭以往众多书刊所误标的"1167年"。

至于该辞目曰戴复古"年近八十,始由其子琦自镇江迎还,隐居南塘石屏山下……数年后卒"[①],只要翻检《戴复古诗集》于嘉熙元年在扬州和镇江等地写的《见淮东制帅赵南仲郎,相待厚甚,特送买山钱,又欲刊石屏诗置于扬州郡斋,话别叙谢》《镇江别总领吴道夫,时愚子琦来迎侍朝夕,催归甚切》等诗,再联系赵葵(字南仲)和吴渊(字道夫)嘉熙元年的任职所在地,亦不难看出这一记述与事实不符。实际的情况是:戴复古于嘉熙元年(1237)春日自江西北上,去扬州拜会赵葵,过端午节;秋日离开扬州时戴氏赋诗特向待之甚厚的赵葵辞别叙谢。扬州帅府属官朱行甫、方岳连骑前往戴复古下榻处相访并送别,戴氏亦有诗以纪其事。经过镇江时,戴氏又拜访了时任镇江总领的友人吴渊,然后在前来镇江迎候的儿子戴琦的催促和护卫下回乡。时临冬季,一路上走走停停,抵家已是嘉熙二年春日了。[②] 那时戴氏虽已年过七十,但距离八十岁还差八九年呢。

考《大辞典》"戴复古"辞目"(戴复古)年近八十,始由其子琦自镇江迎还"之说,大约脱胎于清代戚学标《台州外书》卷四"(戴复古)前后在江湖几五十年,子琦自镇江迎还,时已八旬矣"[③]之记载,只是《大辞典》将"时已八旬"改为"年近八十"而已,但即便这样,也比戴氏当时的实际年龄七十一岁多出不少。试想,按照《大辞典》所述,戴复古于嘉熙元年(1237)返乡时已年近八十,数年后年八十余卒,据此推算,他至迟在淳祐二年前后也已不在人世,那该如何解释他此后至淳祐七年之间所撰写的诸多诗歌呢?

---

① 曾枣庄主编:《中国文学家大辞典·宋代卷》,第690页。

② 参见金芝山校点:《戴复古诗集》卷四,《闻严坦叔入朝,再用前韵》,诗中有"我本江湖客,归来二月春"之句。

③ [清]戚学标:《台州外书》卷四,上海古籍出版社2016年版,第125页。

自古至今,由于主客观条件的限制,人们著书撰文(包括编纂辞书),不可能事事先行核查前人的记述,故出现某些失误原不难理解。但笔者以为,对于常被读者视作判断是非标准的辞书(特别是人物类辞书)来说,记人叙事,还是应多花一番核查史实、鉴别真伪的功夫,力求严谨准确,避免以讹传讹、误导读者。

本文始刊于《苏州教育学院学报》2019 年第 5 期

戴复古“江西重婚案”与四库馆臣求实精神

自20世纪90年代学界兴起一股关于南宋江湖诗派讨论的热潮之后，江湖诗派在我国古代文学史上的地位有了显著的提高。作为与刘克庄齐名的江湖诗派代表作家戴复古，他的身世和创作也引起了人们更多的关注。此后近三十年中，有关戴复古及其作品的研究不断深入，澄清了过去文献资料在戴氏记载上的一些失误，包括他的生平、家世和籍贯等方面的问题。

但是由于戴氏生前创作的两千余首诗词作品，到了明代，几乎散失一半，流传至今的《石屏诗集》十卷本及集外诗，仅有一千首左右，而记载他事迹的史志文献大多较为简略，所以戴氏的身世及其作品仍有不少模糊不清、疑而未决的问题。涉及戴复古人品、名誉的所谓“江西武宁重婚案”（以下简称“江西重婚案”或“戴氏重婚案”），便是其中突出的一个问题。自明代至今，学界对此案的真伪及评判一直众说纷纭，争论颇多，认识至今不能统一。

一、戴复古“江西重婚案”的由来和传播

戴复古，字式之，号石屏，南宋台州黄岩县人（其故里南塘今属浙江温岭市）。出生于孝宗乾道三年十二月（公元1168年1、2月间），卒于宋理宗淳祐八年（1248）左右，享年八十余岁。其父戴敏，字敏才，号东皋子，是台州一位著名诗人和书法家，一生不肯为举业，常以诗自娱，终穷而不悔。“且死，一子方襁褓中，语亲友曰：‘吾之病革矣，而子甚幼，诗遂无传乎！’”戴复古年稍长，为继父志，笃意学诗，先后师从台州名士林宪、徐似道，“又登三山陆放翁之门，而诗益进”。此后，为求得进身之阶，也为了更好地拓诗之景、助诗之奇，他多次长时间地浪迹江湖，广交各方名流诗友，足迹遍及南宋大部分疆域，以诗鸣江湖间四五十年。现存的南宋文献，有相当多称许戴复古为人和诗才的记载和评论，却并没有涉及戴氏人品道德缺陷的绯闻。

所谓戴氏“江西重婚案”，最早见于元末陶宗仪（字九成，号南村）所撰《南村辍耕录》（一作《辍耕录》）中一则题为《贤烈》的笔记：

> 戴石屏先生复古未遇时，流寓江右。武宁有富家翁爱其才，以女妻

之。居二三年,忽欲作归计。妻问其故,告以曾娶。妻白之父,父怒。妻宛曲解释,尽以奁具赠夫,仍饯以词云:“惜多才,怜薄命,无计可留汝。揉碎花笺,忍写断肠句。道傍杨柳依依,千丝万缕,抵不住一分愁绪。捉月盟言,不是梦中语。后回君若重来,不相忘处,把杯酒浇奴坟土。”夫既别,遂赴水死。可谓贤烈也已。①

由于戴复古是南宋江湖派的重要诗人,陶宗仪又是元末明初的著名历史学家和文学家,故《辍耕录·贤烈》这则关于戴氏在江西武宁“重婚”的传闻,包括文中那位江右女子的“诀别词”(按:此词各种文献称名不一,本文统称之为“诀别词”),引得明、清众多文人学士的特别关注,纷纷将其转载、摘录于各自所编的文集、方志、笔记、诗话等著作之中,有不少文献还附以或长或短的评述。举其要者,明代即有杨慎《升庵集》和《词品》、田艺蘅《诗女史》、《(嘉靖)太平县志》、《(嘉靖)武宁县志》、王圻《续文献通考》、陈耀文《花草稡编》、郭子章《豫章诗话》、查应光《靳史》、蒋一葵《尧山堂外纪》、冯梦龙《情史》、《(万历)黄岩县志》、卓人月《古今词统》等;在清代、近代则有褚人获《坚瓠集》、邵远平《元史类编》、裘君弘《西江诗话》、《(乾隆)武宁县志》、《(道光)武宁县志》、《(同治)武宁县志》、洪颐煊《台州札纪》、丁绍仪《听秋声馆词话》、《词林纪事》等。更有一些文献作者还对《辍耕录·贤烈》的情节(包括其所引“诀别词”)进行加工演绎,或删繁就简,或添枝加叶,乃至依据各自的理解,标示词调名(诸如“怜薄命”“揉碎花笺”“断肠词”“薄命词”“绝命词”等等)或填补缺漏的词句。

至于现当代一些地方志、古代诗词作品集(如唐圭璋先生编的《全宋词》和《宋词纪事》)、文史类辞典以及一些学术论著乃至随笔散文等,将《辍耕录·贤烈》这则记载(包括那首江右女子“诀别词”)收录、引用或摘编、评述,乃至加以想象性发挥者,更是不计其数。几十年来,各式各样的古典诗词鉴赏词典、宋词鉴赏辞典几乎无不收入那首江右女子之“诀别词”(《祝英台近》)及戴复古之《木兰花慢》词,并予以对照赏析,其中不乏现当代文史学界声名卓著的学者和文学家的参与,或承担主编、顾问之责,或亲自撰文评析。可以说,其传播范围之广泛、时间之久长、评说之纷纭、影响之深远,令人不胜惊讶。

① [元]陶宗仪:《南村辍耕录》卷四,中华书局1959年版,第51—52页。

二、古今文献关于“戴氏重婚案”的几种观点和态度

综观古今文献关于“戴氏重婚案”的观点和态度，大体可分为以下几类：

（一）绝大多数文献认可《辍耕录·贤烈》系“史实”，姑称之为“肯定说”

1.“肯定说”者所持的依据，归纳起来，大体有如下几点：

（1）以戴复古《木兰花慢》词有“这一点闲愁，十年不断”“重来故人不见，但依然、杨柳小桥东”[①]等句子，与江右女子的“诀别词”（清人名其调名为《祝英台近》）中的“道傍杨柳依依”“后回君若重来”等语句“得以印证”，从而推断“陶宗仪所说，当为可信”[②]。当代学者邓乔彬先生赏析《祝英台近》的文章这样说，大多数古代诗词鉴赏词典对这两首词的赏析也基本持这一看法。

（2）认为南宋楼钥（字大防，号攻媿）对《辍耕录·贤烈》“此一本事已曾有所记述”，《四库全书总目·石屏词提要》又有“此本（按：指《石屏词》）卷后载楼钥所记一则，即系《石屏集》中跋语”，从而肯定“此一本事亦当属可信”[③]。叶嘉莹先生在《良家妇女之不成家数的哀歌》中如是说。

（3）认为陶宗仪和戴复古同是台州黄岩人，二人“相去不甚远，南村笔之于书，非谬也”[④]。明代著名藏书家徐惟起（徐𤊹）如是说。

（4）认为陶氏《辍耕录》三十卷“素称严谨，史学文学研究者常以为据。他又是黄岩人，所记当不罔也”[⑤]。戴复古同乡、当代戴复古研究专家吴茂

---

① 金芝山校点：《戴复古诗集》卷八，浙江古籍出版社 1992 年版，第 223 页。

② 萧涤非、刘乃昌主编：《中国文学名篇鉴赏·词赋卷》，《祝英台近》（戴复古妻），山东大学出版社 2007 年版，第 162 页。

③ 叶嘉莹：《良家妇女之不成家数的哀歌》，《中国文化》2008 年第 2 期，第 38—52 页。

④ ［明］徐𤊹等撰：《新辑红雨楼题记　徐氏家藏书目》，马泰来整理，上海古籍出版社 2014 年版，第 134 页。

⑤ 吴茂云：《戴复古全集校注》附录三，《戴复古家世考》，中国文史出版社 2008 年版，第 428 页。

云先生如是说。

(5)由于江西武宁县及其邻县修水有所谓戴氏墓地和戴氏妻投水处“节妇潭”等古迹,两县明清以来的多部方志如《(嘉靖)武宁县志》《(道光)武宁县志》等均认可《辍耕录·贤烈》中的那位武宁富家女为“戴复古妻”,并将两人婚恋事当作史实收入志书中。①

2. 在众多持“肯定说”的文献作者中,对戴氏“重婚”的态度,则又有程度不同的区别:

(1)隐寓批评。转载或节录《辍耕录·贤烈》之传闻,而未予置评,实则与陶氏一样,已隐寓对戴氏“江西重婚”的批评态度。如《(嘉靖)江西通志》《花草粹编》《续文献通考》《(乾隆)武宁县志》和《词苑丛谈》等。

(2)严词斥责。不但转述此记载,且公开严词斥责戴氏“无行”。其中明代杨慎(字用修,号升庵)的态度尤为激烈:“呜呼!石屏可谓不仁不义之甚矣!既诳良人女为妻,三年兴尽而弃之,又受其奁具而甘视其死。俗有谑词云‘孙飞虎好色,柳盗跖贪财,这贼牛两般都爱’,石屏之谓与!”②

蒋一葵《尧山堂外纪》、查应光《靳史》亦有同样的指斥。

当代更有不少学者或作家据《辍耕录·贤烈》之记载,在称许、赏析江右女子词的同时,对戴氏的“无行”则予以猛烈抨击,斥之为“负心汉”“大骗子”“丧尽天良”“十恶不赦”等等;王建萍、施也频《中国古代才女被弃及其被弃诗》甚至斥责戴氏为“无道行中的‘状元郎’”“更无耻歹毒”③,周殿富《女殇》一书亦厉声斥其为“顶尖的坑人祖宗,大骗子,其恶劣几不啻于杀人犯,谋害亲妇的刽子手”④。诸如此类声色俱厉、叠床架屋的恶骂痛斥,在当今的出版物中可谓不胜枚举。

(3)视为小节。明代学者毛晋则视戴氏“重婚”之事为“小节”,认为他一生“痛念先人,固穷继志”“天台诗品,莫出其右者”,称其大德不亏,批评杨慎“乃以江西烈女一事,疵其为人,不几以小节掩大德耶”⑤。

---

① 参见《(嘉靖)武宁县志》卷五,明嘉靖刻本;《(道光)武宁县志》卷一七,清道光二十九年刻本。后者卷四三还附有某诗人所谓《节妇潭吊古》诗。

② [明]杨慎:《词品》卷六〇,明刻本;又见杨慎:《升庵集》卷五一,《景印文渊阁四库全书》第1270册,第361页。

③ 见《南通纺织职业技术学院学报(综合版)》2003年第4期。

④ 周殿富:《女殇》,北京时代华文书局2014年版,第303页。

⑤ [明]毛晋辑:《宋六十名家词·石屏词跋》,上海古籍出版社1989年版,第479页。

(4)不以为讳。也有学者对戴氏"重婚"行为持更加宽容的态度,如吴茂云先生认为"在一夫多妻制的社会里,这样再娶一个妻子是算不上于德行有亏的,何况这类事是文人经常发生的,所以我们也不必为诗人讳"[①]。

(二)否定《辍耕录》卷四《贤烈》记载之真实性,认为戴氏"重婚"乃后人错解戴氏《木兰花慢》词而"强实之",姑称之为"否定说"

1.清吴之振等编《宋诗钞·石屏诗钞序》云:"今考(戴复古)集中略无(重婚)踪迹。后人因诗余《木兰花慢》一阕有'重来故人不见,但依然杨柳小楼东'之句,乃强实之。"接着又以南宋陈昉、姚镛等名人对戴氏人品的高度评价和朱子"亦以诗相赠酬"来驳斥杨慎对戴氏品行的否定:"使无行至此,其得为大儒君子所称,至升庵乃发覆耶!"[②]

2.清代乾隆时进士、台州籍学者戚学标完全赞同《宋诗钞·石屏诗钞序》对杨慎关于戴复古"无行"之论的驳斥。他在《台州外书》中说:"石屏诗、品俱优,其'江右再娶'系后人传讹,各书互相剿袭,杨升庵直诋为无行,余尝力辩之。"[③]他在该书中断言石屏与朱熹有交往,有德行,必不会停妻再娶。其《景文堂诗集》又指斥杨慎"薄行诬前辈",句后特予注释:"旧志袭杨升庵'文人薄行'之说,谓戴石屏江右再娶,其实乌有事!"其《题石屏诗钞》的长篇古诗颂扬戴复古"湖海人豪推石屏,晚出意气吞九溟。渭南西山竞把臂,眼中宁复知四灵",并在诗末批评陶宗仪和杨慎对石屏的诬蔑:"名高自古受玷伤,新缣旧素谁致详。南村升庵好剿说,庶几识者为表章。"[④]

3.喻长霖《(光绪)台州府志》卷一三一《考异》也称《宋诗钞》编者和戚学标的"辨讹"为是,故《台州府志》的《文苑传·戴复古传》不引《辍耕录·贤烈》传闻。

4.清何庆朝所编《(同治)武宁县志》引述并支持前《台州府志》对《辍耕录·贤烈》的多项质疑:"何以游客(按:指戴复古)尚著姓名,而以女妻之者

---

① 吴茂云:《戴复古全集校注》附录三:《戴复古家世考》,中国文史出版社2008年版,第428页。

② [清]吴之振等编选:《宋诗钞》卷九五,《景印文渊阁四库全书》第1462册,台湾商务印书馆1986年版;又见金芝山校点:《戴复古诗集》附录二,第335页。

③ [清]戚学标编:《台州外书》卷二〇《辨误》,上海古籍出版社2016年版,第587页。

④ [清]戚学标:《景文堂诗集》卷一三,清乾隆五十六年刻本。

反无里氏？且词传而名不可考，其死又非猝遇兵寇，怜才之父谅必大书特书以彰不朽，如以氏论，妇人从一而终，何难随夫偕往。即父怒不许往，在复古又何难与之相约，如晋公子'待我二十五年不来而后嫁'故事，而必令之死，孰为逼之欤？且贻石屏以薄幸名，恐非妇心也。事涉传奇，不便参伍于诸节烈贤孝中。"[①]文后又特别强调"此言诚是"，表现出与众多方志编者不同的看法。

5.当代学者很少有对《辍耕录·贤烈》的记载提出异议的，笔者所见到的只有两处，一是台州温岭市地方志办公室主任蔡宝定先生主持整理，由中华书局于1997年出版的《太平县古志三种》第575页的一条注释，其中指出"石屏江西娶妻之说，最先见于陶宗仪《辍耕录》。（陶与戴）相距百余年，所记未交代出处，不足信"；一是笔者从网上发现一位蔡姓年轻学者于2009年写的一篇题为《戴复古的"重婚"》之博客，文中以讽刺挖苦的口吻，批评《辍耕录》的作者关于戴复古重婚之记载是在"编故事"，让戴复古"蒙'重婚'之诬"，指斥一些将江右女子《祝英台近》与戴氏《木兰花慢》联系起来赏析的作者是在"造谣编谎"，最后还以一句粗话"好好的白菜，都让猪给拱了"来讥笑这些作者和陶宗仪等"文化人"。

（三）对陶氏《辍耕录》所载"戴氏重婚"事件的真伪，既不肯定也不否定，持存疑的谨慎态度，姑称之为"存疑说"

此说当以四库馆臣《四库全书总目·石屏词提要》为代表。该提要曰："此词一卷，乃毛晋所刻别行本也。……此本卷后载楼钥所记一则，即系《石屏集》中跋语；陶宗仪所记一则，见《辍耕录》。其江右女子一词不著调名，以各调证之，当为《祝英台近》，但前阕三十七字俱完，后阕则逸去起处三句十四字，当系流传残缺，宗仪既未经辨及，后之作图谱者，因词中第四语有'揉碎花笺'四字，遂另造一调名，殊为杜撰。至于《木兰花慢》怀旧词，前阕有'重来故人不见'云云，与江右女子词'君若重来，不相忘处'语意若相酬答，疑即为其妻而作，然不可考矣。"[②]意谓文献证据不足，已不可考，只能存疑。

---

① 《（同治）武宁县志》卷四四，清同治九年刻本。

② 《四库全书总目·石屏词提要》，卷一九九，清乾隆武英殿刻本。

三、对“戴氏重婚案”持“肯定说”者几种论据的辨析

遵照当代“以事实为根据，以法律为准绳”的司法办案原则，笔者以为，对“戴氏重婚案”持“肯定说”的古今文献作者缺乏原始文献依据和实证，猜测、想象甚至误解的成分居多。兹辨析如下：

（一）陶宗仪《辍耕录·贤烈》所谓戴氏“江西武宁重婚”，并无南宋时期的文献依据

要确定戴氏是否在江西武宁重婚，关键得看他生活的时代有没有这方面的人证物证。遗憾的是，我们至今没有发现南宋时期关于戴氏在江西重婚及江右女子词的记载或印迹。那么离南宋亡国已近百年的元末，陶宗仪是从何处获得这一信息？唐圭璋先生所编《全宋词》谓此江右女子词出于《广客谈》，对此，叶嘉莹先生已予否认，指出：“经查《丛书集成·初编》版《广客谈》，未见此一则之记载。”[①]高建国先生把《丛书集成初编》本中的《广客谈》与《辍耕录》对照，发现前者记事仅有12条（其中有7条被《辍耕录》收入），没有一条是记述戴复古“重婚”及江右女子词的。[②] 吴晓铃先生《〈辍耕录〉通检》一书更对《辍耕录》全书各条记事内容出处做过全面而深入的考察，也并未发现《辍耕录·贤烈》所记出自《广客谈》。显然，唐圭璋先生谓那首江右女子词出于《广客谈》是误记了。

关于陶氏《辍耕录》三十卷计580条资料的来源，吴晓铃先生在《〈辍耕录〉通检》中概述，这些条目大约可别为四端：一曰载个人身所经历，一曰记耳诸友朋，一曰录他人著述，一曰载个人见解。[③]

对照吴先生上述的四端，《辍耕录·贤烈》的来历，排除了吴先生所说的一、三两端，那就只剩二、四两种可能，即要么“耳诸友朋”，要么是陶氏据民

---

① 叶嘉莹：《良家妇女之不成家数的哀歌》，《中国文化》2008年第2期，第44页。

② 高建国：《〈南村辍耕录〉与〈广客谈〉》，载李治安主编：《元史论丛（第十四辑）》，天津古籍出版社2014年版，第341—346页。

③ 吴晓铃：《吴晓铃集》第1卷，《〈辍耕录〉通检》，河北教育出版社2006年版，第74页。

间传闻加工而成。可见所谓戴氏“重婚”之传闻以及那首被后人冠以“戴复古妻”“戴氏妇”的江右女子之“诀别词”,并无南宋时期文献的依据,它最早仅出自元末的《辍耕录》,或者说,其始作俑者便为距戴复古辞世近百年的元末明初的陶宗仪。后之关于此事的种种记载,也只是《辍耕录·贤烈》之翻版或以此为源头而文字略作变换而已,算不得别出机杼。

(二)《辍耕录·贤烈》之记载,与戴氏的人生经历及其深切思念妻儿之情不符

首先,戴复古虽然多次在江西游历,但并未发现他有在武宁游历乃至居二三年的踪迹。

翻展现存戴氏诗词作品集,可以看出,数十年中戴氏游历过江西大部分的州、府、县以及不少风景名胜区域,诸如南昌、南康、玉山(信州)、九江、庐山、清江、南丰、新喻、万安、吉安(庐陵)、建昌、萍乡、永丰、永新、新淦、临江、清江、宜春(袁州)、渝江、赣州等地,都留有他的身影、足迹和吟声,但却始终没有发现他曾去过武宁,他结识的江西数十位诗友的诗文中也从未有关于他在武宁的记述。

戴复古自谓“从来麋鹿性”“自笑奔驰如野马,本无拘束似沙鸥”“到底闭门非我事,白鸥心性五湖旁”,他在江西乃至南宋大部分地区的漫游,从来没有在某处一次居留二三年的经历。因为这不符合他“麋鹿”“野马”“沙鸥”似的性格。陶氏和“肯定说”者也举不出戴氏在武宁与那位富家女重婚居二三年的具体证据。

其次,有学者辩护说,在戴氏已散失近一半的诗词作品中也许有他关于在武宁踪迹的记述。然而我们讨论问题,应该从实际出发(即从现存的有关文献资料出发),凭事实说话,缺乏证据时可以存疑,但将“可能有”“莫须有”的猜测作为论据却是学术研究所应避免的。

第三,就戴氏与妻儿的深挚真切感情看,其江西重婚的传闻也值得怀疑。

应该承认,戴氏长期在江湖上漂泊,以诗会友,确实与在家的妻儿聚少离多。他这样做,既是为承继父志,寻求进身之阶,同时也是其“麋鹿”之性使然。从当今常人的价值观来看,他性格的某些方面是有缺陷的。然而也不能对他长期在外漂泊、久不回家,不做历史的、具体的分析,笼而统之斥其

对家人无情无义。

且看戴氏以下几首诗：

> 剥封览情愫，既喜复凄恻。……勿谓游子心，而不念家室。……丑妇隔江山，千里情弗绝。①

> 客游儿废学，身拙妇持家。……关心此时节，归兴满天涯。②

> 湖海三年客，妻孥四壁居。饥寒应不免，疾病又何如。日夜思归切，平生作计疏。愁来仍酒醒，不忍读家书。③

> 伊昔天边望藁砧，天边鱼雁几浮沉。机番白苎和愁织，门掩黄花带恨吟。自古诗人皆浪迹，谁知贤妇有关心。归来却抱双雏哭，碑刻虽深恨更深。④

> 求名求利两茫茫，千里归来赋悼亡。梦井诗成增怅恨，鼓盆歌罢转凄凉。情钟我辈那容忍，乳臭诸儿最可伤。拂拭丹青呼不醒，世间谁有返魂香？⑤

从上列几首诗的诗题和诗句可以看出，戴氏对在家的妻儿感情是真挚的，思念是深切的，仅凭《辍耕录・贤烈》这一孤证，就认定其"江西重婚"为实有之事，难以令人信服。按理，持此说者总该先了解一下戴氏一生行迹及所撰诗集的上述思亲之作，进而做些相应的考证吧。

---

① 金芝山校点：《戴复古诗集》卷一，《答妇词》，第 3 页。

② 金芝山校点：《戴复古诗集》卷二，《春日怀家》，第 39 页。

③ 金芝山校点：《戴复古诗集・抄补》，《思家用陈韵》，第 240 页。

④ 金芝山校点：《戴复古诗集》卷六，《续祖妣题句》，第 209 页。该诗全题为《石屏久游湖海，祖妣遂题二名于壁云"机番白苎和愁织，门掩黄花带恨吟"。后石屏归，祖妣已亡矣。续成一律》，当是戴复古之后裔辑编此诗时所加。题中"祖妣"系戴氏之妻，非石屏称其祖母。

⑤ 金芝山校点：《戴复古诗集》卷六，《题亡室真像》，第 197 页。

(三)戴复古《木兰花慢》词可以有多种诠释,并不能作为戴氏"重婚"的力证

"肯定说"者常以戴复古《木兰花慢》与江右女子词两者有貌若相接的语句作为"戴氏重婚"之重要证据,但从法律角度而言,它只是一种猜测或疑似,并不能成为有力的旁证。

为便于说明问题,似有必要先将戴氏《木兰花慢》抄录于下:

> 莺啼、啼不尽;任燕语、语难通。这一点闲愁,十年不断,恼乱春风。重来故人不见,但依然、杨柳小楼东。记得同题粉壁,而今壁破无踪。
>
> 兰皋新涨绿溶溶,流恨落花红。念着破春衫,当时送别,灯下裁缝。相思谩然自苦,算云烟、过眼总成空。落日楚天无际,凭栏目送飞鸿。[①]

将戴氏《木兰花慢》与前引《辍耕录·贤烈》中的江右女子词相对照,所谓二者有语句"相印证"云云,似乎言之成理,但这也只是单向的推测,何况戴词并未点出"同题粉壁"的地点和怀旧者为谁,怎能一口咬定它就是戴氏重游江西时怀念的那位江右女子所作呢!倘若运用发散性思维去思索,戴之《木兰花慢》词也可以从以下几个角度推测之:

其一,戴氏此词怀念的,原是江湖游历期间认识的一位异性朋友,而非那位武宁富家女。戴氏浪迹江湖前后达四十余年,其间或有异性朋友或情人,他在《答妇词》诗中即有"新交握臂行"之句,但他并没有"停妻再娶",与之成婚,这从其紧接着的下句"肝胆犹楚越"和上一联"勿谓游子心,而不念家室"[②]之诗句亦可看出。

其二,戴词《木兰花慢》会不会是替友人代作之词篇?戴氏诗词作品中,有多次为他人代作之例(其中数首还直接以女性之口吻撰写),如《戴复古诗集》卷一《婕妤词》《江南新体》,卷四《代人送别》("南浦春波碧,东风送客船。别君杨柳外,挥泪杏花前。粉壁题诗句,金钗当酒钱。一声离岸橹,心碎楚江边"),卷七《寄兴(代作)》之第二首("黄金无足色,白璧有微瑕。求人不求

---

① 金芝山校点:《戴复古诗集》卷八,《木兰花慢》,第 233 页。

② 金芝山校点:《戴复古诗集》卷一,《答妇词》,第 3 页。

备，妾愿老君家”），卷八《浣溪沙》（病起无聊倚绣床）、《临江仙》（误入风尘门户）等等。那么，戴氏之《木兰花慢》是不是也可以推测为替旁人代作的呢？

其三，那首江右女子词还有可能是陶氏（或其友朋）迎合戴词《木兰花慢》情节的逆向之作。鉴于陶宗仪及“肯定说”者未能举出《辍耕录·贤烈》所录江右女子词的原始出处，我们也不妨作一逆向推测，它还可能系陶氏（或其友朋）依据戴复古《木兰花慢》之情思，模仿女性的口吻与戴词语意相接之拟作。也就是说，实际的情况可能是，戴词写作在前，而江右女子那首“诀别词”乃后来民间无名氏或陶宗仪本人迎合戴词之语意撰作于后。不然，何以戴词在南宋之时即已见之于世，而那首被称为“戴复古妻”的江右女子的“诀别词”直到近一百年后的元末才由陶氏披露？

据笔者所知，这类为达到某种目的，有意逆向造假的事例并非绝无仅有。例如元代学者吴师道的《七进图记》，为了论证宋代七体佳作《七进》（按：该作品实为北宋作家赵鼎臣所作）系金华籍名臣潘良贵之父潘祖仁（号竹隐老人）所撰，竟把《七进》中主人公竹隐老人（赵鼎臣）的儿曹“奕、京、方、奇、亮、育”等人依次说成是潘祖仁的六个儿子良佐、良贵、良瑗、良翰、良知和良能的“原名”或“小名”[①]，误导了古今许多名家。

其四，古人诗词中时常出现“杨柳”“十年重来”等词语，类似戴复古《木兰花慢》怀旧词与江右女子词这样少数词语貌若相接的情况，在宋代亦非仅此一例。例如，与戴氏同时的诗人黄升（字玉林，号花庵）同样写过一首《木兰花慢·怀旧》：

> 问春春不语，谩新绿、满芳洲。记历历前游，看花南陌，命酒西楼。东风翠红围绕，把功名、一笑付糟丘。醉里了忘身世，吟边自负风流。
>
> 风流。莫莫复休休。白发渐盈头。怅十载重来，略无欢意，惟有闲愁。多情向人似旧，但小桃、婀娜柳纤柔。望断残霞落日，水天拍拍飞鸥。[②]

将黄升此词与前引的戴氏《木兰花慢》相对照，不难看出，两词不但某些

---

① 参见[元]吴师道：《敬乡录·七进图记》，载邱居里、邢新欣点校：《吴师道集》（下），浙江古籍出版社 2012 年版，第 400—403 页。

② [宋]黄升辑：《花庵词选》，王雪玲、周晓薇校点，辽宁教育出版社 1997 年版，第 359 页。

语句相似,意境和情感也有共通之处。撇开《辍耕录·贤烈》之本事,光就黄升之怀旧词而论,不也有与江右女子词有少数语句相“印证”的吗?

(四)叶嘉莹先生以为南宋楼钥对《辍耕录·贤烈》中“江右女子词”的本事“已曾有所记述”,故《辍耕录·贤烈》所记“当属可信”。这个判断亦与事实不相符合

叶先生此说的理由之一是:《四库全书总目·石屏词提要》谓“《石屏词》一卷……此本卷后载楼钥所记一则,即系《石屏集》中跋语”。句后叶先生还特加按语强调“此跋语所记者即为此一本事”。其实,翻检《石屏诗集》弘治本集前所载南宋多位名流为戴氏各个时期诗卷所作序跋可知,被叶先生称为楼钥之“跋”的,乃楼氏嘉定三年(1210)所撰《戴式之诗卷序》。该序主要是追述戴氏从师的经历,肯定其继父志固穷学诗的孝心、决心以及对其师从陆游而“诗益进”的赞赏,丝毫没有涉及其游历江西“重婚”之传闻,更没有对江右女子词之本事有所记述。尽管《提要》个别语句有含糊不实之处(下文将具体论及),毛晋《石屏词跋》亦有轻信《辍耕录》戴氏“江西重婚”之误,但细阅《四库全书总目·石屏词提要》以及毛晋《石屏词跋》,两者亦没有像叶先生所理解的那样,将楼钥之“跋”与江右女子词本事联系起来。且看毛晋的跋语,在称赏戴氏“天台诗品莫出其右者”之后,紧接着便批驳杨用修(杨慎)和方虚谷(方回)对戴氏人品和诗才的偏见:“杨用修乃以江西烈女一事疵其为人,不几以小节掩大德耶! 至如‘胸中无千百字书’云云,是石屏自恨少孤失学之语,指为方虚谷短之,抑谬矣。”可见毛晋此跋文没有要把楼氏所记当作陶氏《辍耕录·贤烈》本事“早有所记述”的依据。看来,这恐怕是叶先生误解了《四库全书总目·石屏词提要》和毛晋《石屏词跋》有关文句原意而产生的错觉。

必须指出,叶先生是现当代传授和研究中华诗词特别是唐宋诗词的大师级权威学者,为弘扬中华优秀传统文化作出了卓越的贡献。此处对馆臣《提要》和楼钥所记之误解想是一时的错觉,无损她所撰《良家妇女之不成家数的哀歌》这一杰作对女性词鞭辟入里分析的独特意义。在这篇论文中,叶先生揭示那首江右女子词非出于《广客谈》,肯定《四库全书总目·石屏词提要》对此词“不著调名”“后阕逸去起处三句”的分析,指出后人取词之第二句“怜薄命”而另立一词调者“实不可据”,清代始见的该词后半阕开端之“如何

诉，便教缘尽人生，此身已轻许”三句“殆后人拟作，并不可信”，以及辨析原词之“捉月盟言”当作“指月盟言”为是，都很精辟有见地，足见叶先生诗学和文史考据造诣、功力之深厚，这都是笔者深为叹服并景仰的。

（五）“肯定说”者所举其他一些论据，大都亦属推想之列，不足以成为其论点之佐证

其一，戴复古与陶宗仪虽然同属宋台州黄岩县人，但两人生活时代相隔近百年之久，一生大部分时间，一在江湖漫游，一在松江居住，何况，即使生活在同一时代又相距不远，也不一定就能相见或知悉对方之经历。戴氏七绝《湘中遇翁灵舒》“天台山与雁山邻，只隔中间一片云。一片云边不相识，三千里外却逢君”[①]（按：翁灵舒即翁卷，永嘉四灵之一），说的就是这样一种情况。还有，与戴氏同一县籍的明代茶陵派诗人谢铎，与戴氏故里相距更近，应是对戴氏相当了解吧，但是他于明弘治十年（1497）为马金编校的《石屏诗集》弘治本作序时，居然把楼钥撰于嘉定三年（1210）的《戴式之诗卷序》和吴子良撰于淳祐三年（1243）的《石屏诗后集序》都记错了，说什么“石屏之诗，当宋绍定中，楼攻媿、吴荆溪子良诸公尝序之以行于世矣”[②]。更有甚者，他所著《赤城新志》竟两次把戴氏之名（复古）与字（式之）写颠倒了。[③]可见即使对于同乡，个人的记忆也有出错的时候。

其二，民间所谓“封建社会是一夫多妻制”的说法，从法律层面而言，并不准确。实际上，古代包括唐宋时期的律法，并不允许一夫多妻现象的存在（更别说现当代了），重婚者要受到官方的判刑处罚，民间舆论也会对此予以谴责。所谓一夫多妻或三妻四妾，恐怕是对一夫多妾现象的误解。古代多数情况下一夫可以纳数名妾，但也禁止妻室尚在世又娶新妻的，而且妻与妾的地位高低有别，是不能相混的。这只要查一查当时的律法即可知晓。当然，古今社会以身试法的重婚者自然也有，特别是有权势者，但这一现象一般得不到官方的公开认可。所谓在宋代重婚“算不上于德行有亏”的说法值得商榷。

---

① 金芝山校点：《戴复古诗集》卷七，《湘中遇翁灵舒》，第 214 页。

② ［明］谢铎：《重刊石屏诗序》，见金芝山校点：《戴复古诗集》附录二，第 330 页。

③ 参见［明］谢铎：《赤城新志》卷九，明弘治刻本。谢氏此误，《（光绪）台州府志》卷一一六《人物传十七・考异》已有所辨正。

其三，以武宁县或修水县（按：唐代修水曾属武宁县，后从武宁分出，称分宁县）有“戴氏墓”和江右女子投水处（所谓“节妇潭”）等古迹作为“肯定说”的一个依据，也是无效的。因为这些所谓古迹，乃明清时期该县某些人根据《辍耕录·贤烈》之记载伪建或虚标的，宋元时期的文献既无戴氏流寓武宁或修水县以及江右女子词的记载，自然更没有这类古迹。明清以来两县的一些方志或戴氏宗谱中关于戴石屏的记载，一是来自《辍耕录·贤烈》，一是来自当地戴姓宗谱中名曰戴石屏（据传在北宋任过兵部尚书，但史上无考）的传说，由于江湖诗人戴复古号石屏，当地的某些官员和文人不知出于什么原因，竟将年代不同，籍贯、身份、经历有别，仅仅因同有石屏之称呼的两人混为一谈，编入某几部方志中，并按《辍耕录·贤烈》不实的记载，建造所谓戴复古墓地或标示武宁节妇潭等古迹，误导了读者或游客。至今两县还有不少民众，依然把江湖诗人戴复古视为修水或武宁的名人而引以为豪呢。这一不正常现象，很值得人们反思。本来，戴复古究竟是哪里人，只要让大家读一读弘治本《石屏诗集》或浙江古籍出版社 1992 年版《戴复古诗集》，事实真相就可以昭然若揭。

其四，以陶氏《辍耕录》“素称严谨，史学文学研究者常以为据”来论证戴氏重婚“所记当不罔也”，此推断更难以成立。诚然，该书的大部分记载，确有较高的史料价值和文学价值，但是书中也夹杂着某些不符史实，宣扬封建迷信、因果报应之类荒诞不经的东西，带给后人不小的负面影响。清代著名学者钱大昕《十驾斋养新录》就指出其“亦有传闻失真者”。四库馆臣《四库全书总目·辍耕录提要》肯定此书“有元一代法令制度及至正末东南兵乱之事纪录颇详，所考订书画文艺亦多足备参证”，又指出其“多杂以俚俗戏谑之语、闾里鄙秽之事，颇乖著作之体”，引述并赞同明代学者叶盛对该书的批评：“《水东日记》深病其所载猥亵，良非苛论。”应该说，馆臣的这个评论还是十分客观公允的。故谓《辍耕录》“素称严谨”云云，并不确切。近人的考据文章对《辍耕录》的失误已有多处辨正。至于《辍耕录·贤烈》之记载，不标示其原始出处、不明言戴复古和武宁富家女所处时代、漏缺富家女姓氏及其所撰词之调名等等，以致古今某些文献在转述过程中随意猜测，常有错乱之处①，

① 明清以来武宁县志和修水县志有关戴复古墓地及江右女子投水处等所谓古迹，实为后人据《辍耕录·贤烈》伪造的。两县方志中有关戴氏传说之背离史实，吴茂云先生《戴复古之原籍是否在江西》一文有具体的论述。参见温岭市戴复古研究会编著的《戴复古研究文集》，中国文史出版社 2004 年版，第 70—77 页。

前人已多有指摘，这里就不再一一列举了。

四、对“戴氏重婚案”持“否定说”者和“存疑说”者观点论据的评说

（一）对“否定说”者论据的评说

其一，“否定说”者根据对戴复古一生及其作品的了解，否定《辍耕录》关于戴氏江西“重婚”传闻的真实性，观点鲜明，但论据似有失实和不足之处。

《宋诗钞》编者吴之振等和学者戚学标以南宋名人陈昉、姚镛等称戴氏“谦和”“忠义”为据，论证戴氏“重婚”之不可能，这只是从外围来论证，缺乏强有力的直接证据。而以“朱子亦以诗相赠酬”来说明大儒朱熹对戴氏的器重，由于与史实不符，反而使得论证虚假无力。

按：朱熹比戴复古年长 37 岁，朱熹于庆元六年（1200）去世之时，戴氏 33 岁。从《戴复古诗集》和南宋有关文献可知，尽管戴氏对朱熹这位南宋大理学家崇敬有加，朱子去世多年后，戴氏在婺源登临晦庵亭时，还曾题诗一首，称颂朱子为“千古文公”[①]，但他与朱熹本人并无直接接触和诗文酬答之事。戚学标和《宋诗钞》编者所谓朱熹与戴氏两人“亦以诗相赠酬”，实是受了明代马金《书石屏诗集后》的误导[②]，以讹传讹，错把过访并赠诗与朱熹的福建诗人黄岩老（按：“岩老”乃黄景说之号），当成黄岩籍之戴复古所致。关于马金的这一失误，笔者于 1994 年写的一篇题为《戴复古及其作品考辨三题》文稿第一部分“‘黄岩老’并非‘戴复古’”中已有过具体论述[③]。《宋诗钞》编者和戚学标以马金这一张冠李戴的失误，作为“否定说”的一个论据，不但起不了作用，反而易为人所诟病。应该说，“否定说”者与“肯定说”者都

---

① [宋]戴复古：《登晦庵亭》，见[明]戴铣辑：《朱子实纪》卷一二，明正德八年（1513）鲍雄刻本。

② [明]马金《书石屏诗集后》云：“考之晦庵先生答巩仲至书，有云：‘黄岩老过访，惠诗一篇甚佳。亦见刊行《小集》，冠以诚斋之诗。’黄岩老，盖指翁也。《小集》疑即蹈中所选者。夫以投赠大儒之诗，得经品题，而集中不载，非独散轶为可恨，而窃重有感焉。”

③ 参见拙文《戴复古及其作品考辨三题》，《浙江学刊》1994 年第 2 期，第 76—77 页。

未能举出关键证据[①]以驳倒对方，这对双方来说，都是一个很大的不足和缺憾。

其二，个别“否定说”者反驳“肯定说”者的非理性态度，亦不足为训。

对于那位持“否定说”撰写博客《戴复古的“重婚”》的年轻学者，笔者觉得其敢于直陈己见的勇气虽佳，却缺乏理性的具体分析，用词激烈尖刻，亦不足为训。固然，从事学术研究，观点鲜明、笔法多样自无不可，但无论持哪种观点，首先要从客观实际出发，尽可能平心静气地探讨问题，申述己见，弄清事实，避免情绪化，不应运用人身攻击性的辱骂言辞，伤害对方（这一要求同样也适用于“肯定说”者）。

其三，“否定说”者疏于从当事人戴复古的作品中寻求具体的论据，系一大失误。

本来，《石屏诗集》中有不少戴氏表达对发妻深挚感情的诗句（上文已引用过几首），也有一些体现他同情和尊重受剥削压迫女性的作品（例如《织妇叹》《贤女祠》等），可惜没有引起“肯定说”者的重视，以之作为论证己说的依据。

为了弥补“否定说”者论据方面的不足，笔者在此特引用戴氏的五律《贤女祠》及其诗序，看一看此诗能否为戴复古重情义、重然诺的品质提供一点新依据，供读者思索此诗与《辍耕录·贤烈》所显示的戴氏“无行”品格是不是截然不同。

---

① 笔者按：所谓关键证据，就“肯定说”者来说，是指举出戴氏江西武宁重婚的南宋有关文献的依据以及戴氏在武宁居二三年的实证（包括说明戴氏《木兰花慢》之创作年月及怀念对象的具体证据）；而就“否定说”者来说，则需要举出能证明戴氏并未去过武宁的南宋有关文献。不过，按照当今司法机关“谁主张谁举证”的规定，似应先由“肯定说”者提供能证明《辍耕录·贤烈》记载真实性的南宋文献依据，而不是仅凭《辍耕录·贤烈》这一孤证和戴词《木兰花慢》与江右女子词的“语若相接”之猜测，便肯定戴氏重婚为史实。鉴于双方至今举不出各自的关键证据、此事不可考的境况，笔者比较倾向于馆臣之“存疑说”，反对“肯定说”者视“疑似”为“史实”，径将那位真假不明的江右女子冠以“戴复古妻”“戴氏妇”之名，并将史上实有其人的江湖派著名诗家戴复古作为“重婚犯”，在各自的著作、文稿中对其进行道德审判，甚至无视客观事实和有关法律规定，对其进行人身攻击和辱骂。

贤女祠

南康县外二十里有贤女祠。昔有刘氏女，少而慧。父母初以许蔡，无故绝蔡而以许吴，吴亡，又以许蔡。女曰："女子身初许蔡，夺以许吴，二年矣。今吴亡，复以许蔡，一女二许人，尚何颜面登人之门！"投身于潭而死。

士有败风节，惭愧埋九京。幽闺持大谊，千载著嘉名。父不重然诺，女能轻死生。寒潭堕秋月，心迹两清明。①

读罢戴氏这首诗及诗前小序，想必您会真切感受到戴氏对那位贤女悲惨命运的深挚同情，对她为维护女性尊严、以死反抗封建专制势力的勇敢精神的由衷赞扬，对其父不重然诺，漠视女儿正当意愿的封建专制思想行为的愤怒斥责和批判。如此，您还相信戴氏能做出"重婚"这类缺德事吗？同时，您会不会进而产生一种联想，南康县这位为维护女性人格尊严，坚持从一而终的贤女投潭自尽的悲剧，是否与《辍耕录·贤烈》有某种联系：莫非南康县这位贤女的遭遇在民间辗转流传中被戴氏的仇家演变成了戴复古武宁重婚的负面绯闻？

当然，笔者就上述事例所引发的联想也只是一种猜测，自不能作为反驳"肯定说"者的直接证据。之所以提出上述的猜想，只是仿照"肯定说"者所常用的推想手法，还治其身而已。

（二）对"存疑说"者论点论据之评说

首先，比之"肯定说"和"否定说"，四库馆臣"存疑说"的观点和认识显得较为实事求是，客观稳重。

前引的《四库全书总目·石屏词提要》既对《辍耕录》所录的江右女子词的文字残缺、不著调名及陶氏"未经辨及"表示遗憾，又对后人杜撰该词调名提出了批评；既认可戴氏《木兰花慢》与江右女子词"语意若相酬答，疑即为其妻而作"，但一个"疑"字，又表明馆臣并未肯定戴词即为江右女子而作，更没有承认戴氏"重婚"之事属实之意。下句"然不可考矣"之转折，就明确显示了对"肯定说"者这一依据存疑的态度，充分体现了馆臣重事实、重证据的

① 金芝山校点：《戴复古诗集》卷二，第38页。

科学求实精神。有些“肯定说”者往往引用馆臣《石屏词提要》“语意若相酬答，疑即为其妻而作”此句作为戴氏“重婚”的一个重要依据，此乃片面理解了馆臣《提要》的含义。更值得一提的是，该《提要》在赞扬戴氏《赤壁怀古·满江红》“豪情壮采，实不减于轼”之后，紧接着曰“杨慎最赏之，宜矣”，肯定杨氏对此首词的赏识，并不由于杨氏辱骂过戴氏为“贼牛”而弃置其对戴氏这首词的允当评论。然而在下文提到《辍耕录》中江右女子一词时，馆臣丝毫不涉及杨氏《词品》斥戴氏“不仁不义”“好色”“贪财”等攻击性詈骂之言辞，说明馆臣心里并不认同杨氏对戴氏的这一极端态度。此外，《四库全书总目·石屏诗集提要》对戴复古诗作的品评，也相当客观，切中肯綮，褒贬有度，独具慧眼。凡此种种，均表现出馆臣实事求是的科学精神和处事稳重的大家气度。

不过，《四库全书总目·石屏词提要》中“此本卷后载楼钥所记一则，即系《石屏集》中跋语；陶宗仪所记一则，见《辍耕录》”二句，也有表达不甚准确之处。

其一，毛晋《石屏词跋》文末虽然附载了楼钥所记一则，但并未说它“系《石屏集》中跋语”。本文前面的注释已将毛跋所附楼记与楼氏于嘉定三年（1210）所撰的《戴式之诗卷序》做过对比，说明它更接近于楼序，而与《攻媿集》中的《跋戴式之诗卷》有更多的差异，故《四库全书总目·石屏词提要》说它即“系《石屏集》中跋语”之理解并不确切。

其二，“楼钥所记一则，即系《石屏集》中跋语”，句中的“《石屏集》”究竟指哪一部戴氏诗集，语意也颇含糊，令人不得其解。因为戴氏生前各个时期的诗卷结集，从未见过收入楼钥《攻媿集》中的《跋戴式之诗卷》，要收也只能是楼氏嘉定三年（1210）为戴氏诗卷初编本写的《戴式之诗卷序》（如赵汝腾在《石屏小集》序言中所说）。而《四库全书》据浙江鲍士恭家藏本收录的《石屏诗集》六卷（其书口又标为《石屏集》），根本就未转引弘治本所收录的多家名流的序跋（包括楼氏之序），更别说所谓楼氏的“跋语”了。[①] 叶嘉莹先生之所以产生“楼氏之跋”对陶氏《辍耕录·贤烈》中江右女子词本事“早有所

---

① 按：戴复古生前身后出过多部名称不一的诗选、诗集，且每部诗稿大都附有当时某名人的序跋或题词。长期以来学界对南宋一些名流为戴氏不同时期的诗卷所撰序跋、题词有着不同的认知。对这个问题研究最为全面而深入的应属北京大学中文系教授王岚先生，其专著《望江集：宋集宋诗宋人研究》（北京联合出版公司2020年版）在这方面有诸多新的发现和创见，可供参阅。

记述”的错觉，想是与受到《四库全书总目·石屏词提要》“楼钥所记一则，即系《石屏集》中跋语”此句的影响不无关系。

当然，《石屏词提要》上述的两处失误，只是细节问题，并无大碍。可贵的是它对“戴氏重婚案”所表现出的那种重事实、重证据的科学精神，实在难得。倘若“肯定说”者能像馆臣那样不以某种“疑似”便轻率下断语，那么戴氏也不至于遭受不明真相的世人所诟骂了。

五、跳出惯常思维，还《辍耕录·贤烈》笔记小说体之本来面目

不难看出，上面所列关于戴氏“江西重婚案”的争论，无论是“肯定说”者还是“否定说”者，都是围绕《辍耕录·贤烈》之记载是否属于“史实”来展开的，从来也没有一位争论者将它看成是虚构的传说或小说。笔者以为，在各方对这一问题都无法举出关键证据以驳倒对方、处于馆臣所说“不可考矣”的情况下，如能跳出惯常的单向思维，实事求是地还《辍耕录·贤烈》笔记小说之本来面目，那么彼此也许会产生另一种认识，原来的争论或许会得到缓解或转为另一类性质的争论了。

而要认识《辍耕录·贤烈》笔记小说之本来面目，似应先理解和明确以下几个问题。

(一)《辍耕录》是一部史料和小说等样式相间错见的笔记体杂著

关于这个问题，前人早就有所论述。

《辍耕录》序言作者孙作曰，该书“上兼六经百氏之旨，下极稗官小史之谈。昔之所未考，今之所未闻，其采摭之博，侈于白帖”①，可谓包罗万象；毛晋之跋，更明确地称其“上自廊庙实录，下逮村里肤言、诗话小说，种种错见”②。概而言之，这是一部宋元时期史实、掌故、史地考证、诗话小说等等纷呈相间的笔记体杂著。翻阅该书，其中既有史事、人物传闻的录载，又

① ［元］孙作：《南村辍耕录叙》，见［元］陶宗仪：《南村辍耕录》，中华书局 1959 年版，卷前第 3 页。

② ［明］毛晋：《南村辍耕录跋》，见［元］陶宗仪：《南村辍耕录》，第 385 页。

有虚构性的寓言、小说类文学样式的创作，而且后者占有相当的比例，几乎占据了全书的半壁江山。馆臣将此书列入《四库全书》"子部·小说家类·杂事之属"，是名实相符，归属得当的。可以说，小说文体在陶氏此书中有着突出的地位。

(二)《辍耕录》史事记录与历史小说创作的区别

1.区分历史人物传记、史事记录与历史小说的基本标准

这个问题说起来就有点复杂，它牵涉到历史人物传记、史事记录与历史文学作品，以及历史真实与艺术真实等方面的关系。对此，古今学者长期以来存在着争论。不过，就大的方面说，两者的区别主要在于：前者讲求其叙事之历史真实性，而后者在尊重基本历史事实的前提下，更强调作品的艺术真实，容许在不违背其人物主要特性的基础上进行虚构，采用夸张、想象等多种表现手法进行合情合理的艺术构思。在我国文学史上，两者关系处理最好的自然要数被鲁迅誉为"史家之绝唱，无韵之离骚"的司马迁之《史记》，该书的本纪、世家和列传的大部分篇目，可以说既是历史记录，又是文学创作，两者得到了有机的统一。

2.《辍耕录》笔记小说的成就和不足

陶氏《辍耕录》固然也有若干篇既是史实又是小说的佳作，但与司马迁《史记》相比，则又难以望其项背。这不仅是由于《辍耕录》中的小说篇幅短小，更在于其在历史真实与艺术真实关系的处理上远不如司马迁开阖自如和有分寸感。不过总的来说，《辍耕录》的笔记小说，尽管有些篇目带有宣扬封建迷信、因果报应甚至淫秽鄙俗的内容，但大部分作品的思想艺术性还是值得肯定的，诚如石昌渝先生主编的《中国古代小说总目(文言卷)》所称，"其小说部分多记宋末以来朝野轶闻，以反映战乱者较为可观。其中或以战乱所致民生疾苦，揭露黑暗现实；或对人们在战乱中的行为进行道德评价。这些时代特征明显的作品对后代文学影响较大"①。作为小说体裁，这些作品自然有别于同书中的史料和史事实录。即以《辍耕录》卷四而言，与《贤烈》前后相邻的几篇，其中《论诗》《挽文丞相诗》《祷雨》当属史事记录，而《妻贤致贵》《奇遇》《不乱附妾》等篇目，男主人公程鹏举、

① 石昌渝主编：《中国古代小说总目(文言卷)》，山西教育出版社2004年版，第46页。

揭曼硕、秦昭，固然史有其人，但女主人公均为于史无考者，其故事情节似为作者据民间传闻所虚构，应属历史性传奇性小说。至于以戴复古为男主人公的《贤烈》，由于其“重婚”之情节并无史实依据，女主人公（即那位江右女子）史上亦无记载，自然也属于历史笔记小说一类。只是《贤烈》有着与《妻贤致贵》《奇遇》《不乱附妾》等小说所不同的特殊性，所以还得做进一步的辨析。

3.《辍耕录·贤烈》笔记小说的特殊性

《辍耕录·贤烈》的特殊性之一在于，与其相邻的《妻贤致贵》《奇遇》《不乱附妾》等几篇小说男主人公与其现实中的原型人物，均属于正面形象，无损于现实中那些人物的声誉，相信其家族后人或友人也乐见其成；而《贤烈》的男主人公戴复古（石屏）却由当时现实中的忧国忧民诗人——正面人物形象，变成了贪财骗色的“重婚犯”——反面人物形象，两者有着极大的反差，必然会遭到“否定说”者以及戴氏家族后人的反对。戴复古生前就深受乡邻的爱戴，去世后，戴氏乡里的民众已在其故居附近建造“戴相公庙”，以纪念这位忧国忧民、造福桑梓的诗人。明清时期，乡人传其有神灵，常去祭祀[①]，这也表明当地乡民对陶氏《辍耕录·贤烈》记载的否定。倘若戴氏本人地下有知，相信也会穿越时空向损害其名誉的《贤烈》作者及那些传播者提起诉讼和抗辩。

《辍耕录·贤烈》的另一个特殊性，是女主人公（即那位江右女子）有一首震撼人心的“诀别词”。这位女主人公无名无姓，《辍耕录》问世之前，史志文献从无关于这位江右女子及其词作的记载。所以她只能算是小说作者塑造的女性人物形象，其“诀别词”，陶氏未标示其出处，也只能视为作者或其友朋以女主人公口吻创作的词篇。只是由于该词写得十分真切动情、哀婉感人，从而赢得后人对江右女子悲剧命运的无限同情，也激起了对小说中的反面人物“戴石屏先生复古”的强烈痛恨，并对其进行猛烈的批判。问题是绝大多数的赏析文章将小说中那个名为“戴石屏复古”的反面人物等同于现实中的江湖派诗人戴复古，这就难免会引起“否定说”者与“肯定说”者围绕该小说是否歪曲历史真实的新争论。

---

① 《（嘉庆）太平县志·正祀》曰：“戴相公庙在七都屏山。石屏既死，有神灵，乡人祀之。”参见胡正武、胡平法主编：《台州人文研究选集》，华艺出版社2006年版，第200页。

(三)怎样妥善处理由于小说《贤烈》的特殊性而产生的新矛盾

笔者以为,这需要矛盾双方从实际出发,真正认识《贤烈》是一篇笔记小说,而非史事实录。在此基础上,各方还应理性地反思己方论据上的不足,辩证地看待对方观点形成的客观原因,进而予以一定的理解或谅解。

就“肯定说”者来说,应该承认己方除了《辍耕录·贤烈》以及戴氏《木兰花慢》“疑似”与江右女子词“语若相接”两个论据外,并无戴氏“重婚”之关键证据,从而不再将史实中的江湖派诗人戴复古等同于小说《贤烈》的男主人公;在赏析女主人公江右女子“诀别词”的时候,也不再将其与戴氏《木兰花慢》联系起来进行分析(何况该笔记小说也并未提及戴氏此词),最好在赏析时还能说明该小说的男主人公作为文学作品中的人物形象,与南宋诗坛上的江湖爱国诗人戴复古并不相同,正如《三国演义》中的奸臣曹操这一人物形象不等同于史书《三国志》中的魏王曹操。这样也可避免伤及“否定说”者对戴氏才华及其爱国精神真诚赏识的感情。

而就“否定说”者来说,则要看到,《辍耕录·贤烈》小说的产生,有其一定的社会背景。在古代社会,统治者及文人学士中那些败类,为了达到个人卑劣的目的,骗婚、重婚的现象时有发生,从而给许多天真善良的女性带来无穷的痛苦和屈辱,甚至因此失去宝贵的生命。也许陶氏写此篇小说主观上意欲鞭挞当时社会上骗婚、重婚这类丑恶现象,错就错在他不应无依据地把原已遭遇不幸的下层知识分子、江湖派爱国诗人戴复古作为小说中的反面人物形象,背离了历史真实,极大地伤害了他的人格和名誉;而“肯定说”者缺乏深入调查考证,轻信《辍耕录·贤烈》的记载为“史实”,进而对南宋诗坛上的知名诗人戴氏口诛笔伐,此举亦属不当。但他们主观上大都也是出于对社会上那些惯于骗婚、重婚的败类的义愤,以及对受骗女性所遭受悲惨命运的同情,所以对此应予必要的理解。就他们对此小说本身的思想艺术分析而言,排除将小说中的男主人公混同于史实中的戴复古那部分,众多作者对女主人公的“诀别词”的鉴赏分析文字,大都写得深刻而动情,富有正义感和艺术感知力,也是值得肯定的,不应一概以其违背史实为由而贬斥之。

此外,还应看到,《辍耕录·贤烈》的出现还可能有着某种历史因素的影响。在元代之前,文学史上已有错将史上有名望的作家和学者作为文学作品中的反面人物的先例。比如宋代民间流传的讲唱文学《赵贞女蔡二郎》,

其中那个弃亲背妻被雷震死的男主角蔡二郎，借用的就是东汉末年很有名望的学者和文学家、曾任朝廷中郎将的蔡伯喈（蔡邕）之名字。到了元末，这一故事被当时的著名作家高明（字则诚，温州瑞安人，生卒年略早于陶宗仪）进行了再创作，改编为著名的南戏《琵琶记》，男主角的姓名仍为蔡伯喈，其弃亲背妇的情节则由原来的心甘情愿变成被迫违心，原本的反面角色变成孝义双全的正面人物。事实上，不论是自愿的，还是违心的，东汉末年那个事亲至孝、博学多才的蔡中郎（蔡伯喈）何曾有过背妻重婚之事！

我们不清楚陶氏编写《贤烈》这篇笔记小说时有没有受到宋代讲唱文学《赵贞女蔡二郎》或元末《琵琶记》的影响，但《赵贞女蔡二郎》的故事南宋时在两浙等地已是家喻户晓，陆游的七绝诗对此已有生动的展现（详见下文），广闻博见的陶氏对此该是耳熟能详，或许其《辍耕录·贤烈》的创作与这些历史因素有着某种联系。这也是我们应该注意的。

不过，《辍耕录·贤烈》违背了史实，又未声明或暗示小说中的人物形象与史实中同名人物有区别，从而严重损害了史上无辜当事人的名誉，即便是小说创作，也是不应该的。而且许多“肯定说”者在赏析《贤烈》及其女主人公之“诀别词”时，根本就是将它当作史实来看待的，这就误导了读者，给史上真实的江湖派诗人戴复古的名誉带来长期的巨大的负面影响。例如清代博闻多才的著名学者余集就在其《秋室学古录》卷一非议曰：“石屏仅以诗名江湖，且有江右女子之议，或者病焉。”[①]当代有一些作者则走得更远，例如有一位名曰“杨静”的作者，对戴氏“名为大诗人，然平生不得一字力，惶惶然行路万里，悲欢感触，一发于诗”[②]的曲折惨淡身世和创作经历并不了解，仅凭《辍耕录·贤烈》几百字的不实记载，便信马由缰地放飞自己的想象，说戴氏是一个“感情骗子”，“骗取女人的真情，临走时还厚颜无耻地拿走人家多年的积蓄，真可谓无耻透顶”。尔后又不顾事实，信口胡扯“（戴氏）这个活到八十多岁的风流才子，不但活得好好的，还用女词人赠送的财帛娶了三妻四妾，感情生涯斑斓多姿”[③]，对这位江湖爱国诗人肆意辱骂，实在太无底线了。可见陶氏《辍耕录·贤烈》对戴氏造成的恶劣影响是多么严重！

---

① 参见[清]余集《秋室学古录》卷一，清道光刻本。

② 此乃南宋江湖派领袖刘克庄称许戴氏之诗才并同情其遭遇之语。参见[宋]刘克庄：《跋二戴诗卷》，引自戴福年主编：《戴复古全集》，文汇出版社 2008 年版，第 395 页。

③ 乔峰、汤溯、杨静编著：《南阳文化江湖（第一季）》，北京联合出版公司 2016 年版，第 65 页。

(四)如何解决对史上实有人物戴复古名誉伤害的问题

最好的办法(但也是不切实际的想法),是由原作者自行将小说中的男主人公"戴复古"换成一个名字虚拟的才子加风流骗子这类反面人物,并像鲁迅先生塑造人物那样加以典型化,这既避免了伤害江湖派爱国诗人戴复古的名誉,又使作品富有艺术的真实,更能反映社会的本质。但《辍耕录》问世和作者陶氏辞世至今已有数百年,木已成舟,已不可能改变。

又或者像元末明初的高则诚把宋代讲唱文学《赵贞女蔡二郎》改编为南戏《琵琶记》那样,由当今之作家把小说《辍耕录·贤烈》中的反面人物男主人公"戴复古"改塑为违心"重婚"的正面人物形象。这一设想,2013年前已有江西的两位作者尝试过,他们以《辍耕录·贤烈》为素材,以南宋开禧年间的国家形势为背景,新编了一部大型历史采茶戏,题为《碎花怨》[①]。男主人公依然用戴复古的姓名,女主人公则取名卢秀英,男主人公的"重婚"也已由有意隐瞒变为情不得已。据悉该剧本曾获得第八届全国戏剧文化奖铜奖,并被评为"江西省优秀文学剧本"。如果说高则诚在元末将讲唱文学《赵贞女蔡二郎》改编为南戏《琵琶记》,有其可以理解的复杂历史因素,尚可被人们谅解的话,现在再按那种改编方法,则更难摆脱歪曲历史人物真实性的先天缺陷。因为它首先不符合戴复古的实际人生经历,其次也不符合艺术创作的典型化原则。更何况剧本之艺术构思也有诸多破绽,首先其剧名《碎花怨》就经不起推敲。因而剧本虽然获了奖,似乎并不为广大读者或观众所认可和接受,如今也不见有什么影响了。

最切合实际的办法,就是上文已申述过的,"肯定说"与"否定说"的双方能从实际出发,达成这样的共识:

《辍耕录·贤烈》是笔记小说,非历史实录;不宜将小说中男主人公"戴复古"这一人物形象与史实中的江湖派诗人戴复古混同;小说的女主人公"江右女子"鉴于宋元文献并无记载,更应视之为小说作者之塑造;那首江右女子"诀别词",实际也应是作者或其友朋以女主人公的口吻所撰写。但该词从女主人公之口吐出,确实如叶嘉莹先生所分析的,是"以血泪写出的"好

---

① 史俊:《碎花怨》,载氏著《我的母亲湖》,江西人民出版社2013年版,第431—445页。

词，足以动人，可谓“良家妇女之哀歌中的一首杰出之作”。作为文学作品中出现的这么一首女性词，对其进行深入的赏析，犹如鉴赏小说《红楼梦》中林黛玉的《葬花词》一样，予以高度评价，自是顺理成章，应予积极支持，决不能因为小说误将戴复古作为反面人物写入其中的缘故，便对这首女主人公的“诀别词”也予以贬低，甚至忌讳赏析了。这不是正确的态度。但是严格地说，这首来历不清之词，面世之时已有文字残缺，且失词调名称，直至清代才被人在下阕开头缺漏处按词意补上三句十四字，又按该词格式定调名为《祝英台近》，才算成为一首完整之词。所以实际上它已近乎集体之创作。过去诸多古代词集和宋词鉴赏辞典将小说《辍耕录・贤烈》中的女主人公江右女子及“诀别词”作为史实中的女词人及其词作，标为“戴复古妻”或“戴氏妇”收入书中，显属不妥。这好比将《红楼梦》中的林黛玉及其《葬花词》当作古代实有之女作家及其作品一样。

如果上面的这一认识能为各方所接受，我想围绕《辍耕录・贤烈》记载之争论也许可以得以缓解了。

笔者自知，本文对陶宗仪《辍耕录・贤烈》记载之真伪问题所持的观点，属于少数派之列，与学界大多数学者意见相左，很可能得不到人们的认可。我只是想，凡事都得摆事实、重证据。艺术作品强调真、善、美的统一，从大的方面说，首先也得符合历史和艺术的真实（特别是艺术的真实），这是基础。脱离历史真实和艺术真实的所谓善与美，也就失去了其基础，一旦读者发现该作品违背了历史真实与艺术真实的统一，作品也就失去了其感人的思想艺术魅力，甚至成了被读者质疑、批评的对象。如果有哪位先生能举出戴氏“重婚”的确切证据，证明陶氏《辍耕录・贤烈》的记载是史实，否定笔者在本文的有关论述，而不是只凭《辍耕录・贤烈》这一孤证立论，以猜测或想象为据，笔者一定心悦诚服地收回本文所陈述的意见，并由衷向其道谢，向广大读者致歉。

以上只是笔者的一个希望和设想。本来，只要有人群的地方，就会有这样或那样的差异和矛盾，没有矛盾就没有世界。即使双方对于《辍耕录・贤烈》的认识仍然存在诸多分歧，那也无妨，大家可以继续发掘和考释各自所需的证据，理性地进行探讨，求得问题的解决。

六、就“戴氏重婚案”考辨引发的几点感悟、思考及建议

(一)治学为文,需认真学习和发扬四库馆臣务真求实的科学精神

戴复古“江西重婚案”之所以被众多文献编著者视为史实而对戴氏进行斥责讨伐,一个重要原因,就是他们不做多方面调查分析,偏信陶宗仪《辍耕录·贤烈》之记载。相比之下,四库馆臣对该案“存疑”的务真求实精神就显得特别难得与可贵。其实,馆臣治学重证据、不武断的求实精神,岂止表现在《四库全书总目·石屏词提要》这一事例,而是贯穿于他们所撰著的《四库全书总目》的各个方面。

且不论馆臣在撰作经、史、子、集四大部分众多著作提要方面的巨大贡献,仅就他们在宋代诗文别集辑佚、辨伪和作者考证、诗派研究等方面的卓越成就,也让后人叹为观止,够一批学者学习研究一辈子。可以毫不夸张地说,《四库全书总目》不仅是一部涵盖我国18世纪以前2000多年著述的古典目录学的集大成之作,也是我国古代学术史和学术文化批评史研究的重要著作。为此,学习研究并发扬四库馆臣严谨治学、开拓求实的精神,对于当前我们学习、弘扬中国优秀传统学术文化,发展、繁荣中国特色社会主义新文化,促进更多有重大学术价值的研究成果涌现,都具有极其重要的现实意义和历史意义。

当然,作为卷帙浩繁的皇皇巨著,《四库全书总目》难免也存在若干差错和失误,但瑕不掩瑜,这些微瑕毕竟无损于它烛照后人沿着求真务实的学术研究之路开拓创新的烁烁光辉。

可喜的是,进入21世纪以来,我国学术界对《四库全书》的研究有了相当的拓展和深入。首都师范大学四库学研究中心的成立标志着我国《四库全书》研究进入了一个新阶段。一批中青年学者继承老一辈学者优良的学术传统,以充沛的精力和满腔热情,投身于四库学的研究领域,爬罗剔抉,提要钩玄,先后取得了一批令世人瞩目的四库学研究成果,最近问世的陈晓华先生所著《清代目录学研究》就是古典目录学和四库学研究领域中一部学术价值突出的厚重之作。晓华先生国学功底扎实深厚,治学严谨务实,自从着手研究《四库全书》以来,她已出版了多部四库学研究著作,成绩斐然,当之

无愧地成为我国四库学和目录学研究界的领军人物之一。笔者才疏学浅，又垂垂老矣，但也深为我国学术界薪火相传、后继有人而庆幸。

(二)研读文献资料，也应像馆臣那样，树立独立思考精神，不人云亦云、以讹传讹

我国古代的文献资料包括诸多史志和笔记杂著，浩如烟海，其中有民主性精华，也有封建性糟粕以及不实的道听途说甚至伪造的传闻记载。后者在宋元明清的多种地方志和笔记杂著中时有出现。这就需要后来者运用正确的观点和方法去认真整理，深入考证，独立思考，仔细辨别，然后决定取舍。

在这方面，四库馆臣也做得非常杰出。例如在对陶宗仪《辍耕录》的总体评价上，《四库全书总目·辍耕录提要》除一分为二地客观评价陶氏这一著作的优缺点的那部分文字外，其不盲从郎瑛《七修类稿》谓"宗仪多录旧书，如《广客谈》通本录之，皆攘为己作"之说，在"其书未见传本，无由证瑛说之确否"的情况下，采取存疑待考的态度，也是其独立思考和求实精神的另一个例证。

与四库馆臣独立思考和求实精神相反，在对待陶宗仪《辍耕录》的态度上，某些文献编著者就存在缺乏独立思考的情况。这不仅表现于接连不断地辗转抄录或评赞《辍耕录·贤烈》方面，就是对于《辍耕录》序言介绍陶氏"摘叶写作"经过的夸大不实之词，也有多人轻信。该序称赞作者："遇事肯綮，摘叶书之，贮一破盎，去则埋于树根，人莫测焉。如是者十载，遂累盎至十数。一日，尽发其藏，俾门人小子，萃而录之，得凡若干条，合三十卷，题曰《南村辍耕录》。"这一传奇性故事被后人当作陶氏勤苦写作的范例到处传扬，如今一些青少年教育读物依然津津乐道地予以揄扬。其实，摘叶记事，偶尔或短期为之有此可能，一年半载就难了，何况"如是者十载"？有作者还撰文说它是"我国第一部用树叶记载史料编著的书"。二十多万字的一部书，得有多少树叶供书写？贮于破盎埋于地下，风霜雨雪之时，如何防湿防腐烂？只要独立思考一下，就可以判断这是不可能做到的事。自明代以来，已有多位学者对此质疑过，遗憾的是此后仍有多家读物照样以讹传讹。也有学者把"摘叶书之"的"叶"释为"纸片"，亦不免有附会之嫌。"叶"固然有"书页"之释义，但纸片需"摘"而书之，不知该纸片先悬挂于何处以便作者摘取？细细

一想，似乎也不靠谱。可见研读古今文献，树立独立思考之精神，是多么重要！

(三)今人撰写古今人物传记或创作以古今真实人物为主人公的文学作品，切忌无限拔高，更不能以正为反，酿成冤假错案

在我国古代，鉴于各种复杂的因素，某些史上具有雄才大略、起过进步作用的英雄人物、正面人物，比如三国时的曹操，至明代演变成了长篇历史小说《三国演义》中以奸雄面目出现的反面人物。由于这部小说的艺术感染力和影响力特别强，作品中曹操这一奸雄形象还颇深入人心，以致后来民间竟将小说中这一典型形象与历史上的真实人物曹操混为一谈，让这位鲁迅眼中史上“了不起的英雄”，蒙受了长期的骂名。为此，20 世纪 50 年代后期有一段时间，我国文史学界还曾掀起了“为曹操翻案”的热议。讨论好像并未取得完全统一的意见，但文史学界似乎在以下这一点上取得了共识，即：需要让广大读者明白，由于当时种种历史和政治方面的因素，应该客观地看待这一复杂问题，不宜将文学作品塑造的人物形象与史上实有的同一姓名和身份的人物混为一谈。

过去的历史已经翻篇多时。现如今，随着人们法治观念的不断增强，更不宜再将史上或现实中的正面人物、英雄人物仅凭不确实的传闻或个人好恶，任意在自己的创作中变换成反面人物形象，那样做不仅违背史实，颠倒黑白，还可能造成冤假错案，给社会带来诸多的麻烦。所以，在没有确切证据的情况下，愚以为还是不要捕风捉影地戏说，尤其不能伪造或歪曲历史，丑化、否定历史上或现实中真实的正面人物和英雄人物。

但是世间万事万物哪能都遂人们的良好愿望！试看古往今来，有多少仁人志士由于各种原因，阴差阳错地含冤受屈，甚至遭到残酷迫害，真相长期不曾大白于天下！就在近些年，仍有一些正式出版物，将史上真实的江湖派诗人戴复古当作“重婚犯”进行谴责呢。由此不禁想起戴复古的老师陆游晚年写的一组七绝中的一首：

上舟游近村，舍舟步归四首(其四)

斜阳古柳赵家庄，负鼓盲翁正作场。死后是非谁管得，满村听说蔡中郎。

陆游此诗对蔡邕含冤且不被后世人们所理解的悲剧命运发出了深沉的哀叹。陆游可能不曾想到，年轻时曾特地去他府上请教诗法的学生戴复古，后来居然也似蔡邕那样无端地蒙受同一性质的冤屈。蔡氏被诬"背妻重婚"，古今学界中人似乎并不相信，而所谓戴复古之"重婚"传闻，古今却有那么多学者、作家信以为真，并对其连续不断地口诛笔伐。就这一方面来说，戴氏的遭遇，似乎比蔡邕更为不幸和悲哀。奉劝这些未做深入考证便对戴氏信口斥骂的作者，设身处地换位思考一下，倘若有人仅凭传闻，如此凌辱自己，会是何等感受？

（四）应慎重对待古今某些文献有关知名人物情事与绯闻的记载和传播，重考察研究，辨别真伪，不轻信传言、流言，轻率地下结论

对戴复古"江西重婚案"的考辨，不禁使笔者想起宋代欧阳修、陆游、朱熹、唐仲友等几位知名文人学者的有关情事或绯闻。这些名人绯闻的产生，各有各的背景和情况。陆游与其妻子唐婉的离异，众所周知，是由于陆母的威逼而造成的爱情悲剧，可悲可叹。但所谓其母与唐婉为姑侄关系以及唐婉《钗头凤》之词作，据叶嘉莹先生的考辨，却并不可信。① 至于南宋某些杂记（如周密《齐东野语》）有关陆游的另外一些花边新闻（比如蜀地纳妾事），也多与陆游的实际经历相左，颇为可疑。而欧阳修、朱熹和唐仲友的有关绯闻，则显然与政敌和派系斗争有关。欧阳修的两次绯闻，均是政敌捕风捉影的造谣，虽然一时受到怀疑而被贬职，但由于他坚持向朝廷申诉，终于查清了事实真相，还以清白。朱熹之桃色新闻，由反理学派的监察御史沈继祖劾朱熹霸占已故友人的家财、引诱两个尼姑作为自己的小妾而起。当时由于理学受到权臣打压，朱熹被迫违心向朝廷认罪，乃至遭到落职罢宫观的处理。此事真相究竟如何，史上似乎并无定论。鉴于朱氏之理学在宋理宗执政之后，得以解禁并被官方肯定和提倡，朱熹的地位大大提高，所以后人也不大提及他那种扑朔迷离的往事了。不过他严刑拷打台州府的营妓严蕊，逼迫她承认与知府唐仲友有染，而严蕊坚决不肯屈招，史上有明确记载。这又使这位大儒在世人的心目中由原来受压的弱者变成心胸狭隘、以势压人的封建礼教代理人的一个角色，不由得令人兴叹。看来一个人由于角色的

① 参见叶嘉莹：《良家妇女之不成家数的哀歌》，《中国文化》2008年第2期，第45页。

转换、地位的改变，倘不能设身处地换位思考，也会做出有损声誉的事，历史上和现实中这类现象并不少见。总之，名人的情事或绯闻，因其契合人们特别是那些男性猎奇趋艳的心理而得以广泛传播，但由于这类事社会关注度高，其中真真假假，情况又颇为复杂。如今人们还是要学习四库馆臣的求真务实精神，以重事实、重证据为要；切忌跟风炒作，将那些未经考查核实的传言，在微信朋友圈内传来传去，或轻率地表态下结论，乃至冤枉无辜，造成严重的后果。这类不正常的现象，古今都曾发生过，值得人们深刻反思和记取。

本文始收入学苑出版社 2021 年出版的《盛世文华　四库纵谈》一书，后又被社会科学文献出版社编入《四库学》集刊第 9 辑

“戴复古江湖出游三次说”商兑

一、引言

作为南宋江湖诗派的代表作家，戴复古游历地域之广、时间之长，在南宋一代江湖诗人中可谓首屈一指，无人能出其右。与戴氏同属台州郡的学者吴子良于淳祐三年(1243)撰写的《石屏诗后集序》即称其“所游历登览，东吴浙，西襄汉，北淮，南越，凡乔岳巨浸，灵洞珍苑，空迥绝特之观，荒怪古僻之踪，可以拓诗之景、助诗之奇者，周遭何啻数千万里”①。过了一百多年，元代学者贡师泰应戴氏后裔之请托，于至正戊戌十八年(1358)所撰《重刊石屏先生诗序》中，也历数戴氏数十年的江湖游踪：“南游瓯闽，北窥吴越，上会稽，绝重江，浮彭蠡，泛洞庭，望匡庐五老、九嶷诸峰，然后放于淮泗，以归老于委羽之下。”②

对上述两位学者关于戴氏游踪的记述，当代台州温岭籍的戴复古研究专家吴茂云先生似乎颇有微词，他批评吴子良“只顾了对仗工整，却没有记下前后次序”，指摘贡师泰之序“只点出了地点”“也犯了这个毛病”，以致对于后人探究戴氏江湖出行的次数和始末，“仍无补于考”。③

吴先生的批评，似乎有点苛求。因为南宋之时并无文献提供戴氏出游次数及其游历次序的确切信息，正如吴先生所说戴氏“生平活动，史传缺载”④。何况吴、贡两位古代学者序中的话，着重点不在于考述戴氏江湖出游所经区域的次序、次数及始末，而在于介绍戴氏江湖游历区域之广、时间之久对其诗歌创作的积极影响(这从贡序后面的表述“顾其游历既广，闻见益多，而其为学益高深而奥密。故其为诗，如逝波之鱼，走圹之兽，抟风之

① 金芝山校点：《戴复古诗集》附录二，浙江古籍出版社1992年版，第322页。

② 金芝山校点：《戴复古诗集》附录二，第330页。

③ 吴茂云：《戴复古论稿》卷一，上海古籍出版社2015年版，第3页。

④ 吴茂云：《戴复古论稿》卷一，第2页。

鹏,其机栝妙运,殆不可以言喻者矣”[①]亦可看出)。而且这些记述简明而又富文学性,读来朗朗上口,笔者以为是不应视之为“毛病”的。

二、吴茂云“戴复古江湖出游三次说”的提出和修订

想是为了弥补前人未曾点出戴复古江湖出游次数及行踪次序之“缺憾”,1993年吴茂云先生在其撰写的《石屏人生与诗》一文中,正式提出了“戴复古江湖出游三次说”(以下简称“三次说”初始版),认为戴氏一生在江湖四十年,“凡三次出游,第一次是‘京华作梦十年余’,一无所获而回家,回家后才知道妻子已逝。第二次游历二十年后归家。最后一次由其子从镇江接回,年已七十”。[②] 接着,他按照个人对戴诗及有关史料的理解,以三千多字的篇幅,专门对戴氏三次出游的时间、行踪和途中的创作、交游以及相关事件进行了具体论述。

不过,随着对戴复古研究的深入,吴先生意识到“三次说”初始版存在着某些失误和不足,因而在二十多年之后对其进行了修订充实。这些修订充实的内容,不是直接修改在原著上,而是按时间先后分别置于他新编撰的《戴复古年谱》[③]相关年份的记叙中,于是产生了与初始版内容同中有异、体式整散不一的“三次说”新版本(姑称之为“年谱版”)。

关于这一情况,吴先生在2015年出版的《戴复古论稿》后记中谈及其早期和后期文章或有差异、冲突时,曾做过说明:“这是因为资料的不断发现,笔者认识的不断发展,后期的文章或对早期的文章的错误和问题加以纠正和充实完善,现在兼收并蓄,对早期的差错也不修正,保持原貌,以待后人有更多的证据来辨正,更新的观点来阐发。”[④]文中所说的“兼收并蓄”,就“三次说”而言,主要体现在他的《戴复古论稿》(以下均简称《论稿》)卷一和卷四上。

---

① 贡师泰:《重刊石屏先生诗序》,见金芝山校点:《戴复古诗集》附录二,第330页。

② 吴茂云:《戴复古论稿》卷一,第3页。

③ 该年谱并未单独出版过,而是由吴先生编入已著《戴复古论稿》卷四。该书于2015年由上海古籍出版社出版,其卷四“年谱”前言云:“为区别于前人之年谱,本谱特冠名为《南宋诗人戴复古年谱》。”但《论稿》总目录与卷四目录中并无年谱前言所说的《南宋诗人戴复古年谱》之全称,故本文亦只能按目录所列,称之为《戴复古年谱》(简称《年谱》)。

④ 吴茂云:《戴复古论稿》卷四,上海古籍出版社2015年版,第226页。

只是，吴先生对“三次说”初始版和年谱版的“兼收并蓄”，似乎并无明显而具体的抑扬、褒贬态度。这样做的利弊得失如何，这里不予置评。以下谨遵吴先生在《论稿》后记中所表达的“以待后人有更多的证据来辨正”的意愿，对“三次说”先后两个版本提一些粗浅的看法，与吴先生略做商兑，并求正于吴先生和广大读者。

三、对“戴复古江湖出游三次说”的若干商兑

(一)戴氏一生江湖出游并非止于三次

吴先生的“三次说”，虽然其初始版和年谱版对戴氏出游的论述存在诸多的差异甚至冲突，但在戴氏江湖出游次数这一根本问题上，却一致认定是“三次”。然而，从吴先生校笺的《戴敏集　戴复古集》(以下简称《二戴集》)[①]及南宋有关文献似可探知，戴氏一生江湖出游，并非止于三次。

《二戴集》卷一有一首题为《灵璧石歌为方岩王侍郎作》的古体诗，诗中曰：“灵璧一峰天下奇，体势雄伟身巍巍。……谓有非常人，致此非常物。可磨斫贼剑，可倚击奸笏，可祝不老年，可比至刚德。……我来欲作灵璧歌，击石一唱三摩挲……”[②]细读此诗，当知它应是嘉定六年(1213)戴氏从杭州等地漫游返乡(南塘)后，就近前往王居安方岩府第拜访时所撰。理由有三：

其一，嘉定四年(1211)十月，王居安自江西安抚使任上奉命徙镇襄阳途中，骤为言者诬劾，被罢职而返乡。此后至嘉定十四年(1221)复出，其间基本赋闲于方岩故里。他平素酷爱奇石，这次罢职于家，在自家园林呈列并赏玩往日知太平州(今安徽省当涂县)期间获得的灵璧奇石，原是顺理成章之事。这也为戴氏造访其家、观赏灵璧石峰、赋写此诗创造了条件。

其二，据王绰《宋故竹坡先生丁公少明墓志铭》可知，戴氏同乡之前辈诗

---

① 吴茂云先生曾于2008年在中国文史出版社出版《戴复古全集校注》一书，后来经过修改增订，更名为《戴敏集　戴复古集》，被编入“温岭丛书”甲集第一册，由浙江大学出版社于2016年出版。本文所引戴诗，大多引自此书。

② 吴茂云校笺：《戴敏集　戴复古集》，“温岭丛书”甲集第一册，浙江大学出版社2016年版，第125页。

人丁世昌(1134—1213),字少明,号竹坡,卒于嘉定六年(1213)三月。[①] 戴氏闻此噩耗,立即撰写了悼诗《挽温岭丁竹坡》(按:南宋时温岭属于黄岩),这也从某一侧面印证了戴氏这年已从京城临安返居家中。据王绰所撰墓志铭和戴氏挽诗,丁氏时年80岁,长戴氏33岁,为人潇洒而工诗,是戴氏的师辈徐似道的亲密诗友。戴氏挽诗中说"恨不识是叟,悲哉作此歌"[②],可知戴氏与他虽是同乡,并无交往,之所以对他深情悲悼,实出于对这位逝去的同乡前辈诗人品格的尊重和诗才的敬慕。吴先生也认为戴氏此诗写于嘉定六年(1213),只是对诗的写作地点在临安还是在家乡南塘难以确定。[③] 但比较而言,杭州距温岭有数百里之远,古时交通不发达,信息传递慢,若戴氏身处家乡,丁氏去世的噩耗,当会及时得知;且从挽诗的内容和所表达的情感看,似乎也以其就近写于家中更合乎情理。

其三,再看戴氏所写《灵璧石歌为方岩王侍郎作》,全诗既热烈赞美了王氏府第园林呈列的灵璧石峰,又深情颂扬了王居安的刚直品格和高尚情怀。如果作者不是亲临现场,与其所歌颂的对象面对面直接交流,是写不出这样一首瑰奇卓特、形神兼备的抗金爱国诗篇的。"击石一唱三摩挲"这一包含多重意象的诗句,既是诗人对王居安这样的抗金爱国英才无端遭受贬黜之悲慨心绪的形象表达,又是他亲临王氏府第与灵璧奇石"亲密接触"的真实写照。

根据以上三个方面的分析,再联系嘉定六年(1213)前后戴氏的行迹,笔者以为,关于戴氏于嘉定六年回过家乡的推定,不但合乎情理,也是与事实相符的。吴先生《论稿》卷四《年谱》曰:宁宗嘉定六年谱主"在临安(或在家),闻温岭丁竹坡卒,作诗挽之"[④],多少也反映了吴先生内心对"三次说"关于戴氏"第二次游历二十年后归家"的判断有了些许动摇。

又,《二戴集》卷三有一首戴氏于端平二年(1235)重游广州时写的五律《书事》:"喜作羊城客,忘为鹤发翁。问天求酒量,翻海洗诗穷。已过西南

① 吴茂云:《戴复古论稿》卷四,第118页。

② 吴茂云校笺:《戴敏集　戴复古集》,"温岭丛书"甲集第一册,第236页。

③ 见吴茂云《论稿》卷四,第118页。其《年谱》宁宗嘉定六年"事迹"条目下曰:"(谱主)在临安(或在家),闻温岭丁竹坡卒,作诗挽之。"

④ 见吴茂云《论稿》卷四,第118页。

道，适遭东北风。扁舟载明月，枉作卖油公。”[1]此诗之上一页载有同期创作的另一首五律《石洲遇陈季申话旧》，其末联云：“樽前话畴昔，一笑不能休。”[2]“话旧”“一笑”指的是前诗《书事》所讥刺的广东漕使（即转运使）李约恃权报复，构陷诗人为“卖油公”这一荒唐事。据《（道光）广东通志》卷二六“李约，绍定元年任（转运使），赵师楷，绍定四年任”[3]，诗人在广州药湖讥刺李约而遭无理报复之事，应该就发生于绍定元年（1228）。然而“三次说”初始版谓戴氏约在宝庆三年（1227）在江西“动了归兴，于是请倪祖义和赵希迈作了序跋，后经玉山拜访了赵蕃兄弟，然后回家”[4]；而年谱版则未提其宝庆三年（1227）有无回家之事，只曰绍定元年（1228），戴氏“或在京口，遇薛野鹤。作《京口遇薛野鹤》”[5]。对此，人们或许会产生疑问：戴氏绍定元年（1228）的广州之行，是其江湖出游的第几次呢？

此外，《二戴集》卷六《随军转运司王宣子上巳日会客》（七律）前四句曰：“边头相遇若相期，又见随军转运司。忆昨醉君京口酒，仿今读我石壕诗。”[6]诗后吴先生注释云：“随军转运司：官署名，供办军需，后渐成各路长官。王宣子：王佐（1126—1191），宋越州山阴人，字宣子。1148 年中状元，历知永、吉、临安等州府，政颇简直，终权户部侍郎。”[7]

从这一注释可以看出，吴先生是认可该诗乃戴氏与王宣子在“边头”再次相遇后撰写的。且不论诗中的“边头”是指镇江还是别处，王宣子任职随军转运司始于何时，诗的注释已注明，王宣子的卒年是公元 1191 年（时王宣子 65 岁，戴氏 24 岁），从中可知戴、王二人“边头”相遇之时间肯定在 1191 年之前。[8] 这就与吴先生所谓戴氏首次出游始于 30 岁左右的 1197 年相抵

---

① 该诗末句之后有戴氏小字自注：“西南道乃广州一税场。”其下行又自注曰：“前李约作漕时请游药湖，出新宠佐尊，一意顾盼，无暇与宾客语。仆有诗云：‘手拍锦囊空得句，眼看檀板遇知音。’漕大怒，谓舟中有麻油不纳税，拘留其船。”见吴茂云校笺：《戴敏集　戴复古集》，“温岭丛书”甲集第一册，浙江大学出版社 2016 年版，第 239 页。

② 吴茂云校笺：《戴敏集　戴复古集》，“温岭丛书”甲集第一册，第 238 页。

③ 参见《（道光）广东通志》卷一六，清道光二年（1822）刻本。

④ 吴茂云：《戴复古论稿》卷一，第 6 页。

⑤ 吴茂云：《戴复古论稿》卷四，第 139 页。

⑥ 吴茂云校笺：《戴敏集　戴复古集》，“温岭丛书”甲集第一册，第 415 页。

⑦ 吴茂云校笺：《戴敏集　戴复古集》，“温岭丛书”甲集第一册，第 415 页。

⑧ 这首诗的性质属于写实还是虚构以及它究竟作于何时等问题，笔者另有考证，此处从略。

触了。是原诗有误，还是注释出错？在吴先生未对这一问题澄清之前，人们对戴氏江湖出游“凡三次”的论述，也不免打上个问号。

“三次说”谓戴氏第三次出游始于1229年、终于1237年。但在这期间，戴氏曾有多次言及思家返乡之事，其诗友也先后写有送他返乡的诗篇，故戴氏在1237年冬由儿子戴琦从镇江护送返乡之前的十年中，是否真的一次也未回家过，亦有待进一步考证。

那么，戴氏一生出游江湖究竟是几次呢？鉴于此事目前尚难确切考知，笔者以为不必强实之。在这方面，我觉得陶然所撰《戴复古传》[①]着重介绍有文献依据的戴氏江湖游历的时间及地点，不去勉强估摸其出游的实际次数，处理得较为妥当。

（二）“三次说”关于戴氏三次游历时间的推断存在矛盾之处

由于对戴氏一生出游次数认识有误，故“三次说”两个版本关于戴氏各次漫游江湖的时间和行踪等概况的种种论述，除了戴氏诗集和相关文献已有准确信息或线索明示者外，常有错乱矛盾之处，令人生疑。

1.“三次说”两个版本关于戴氏首次出游返乡时间判断之差异和错乱

其一，初始版谓戴氏1197年首次出游至临安等地，于1206年末返家，以戴氏“京华作梦十年余”等诗句为证；而年谱版虽然也认同戴氏于1197年开始出游，却明示其返家日期是1205年12月，依据是《四明桃源戴氏家乘》（以下简称《家乘》）中有“八世：八十宣教讳翼（按：戴复古兄），字振之，生绍兴二十六年十月二十九日，卒开禧元年十一月十四日，年五十”[②]的记载，从而推断当时在江西的戴复古，闻“兄卒之凶讯”，“触动其思乡之情”[③]而返家。两者的判断有明显差异，按照吴先生《论稿》后记的意思，应是以后出的年谱版为准。其实，年谱版的依据也并不可靠。因为这部由四明桃源戴氏族人始修于明代、重修于民国三十六年（1947）的桃源戴氏族谱，其中不少记载的真实性就颇让人怀疑。

例如，《家乘》卷一谓戴复古之父戴敏曾任县“学谕”，“子二：翼、复古”，

---

① 陶然：《戴复古传》，见傅璇琮总主编、程章灿主编：《宋才子传笺证·南宋后期卷》，辽海出版社2011年版，第160—176页。

② 吴茂云：《戴复古论稿》卷四，第90—91页。

③ 吴茂云：《戴复古论稿》卷四，第110页。

以及戴复古"卒淳祐七年三月十三日，年八十一。娶吴氏，继娶楼氏"。[①] 除了戴复古系戴敏之子属实外，其他几点在《石屏诗集》及南宋至明清的有关文献中（包括明清和近代台州的黄岩县志、太平县志等），均无相应的佐证。相反，从《石屏诗集》卷首之《东皋子诗》及各家序跋、卷七《寄上赵南仲枢密》七绝等文献，倒可考知戴敏一直是个处士，从未出任过县学谕（其实宋代并未单设县学谕之职），而且戴复古于淳祐七年（1247）三月以后还有诗作问世。

其二，吴先生《论稿》卷四《年谱》谱前引有"南塘十世孙戴木号渔村作于淳祐乙巳（1245）元月之《四明桃源戴氏家乘·序》"[②]。其实此序的来历尚有待考证。试想，《家乘》始修于明代，而南宋理宗时的戴木怎么可能为明代戴氏《家乘》作序呢？何况所载戴木此序（还有所谓南宋俞端礼作于绍熙四年的《南塘戴氏族谱序》），其本身也缺乏南宋文献的佐证。有人怀疑此乃后人据南宋有关史料逆向推衍而成，看来不无道理。

此外，《家乘》之记载，还有多处自相矛盾或疑似编造之痕迹。比如《家乘》所谓戴敏长子戴翼，在戴敏、戴复古的现存作品及南宋有关文献中从未提及，仿佛天外来客。限于篇幅，恕不一一列举。我想，在未发现《家乘》的记载有可靠的文献佐证之前，还是谨慎一些，宁可聊备一说以供参考，而不宜轻率采信，乃至视之为重要文献而加以揄扬。

2."三次说"两个版本记述戴氏第二次出游始发与返家时间之差异和错乱

其一，初始版对戴氏第二次出游始发时间未曾明确说明，仅说"1208 年左右，戴复古到了武宁……在武宁一住三年"[③]。不过，按照初始版所述，戴氏第一次出游返家，约在 1206 年冬之后，那么他第二次出游启程去江西，或许在 1207 年秋季之后吧。然而这一记述，仅是吴先生的一种揣测，并未发现有原始文献之依据。

其二，年谱版将戴氏首次出游返乡时间提前至 1205 年 12 月，将第二次出游始发时间改为 1206 年秋季，首发地是临安，并说这年冬，北行至淮河边，到 1207 年冬，已在临安作五律《湖上》，云"十载身为客，几封书到家"[④]，

---

① 吴茂云：《戴复古论稿》卷四，第 91 页。

② 吴茂云：《戴复古论稿》卷四，第 89 页。

③ 吴茂云：《戴复古论稿》卷一，第 5 页。

④ 吴茂云：《戴复古论稿》卷四，第 113 页。

吴先生还加了按语:“谱主自庆元三年(1197)出游,至此整十年。”[①]这又不免让人生疑:初始版曰戴氏首次出游是“京华作梦十年余”,年谱版却将这“十年余”延伸到戴氏第二次出游期间,这与前所表述亦相矛盾。

(三)“三次说”两个版本关于戴氏三次游历行踪叙述存在诸多讹误

1.关于戴氏“第一次出游”行踪的叙述

初始版曰:戴氏于1197年31岁时首次出游,经绍兴至临安,“投亲靠友,希望一举成名”。结果,“空等了几年,大失所望”,他只好“再向北行,来到鄂州和淮河流域靠近前线的地方。‘十年浪迹游淮甸,一枕高眠到鄂州’。想在从军入幕一途找找出路”。接着又叙述:1206年10月,金兵南下伐宋,“破真州、云梦,滁州、淮河一带又遭残破”,于是戴氏“写下了《频酌淮河水》《淮村兵后》《盱眙北望》”等爱国诗篇之后,怀着“京华作梦十年余”的失望心情怅然回乡。归家时其发妻已经去世。[②]

不同于初始版持戴氏在临安“空等了几年”后“再向北行,来到鄂州和淮河流域靠近前线的地方”的说法,年谱版认为自1197年始,戴氏“此后十年均在都中及周边徘徊”。[③] 不过,即便按照年谱版所述,戴氏1203年即“离开临安到江西浪游,江西金富翁爱其才,以女妻之,留宿三年”[④],到了1205年12月,就离开江西回家,这岂不是否定了前面“此后十年均在都中及周边徘徊”的判断?

年谱版叙述戴氏首次出游行踪时,不提其郢州(治所在今湖北钟祥)之行,而是将它安排在戴氏第二次出游初期来叙述。究其原因,是其不认可南宋陈耆卿《(嘉定)赤城志》中徐似道“历官告院、知郢州、太常丞……迁秘书少监,终朝散大夫、提点江西刑狱”[⑤]的宦历排序,而误信《(嘉庆)太平县志》把徐似道知郢州的任职置于其任秘书少监之后的缘故[⑥](按:吴先生可能忘

---

① 吴茂云:《戴复古论稿》卷四,第113页。

② 吴茂云:《戴复古论稿》卷一,第4页。

③ 吴茂云:《戴复古论稿》卷四,第106页。

④ 吴茂云:《戴复古论稿》卷四,第108页。

⑤ 吴茂云:《戴复古论稿》卷四,第114页。

⑥ 吴茂云:《戴复古论稿》卷四,第114页。

记了此前他在《论稿》卷四第101页介绍徐似道宦历“知太和县、郢州、秘书少监、起居舍人”，却是与《（嘉定）赤城志》相似，而与《（嘉庆）太平县志》相反）。正是依据后者的不实记载，吴先生作出了如下错误推断：“是年（1207），在临安，徐似道以秘书少监出守郢州，（戴氏）作诗（按：实为《水调歌头·送竹隐知郢州》词）相贺。”[①]这就等于将徐似道知郢州说成是戴氏第二次出游期间的事了。其后又加按语曰：“考谱主生平，曾至郢州与徐似道同登白雪楼，同年作《到鄂渚》：‘十年浪迹游淮甸，一枕高眠到鄂州。’则谱主（指戴氏）在湖北为浪迹十年后之嘉定元年（1208），可见（徐似道）知郢州当在嘉定元年前后。”[②]这些判断均与事实不符。据南宋张端义《贵耳集》载，徐似道“为‘小蓬’（按：秘书少监之别称），朝闻弹疏，坐以小舟，载菖蒲数盆，翩然而去”[③]，说明徐氏在秘书少监任上，遭人弹劾，不屑与辩，即坐上小船弃官归家，此后怎么能有迁知郢州之事？比较而言，笔者以为还是温岭市方志办项琳冰先生关于徐似道仕宦经历的考证[④]和胡传志先生《戴复古与徐似道交游略考》的结论[⑤]更为真实可信。

2.关于戴氏“第二次出游”行踪的叙述

初始版介绍戴氏二次出游：“这次离家，大约是从温州、青田一带西上经江山、玉山，至豫章……后来还到过杭州、福建、湖北、湖南、江苏、安徽，约二十年后回家。”[⑥]

而年谱版则曰：戴氏1206年秋第二次出游，“先到临安，请乔行简为诗册作跋……冬，继续北行至江阴。作《江阴浮远堂》……再北行至淮河边，浪迹淮甸，深入濠梁……感慨系之，作《频酌淮河水》”[⑦]。又谓：“（1207年）春，在淮南前线一带行走，目睹淮村之残破，作《淮村兵后》……又作《盱眙北望》……冬，作《湖上》。”[⑧]下加按语“谱主自庆元三年（1197）出游，至此

① 吴茂云：《戴复古论稿》卷四，第113页。

② 吴茂云：《戴复古论稿》卷四，第114页。

③ 参见[宋]张端义：《贵耳集》卷上，清嘉庆十年（1805）学津讨原本。

④ 项琳冰等整理、点校：《徐似道集　王居安集　戴昺集　陈咏集　林昉集　潘伯修集》，“温岭丛书”甲集第二册，浙江大学出版社2016年版，第127页。

⑤ 胡传志：《戴复古与徐似道交游略考》，《中国诗学研究》2017年第2期，第143—150页。

⑥ 吴茂云：《戴复古论稿》卷一，第4页。

⑦ 吴茂云：《戴复古论稿》卷四，第112页。

⑧ 吴茂云：《戴复古论稿》卷四，第113页。

整十年"[①]等等。

上文两个版本对戴氏第二次出游的介绍,无论是出游时间及行踪路线图,还是《频酌淮河水》等爱国诗歌写作时间的推定,都存在诸多差异和矛盾,却又均属揣测而缺少准确依据。这也难怪,因为戴氏诗集和南宋有关文献所能提供的准确信息太少,有时也只好猜测大概。不过,揆之南宋开禧北伐失败后的形势,笔者以为,这些爱国诗歌的创作,应是在宋金嘉定协议达成几年之后,戴氏漫游江淮流域前沿村落期间陆续写下的。这固然也只是推测,但比起"三次说"的上述推断,毕竟离史实较为接近些。至于年谱版"(1207年)冬,作《湖上》"之后的按语"谱主自庆元三年(1197)出游,至此整十年"[②],则又一次将其所谓第一次出游的时间和游踪与第二次混合在一起了,其前后叙述显然也自相矛盾。

3.关于戴氏"第三次出游"行踪的叙述

初始版曰:戴氏"先到福建,再转江西,1234年二次入福建"[③],接着又云"这近十年中……他二到福建,第一次是1229年春请陈昉作诗序,第二次是1234年,在邵武结识了严羽,并在邵武太守王子文的邀请下,做了一段时间的军学教授",这年冬,他与王子文、严羽等数人"在望江楼饮酒论诗,成为诗坛佳话"[④]。

与初始版所述有所不同,年谱版曰戴氏于1229年"三月,在临安……冬,入闽"[⑤],1230年"冬,出闽"[⑥],1231年"游江西南昌"[⑦],1232年"春,至邵武,与王埜游……夏,至麻姑山与严粲订交,并参加当地诗社活动,与李贾等相聚甚欢"[⑧]。

年谱版纠正了初始版所谓戴氏1229年入闽,于1234年第二次入闽,并与王子文、严羽、李贾等数人于望江楼吟诗论诗的不确切说法,而认为那次论诗活动及戴氏与严羽订交并作《祝二严》一诗,是在1233年,而非

① 吴茂云:《戴复古论稿》卷四,第113页。
② 吴茂云:《戴复古论稿》卷四,第113页。
③ 吴茂云:《戴复古论稿》卷一,第6页。
④ 吴茂云:《戴复古论稿》卷一,第6页。
⑤ 吴茂云:《戴复古论稿》卷四,第140页。
⑥ 吴茂云:《戴复古论稿》卷四,第142页。
⑦ 吴茂云:《戴复古论稿》卷四,第143页。
⑧ 吴茂云:《戴复古论稿》卷四,第144页。

1234 年，这个纠正是对的，值得肯定。笔者在前期的一篇论文中言及戴氏与严羽“相识订交的时间，当在绍定五年(1232)客游邵武之时”①。诚如吴先生《论稿》卷四《年谱》所指出的，亦不大准确。② 而年谱版谓戴氏于 1232 年“夏，至麻姑山与严粲订交，并参加当地诗社活动，与李贾等相聚甚欢”③，与实际也不完全相符。

据年谱版所述，1232 年春，戴氏即从江西回到福建邵武，“与王埜游”，1233 年春，他离开邵武去了江西赣州，拜访知州姚镛，后又先后造访临江知军王伯大、吉州会判李伯高和抚州推官萧泰来，秋日回邵武并与王子文、严羽、李贾诸人望江楼吟诗、论诗。“冬，再至赣州，姚镛被贬，作词送行。”④这表明戴氏不但自 1229 年至 1234 年已有数次入闽、出闽的经历，而且也可证实他与严粲的订交时间并非 1232 年夏，而是 1231 年夏，不然就与戴氏写于 1233 年的《祝二严》“前年得严粲，今年得严羽”⑤之诗句不相应了。

回顾上述戴氏自 1230 年至 1233 年的游历，我们还可推知，戴氏于 1231 年“游江西南昌”后，在当年夏天去南城麻姑山下访严粲，并参与当地诗社活动，福建邵武军光泽县的李贾并未参与。戴氏与李贾欢聚并举办诗社活动，应是戴氏 1232 年访问邵武军光泽县李贾等诗友之时，而这时，家居江西南城的严粲亦未曾参加。这里还需要说明的是，严粲虽然是邵武人，与家在邵武莒溪的严羽同宗，系羽之族弟，但严粲多年前已举家迁至建昌南城麻姑山下。戴氏回台州老家归隐后，在他所撰《送吴伯成归建昌二首》中，还明确提到“吾友严华谷，实为君里人”⑥。可知江西建昌军南城县麻姑山下实际上已成了严粲的第二家乡，严羽与严粲这对同宗兄弟平时联系并不多。故 1232 年和 1233 年戴氏在邵武期间的吟诗、论诗活动，严粲也并不在场。

---

① 张继定：《严羽戴复古异同论》，《浙江师大学报(社会科学版)》2001 年第 5 期，第 38—42 页。

② 吴茂云：《戴复古论稿》卷四，第 149 页。

③ 吴茂云：《戴复古论稿》卷四，第 144 页。

④ 吴茂云：《戴复古论稿》卷四，第 148 页。

⑤ 吴茂云：《戴复古论稿》卷四，第 136 页。

⑥ 金芝山校点：《戴复古诗集》卷一，第 10 页。

(四)“三次说”所谓戴复古“江西感情公案”是实有其事,还是以讹传讹

1.所谓戴复古“江西感情公案”的由来

翻阅“三次说”初始版和年谱版关于戴氏“江西感情公案”的介绍,可知虽然这两个版本之叙述有较大差异,但其基本情节均源自元末明初陶宗仪《辍耕录》卷四的一则名曰《贤烈》的笔记。此外,也吸取了《(嘉靖)太平县志》卷六的有关记载。对此,吴先生并不讳言,在《年谱》“宁宗开禧元年乙丑(1205)”之后的【事迹】栏内,即全文转引了《辍耕录·贤烈》这则笔记,以表明其所载戴复古“感情公案”是有史实依据的:

> 戴石屏先生复古未遇时,流寓江右,武宁有富家翁爱其才,以女妻之。居二三年,忽欲作归计。妻问其故,告以曾娶。妻白之父,父怒。妻宛曲解释,尽以奁具赠夫,仍饯以词云:“惜多才,怜薄命,无计可留汝。揉碎花笺,忍写断肠句。道傍杨柳依依,千丝万缕,抵不住一分愁绪。捉月盟言,不是梦中语。后回君若重来,不相忘处,把杯酒浇奴坟土。”夫既别,遂赴水死。可谓贤烈也已。①

紧接着,又引《(嘉靖)太平县志》卷六之所载:

> 石屏尝游江右武宁,有富家翁金氏爱其才,以女伯华妻之。居三年,忽欲作归计,伯华讯之,石屏具告以有妇……②

2.陶宗仪《辍耕录·贤烈》乃虚构的笔记小说,而非史实

陶宗仪《辍耕录·贤烈》所载,既无南宋时期的文献依据,也不符合戴复古人生经历和思想情感的实际,它不过是陶氏根据不确切的民间传闻,或是出于某种目的杜撰的笔记体小说。而小说中的武宁富家女,自然也只是作者塑造的人物形象,不应把她当作真实的江湖诗人戴复古之后妻。

---

① 吴茂云:《戴复古论稿》卷四,第110页。

② 吴茂云:《戴复古论稿》卷四,第110页。

3.“三次说”两个版本所述戴氏“江西感情公案”，对《辍耕录·贤烈》情节的演绎、改编，虽同中有异，但均无扎实可靠的文献依据

比较“三次说”两个版本关于此事的叙述，主要区别在于：初始版将这一“感情公案”发生时间安排在戴氏第二次出游初期的1208年，还点明其发妻在戴氏第一次出游返家前，业已去世，暗示戴氏与那位武宁富家女的结合，并非《辍耕录·贤烈》明示的“重婚”。而年谱版则恢复了《辍耕录·贤烈》的“重婚”情节，并将初始版设定的“感情公案”发生时间“1208—1210年”，提前至第一次出游后期的“1203—1205年”。相同的是，两者均据《（嘉靖）太平县志》给那位“富家女”冠以“金伯华”之姓名。其实这样将情节翻来覆去地改编，犹如把历史当作任人打扮的小姑娘，反而显示其本身就类似某种无史实依据的传奇类笔记小说，与史实性的严肃历史人物传记并非一回事。说起来这也不难理解。试想，连《辍耕录·贤烈》的作者陶宗仪本人也举不出其真实出处，后之据此转抄、衍绎者，无非是以讹传讹或无凭无据地添枝加叶，显然更难拿出令人信服的依据。

在如何看待《辍耕录·贤烈》是否史实的问题上，清代的《宋诗钞》编者吴之振等人以及乾隆时进士、学者戚学标可以说是坚定的“否定说”派。虽然他们的论据论证有不足和欠妥之处，其观点却是鲜明的。戚氏编的《（嘉庆）太平县志·辨讹》就对“旧志《贞淑》门”谓戴氏重婚之妻名曰“金伯华”的说法作了有力的辩驳。戚氏还对《宋诗钞》编者否定《辍耕录·贤烈》的论据“朱子亦以诗相赠酬（戴复古）”有所修正，将它改换成“（戴氏）为大儒真西山所称许”①（按：朱子与戴氏并无直接交往，而真西山与戴氏则确有其事），并再次否定戴氏江西重婚之说，谓“遍翻宋人集，无一言及。其说起自元末，而明季人袭之，为无兄盗嫂、绝无影响之事”。② 台州温岭市地方志办公室原主任、曾主持《太平县古志三种》整理、校注工作的蔡宝定先生，在《（嘉庆）太平县志·辨讹·金伯华》这一条目的注释中，还特加按语指出，陶宗仪与戴复古“相距百余年，所记未交代出处，不足信。《辍耕录》称石屏‘未遇时，流寓江右武宁，有富家翁爱其才，以女妻之’。石屏一生布衣，无‘未遇’‘已遇’

---

① ［清］戚学标：《（嘉庆）太平县志》卷一，载温岭市地方志办公室编：《太平县古志三种》之二，中华书局1997年版，第572页。

② ［清］戚学标：《（嘉庆）太平县志》卷一八，载温岭市地方志办公室编：《太平县古志三种》之二，第572页。

之分，可见此说与戴身世不合”[①]。另外，陶然所撰《戴复古传》也认为：“宋人说部中类似故事甚多，颇类小说家言，似不足采信。”[②]这些意见，我以为均不无道理，值得“肯定说”派三思。

关于明清以来学界就《辍耕录·贤烈》所载之真实性问题的争论，笔者在2021年曾撰有《戴复古“江西重婚案”与四库馆臣求实精神》[③]一文，做过较为具体的介绍和评析，现略作上述之补充。

(五)“三次说”记述戴氏交游和生平经历等方面的讹误

1.交游方面

其一，“三次说”初始版曰：戴氏在“第二次出游”期间，“时贤、官吏、文人、游士争着与他结交，像楼钥、乔行简、魏了翁等高官与他时有唱和”[④]。楼钥、乔行简曾为戴氏诗卷写过序跋，戴氏也曾献诗于二人，但目前缺乏楼、乔唱和诗的实证。至于魏了翁，戴氏虽然在诗集中提及魏氏的字号，流露出对他的景仰，但毕竟未能发现他与魏氏有过直接交往和唱和的证据。纵观戴氏一生与某些高官的联系，大都是戴氏主动请谒，而那些体制内官员，特别是有影响的某些高官往往显得比较被动，所谓“争着与他结交”云云，就有点言过其实了。

其二，“三次说”年谱版曰，嘉定五年(1212)戴氏“又作《衡山道士有诗声，杨伯子监丞盛称之，以杨所取之诗，求跋其后》”[⑤]，紧接着解释：“杨伯子为何道士选诗，并请谱主为诗选作跋，则三人在湖州同游，当在是年。”[⑥]按：年谱所记及解释，乃错把1212年当成此诗的创作年了。原因就在于对戴氏此诗的题意理解有误，把此诗题中“以杨所取之诗，求跋其后”的主语“衡山

① [清]戚学标：《(嘉庆)太平县志》卷一八，金伯华，载温岭市地方志办公室编：《太平县古志三种》之二，第575页。

② 陶然：《戴复古传》，见傅璇琮总主编、程章灿主编：《宋才子传笺证·南宋后期卷》，辽海出版社2011年版，第160—176页。

③ 拙文被首都图书馆编的《盛世文华　四库纵谈》收入其中，由学苑出版社于2021年出版；不久，又为陈晓华先生主编、社会科学文献出版社2022年出版的《四库学》集刊(第九辑)刊载。

④ 吴茂云：《戴复古论稿》卷一，第5页。

⑤ 吴茂云：《戴复古论稿》卷四，第117页。

⑥ 吴茂云：《戴复古论稿》卷四，第118页。

道士”，错解成“杨伯子”了。其实，戴氏为那位衡山道士的诗卷作跋，应是他漫游湖南时的事。

其三，年谱版记叙戴氏 1227 年事迹时，有“是年，到江西庐山，访赵鼎臣，作《同赵鼎臣游皇甫真人清虚庵》”①之句。其后加按语曰：“……赵鼎臣，字承之，自号苇溪翁，韦城（今河南滑县东南）人，进士，曾出知邓州……有《竹隐畸士集》已佚。”②这里是错把北宋河南诗人赵鼎臣（1070—约 1124）③当成南宋江西隐士、戴氏诗友赵鼎臣了。《二戴集》中有两首写南宋赵鼎臣的诗，除了上面提到的那首五律《同赵鼎臣游皇甫真人清虚庵》外，另有一首题为《寄赵鼎臣》的古体诗④，盛赞赵氏的才华和品行，意蕴深厚，启人遐思。可惜当地史志失载其生平事迹。而北宋的赵鼎臣，则远比南宋这位同名者的声誉要大，宋代文献有较多的记述。他于北宋末年已去世，不可能和南宋乾道三年才出生的戴复古同游庐山清虚庵。至于其诗文稿，虽多有失佚，但四库馆臣还是从《永乐大典》中辑录了他的一批遗稿，编为《竹隐畸士集》二十卷，至今犹存。

其四，年谱版在记叙戴氏 1233 年的交游时，介绍其诗友、绍兴剡溪人姚镛之宦历，说他“景定元年（1260）前后为黄岩主学”。⑤ 此乃沿《（万历）黄岩县志》之误。据笔者考证，时任黄岩主学的是福建合沙的杂文家、周密少时的启蒙老师姚镕，而非曾任赣州守、被贬衡阳的剡溪人姚镛。⑥

其五，年谱版记叙 1234 年戴氏行踪时，曰：“岁暮，至临安，访真德秀。作《岁暮呈真翰林》。”⑦接着，又在下一页的【附考】中在戴诗《清凉寺有怀真翰林运使之来》之后加按语曰：“此清凉寺在建康（今南京），真德秀似未任职过建康。真德秀改翰林时已年老多病，未数月即卒，应不便至建康，既称真

---

① 吴茂云：《戴复古论稿》卷四，第 137 页。

② 吴茂云：《戴复古论稿》卷四，第 138 页。

③ 参见金芝山校点：《戴复古诗集》卷一，第 31 页。按：关于北宋赵鼎臣，笔者曾撰有《苏轼、刘克庄称赏过赵鼎臣之诗吗？——对〈中国文学家大辞典（宋代卷）〉“赵鼎臣”辞目的两处辨正》一文，刊于《关东学刊》2020 年第 2 期，第一段对赵氏生平有简介。

④ 金芝山校点：《戴复古诗集》卷一，第 10 页。

⑤ 张继定：《南宋江湖派诗人姚镛仕宦考》，《绍兴文理学院学报（人文社会科学版）》2018 年第 5 期，第 58—65 页。

⑥ 吴茂云：《戴复古论稿》卷四，第 147 页。

⑦ 金芝山校点：《戴复古诗集》卷二，第 36 页。

翰林，又加运使，颇费解，疑此题有误。”[①]

以上两段引号中的文字，或记叙失实，或理解失误。实际上，1234 年冬戴氏尚在泉南养病，第二年春夏间已现身广东（这在年谱版亦有记载），故他不大可能在 1234 年岁暮去临安访真氏，然后于来年春，抄远道由临安出发去广东。何况从《岁暮呈真翰林》的内容看，也不像他晚年所写的诗。

至于《清凉寺有怀真翰林运使之来》，此诗题并无不当。吴先生《论稿》卷四《年谱》记叙戴氏嘉定七年（1214）事迹，其中引有戴氏长诗《嘉定甲戌孟秋二十有七日，起居舍人兼直学士院》及《贺新郎·为真玉堂寿》之词，紧接着又引述《宋史·真德秀传》所载真氏此年“出为秘阁修撰、江东转运副使”的一段话[②]，说明真德秀于 1214 年业已由起居舍人兼直学士院，并出为江东转运副使，同时也证明在宋代，进入翰林院（或学士院），虽未正式除翰林学士，而已任直学士院或翰林权直者，也可称其为“翰林”或“玉堂”。这一点，从龚延明先生所著《中国历代职官别名大辞典》亦可获知。[③] 吴先生可能忘了《年谱》所引述的戴氏诗词称真氏为“起居舍人兼直学士院”“金马玉堂真学士”之句，也忘了其后还曾引《宋史·真德秀传》谓真氏于 1214 年冬已出任江东转运副使之事，才对戴诗《清凉寺有怀真翰林运使之来》产生“颇费解，疑此题有误”之困惑，并将戴氏大约嘉定年间在临安所作《岁暮呈真翰林》，臆想为戴氏于端平元年（1234）岁暮从福建赶赴临安，向刚授翰林学士之职的真德秀致贺时所撰。[④]

2. 生平经历及其他方面

首先，戴氏是终身布衣，还是曾任邵武军学教授？

“三次说”初始版曰：戴氏第二次到福建是 1234 年，“在邵武太守王子文的邀请下，做了一段时间的军学教授”[⑤]。年谱版据《（嘉靖）邵武府志·秩官》，将其任军学教授的时间定在 1232 年。

关于福建方志载戴氏任邵武军学教授之事，笔者过去先后两次著文质

---

① 吴茂云：《戴复古论稿》卷四，第 152 页。

② 吴茂云：《戴复古论稿》卷四，第 120 页。

③ 龚延明：《中国历代职官别名大辞典》，上海辞书出版社 2006 年版，第 272 页。

④ 吴茂云：《戴复古论稿》卷四，第 150 页。

⑤ 吴茂云：《戴复古论稿》卷一，第 6 页。

疑过[①]，指出戴氏所有作品从来没有提及此事，一直以布衣自居，与他同时的诗友也从来没有称其为“教授”的；认为《（弘治）邵武府志》《（嘉靖）邵武府志》等方志谓戴氏曾任邵武教授并无南宋文献的原始依据，当是后人讹传所致。

“三次说”年谱版则认为，现存戴氏诗集仅是选集，乃其生前创作数量的一半，“所以也无法判断（他）所有作品是否提及任职府学之事”[②]，且强调：“《邵武府志》所载却是明白的，有任职有任期，且嘉靖离绍定也仅仅百年上下，地方志书历来比较可靠，不能以不完整的诗集未载来否定明确的记载，也许官家喜其诗作而惜其无安家之费而聘为学吏也未可知。”[③]

吴先生在年谱版中指出，现存戴氏诗集仅是其一生作品的一半，不应认定所有作品从未提及任职府学之事，这个解释确有道理。不过，吴先生年谱版的解释，总的来看还是有些疑问。

第一，吴先生认为戴氏在绍定间做过一段时间的邵武军学教授，但又几次强调其“布衣终身”[④]、“终生布衣”[⑤]、“一生未入仕途”[⑥]，这就有点自相矛盾。

第二，《（嘉靖）邵武府志》《闽书》等史志的编纂时间距南宋绍定五年（1232）至少有三百年（而不是吴先生误算的仅百年上下），这几部志书所编制的南宋邵武军“秩官·教职”列表，上、下任教授的次序、时序排列错乱不一，并非如吴先生所说是“明白”的，更谈不上“地方志书历来比较可靠”。

第三，明代有关方志对其所载戴氏曾任邵武军学教授一事，均未能提供其原始依据，吴先生所说的“也许官家喜其诗作而惜其无安家之费而聘为学吏也未可知”[⑦]，只是一种推测，既缺乏文献依据，也不合论辩之逻辑。我想学术讨论，当以扎实可靠的材料为据，其结论应在调查考证之后才能做出。有些问题，一时难以考知，不妨存疑，而不宜轻信缺乏原始依据的第二、三手

① 笔者先后发表的两篇文稿《严羽和戴复古身世行迹诸问题考——对〈严羽评传〉的几点商榷性意见》《王埜·姚镛·戴复古——对〈中国文学家大辞典〉三则辞目的几点辨正》，分别见于《南昌大学学报（人文社会科学版）》2001 年第 4 期和《苏州教育学院学报》2019 年第 5 期。

② 吴茂云：《戴复古论稿》卷四，第 145 页。

③ 吴茂云：《戴复古论稿》卷四，第 145—146 页。

④ 吴茂云：《戴复古论稿》卷一，第 1 页。

⑤ 吴茂云：《戴复古论稿》卷一，第 2 页。

⑥ 吴茂云：《戴复古论稿》卷一，第 7 页。

⑦ 吴茂云：《戴复古论稿》卷四，第 146 页。

材料。实际上,吴先生自己也说过:“对学官学吏的聘任是否设有门槛,对一介布衣能否有资格受聘,这是需要继续考证的。”[①]既然上述问题尚未考证清楚,似不应轻易肯定《(嘉靖)邵武府志》《邵武县志》等方志的无原始依据的不实记载,虽然过去出版的文学史或学术著作,有多部因袭《(嘉靖)邵武府志》等志书的这一记载,但毕竟均未提供南宋时期的原始依据。关于这个问题,浙江大学陶然教授和原北京大学中文系博士、后为香港中文大学中文系教授的张健先生都对有关史志谓戴氏“绍定中任邵武军教授”的记载提出过质疑,认为缺乏依据,难以信从。[②]

此外,初始版在介绍戴氏第二次出游时,说到江湖诗人“在流浪生活中常常出现窘态”[③],并举戴诗《谭俊明雪中见访,从而乞米》,以说明他“客居他乡的困苦”[④]。但紧接着马上转口说:“当然这是比较极端的现象,平时总常有人送米送钱,如《谢王使君送旅费》。”[⑤]这就使本段上下文的叙述产生了明显的矛盾。其实,就戴复古漂泊江湖大半生的经历来说,无论是在吴先生所说的“三次”出游的哪一次,窘迫的日子还是居大多数,这只要看看刘克庄《跋二戴诗卷》所言“式之名为大诗人,然平生不得一字力,皇皇然行路万里,悲欢感触一发于诗”[⑥],即可了解他身处江湖时的困顿窘况。

“三次说”关于戴氏出游历经的山川古迹、个别友人生卒年及任职等情况的介绍,亦有所失察,不够精审,特别是《论稿》卷一两次提到“戴复古年轻时曾学诗于真德秀”[⑦],却未能提供出处或依据,令人费解。限于篇幅,这里就不展开探讨了。

---

① 吴茂云:《戴复古论稿》卷四,第146页。

② 陶然《戴复古传》笺证曰:“《闽书》谓‘戴复古任邵武军学教授’,不知何据,难以信从。”参见傅璇琮主编:《新编宋才子传笺证·南宋后期卷》,辽海出版社2017年版,第165页。又,香港中文大学教授张健在列举多条证据后也指出:“故戴复古任邵武军学教授,实无其事。”参见张健:《知识与抒情:宋代诗学研究》附录,北京大学出版社2015年版,第618页。

③ 吴茂云:《戴复古论稿》卷一,第5页。

④ 吴茂云:《戴复古论稿》卷一,第5页。

⑤ 吴茂云:《戴复古论稿》卷一,第5页。

⑥ 戴福年主编:《戴复古全集》,文汇出版社2008年版,第395页。

⑦ 分别见于吴茂云《论稿》卷一第11页、第16页。前者曰:“戴复古年轻时学诗于林景思、徐渊子、真德秀、陆放翁。”后者曰:“戴复古年轻时学诗于真德秀、陆游。”其实戴氏并未从真德秀学诗。

四、结语

上文着重对吴先生“戴复古江湖出游三次说”提出了若干商榷性意见。拙文作为引玉之砖，公之于众，以期待关心戴复古研究的学界专家和广大读者予以指正。应该指出，“三次说”中的具体论述、考证甚至推断，也有合乎实际的部分，不宜一概否定。更需要说明的是，吴先生自20世纪80年代以来，就一直孜孜不倦地从事戴复古生平、家世和著作等方面的研究，发表过多篇论文，先后整理、校注戴氏之著作并陆续出版，成果丰硕，其勤奋治学、勇于开拓的精神，令人钦佩。首倡“戴复古江湖出游三次说”，也是他敢为天下先的探索精神的一种表现。

本文始刊于《浙江师范大学学报(社会科学版)》2023年第4期

第二辑

师承与交游考辨

戴复古师承林宪、徐似道考略

在南宋众多的江湖派诗人中，戴复古可谓最具代表性的一位。他终生未仕，长期浪迹江湖，不仅游历的区域广，而且结交的诗友多。诚如吴子良在《石屏诗后集序》中所说，戴氏"所游历登览，东吴浙，西襄汉，北淮，南越，凡乔岳巨浸、灵洞珍苑，空迥绝特之观、荒怪古僻之踪，可以拓诗之景、助诗之奇者，周遭何啻数千万里。所酬唱谂订，或道义之师，或文词之宗，或勋庸之杰，或表著郡邑之英，或山林井巷之秀，或耕钓酒侠之遗，凡以诗为师友者，何啻数十百人"[①]。戴复古之所以在诗歌创作上取得突出成就，成为南宋江湖诗派之大家，除了"其搜揽于古今者博"之外，是与其"陶写于山水者奇""磨砻于师友者熟"（吴子良语）分不开的。

但戴复古是怎样从师学诗的，其师承情况如何，有关史料缺少记载。虽然楼钥《戴式之诗卷序》曾谈及此事："雪巢林监庙景思，竹隐徐直院渊子，皆丹丘名士，（复古）俱从之游，讲明句法。又登三山陆放翁之门，而诗益进。"[②]然亦语焉不详，这是颇为遗憾的。

现就戴复古师承林宪（字景思）和徐似道（字渊子）以及这两位前辈对弟子戴复古的影响作一考析，希望能有助于人们对戴氏诗歌的思想艺术特色和创作风格的研究。

一、林宪——"囊乏一钱穷到骨，胸蟠千古气凌云"

林宪是戴复古少年时期学诗的启蒙老师。林宪字景思，东鲁人。初寓吴兴，从侍郎徐度游，卓荦有大志。中特科，监南岳庙。参政贺允中奇其才，以孙女妻之。乾道（1165—1172）中随贺允中迁居台州临海。贺既亡，宪以穷故，挈妻孥居台州城西之萧寺。破屋数椽，不庇风雨，榜其燕坐之室曰"雪巢"，即以此自号。日吟诗于其间，屡濒于馁而不悔。著有《雪巢集》。一时名流如尤袤、杨万里、楼钥等皆与之交游、唱和，并为其诗集作记或写序。杨

---

① 金芝山校点：《戴复古诗集》附录二，浙江古籍出版社1992年版，第332页。

② 金芝山校点：《戴复古诗集》附录二，第323页。

万里《林景思寄赠五言,乃长句谢之》中曰:“试问景思有何好,佳句惊人人绝倒。句句飞从月外来,可羞王公荐穹昊。”[①]尤袤《别林景思》亦有句称其“囊乏一钱穷到骨,胸蟠千古气凌云”[②]。楼钥称其诗“出入古今作者门户,善备众体”[③],所作七篇,“如淮阴用兵,多多益善,变化舒卷,不可端倪”[④]。陈振孙《直斋书录解题》也评论林宪及其诗曰:“其人高尚,诗清淡,五言四韵古句尤佳,殆逼陶、谢。”[⑤]可见其当时诗名、人望之高。

考戴复古从林宪学诗,大约是在宋孝宗淳熙八年(1181)至十一年(1184),即戴复古15至18岁之间。戴复古在襁褓中时,其父亲戴敏,一个独喜以诗自适、终穷不悔的诗人即已去世,无法向儿子传授诗艺,而且其父临终时除了怅然发出“诗遂无传乎”[⑥]的太息,没有留下什么家财,亦无诗集留传。因此复古在孩提时代,也就未能受到系统的文化教育,尤其是在学诗方面。他在成年后曾多次谈到自己“幼孤失学,胸中无千百字书,强课吟笔,如为商贾者乏资本,终不能致奇货也”[⑦]。这固然有自谦的成分,但确也反映了他儿童时代缺乏系统的传统文化教育的情况。为了搜求父亲的遗诗,继承父亲的遗志,成为一名诗人,他在少年时期即开始外出学诗。严粲《送戴式之》一诗中说戴复古“自小寻诗出”[⑧],即是一个佐证。这里的“小”,其具体的年龄段,当在15至18岁之间。因为14岁以下的孩子单独外出,其家人亲友不大放心,而18岁以上外出求师,似亦与“自小寻诗出”不相符合。

考林宪在戴复古15至18岁这段时间,依然寓居在临海城西之萧寺,而且早已诗名远播。黄岩为台州属邑,复古之家乡黄岩南塘,离府治所在地临

---

① 参见《杨万里集笺校》卷二二,《天朝集》,中华书局2007年版,第1146页。又见《天台续集别编》卷四,《景印文渊阁四库全书》第1356册,台湾商务印书馆1986年版,第571页。

② [宋]尤袤:《别林景思》,《天台续集别编》卷四,《景印文渊阁四库全书》第1356册,台湾商务印书馆1986年版,第571页。

③ [宋]楼钥:《攻媿集》卷五十二,《雪巢诗集序》,《景印文渊阁四库全书》第1152册,台湾商务印书馆1986年版,第814页。

④ [宋]楼钥:《攻媿集》卷五十二,《雪巢诗集序》,《景印文渊阁四库全书》第1152册,台湾商务印书馆1986年版,第814页。

⑤ [宋]陈振孙:《直斋书录解题》卷二〇,上海古籍出版社1987年版,第604页。

⑥ 金芝山校点:《戴复古诗集》附录二,第323页。

⑦ 金芝山校点:《戴复古诗集》附录二,第321页。

⑧ [宋]严粲《华谷集》,《江湖小集》卷一一,《景印文渊阁四库全书》第1357册,台湾商务印书馆1986年版,第79页。

海仅50多公里，故他就近首先去向寓居临海的著名诗人请教诗法，原是不足为怪的。

然而，除了《宋元学案补遗》中把戴复古列入林宪门人之外，林宪与戴复古师徒二人的交往、授受行迹，在各自的诗文集和南宋以来的史料中均没有什么记述。不过，对照两人一生的经历及其作品的风格特点，我们不难看出两人之间的师承关系。林宪少从侍郎徐度游，徐度则得句法于陈师道的嫡派传人魏衍①，故林宪之诗，有着江西派的影响。

但另一方面，他又吸取唐人的诗法，所以杨万里、楼钥皆称其诗似唐人。林氏诗歌这两个方面的特点，对戴复古的诗歌创作有着明显的影响。例如戴复古的五律《思家用陈韵》："湖海三年客，妻孥四壁居。饥寒应不免，疾病又何如？日夜思归切，平生作计疏。愁来仍酒醒，不忍读家书。"赵蕃就曾明确指出，此诗全篇颇有陈师道《寄外舅郭大夫》一诗的特色；而他更多的诗篇，则又广泛熔铸了唐人的风韵。尽管戴复古后来的思想艺术成就及在诗坛的影响超过了乃师林宪，但他少年时期从林宪学诗及受林氏思想和诗风之影响，则是无可置疑的。

二、徐似道——"徐卿赤城古仙子，十年四海推才华"

在戴复古的师辈中，徐似道可以说是与他关系最为密切的一位。

据《（嘉定）赤城志》《南宋馆阁续录》等文献记载，徐似道，字渊子，号竹隐，宋台州黄岩县同山（今台州温岭市温峤镇上珙）人。乾道二年（1166）进士，初为吴江县尉，继任西昌县宰，转户曹参军，任主管官告院，知郢州，历太常丞、礼部司封郎官、权直学士院，迁秘书少监、起居舍人，终朝散大夫、提点江西刑狱。所至以廉能称。善诗文、著有《竹隐集》十一卷，今佚。陈起所编《江湖集》曾收其诗，后人也有把他列入江湖派诗人之中。范成大、刘过、陆游、刘克庄等都深推重之。淳熙十二年（1185）冬陆游罢官隐居山阴时，曾为徐似道环碧亭题诗，赞曰："徐卿赤城古仙子，十年四海推才华。"②刘过《呈

① 参见［清］陆心源辑撰：《宋史翼》卷三六，《林宪传》，中华书局1991年版，第391页。

② ［宋］陆游：《剑南诗稿》卷一七，《景印文渊阁四库全书》第1163册，台湾商务印书馆1986年版，第300—301页。

徐直院二绝》亦推举曰:“竹隐先生名满世,自为举子已诗声。”[①]刘克庄曾盛称其“才气飘逸,记问精博,警句巧对,天造地设,略不戟人喉舌,品在姜尧章诸人之上”[②]。《(民国)台州府志·人物传》为之立传,说他“韵度清雅,才华敏捷,名重一时,见知于丞相周必大,戴复古师事之”[③]。

戴复古师事徐似道始于何时?

据《(嘉靖)太平县志》,徐似道与戴复古之父戴敏原是齐名乡里的诗友。戴敏在世时,二人时常吟诗唱和。戴复古后来回忆搜集其父遗诗的情况时曾说:“徐直院渊子竹隐先生常诵其《小园》一篇及‘日落子规啼处山’一联。”[④]戴敏这“一篇一联”也正是有赖于徐似道而得以保存的。虽然戴复古幼孤时期,徐似道已离乡外出做官,但在淳熙年间徐一度赋闲在家时,想是会对同乡诗友之孤有所关照,并在学诗方面给予指导。考徐似道赋闲在家指导戴复古写诗,“讲明句法”,大约在淳熙十二年(1185)之时。据陆游这一年写给徐似道的七古《题徐渊子环碧亭,亭有茶山曾先生诗》,可知此时徐似道正在家乡黄岩闲居修葺亭园;而当时戴复古已届18岁,经从临海林宪处学习诗法后,已有了一定的创作基础,故回乡就近向先父的知交徐似道进一步学习作诗亦是顺理成章的。

在师从徐似道学诗的过程中,徐氏渊博的知识、出众的才华和他“不屑于功名”的品格,令戴复古深为敬重。随着交往日益密切,二人之间的师生情谊也更为深厚。十余年后,徐似道赴郢州上任时,戴复古特撰《水调歌头·送竹隐知郢州》这首词送之。词上阕称赞徐氏的政治才华和管理能力:“天下封疆几郡,尽得公为太守,奉诏仰天宽。万物一吐气,千里贺平安。”下阕则想象他不忘诗人本色,“政成无事,时复把酒对江山”;希望他游览当地名胜白雪楼时探寻古迹:“问讯莫愁安在,见说风流宋玉,犹有屋三间。”最后则请他即景作歌:“请和阳春曲,留与世人看。”[⑤]全词表现了对徐的敬意和亲切的感情。不久,戴复古又亲去郢州拜访,陪同徐似道游览向慕

---

① [宋]刘过撰:《龙洲集》卷八,清光绪七至八年函海本。

② [宋]刘克庄:《后村诗话》续集卷三,王秀梅点校,中华书局1983年版,第118—121页。

③ 喻长霖:《(民国)台州府志》卷一百一十六,《人物传》十七,台北成文出版社1970年版,据民国二十五年(1936)铅印本影印,第1577页。

④ 金芝山校点:《戴复古诗集》附录一,《戴复古自书》,第352页。

⑤ 金芝山校点:《戴复古诗集·抄补》,第246—247页。

已久的白雪楼，两人“相约各赋一诗，必以‘宋玉石’对‘莫愁村’”①。

徐似道之诗曰：

水落方成放牧坡，水生还作浴鸥波。春风自共桃花笑，秀色偏于麦垄多。村号莫愁劳想象，石名宋玉漫摩挲。试将有袴无襦曲，翻作阳春白雪歌。

戴复古之诗曰：

楼名白雪因词胜，千古江山春雨余。宋玉遗踪两苍石，莫愁居处一荒墟。风横烟艇客呼渡，水落沙洲人网鱼。借问风流贤太守，孟亭添得野夫无？唐时崔郢州馆孟浩然于楼上，遂有浩然亭。后人尊浩然，改为孟亭。

这两首诗，写得很精巧、到位。不仅按原来的约定以“宋玉石”和“莫愁村”为对，写了当地的古迹和历史传说，寄寓了对人事变迁、沧海桑田的感怀，而且即景描绘，表达了对当前春日景色和风物的喜爱。徐诗颔联“春风自共桃花笑，秀色偏于麦垅多”，清新而优美，在赞美春日风光的同时，透露出作为太守的诗人对于农事的关心和对庄稼长势良好的喜悦心情。而尾联，既顺应了前二联诗情的发展，同时也呼应了戴复古《水调歌头·送竹隐知郢州》末“请和阳春曲，留与世人看”的期待，显得自然贴切。戴诗颈联“风横烟艇客呼渡，水落沙洲人网鱼”，则是江村日常生活之形象而真实的写照，标韵高逸，意趣淡远，音节婉畅，两句一十四字，直似一幅水村风俗画。诗人观察细致，着意于“客呼渡”“人网鱼”的镜头，恐怕与他江湖漂泊的经历和布衣诗人的身份不无关系。诗的结句运用唐代崔郢州礼遇布衣诗人孟浩然，馆孟于白雪楼的典故，也很切合作者的身份。从这两首诗的比较中，我们不仅可以看出戴复古对乃师诗风的继承和发展，而且也具体感受到二人感情之亲密深厚。可以说，他们此时已从原来的师生关系进而发展出朋友之情谊了。嘉泰年间，徐似道在朝中任权直学士院之职时，戴复古客寓临安，时常去拜访他，得到他的教诲和接济。十多年后，徐已去世，戴复古重游京城，因不愿屈求于权贵，生活困顿，于是更加怀念徐似道往昔对他的帮助，敬仰

① 金芝山校点：《戴复古诗集》卷六，《陪徐渊子登白雪楼》，第173页。

恩师的为人。七律《都中怀竹隐徐渊子直院》就是在这样的境遇下写下的。诗曰：

手携漫刺访朝官，争似沧洲把钓竿。万事看从今日别，九原叫起古人难。菊花到死犹堪惜，秋叶虽红不耐观。多谢天公怜客意，霜风未忍放深寒。①

诗的颔联回忆过去与徐似道的亲密交往，恨不能让他起死回生。颈联把徐比作“到死犹堪惜”的菊花，把权贵比作“虽红不耐观”的红叶，既是对老师徐似道的缅怀和对他人品的敬仰，也表达了对权贵歧视江湖文士的不满和愤慨。诗人这种对高洁人格的赞美和追求、对官场污浊现实的鄙视以及对隐居生活的向往，与徐似道耿直率性、不屑媚上、淡泊功名的思想性格是息息相通的。

据周密《癸辛杂识》续集下记载，徐似道初任户曹时，其上司“方以道学自高”，嫉妒徐似道的才华，又看不惯徐的不拘小节，“每以轻脱目之”、斥之为“狂生”。徐似道气愤不过，便趁其上司因其母亡故而丁忧时去职，作《一剪梅》词以嘲讽之：“道学从来不则声，行也《东铭》，坐也《西铭》。爷娘死后便令仃，也不看经，也不斋僧。却言渊子太狂生，行也轻轻，坐也轻轻。他年青史总无名，我也能亨，你也能亨(能亨，乡音也)。”②辛辣地剥下了那个上司假道学的外衣。徐似道喜爱书画和写作，曾作《买砚》诗表达自己的志向：“俸余拟办买山钱，却买端州古砚砖。依旧被渠驱使出，买山之事定何年？”③著名江湖诗人刘过赞扬其高洁的志趣，曰：“以载鹤之船载书，入觐之清标如此；移买山之钱买砚，平生之雅好可知。”④然而正由于徐似道耿直、高洁的品性，也常常遭到小人之攻击。在任秘书少监时，竟因吃“莼羹”被参。为此他曾作诗自嘲曰：“千里莼丝未入盐，北游谁复话江南。可怜一箸

① 金芝山校点：《戴复古诗集》卷六，第179页。

② 项琳冰等整理、点校：《徐似道集　王居安集　戴昺集　陈咏集　林昉集　潘伯修集》，“温岭丛书”甲集第二册，浙江大学出版社2016年版，第76页。

③ 项琳冰等整理点校：《徐似道集　王居安集　戴昺集　陈咏集　潘伯修集》，“温岭丛书”甲集第二册，浙江大学出版社2016年版，第76页。

④ ［宋］刘过：《贺徐司封兼直院渊子启》，见《徐似道集　王居安集　戴昺集　陈咏集　潘伯修集》，“温岭丛书”甲集第二册，浙江大学出版社2016年版，第95页。

秋风味，错被旁人舌本参。”但他并不以被弹劾免官为意，“朝闻弹疏，坐以小舟，载菖蒲数盆，翩然而逝，道间争望若神仙然”①，表现出淡泊功名、超然物外的思想意趣。归家后，绝不与州县官吏往来。晚年家居曾赋诗曰：“老去功名不挂怀，高眠之外只清斋。偶因种竹便多事，风叶扫除还满阶。”

咏读戴复古《石屏诗集》，我们不也可以看到类似徐似道这样讥讽权贵、淡于功名、钟情文字、追求自由的诗句吗？“人以廉称少，官从辟奏多。”（《何季皋，故人也，作诗见相勉意二首》）“狂夫嗜饮夜偷酒，污吏容私昼攫金。”（《访张元德》）“酒熟思招客，诗成胜得官。”（《求安》）“山林自台阁，文字即功勋”。（《寄栗斋巩仲至》）“吟诗不换校书郎，但欲封侯管醉乡。”（《思归二首》）“昨夜梦归沧海上，钓竿横插雁边沙。”（《南康县用东坡留题韵》）诸如此类的诗句，在戴氏诗集中，可谓不一而足。从中我们不难看出，徐似道不但在诗法方面对戴复古进行了指导，而且在修身立世方面，也给了他很大的影响。戴复古爱国思想和独立人格的形成和发展，与徐似道平时的言谈行事对他的潜移默化不无关系。徐去世多年后，戴复古客游福建泉州，参观前泉州太宁王梅溪（即王十朋）祠堂，还忆起徐似道生前对为政廉洁、力主抗金的爱国政治家王十朋的评价：“梅溪古之遗直，渡江以来一人而已”②，将它写入题泉州王梅溪先生祠堂的诗题之中，足见徐、戴与王十朋在政治上也是声气相通的。

按：本文最早载于温岭市戴复古研究会编辑的《戴复古研究文集》（中国文史出版社 2004 年版）。原文最后有如下一段文字：

> 更值得一提的是，戴与徐的师友情谊还延及徐的后代。徐似道之子徐照，一名烈，字大胜，号京伯，亦喜诗，作有《北征诗卷》。以父荫授建昌通判，有乃父之风。《台州府志》记其“于治所建一室，有中贵来议借馆。照曰：‘吾构此为名士觞咏地，岂为若辈设耶？’遂火焚之，投劾归”。戴复古曾为其《北征诗卷》题诗，赞其有“一襟忠谊气”③。徐京伯晚年喜得二子，戴复古写诗致贺④。诗中称赞徐似道的凛然清风，并为

---

① [宋]张端义：《贵耳集》卷上，《景印文渊阁四库全书》第 865 册，台湾商务印书馆 1986 年版，第 425 页。

② 金芝山校点：《戴复古诗集》卷六，第 153 页。

③ 金芝山校点：《戴复古诗集》卷二，第 37 页。

④ 参见金芝山校点：《戴复古诗集》卷一，《徐京伯晚岁得二子》，第 29 页。

他的精神遗产后继有人而感到高兴。凡此种种，都充分说明，戴复古与其师徐似道交谊之深和受其影响之大。这是我们在从事戴复古及其作品的研究时不能不予以充分注意的。

需要说明，这段文字乃笔者当时仅据《台州府志》之有关记载，未作深入考证核实即写下的，文中轻率地将戴复古《石屏诗集》卷一《徐京伯通判晚岁得二子》和卷二《题徐京伯通判北征诗卷》中的“徐京伯通判”当成徐似道之子“徐照”。后阅《安徽师范大学学报（人文社会科学版）》2018 年第 6 期第 41—50 页胡传志、姜双双《南宋诗人徐似道生平与创作考》，颇受启发。该文广搜博引，多有创见，第五部分“担任苏州通判考”，推断戴诗中的“徐京伯通判”即是自江西太和县令迁任苏州通判的徐似道，笔者感觉此说较之《台州府志》之记载似更合乎情理。因为《台州府志》称徐似道之子名徐照（一称徐烈），并未标示其文献依据，似不足为信。

戴复古师承陆游考

在南宋江湖诗派中，戴复古（字式之，号石屏）是与刘克庄齐名的一位代表作家。就其经历的生活和创作道路来说，作为江湖诗人的他，似比刘克庄更具有典型性。他“自小寻诗出，江湖今白头”，一生以写诗为专业，在江湖上漂泊50年之久，活了80余岁，终穷而不悔。其诗颇受当时“诸名公巨贤之品题”和赞赏。陈衍《宋诗精华录》将他列为“晚宋之冠”。

名师出高徒。戴复古之所以成为江湖诗派的巨擘，是与他受到林宪（字景思）、徐似道（字渊子）和陆游几位名师的指导分不开的。楼钥《戴式之诗卷序》即谈到：“雪巢林监庙景思、竹隐徐直院渊子，皆丹丘名士，（复古）俱从之游，讲明句法。又登三山陆放翁之门，而诗益进。”关于戴复古师事林宪、徐似道的情况，笔者已有另文考述。本文特就戴复古师承陆游的问题作一些考证分析。

陆游是戴复古学诗的第三位老师，也是使戴复古诗歌创作取得突破性进步，从而使他成为江湖诗派中杰出的爱国诗人的一位关键性指导者。

戴复古比陆游迟42年出世。当他于淳熙十二年（1185）后在家乡师从徐似道学诗的时候，陆游已是60余岁诗名满天下的老诗人了。但陆游的仕途并不顺利。自淳熙七年（1180）冬江西任上被劾奉祠于家，至淳熙十三年（1186）始有知严州之任命。他的《剑南诗稿》二十卷，就是在他知严州的第二年刻成的。淳熙十五年（1188）七月任满返乡。是年冬，除军器少监，入都。淳熙十六年（1189）春除礼部郎中，十一月被劾放罢，回故里居于三山。“三山”在山阴西约九里，临近鉴湖。陆游于乾道二年（1166）卜筑于此。庆元四年（1198）陆游写有《三山杜门作歌》诗。其间除嘉泰二年（1202）六月奉诏“权同修国史、实录院同修撰”，去京城临安住了一年左右外，其余近20年时间，基本上都在山阴之三山度过。

戴复古从徐似道学习诗法之后“又登三山陆放翁之门”受学，其时间约在绍熙元年（1190）至庆元二年（1196），即戴复古24岁至29岁之间。此时徐似道已在京城任职，而陆游却赋闲在家，较有余暇对戴复古传授诗法。庆元三年（1197）陆游夫人王氏去世，陆游也已有70多岁，此后戴复古前往京城等地谋求发展，似不大可能再在三山受学，虽然除楼钥《戴式之诗卷序》

外,当时的史料及陆游的诗文集都没有陆游传授戴复古以诗法的具体记载,但从《石屏诗集》中却还是可以明显地看出戴复古师从陆游、接受陆游指导、认真学习陆游诗作,并因而受益匪浅、"诗益进"的一些情况。

且先看《戴复古诗集》卷六中的一首《读放翁先生〈剑南诗草〉》:

茶山衣钵放翁诗,南渡百年无此奇。入妙文章本平淡,等闲言语变瑰琦。三春花柳天裁剪,历代兴衰世转移。李杜陈黄题不尽,先生摹写一无遗。

此诗是戴复古诵读老师陆游《剑南诗稿》之后的体会,对陆游诗集给予了热烈的礼赞,准确地揭示了陆诗卓越的艺术性,高度评价了它在诗歌史上的地位,也由衷地表达了晚辈对老师的敬仰之情。从中也可见戴复古对《剑南诗稿》是作过深入研读而且是妙于体会的。即使在离开陆游、客游江湖之时,戴复古也常把陆游的诗集带在身边。一次去拜访一位长老,"樽前有余暇",他便见缝插针地"细读放翁诗"。[①] 嘉熙元年(1237),时当71岁的戴复古在返乡途中,与江湖诗友高翥等相聚于平江通判翁际可席上,又慨然赋诗曰:"杨、陆不再作,何人可受降!"[②]表达了对前辈诗人陆游和杨万里的缅怀和崇敬,同时对杨、陆逝世后诗坛缺少大家的境况表示了遗憾。

戴复古师承陆游,或者说陆游对戴复古诗歌创作的影响有哪些方面呢?笔者以为主要有以下几点:

其一,强烈而鲜明的爱国主义精神。

众所周知,陆游是坚定的抗金复国的主战派,爱国主义是陆游诗歌最突出的内容。受陆游思想和作品的熏陶,随着在江湖游历时对社会和时局了解的加深,戴复古也写下了不少感人至深的爱国诗篇。其中有对恢复中原的渴望:"志士言机会,中原入梦思。"(《淮上寄赵茂实》,见金芝山校点《戴复古诗集》,下同)有伤时忧国情感的抒发:"横冈下瞰大江流,浮远堂前万里愁。最苦无山遮望眼,淮南极目尽神州。"(《江阴浮远堂》)有对妥协投降派和最高统治者的斥责:"朝廷为计保万全,往往忘却前朝耻。"(《见真舍人奏疏有感》)"志士不能行所学,明君亦或讳忠言。"(《都中次韵申季山》)有对遭

① 金芝山校点:《戴复古诗集》卷二,浙江古籍出版社1992年版,第57页。

② 金芝山校点:《戴复古诗集》卷三,《诸诗人会吴门》,第94页。

受侵略者蹂躏的人民的同情:“小桃无主自开花,烟草茫茫带晓鸦。几处败垣围故井,向来一一是人家。”(《淮村兵后》)凡此种种,可以说与陆游的许多爱国诗章如《十一月四日风雨大作》《示儿》《追忆征西幕中旧事》和《感愤》等一脉相承。虽然戴复古一生所处时代已较陆游稍后,由于国势日益衰颓,戴诗中更多了一层家国身世之伤感和忧患意识,缺少陆诗那种激情奔涌、慷慨奋发的气势,但戴复古作为一个江湖布衣诗人,以下层知识分子的眼光来观察社会现实,关注时局,表达自己的看法,而且其认识深度、政治敏锐性和思想锋芒,远远超出同辈的江湖诗人,这还是十分难得的。

其二,题材、诗体和风格的多样化。

陆游诗歌题材宽广,除了大量的抗金爱国诗篇外,还写有不少农村题材的诗和咏怀诗、旅游风景诗等,此外还写了几首宋诗中难得出现的爱情诗。与此相适应,陆游运用了五古、七古、五律、七律、排律等多种诗体来表现,可谓无一不备,无体不工,而且呈现出多样的艺术风格,有雄浑悲壮的,有沉郁顿挫的,有敷腴绮丽的,也有淡远隽永的,等等。戴复古赞叹“李杜陈黄题不尽,先生摹写一无遗”,故在自己的创作中也力求题材、诗体和风格的多样化。他的努力没有白费。从《石屏诗集》中可以看出,比起四灵派和许多江湖诗人那些境界狭窄、重在五律的诗卷,戴复古的创作更加显示出它的丰富性和多样性。无论是诗或词、古体或近体,无论是揭露剥削、同情民瘼的,还是江湖游历、讽世感怀乃至表现男女情爱的,其诗集中都有风格各异、为人称道的佳作。例如,七古《鄂州南楼》《题曾无疑〈飞龙饮秣图〉》《织妇叹》《诘燕》,五古《梦中亦役役》《大热五首》,杂言《白苎歌》,五律《宿农家》《庚子荐饥》《读三学士人论事三书》《九月七日江上阻风》,七律《寄寻梅》《夜宿田家》《括苍石门瀑布》,五绝《寄兴》二首,七绝《江村晚眺》《湘中遇翁灵舒》《初夏游张园》,还有词《满江红・赤壁怀古》《木兰花慢》《柳梢青》等,它们或豪迈雄浑,或深沉古雅,或诙谐轻快,或奇崛瘦硬,或清新明丽,或平易淡远,各具特色,耐人寻味。而多直抒胸臆,少用事典,善于用生动形象又平易自然的语言表达对生活的独特感受更是他突出的特点。这一切,正是与他虚心向陆游请教和认真刻苦的写作实践分不开的。戴复古于绍定六年(1233)写的《论诗十绝》第三首就明确地写了他向陆游请教关于诗歌创作风格的问题以及陆游的回答:“曾向吟边问古人,诗家气象贵雄浑。雕锼太过伤于巧,朴拙惟宜怕近村。”此处“古人”指陆游,陆氏早在1210年就已去世。“雄浑”是陆游极力追求的境界。他在《江村》一诗中曾说“诗慕雄浑苦未成”。其实他的许多爱国主义诗篇业已达到了汪洋闳肆、大气磅礴的雄浑境界。而在提倡雄浑诗风的同时，陆游还主张作诗要有真情实感，要质朴自然，既不刻意雕琢，又不粗鄙村俗。陆游这些创作主张和他的创作实践的经验，颇为戴复古所吸收，因而戴诗往往显示出近似陆诗的那种异彩。如七绝《都中冬日》："脱却鹔裘付酒家，忍寒图得醉京华。一冬天气如春暖，昨日街头卖杏花。"后两句似即脱胎于陆游《临安春雨初霁》的"小楼一夜听春雨，深巷明朝卖杏花"，但诗境不同，别有新意，仍不失为警策之句。

其三，博采众长、自成一家的艺术追求。

古来伟大、杰出的作家，没有一个不是博览前人优秀之作，广泛汲取文学遗产中的丰富营养，然后融会贯通以自成一家的。在这方面，陆游也为戴复古和后人树立了榜样。从有关史料和他的诗文集可知，自《诗经》《楚辞》以下及至本朝人的著作，陆游几乎无所不读。其中他最为推崇、称许的即有屈原、陶渊明、李白、杜甫、岑参以及梅尧臣等。可贵的是他的学习不是貌袭而是神遇，不是泥古不化，随人作计，而是博观约取，择善而从。陆游为诗，最初私淑吕本中，后来师事曾几，但却能从江西诗派入而不从其出，取其长而避其短，同时取法唐诗尤其是杜诗的现实主义精神。正因为陆游能这样取精用宏，又能融汇众格，所以才诗备众体，兼擅其妙，成为伟大的诗人。

戴复古以幼时失学为憾。在从师学诗以来，更刻意博览群书，其"所搜猎点勘，自周汉至今大编短什、诡刻秘文、遗事庾说，凡可资以为诗者，何啻数百千家"①。其诗集中曾多次提到诵读屈原《离骚》和陶渊明、杜甫、元结等前代诗人的诗，对于本朝许多诗人他也时常阅读，或步其韵，或与之相互切磋。在创作实践中，他努力兼采诸家之长，尤其重视学习杜甫和陆游。赵以夫在《石屏诗集跋》中说他"诗备众体，采本朝前辈理致，而守唐人格律，其用功深矣，是岂一旦崛起而能哉！……石屏本之东皋，又祖少陵"②。比较准确地说到了戴诗渊源之所自。与陆游一样，他学杜不是像江西诗派中人那样专注于字句、韵律和用事等形式方面，而是着重学习其伤时忧国等思想精神方面。尽管他的某些诗，亦有江西诗派特别是四灵晚唐体的影子，但重要的是他能扬其长避其短，力求有所创新。他的《论诗十绝》第四首就强调

① 金芝山校点：《戴复古诗集》附录二，[宋]吴子良《石屏诗后集序》，第322页。

② 金芝山校点：《戴复古诗集》附录二，第325页。

了诗贵创新："意匠如神变化生，笔端有力任纵横。须教自我胸中出，切忌随人脚后行。"其第五首还进一步提出写诗要有真情实感，要有个性："陶写性情为我事，留连光景等儿嬉。锦囊言语虽奇绝，不是人间有用诗。"在后期，他有感于江西诗派末流和四灵晚唐体的流弊以及当时诗歌气格的日益卑弱，特别标举李、杜和陈子昂，并在创作中身体力行之。淳祐年间，他的《石屏后集》锓梓，其侄孙戴东野写诗致贺，称赞其诗"老于夔府后来诗"，认为他的目的是"要洗晚唐还大雅"，[①]这个看法不无道理。总的说来，戴复古继承的是杜甫和陆游的现实主义创作道路，体现出其转益多师以自成一家的艺术主张和艺术追求。虽然由于各方面的原因，戴复古最终未能达到杜、陆二家的艺术高度，但在江湖诗派中，不能不说他是一位名列前茅的大家。他在江湖游历，所到之处，大多受到当地诗友和重才的官员的欢迎和照顾。江湖诗人邹登龙写诗称赞他"诗翁香价满江湖"，又说他"但存一路征行稿，安用诸公介绍书"。[②] 戴氏友人、著名诗论家严羽《送戴式之归天台歌》有句："海内诗名今数谁？群贤翕沓争相推。"[③]俨然把他视为当时的诗界领袖，可见戴复古在晚宋之影响。

总之，戴复古之所以能实现乃父之遗志，成为一位富有特色的江湖诗人、布衣诗人、爱国诗人，是他师承林宪、徐似道、陆游而又博采众长、纵横变化、努力创新的结果，并且与他长期漂泊江湖，视野开阔，阅历丰富，生活积累厚实，思想底蕴深广，对社会世态、人生遭际有着更多切身的感受和认识也是分不开的。文学史上的爱国诗人、江湖诗人、布衣诗人不胜枚举，其中一些诗人总体成就还超过了戴复古，但是集爱国诗人、江湖诗人、布衣诗人三种身份于一身，而且在江湖上游历近 50 年之久，创作了 2000 首左右的诗（现存 1000 首左右）——其中不乏与杜甫、陆游等大诗人的诗作相媲美而又自有个性的佳作，这在中国文学史上能找出第二人吗？刘克庄虽然在江湖派中与戴复古齐名，但却是朝廷命官，而不是布衣诗人和专业诗人。因此，笔者以为，戴复古在文学史上有着不可替代的重要价值和地位。过去一些文学史家由于受方回、钱谦益等人肆意贬斥江湖诗人的影响，对江湖诗人、

---

① 见金芝山校点：《戴复古诗集》附录一，《戴东野诗》，第 271 页。

② ［宋］邹登龙：《戴式之来访，惠〈石屏小集〉》，见［宋］陈起：《江湖小集》卷六十九，《景印文渊阁四库全书》第 1357 册，台湾商务印书馆 1986 年版，第 467 页。

③ ［宋］严羽：《沧浪集》，《景印文渊阁四库全书》第 1179 册，台湾商务印书馆 1986 年版，第 64 页。

对戴复古存在着偏见，评价颇低，许多古代文学作品选读本，宁选四灵的诗，却不选戴诗，这是有欠公允的。

除了师从林、徐、陆三人之外，戴复古还曾向宋代比他年长的前辈诗人楼钥、巩丰、赵蕃等请教诗法，呈送所作诗卷请他们题品指正。篇幅所限，兹且从略。值得一提的是，有的学者把与戴复古同时的理学家真德秀也当作戴氏的老师，这却是与事实不符的。究其原因，说来好笑，竟源于陈衍《宋诗精华录》（巴蜀书社 1992 年版）中搞错了戴复古一首诗的题目：把《湖南见真帅》印成《湖南见真师》了。此诗作于嘉定十七年（1224），当时真德秀在湖南任安抚使兼知潭州。“安抚使”此职宋人往往称之为“帅”，这已是一般的历史常识。不知此一字之差是来自陈衍的原版本还是校注者的疏忽所致。但由此也可见校勘工作之重要，谨附以备考。

“戴复古年轻时学诗于真德秀”考辨

一、缘起

“戴复古年轻时学诗于真德秀”之说，最早见于当代戴复古研究专家吴茂云先生1993年刊发的《石屏人生与诗》这一篇论文。该文第三部分第二段在论及戴复古学诗之经历时，即有“戴复古年青时学诗于林景思、徐渊子、真德秀、陆放翁”[①]的表述。此后，吴先生将《石屏人生与诗》一文作了某些修改，分别作为《戴复古全集校注》和他与郑伟荣点校的《戴复古集》（系浙江文化研究工程成果文库“浙江文献集成”丛书之一）的“前言”，又作为浙江大学出版社2016年出版的“温岭丛书”甲集第一册《戴敏集　戴复古集》“点校说明”。不仅如此，吴先生还将这篇初版原文，收入其由上海古籍出版社2015年出版的《戴复古论稿》以及与何方彤先生合著、由浙江大学出版社2017年出版的“温岭丛书”丙集《戴复古研究》（按：上编吴茂云著，下编何方彤著）之中。而该文无论是作为吴先生研究著作中一篇代表性论文，还是作为其校点、校注戴复古诗集的“前言”或“点校说明”，其中“戴复古年轻（按：此‘轻’字初版为‘青’）时学诗于林景思、徐渊子、真德秀、陆放翁”这段文字，全都赫然在目。此外，吴先生《戴复古论稿》中《戴复古与严羽》一文，也有“戴复古年轻时学诗于真德秀、陆游”[②]这样的叙述。可见吴先生三十年来对己作《石屏人生与诗》这篇论文和“戴复古学诗于真德秀”这一“发现”不同寻常的重视。

二、辨误

本文无意对吴先生《石屏人生与诗》一文进行具体的评析，这里仅就“戴

① 吴茂云：《石屏人生与诗》，见蔡宝定主编：《石屏诗词三百首》，江苏古籍出版社1993年版，第172页。

② 吴茂云：《戴复古论稿》卷一，上海古籍出版社2015年版，第16页。

复古年轻时学诗于真德秀”之说的真伪问题作些探讨和辨析。

考察戴复古和真德秀各自的身世及二人之间的交游经历，笔者以为，所谓戴复古年轻时“学诗于真德秀”之说，只是吴先生个人的错觉，实无其事。

（一）“戴复古学诗于真德秀”，并无南宋以来的文献依据

众所周知，关于戴氏青少年时期先后学诗于林宪（字景思，号雪巢）、徐似道（字渊子，号竹隐）以及陆游（字务观，号放翁）的这一经历，早在南宋宁宗嘉定三年（1210）参知政事楼钥所撰《戴式之诗卷序》中已有简要的叙述：“雪巢林监庙景思、竹隐徐直院渊子皆丹丘名士，（式之）俱从之游，讲明句法。又登三山陆放翁之门，而诗益进。”[①]这表明戴复古师从林景思、徐渊子和陆放翁是有文献依据的。绍定二年（1229）赵汝腾应戴氏之请，为赵汝谠（字蹈中，号懒庵）编选的《石屏小集》作序，也有“戴石屏之诗有楼攻媿（楼钥）先生之序文，诸名公巨贤之品题，不患不传远也”[②]之评述，进一步表明楼钥所撰《戴式之诗卷序》之真实性。自宋、元、明、清至现当代，楼序关于戴氏师从林宪、徐似道和陆游学诗的叙介，一直为学界所认可和接受，虽有学者认为戴氏非陆游入室弟子，但也并不否认他年轻时曾向陆游讨教诗法之事。

然而吴先生所谓戴复古“年轻时学诗于真德秀”之说，却于史无据，因为我们从未发现历史文献有这方面的记载。

（二）从戴复古与真德秀的交游经历看，亦无师从真氏学诗的迹象

戴复古，字式之，号石屏，南宋台州黄岩县人（其故里南塘今属浙江台州温岭市）。出生于孝宗乾道三年十二月（公元 1168 年 1、2 月间），卒于宋理宗淳祐八年（1248）左右，享年八十余岁。

戴复古出生后不久，其以诗自适的父亲戴敏已病革，离世前深以“子甚

---

① 金芝山校点：《戴复古诗集》附录二，第 323 页。

② 金芝山校点：《戴复古诗集》附录二，第 321 页。

幼,诗遂无传乎"[①]为憾。为继父志,戴氏"自小寻诗出"[②],大约于淳熙八年至十四年(1181—1187)间,先后师从寓居台州的著名诗人林宪和家乡前辈、已父戴敏之诗友徐似道学诗。戴氏师从赋闲于家的陆游学诗,则约在绍熙元年至庆元二年(1190—1196)之间,此后他才开始赴京城临安等地游历,自然不可能在登陆游之门求教诗法之前,先赴京城(或外地)真德秀任所向其学诗。戴氏干谒并请真德秀品题已诗,已是嘉定七年(1214)的事,当时戴复古四十六七岁,更谈不上"年轻"了。

真德秀(1178—1235),字景元,号西山,朱熹之再传弟子,南宋后期著名理学家,系建宁府浦城(今属福建)人。庆元五年(1199)真德秀进士及第,始授南剑州判官,继中博学宏词科。嘉定元年,为太学博士,召试学士院,除秘书省正字,后迁秘书郎、起居舍人兼学士院权直等职。此时真氏的忠君爱国思想和道德文章之声誉已日渐鹊起,故在临安干谒名流官宦的戴复古自然对真氏颇为了解和敬仰。这从他于嘉定七年所撰古体之长诗题《嘉定甲戌孟秋二十有七日,起居舍人兼直学士院真德秀上殿直前奏边事,不顾忌讳,一疏万言,援引古今,铺陈方略,忠谊感激,辞章浩瀚,诚有补于国家。天台戴复古获见此疏,伏读再三,窃有所感,敬效白乐天体以纪其事,录于野史》[③],即可充分证明。而真德秀当年也对身为江湖游士的戴复古呈献与他的诗卷给予了充分的肯定和赞扬,题跋曰"戴君诗句,高处不减孟浩然,予叨金銮夜直,顾不能邀入殿庐中,使一见天子,予之愧多矣"[④],表现了这位南宋名臣和理学名家对江湖爱国诗人戴氏诗艺之器重。此后近二十年中,无论真德秀在朝或在地方为官,还是一度落职、罢宫观、闲居在家,戴氏都有诗词面赠或寄献。如《石屏诗集》卷二的《岁暮呈真翰林》《真西山帅长沙祷雨》《小孤山阻风寄西山》,卷六的《湖南见真帅》和集外的《贺新郎·为真玉堂寿》等,或赞扬真德秀爱国忧民的思想品质和道德文章及卓著的政绩,或表达对他的思念钦敬之情。

但无论是戴氏献赠真德秀的任何一篇诗词作品,还是真德秀为戴氏诗卷所作的题跋,都看不出二人之间存在着师徒关系,我们从中感受到的主要

---

① 金芝山校点:《戴复古诗集》附录二,第323页。

② 严粲:《华谷集·送戴式之》,见戴福年主编:《戴复古全集》附录,文汇出版社2008年版,第402页。

③ 金芝山校点:《戴复古诗集》卷一,第25页。

④ 金芝山校点:《戴复古诗集》附录二,第325页。

是体制内的理学家官员与体制外江湖布衣诗人之间相互敬重的朋友关系，这样一种关系在封建时代应该说颇为难得。自然，这种关系的形成和维持也有其特殊基础和条件，这就是双方在不同程度上都有着忠君爱国、抗金御敌思想和尊崇朱子理学的相近观点。然而这一种关系并不能掩盖封建体制内外不同阶层上下尊卑的实际存在，而且也无法否认作为江湖诗人的戴氏有着干谒官宦以抬高身价和获取生活之资的企求。正因为这样，在戴、真二人的交游互动中，就显得戴氏主动，献诗颇多，而真氏则较为被动，除了嘉定七年"戴君诗句高处不减孟浩然……"这一题跋外，我们尚未看到真氏对戴诗的酬唱回应。吴先生《戴复古论稿·年谱》曰："嘉定七年真德秀居临安，谱主（戴复古）过访订交并请其题跋，其后来往密切，唱和颇多，谱主题赠之诗达九首。"[①]所谓"来往密切，唱和颇多"云云，实际上似乎只有戴氏之"往"和"唱"，而少真氏之"来"与"和"。我们并不排除真氏可能有酬和戴复古的诗作的存在，但是在未发现其这类酬和作品之前，则只能依据现有的文献资料来论述，而不能凭个人的想象、揣测，便声言二人"唱和颇多"，乃至推定戴氏"年轻时学诗于真德秀"的结论。

（三）就真德秀一生所运用文体之强项和弱项看，也并无传授诗法与戴复古之可能

作为南宋名臣和著名理学家，真德秀一生著述颇丰。然传至近世，已多有散佚。其存世者，有《西山先生真文忠公文集》五十五卷，另有《大学衍义》四十三卷，《西山读书记》六十一卷，《文章正宗》二十卷等。至于其著作所运用的文体，更是名目繁多，诸如奏疏、书启、序跋、问答、祝文、青词、碑铭、墓志、祭文、说、记、诗、词等等，不一而足。其最擅长的文体，则是奏疏一类及代朝廷撰写的诏制，而写诗却并非其长项。与真氏同时代的学者兼诗人王迈曾坦言"西山真先生文忠公不喜作诗"[②]。傅璇琮、程章灿主编《宋才子传笺证·南宋后期卷·真德秀传》也评述曰："今观《西山先生真文忠公文集》中所录，有《古诗》一卷三十三首、《律诗》一卷二十五首，多为题赠、唱和之

① 吴茂云：《戴复古论稿》卷四，上海古籍出版社 2015 年版，第 121 页。

② 王迈：《沧州尘缶编序》，见曾枣庄主编：《宋代序跋全编》第三册，齐鲁书社 2015 年版，第 1404 页。

作，刻板严肃，少有情趣。则非仅不能作，亦不善作也。”[①]此评有理有据，颇为客观。自然，当时有不少士子追慕真德秀之道德文章和理学造诣，纷纷师事之，如刘克庄、罗知古和汤汉等均成为其门人。但他们主要是学其道德学问，并非写诗之法。洪天锡撰《后村先生墓志铭》称：“文忠真公（按：真德秀）里居，公（按：刘克庄）以师事，讲学问政，一变至道。”[②]这说明，年纪小于真德秀十岁的刘克庄，虽为真氏门人，亦并未从其学诗。故年长真氏十岁多，且已师从林景思和徐渊子多年、诗名渐起的戴复古，再去投奔其“学诗”，不亦有悖情理乎！如果说，戴氏因敬羡真德秀的理学造诣和道德文章，尊称其为“师”尚可理解，毕竟韩愈有过“无论贵贱、无长无少，道之所存，师之所存也”[③]这样的表述，然而就诗歌创作而言，戴复古之诗艺远在真德秀之上，实无年轻时师事真氏学诗之可能。

三、困惑

或问：既然戴复古并无“年轻时学诗于真德秀”之事，何以吴茂云先生后出的几种著作一直坚持当初的说法而不作更正呢？对此，笔者也心有困惑，不得其解。后来翻阅近代陈衍编选并评点、当代学者曹中孚校注的《宋诗精华录》卷四，发现有戴复古七律《湖南见真师》一诗：“致身虽自文章选，经世尤高政事科。以若所为即伊吕，使其不遇亦丘轲。长沙地窄儒衣阔，明月池干春水多。天以一贤私一路，其如四海九州何。”[④]笔者曾以为吴先生可能是根据这一诗题而引发“戴复古学诗于真德秀”之联想。但考之《石屏诗集》明弘治本、清四库全书本和台州丛书本等诸种版本，均无《湖南见真师》之诗题，只有诗句相同而诗题有别的七律《湖南见真帅》。是陈衍《宋诗精华录·湖南见真师》诗题以“师”为“帅”之笔误，还是其另有所本？翻检《宋诗精华录》前言，知悉陈衍《宋诗精华录》的编选原来是以清代吴之振等人所编《宋诗钞》为底本的，再查核《宋诗钞·石屏诗钞》，发现《宋诗钞》编选者确实是

---

① 傅璇琮、程章灿主编：《宋才子传笺证·南宋后期卷·真德秀传》，辽海出版社2011年版，第326页。

② 洪天锡：《后村先生墓志铭》，见曾枣庄、刘琳主编：《全宋文》第346册，上海辞书出版社2006年版，第138页。

③ 韩愈：《师说》，见钱仲联：《古文经典》，上海书店出版社1999年版，第382页。

④ 陈衍：《宋诗精华录》卷四，曹中孚校注，巴蜀书社1992年版，第581页。

将戴复古《湖南见真帅》这一诗题误标为“湖南见真师”[①]了，陈衍一时不察，也就沿用了这一标题。而“真师”与“真帅”，虽只有一字之差，实则含义大有区别。“师”者，老师也。“湖南见真师”，校注者曹中孚先生的注释是：“真师，指真德秀。……《宋史·真德秀传》：‘（嘉定）十五年，以宝谟阁待制、湖南安抚使知潭州。’……作者（按：戴复古）与真德秀年齿相当，敬重其人，故称师。”[②]此注释显然有误：戴复古年长真德秀十岁多，谈不上“年齿相当”；虽然戴氏确实“敬重其人”，但二人并无师徒之称谓。而称其为“真帅”，却符合当时真德秀所任湖南安抚使之身份。因为宋代各路的军政长官——安抚使，按当时朝野惯例，常被称为该行政区域之“帅”。比如戴复古的同乡前辈王居安，南宋理宗宝庆元年（1225）由知温州调任福建路安抚使兼知福州，其诗友白玉蟾赋词《柳梢青·送温州王侍郎帅三山》[③]（按：“三山”系福州之代称），嘉定十二年（1219）真德秀由知泉州调任江西安抚使时，刘克庄撰《送真舍人帅江西八首》[④]，两者均称对方为“帅”。故真德秀在嘉定十六年（1223）为湖南安抚使知潭州，戴复古前往拜见献诗，题曰《湖南见真帅》实乃顺理成章之事。查看吴先生《戴复古全集校注·湖南见真帅》诗后的注释“‘帅’：宋时称安抚司为帅司，掌一路的军事和民政”[⑤]，可知吴先生也是认可《湖南见真帅》之诗题并理解其中“帅”字的准确含义的。倒是笔者原先以为吴先生可能由《宋诗精华录·湖南见真师》之诗题，而产生“戴复古学诗于真德秀”之联想，却是一个误会，并不准确。

看来，解铃还须系铃人。读者对戴氏“学诗于真德秀”之说出处何在的困惑，还得请“系铃人”吴先生早日出来揭示其说的文献依据，以释人们的疑问。倘若此“铃”无法解开，所谓戴复古“学诗于真德秀”之说，则只能视为吴先生的一个错觉了。

---

① 吴之振等编选：《宋诗钞》第三册，中华书局1986年版，第2723页。

② 陈衍：《宋诗精华录》卷四，曹中孚校注，巴蜀书社1992年版，第581页。

③ 张继定、王呈祥：《南宋名臣王居安研究》，浙江古籍出版社1999年版，第314页。

④ 刘克庄：《送真舍人帅江西八首》，见余奎元编著：《真德秀》，福建人民出版社2019年版，第79页。

⑤ 吴茂云编：《戴复古全集校注》卷六，中国文史出版社2008年版，第418页。

四、余论

应该说，类似吴先生“戴复古学诗于真德秀”之记述，缺乏原始文献依据的现象，在古今记载、研究戴复古生平及其作品的诸多文献（包括有关史志、笔记及学术著作）中并不少见。比如元末明初陶宗仪《辍耕录·贤烈》卷四关于“戴复古江西重婚案”之记载，被明清以来许多笔记、方志当作史实长期辗转传播，实际上这只不过是陶氏据坊间不实之传闻或出于其个人某种原因，借用戴氏这位同乡、江湖诗人之名义杜撰的虚拟故事，并无南宋时代原始文献和实证依据。关于此事，2022年笔者刊于社会科学文献出版社出版的《四库学》第九辑的文稿《戴复古“江西重婚案”和四库馆臣求实精神》曾有具体论述，兹不赘言。又如《（嘉靖）邵武府志》等方志所载戴氏绍定间曾任邵武军学教授一事，无南宋原始文献为据，与江湖布衣诗人戴复古现存作品所反映的人生经历亦并不相符。然而自明代至现当代有相当多的文史著作或相关史志无视戴氏一生布衣的事实，依然按《（嘉靖）邵武府志》所误载，以讹传讹，长期给他戴上“邵武军学教授”的“桂冠”，混淆史实，误导了读者。还有一些文献，如明代吴讷所编《唐宋名贤百家词》竟将真德秀于嘉定七年（1214）为戴复古诗卷题跋的首句“戴君诗句高处不减孟浩然”，擅自改成“戴复古诗词，高处不减孟浩然”①，然后移花接木地称之为“真德秀《石屏词跋》”。殊不知“诗句”“诗词”这两个词语，其词义既有联系亦有区别，不能混为一谈；而将真氏对戴复古的尊称“戴君”径改之，直称其姓名，也不符合理学家真德秀称呼友人的口吻。何况唐代孟浩然并没有词作示人，当时戴复古呈送真德秀的原是其前期创作的一册诗卷（虽然也可能有少数词作），这从真德秀题跋原句“戴君诗句高处不减孟浩然”亦可看出，它是针对戴复古诗卷而不是针对若干年后才结集的《石屏词》而言的，故吴讷将真氏为戴氏诗卷所作的题跋擅改后嫁接到《百家词·石屏词》之末，伪称为“真德秀《石屏词跋》”，是不尊重真氏之原文本意的表现，严重违背了实事求是的精神，是不应该轻易取信的。而现代某些辞书或词学著作，未核对真氏原文，不了解嘉定七年（1214）戴复古呈请真德秀题跋的是一册诗卷，并非后出的《石屏

① 真德秀：《石屏词跋》，见张惠民编：《宋代词学资料汇编》，汕头大学出版社1993年版，第233页。

词》，便不加思索地沿袭《百家词》中的这一讹误，以讹传讹，不免遗憾。另一方面，清代乾隆年间进士、戴复古的同籍学者戚学标，对真氏这一题跋末句之评述“真西山尝欲疏荐，复古力辞而止”[①]，也存在类似的问题，固然“真西山尝欲疏荐”是事实（只是因真氏恰逢夜直而错失“疏荐”机会），然“复古力辞而止”云云，则有主观揣测之病。从戴氏作品集及南宋相关文献中，我们均找不出戴氏“力辞而止”的直接依据。试想，晚于戴氏生活年代达数百年之久的戚学标，如何能确知戴氏当时的心理状态，而得出其“力辞而止”的结论？

上述种种，虽然情况各有不同，但其讹误的性质和原因却是一致的，这就是：缺乏确切的文献依据或实证，往往凭未曾核实的民间传闻或来源不明的二三手材料，甚至未曾认真读懂原文的真实含义，就凭个人之主观揣测而下断语。这就背离了学术研究必须坚持以事实为基础、重原始证据的实事求是这一科学原则。我想，这对于学术研究者（不论是专业的，还是业余的）来说，都应该引以为戒、力求避免。

---

① 吴茂云：《戴复古全集校注》附录二，第418页。

石屏诗编选者及序跋作者考述

南宋江湖派诗人戴复古，字式之，号石屏，台州黄岩（今浙江温岭市）人，以诗鸣江湖间近五十年。先后有《戴式之诗卷》、《石屏小集》及补编、《石屏续集》、石屏诗第三稿、第四稿（上下卷）、第五稿（上下卷）和《石屏后集》等诗集（本文总称为"石屏诗"），总计二千首，保存至今的诗约有千首。这些诗集颇受当时江湖诗坛之推毂。从弘治本《石屏诗集》及有关文献可以看到，当世及后世有多位名流贤士为石屏诗作序跋品题，其中与戴复古同时代的即有楼钥、巩丰、真德秀、杨汝明、赵汝谠、赵汝谈、赵汝腾、赵蕃、倪祖义、王佖、袁甫、赵以夫、王埜、姚镛、李贾、吴子良、包恢、陈昉、刘克庄等知名学者与诗人。遗憾的是，以往石屏诗的研究，对这些编选者和序跋品题的作者以及戴氏与他们的交游缺乏具体的介绍，即使有所涉及，亦语焉不详。为使今天的读者能更好地理解这些序跋品题的意义，理解戴复古诗歌创作的成就和价值，进而对南宋后期诗坛的状况和特点有更多了解，本文拟对石屏诗卷当时的编选者和序跋品题的作者以及戴复古与他们的交往作一考述。

一、楼钥　巩丰

第一位为石屏诗作序的是楼钥。

楼钥（1137—1213），字大防，自号攻媿主人，明州鄞县（今浙江省宁波市鄞州区）人。隆兴元年（1163）进士。试教官，调温州教授。淳熙七年（1180）为台州通判，十三年知温州，寻召赴行在，官中书舍人。迁给事中，后知婺州，移宁国府。因不愿阿附权臣韩侂胄，退废于家近十年。开禧三年（1207）韩被诛，诏起为翰林学士，迁吏部尚书兼翰林侍讲，《宋诗钞》谓其"年过七十，精敏绝人。词头下，立进草，院吏惊诧"[①]。嘉定元年，为端明殿学士、签书枢密院事。十月，同知枢密院事。二年正月，除参知政事，六年得请归田

① [清]吴之振等编选：《宋诗钞》，《景印文渊阁四库全书》第1462册，台湾商务印书馆1986年版，第573页。

里，寻卒。谥宣献。著有《攻媿集》。《宋史》卷三九五有传。

考戴复古始与楼钥交游的时间当在嘉定三年(1210)。这一年，戴氏四十四岁，正在京城临安游历；楼钥七十四岁，仍在内阁参知政事任上。某日，戴复古携其诗初编本面谒楼钥，向他呈述自己承父业笃意学诗而致穷的情况，请求楼钥为其诗卷作序以书其志。楼钥对他固穷作诗的志气及诗作的成就给予了肯定和勉励，并在这年阴历岁末的前三日(此时已是公历1211年1月间)，为戴复古第一部诗卷写了序。此即弘治本《石屏诗集》卷首刊载的楼钥序。此序首先指出了当时许多知识分子为应科举重文轻诗的社会风气，赞扬了戴复古父亲戴敏独能以诗自适，不肯作举子业，终穷而不悔的反潮流精神，进而介绍了戴复古从小继承父志刻苦学诗的经过，记述了他接见戴复古时两人论诗的情况，简明地阐发了他的诗学观点。序文虽然只有四百多字，却很有诗学价值和史料价值。序中不仅揭示了戴氏父子的一些重要思想和经历(比如戴复古师从林宪、徐似道和陆游之事)，使我们了解到戴复古诗歌创作之家学渊源和师承的情况，而且还让我们对南宋后期诗坛的风气和楼钥"诗穷而后工"的诗学观点有了深切的认识。

由于楼钥在当时政界和文坛上的显赫地位，他为石屏诗初编本写序，无疑扩大了石屏诗在社会上的影响，对此戴复古颇为感激。七律《辛未元日上楼参政攻媿斋先生》①就是他在收到楼序后不久的嘉定四年新年元日，呈献给楼钥的一首颂诗，表达了他对楼钥的钦敬之情。

在嘉定六年(1213)楼钥去世后的二十多年中，戴复古与楼氏亲族仍然保持着联系。楼钥的外甥——诗人卢祖皋于嘉定十二年至十六年间在朝廷馆阁先后任秘书省正字、校书郎、秘书郎等职，戴与卢来往密切，互相酬唱，成为诗友。《石屏诗集》卷一《卢申之正字得春郊牧养图二本，有楼攻媿先生题诗，且征予作二首》、卷二《卢申之正字小酌》、卷七《次卢申之正字野兴》等诗正是他们一起饮酒赏画作诗生活的反映。端平元年(1234)，楼钥一位兼宗正寺丞(简称宗丞)之职的孙子楼宗丞在知抚州(临川)时，戴复古正好在抚州游历，于是写了《寄抚州楼使君》七律一首，颔联云"临川太守贤无敌，攻媿先生学有传"②，对楼宗丞的政绩文才表示了赞许。楼宗丞对戴复古也很器重，专程去旅舍看望他。此举令戴氏大为感动，特作《抚州谢楼宗丞见访》

① 金芝山校点：《戴复古诗集》卷六，浙江古籍出版社1992年版，第150页。

② 金芝山校点：《戴复古诗集》卷六，第190页。

《董侍郎山园燕楼宗丞》两首七律以记其事。

巩丰是第二位为石屏诗作序跋的南宋学者与诗人。

巩丰(？—1217),字仲至,号栗斋,其先郓州须城(今山东东平)人,祖庭芝迁居武义(今属浙江)。受业于刘安世,以道学倡东平。丰生而颖悟,少游吕祖谦之门。以太学上舍擢高第,登淳熙甲辰(1184)进士。教授汉阳军,累官知临安县,迁提辖左藏库,后奉祠。嘉定十年(1217)卒。《宋史翼》卷二八说他"尝从朱熹学,声实甚著,其文以理屈人,片词半牍,皆清朗得言外趣。尤工于诗。多至三千余首"[①]。有《东平集》二十七卷,又有《耳目志》若干卷。

从弘治本《石屏诗集》所载巩丰的题跋可知,早在嘉定三年左右,戴复古在临安已与巩丰有了交往。《石屏诗集》有《栗斋巩仲至以〈元结诗集〉为赠》和《寄栗斋巩仲至》二首诗,表现了戴复古与巩丰的亲密关系。后巩丰奉祠于家,戴复古特携新编的一卷诗前往武义请教。二人款论终日,相得益欢。巩丰对石屏诗赞扬有加,"为之废睡,挑灯熟读,仍为摘句,犹未能尽"[②],并于嘉定七年(1214)正月甲戌为其第二部诗卷作跋。

二、真德秀　杨汝明

为戴复古初编的《戴式之诗卷》品题的还有真德秀和杨汝明。

真德秀(1178—1235),字景元,又字希元,后更为景希,建宁府浦城(今属福建)人。南宋后期著名的理学家,学者称其西山先生。考《宋史》《续宋宰辅编年录校补》及《闽中理学渊源考》等文献,真德秀于庆元五年(1199)进士及第,始授南剑州判官,继试中博学宏词科。嘉定元年(1208),为太学博士,召试学士院,除秘书省正字兼检讨玉牒。后迁秘书郎、学士院权直等职。嘉定六年(1213),为起居舍人。七年,上疏边事。九年二月,以秘阁修撰出为江东转运副使。办荒政,赈济饥荒。后进秩知泉州、集英殿修撰,知隆兴府。十五年以宝谟阁待制、湖南安抚使知潭州。理宗即位,召为中书舍人。擢礼部侍郎、直学士院。因济王冤事,为权臣史弥远所忌而落职罢祠。绍定四年(1231)改职予祠,五年,进徽猷阁知泉州。绍定六年,史弥远卒。端平

① ［清］陆心源:《宋史翼》卷二八,中华书局1991年版,第307页。

② 金芝山校点:《戴复古诗集》附录二,第328页。

元年(1234),召为礼部尚书,改翰林学士,知制诰,兼侍读。端平二年,知贡举。为参知政事,以疾辞。除资政殿大学士提举万寿观。未数日薨,赠银青光禄大夫,谥文忠。史称其“立朝不满十年,奏疏无虑数十万言,皆切当时要务,直声震朝廷。四方文士诵其文,想见其风采”①。有《真西山文集》。《宋史》卷四三七有传。

戴复古大约于绍熙元年(1190)至庆元二年(1196)期间师从陆游进修诗艺,嘉定年间有不少日子在京城临安结交诗友,谒见名臣,以谋求发展。真德秀就是他那时在临安结交的名流之一。他经陆游指导而跃上新台阶的诗歌创作,逐渐引起了朝野文士的注意。嘉定七年,时任起居舍人的真德秀为戴复古送呈的诗卷题写如下一段文字:“戴君诗句高处不减孟浩然,予叨金銮夜直,顾不能邀入殿庐中,使一见天子,予之愧多矣。”②

同年冬日,时在著作郎任上的杨汝明也为石屏诗卷写了一篇四十字的题跋:“陶元亮责子不好纸笔,杜子美喜其子新知句律,诗人之眷眷于传业如此。式之再世昌其诗,东皋子可无愧矣。”③

杨汝明,字叔禹,眉州青神(今属四川)人。绍熙四年(1193)陈亮榜进士及第,治诗赋,为成都府观察推官。据《南宋馆阁续录》卷八,杨于嘉定三年四月除校书郎,四年除秘书郎,六年十月除著作郎,八年正月除军器少监。十二年二月为起居舍人,十四年三月为礼部侍郎。十五年九月为权礼部尚书。又据《宋会要辑稿》“职官”卷七三载,“嘉定十二年九月,权礼部侍郎杨汝明兼太子侍读,十三年升兼右谕读”。后知泸州,累迁工部尚书。

真、杨二人的题跋都很短,但对石屏诗持称许的态度是鲜明的。二人在朝廷都担任清要之职,在知识界颇具声名,他们对石屏诗的推许,进一步提高了诗人的身价。戴复古《春日二首呈黄子迈大卿》有句曰“白发半头惊岁月,虚名一日动公卿”④,指的大概就是这一情况。

戴复古对真德秀极为景仰,真德秀在京城为官或去湖南长沙任职,戴复古都前往拜访。《石屏诗集》中有《岁暮呈真翰林》《见真舍人奏疏有感》《真西山帅长沙祷雨》《湖南见真帅》和《小孤山阻风寄西山》等诗,就是赞扬真德秀爱国爱民的思想品质及其卓著的政绩,或抒发对他的思念和钦

① [元]脱脱等:《宋史》卷四百三十七,中华书局1985年版,第12964页。
② 金芝山校点:《戴复古诗集》附录二,第325页。
③ 金芝山校点:《戴复古诗集》附录二,第328页。
④ 金芝山校点:《戴复古诗集》卷六,第150页。

敬之情的。《湖南见真帅》一诗，有的宋诗选本如陈衍《宋诗精华录》误为《湖南见真师》，其注释本对此曲为解释云："作者与真德秀年齿相当，敬重其人，故称'师'。"[①]其实，真、戴二人并无师生之关系，二人年齿亦不相当（戴氏比真氏年长十一岁），诗中之所以称真德秀为帅，是因为他时任湖南安抚使兼知潭州（今湖南长沙）。这从上引的另一诗题《真西山帅长沙祷雨》亦可得到佐证。

三、赵汝谠　赵汝谈　赵汝腾

首位为戴复古诗编辑选集（名曰《石屏小集》）的是赵汝谠。

赵汝谠（1167—1223），字蹈中，号懒庵，余杭（今浙江杭州）人，太宗八世孙。少倜傥，有轶材。师事叶适，折节读书，与兄汝谈齐名，世称"二赵"。以祖荫补承务郎，监左藏库。以讼赵汝愚冤，与兄汝谈同被斥。坐废十年，后登嘉定元年（1208）进士第，除太社令，迁司农丞、知漳州。与权臣史弥远不合，乞外提点江西刑狱，后徙湖南。嘉定十三年（1220）为江西提刑，后知温州，以嘉定十六年夏卒于郡。叶适谓其与兄汝谈"韩篇杜笔，高出于时"[②]。《宋史》卷四一三有传。

赵汝谠是当时富有人望的诗人和选家。他在嘉定十二年左右在湖南任漕运使时将此之前的戴复古诗作进行了编选，精选出一百三十首辑为一集，名之曰《石屏小集》。此选集的编辑眼光受到多人称道，从而也使戴复古的声名倍增。《石屏诗集》卷二有《送湘漕赵蹈中寺丞移宪江东》一首反映了戴复古与赵汝谠此时的交游情况。

为《石屏小集》品题作序跋的则有赵汝谈和赵汝腾等。

赵汝谈（？—1237），字履常，号南塘，余杭人，太宗八世孙。淳熙十一年进士。任汀州教授改广德军，添差江西安抚司干办公事。佐丞相赵汝愚定大策，汝愚去国，与弟汝谠上书乞斩韩侂胄，闻者吐舌。累献备边计。除江西提举常平。理宗初政与刘克庄同人对，言多剀切。端平元年四月除少监，

---

① 陈衍：《宋诗精华录》卷四，曹中孚校注，巴蜀书社1992年版，第581页。

② ［宋］叶适：《水心集》卷二四，清同治、光绪间瑞安孙氏诒善祠塾刻永嘉丛书本；又见《（咸淳）临安志》卷六十七，《景印文渊阁四库全书》第490册，台湾商务印书馆1986年版，第989页。

八月为宗正少卿，权吏部侍郎，累进权刑部尚书，嘉熙元年(1237)八月卒，谥文恪。《钦定续通志》云其"天资绝人，沉思高识，自少至老无一日去书册"[①]。著述甚多，有《南塘集》九卷、《南塘四六》一卷、《南塘易说》三卷等。《宋史》卷四一三有传。

赵汝腾(？—1261)，字茂实，号庸斋，太宗七世孙，寓福州，宝庆二年(1226)进士，治诗赋。端平元年八月以籍田令召试，九月除正字，二年三月为校书郎，后又为著作郎，累官礼部尚书兼给事中。尝入奏言前后数谀兴利之臣，言甚切直，拜翰林学士兼知制诰，寻因与史嵩之不合辞归。淳祐二年(1242)知温州，后又以翰林学士承旨知泉州，终端明殿学士兼翰林学士承旨。景定二年(1261)卒，赠四官，谥忠清，有《庸斋集》六卷。

戴复古与赵汝谈、赵汝腾的交游主要在理宗朝，与赵汝腾联系时间更长，先后达二三十年之久。《寄赵茂实大著二首》《寄永嘉太守赵茂实二首》就是戴复古写给赵汝腾的，其中有对赵的才干和忧国忧民思想的肯定，也有叹老嗟贫期盼接济的乞诉，既表现了他与赵的关系之密切，也反映了江湖诗人群体那种困窘的生存状态和矛盾的心理状态，具有相当的典型意义。

《石屏小集》赵汝谈题跋作于嘉定十七年(1224)夏，赵汝腾的序言作于绍定二年(1229)。二人之序跋既充分肯定了编选者眼光的精到，也高度评价了石屏诗的价值。

从赵汝谈的跋文还可考出文学史上长期阙如的其弟赵汝谠生卒年问题。文中说"式之与蹈中弟齐年"，可知他与戴复古是同年出生，系乾道三年(1167)，而他于甲申(1224)夏写此跋时其弟"下世逾年矣"[②]，则可推知赵汝谠去世当在嘉定十六年(1223)春日，享年五十七。

四、赵蕃　倪祖义

继赵汝谠之后选编石屏诗的是赵蕃，而为此《石屏小集》补编本品题的有倪祖义。

---

① 《钦定续通志》卷四四〇，清光绪八年浙江书局刻本，《景印文渊阁四库全书》第392—401册，台湾商务印书馆1986年版，第18558页。

② 金芝山校点：《戴复古诗集》附录二，第325页。

赵蕃(1143—1229),字昌父(亦作昌甫),号章泉。《宋诗纪事》谓"其先郑州人,南渡,寓信州之玉山。用荫入仕,曾任太和簿,监衡州安仁赡军酒库。理宗立,除太社令,不拜,转承议郎,直秘阁致仕。卒谥文节"①。始受学于刘清之,年五十岁乃问学于朱熹,熹尝称其志操之词,皆非流辈所及,工诗,受杨万里赞赏,与韩淲(涧泉)齐名,时称"二泉"。张端义《贵耳集》说他"一时名胜皆折节纳交,户外之屦常满,放翁皆有诗"②。陆游晚年曾另荐举。有《乾道稿》一卷、《淳熙稿》二十卷、《章泉稿》五卷。《宋史》卷四四五有传。

戴复古年轻时即慕赵蕃之为人,对其怀才不遇的处境表示深切的同情:"思君二十年,见君良独难。时于邸报上,屡见得祠官。祠官禄不多,一贫其奈何!"③《戴复古诗集》卷一之《寄章泉赵昌父》《章泉二老歌》、卷二之《赵昌甫迁居章泉》《别章泉定庵二老人》等都是记与赵蕃交游的诗篇。诗中的"二老",即赵蕃及其弟定庵。宝庆二年(1226)戴复古在江西时,曾去信州拜访赵蕃兄弟二人,当时赵蕃八十三岁,定庵七十九岁,戴复古亦已六十岁。几位老人在一起谈诗论世,兼谈修身养性之道,确实是件乐事。大概就在这次难得的相聚中,戴复古请托赵蕃为《石屏小集》写序。

倪祖义,字子由,号寿峰,吴兴(今浙江湖州)人,嘉定间礼部尚书倪思之子。少聪俊,仕未达,得年五十以死。据陈振孙《直斋书录解题》云,倪氏曾编有《吴兴分类诗集》三十卷。

倪祖义为《石屏小集》补编本写的跋文最后署有"寿峰倪祖义书于江西谈笔堂"一行字,未标时日。据倪祖义为戴复古之父戴敏的《小园》一诗题跋所标的时间"宝庆丁亥长至前二日"④,似可推知倪氏为《石屏小集》题跋的时间当相距不远,且在江西任所上。这段时间戴复古常在江西游食,与当地的名人和官员交往甚多,倪祖义亦其一也。应戴复古之请,他不仅为石屏诗品题,且为其父戴敏遗诗书写赞语,可见两人交谊之深。

---

① [清]厉鹗:《宋诗纪事》卷五九,清乾隆十一年樊榭山房刻本。

② [宋]张端义:《贵耳集》卷上,清嘉庆十年虞山张氏照旷阁刻学津讨源本。

③ 金芝山校点:《戴复古诗集》卷一,第21页。

④ 金芝山校点:《戴复古诗集》附录二,第326页。

五、王佖　袁甫

戴复古于绍定壬辰(1232)夏曾有一短文自述石屏诗另一选集即《石屏续集》编选的经过:“复古以朋友从臾,收拾散稿,得四百余篇,三山赵茂实、金华王元敬为删去其半,各以入其意者分为两帙,江东绣衣袁蒙斋又就其中摘取百首,俾附于《石屏小集》之后。”[①]赵茂实,即赵汝腾。三山,福州之别称、代称。王元敬,即王佖。江东绣衣,指江东提刑。绣衣,宋代时乃提刑一职的别称。从这则短文不难看出,这部新选的诗集是在赵汝腾、王佖和袁甫等几位朋友根据各自的美学观点不断筛选后编成的。

王佖,字元敬,号敬岩,金华人,淳熙年间丞相王淮之孙。幼从学于饶鲁,而卒业于王柏。累官直敷文阁,出为福建转运副使。考《江湖后集》卷八张榘诗《约台府同官王元敬以次七人登巾山,以“月照半江水前峰”分韵得“半”字》和高斯得《耻堂存稿》卷四《江东提刑司新创药局义阡记》,王佖曾在台州府任职,后又为江东提刑。尝新创药局义阡以济民,高斯得称其“疚心民瘼,笃近举远”“尝为宰椽,侃侃有守,缙绅称之”。[②] 著有《朱文公语后录》二十卷,又尝作《朱子年谱序》。

袁甫,字广微,号蒙斋,庆元府鄞县(今浙江宁波鄞州区)人。礼部侍郎燮次子。少承家学,又从学于杨简,举嘉定七年(1214)进士第一。据《南宋馆阁续录》,袁于嘉定十年七月除正字,十一年八月为校书郎,嘉定十四年十二月除秘书郎,十五年为著作佐郎。十六年五月知徽州,丁父忧,服除,知衢州,绍定二年(1229)夏六月,移提举江东常平,三年冬,为江东提刑兼提举。端平元年(1234)八月除少监,二年三月以起居舍人兼国史院编修官又兼实录院检讨官。累官吏部侍郎兼国子祭酒,权兵部尚书。所至兴利除害,在朝弹劾权贵,抗论不阿。《江西通志》称其“行部问民疾苦,荐循良,劾奸贪,决滞狱。创书院贵溪之南,祠先儒陆九渊。岁大旱,请给度牒、缗钱、绫纸助振恤。疫疠大作,创药院疗之。前后持节江东五年,所活不可数计”[③]。卒谥

---

① 金芝山校点:《戴复古诗集》附录二,第 329 页。

② [宋]高斯得:《耻堂存稿》卷四,清乾隆武英殿聚珍版丛书本。

③ 《(光绪)江西通志》卷一二六,清光绪七年刻本。又见李华瑞著:《宋代救荒史稿》(上),天津古籍出版社 2014 年版,第 444 页。

正肃。有《蒙斋集》。《宋史》卷四〇五有传。

《石屏诗集》卷四之《见江东绣衣袁广微》、卷六之《送蒙斋兄长游天台二首》和《有议袁蒙斋者》等诗，记录了戴复古与袁甫之间的交游和精神联系，抒发了作者对袁甫的敬重和关切之情，后一首还对社会上某些人对袁甫的中伤表示不平和愤慨，说明戴、袁两人相知之深。这对我们了解南宋江湖诗人与当时某些在职名流之间的关系，了解官场尔虞我诈的风气不无助益。

戴复古自《戴式之诗卷》《石屏小集》和《石屏续集》等诗集经楼钥、巩丰、真德秀、赵汝谈、赵汝腾、赵蕃和袁甫等当时一些名公巨贤之品题，诗名突起，交游日广，诗艺益进，至绍定端平间，又相继推出了石屏诗第三稿、第四稿上下卷；淳祐初，又有《石屏后集》问世。现依次对石屏诗后期几集诗稿的编选者和序跋作者考述如下：

六、萧泰来

编选石屏诗第三稿的是萧泰来。

萧泰来（生卒年不详），字则阳，一字学易，号小山，太府令萧则弟，临江军新喻（今江西新余）人。绍定二年（1229）进士，先后任抚州军事节推、广东经干，以承议郎改知新昌县。淳祐末，官监察御史。宝祐元年（1253）八月自起居郎出知隆兴府。有《小山集》二十五卷，已佚。《全宋诗》收入其诗 8 首，《全宋词》收入其词 2 首，《霜天晓角·梅》尤为人所推赏。

考戴复古与萧泰来的交游，约始于绍定四年至六年（1231—1233）间。当时，萧泰来正在抚州府任节推之职，而业已声名远播的江湖诗人戴复古则几次在江西访友，参与当地的诗社活动。这两位对于诗词创作有着共同爱好的诗人，就近自有一番切磋交流。且看戴复古写给萧的诗《抚州节推萧学易衙宇一新》："掇取高科如拾芥，爱君才调望君深。莫夸书判居莲幕，要把文章入禁林。华屋修成官满去，好诗改定客来吟。西窗共对萧萧竹，不负三杯话此心。"[1]诗中赞赏萧的才华，对他未来的发展寄予热切的期望，诗的尾联还说到他俩临窗赏竹改诗谈心的情形。据萧泰来于绍定六年（1233）八月所写的《重建推官厅记》，可推知戴氏此诗实作于萧泰来抚州节推任职期满

① 金芝山校点：《戴复古诗集》，浙江古籍出版社 1992 年版，第 207 页。

的绍定六年七八月左右。[1] 估计石屏诗第三册就是萧泰来在抚州节推任上编选的。因为此后萧泰来业已转调至广东经略司任经干了。

端平二年(1235)戴复古由福建经梅岭入广州重游访友,他与在广州任经干的萧泰来又有了叙旧论诗的机会。秋日戴复古离开广州时,萧泰来、何季皋等诗友前往送行并赋诗道别,戴氏也写了《萧学易、何季皋作别诗佳甚,再和前韵》[2]、《别李司直、萧小山》回赠,抒发了与萧泰来等诗友相聚及告别时的感受,并誉萧泰来等为"文星照南斗"[3],备极赞赏。

七、李贾　姚镛

分别编选石屏诗四稿上、下卷并题跋的是李贾和姚镛。

李贾(生卒年不详),字友山,号月洲,邵武军光泽县(今属福建)人。端平间,为渝江县尉。与戴复古、严羽、严粲等交游。诗宗晚唐。有诗卷,不传。刘克庄称其诗"攻苦锻炼而成,思深而语清。律体师岛、合(按:贾岛、姚合),乐府拟籍、建(按:张籍、王建)"[4]。

李贾是戴复古相知多年的诗友。早在嘉定十年(1217)前后,史弥坚在镇江举行的喜雨楼落成庆典上,两人即已认识,并同席赋诗。[5] 绍定二年(1229)至端平元年(1234)数年间,戴复古一直在福建、江西两地穿梭式地游历访友,不止一次去邵武(又曰昭武)拜访过李贾等朋友,并参加他们的诗社活动。其首次去邵武写的七律《过昭武访李友山诗社诸人》[6]大约是写在绍定三年(1230),与李贾等诗友相聚的地点是李贾家乡邵武军光泽县一个叫

---

① 萧泰来绍定三年下半年任抚州推官至绍定六年任期将满前的一个月,始重建原已破旧的推官厅衙。建成后于八月亲自撰写了《重建推官厅记》,其中介绍了他离职前重建官厅的缘由和经过:"予之寓已三年矣,而无暇为,去之期仅一月矣,而始及为之……"可知戴氏写此诗是在推官厅重建之后。

② 金芝山校点:《戴复古诗集》,第 162 页。

③ 金芝山校点:《戴复古诗集》,第 85 页。

④ [宋]刘克庄:《后村先生大全集》,见《四部丛刊初编》第 214 册,上海涵芬楼影印旧抄本,第 912 页。

⑤ 嘉定年间,戴复古游历镇江时曾与李贾相遇,二人应邀参加镇江守史弥坚举行的喜雨楼落成典礼,赋诗致贺。时隔十多年,戴氏去福建邵武访李贾时,在《过邵武访李友山诗社诸人》诗中还提及此事:"休思京口相逢日,喜雨楼中赋大鹏。"

⑥ 金芝山校点:《戴复古诗集》,第 172 页。

"溪上"的地方。戴复古七律《李友山诸丈甚喜得朋，留连日久，月洲乃友山道号》记述了这次诗社活动的情况。诗的末联云："颇欲相从溪上住，诸君许我卜邻否?"[①]表达了对"溪上"环境及李贾等诗友的依恋。李贾则在《题式之诗卷后》的一首五古中称赞戴"胸次何崔嵬""蹦腾辖高趣""高论倾淮湖"，[②]并对他的怀才不遇表示了同情和安慰。戴复古在光泽县告别李贾诸诗友乘船离开后，夜阑停泊光泽溪边岩下，清晨即景生情，写了首五律《光泽溪上》，末联云："晓来新得句，寄与故人看。"[③]这位"故人"，应是指李贾，而不会是故里在邵武县莒溪的严羽，因为当时戴复古还未与严羽见过面。

绍定六年(1233)某月，在邵武知军王埜召开的"论诗研讨会"期间，戴复古与李贾又一次相聚，这从戴复古《论诗十绝》的诗前小序"昭武太守王子文，日与李贾、严羽共观前辈一两家诗及晚唐诗，因有《论诗十绝》"[④]中不难看出。绍定六年秋，戴复古离开邵武时，严羽、李贾等诗友设宴送别，戴氏赋诗《别邵武诸故人》[⑤]，后在江船上又撰《江上夜坐怀严仪卿、李友山》，曰"佳人难再得，良夜与谁同"[⑥]，表达了对朋友严羽、李贾的赞誉和思念。在去汀州访知州李华期间，戴氏又写有一诗：《李友山索诗卷，汀州急递到昭武》[⑦]。李贾所索的诗卷可能就是戴复古请他编选的石屏诗四稿上卷。

端平三年(1236)，李贾已在江西渝江县任县尉之职。这年九月上旬，戴复古带了姚镛编选的石屏诗四稿下卷，来到江西渝江拜访李贾，请他为之题品。两人一起欢度重阳节，戴复古写了五律《渝江绿阴亭九日小集》[⑧]以纪其事，并为宴会所在地——唐时的古迹绿阴亭题写了四首七绝，赞扬了李贾"吟诗不废公家事，坐使孟郊输一筹"[⑨]。李贾也及时地为戴诗第四稿下卷题跋："石屏南归，过仆于渝江尉舍，出示雪篷姚公所选四稿下卷，仆咏歌不足，并入梓以全其璧。"[⑩]此跋文字很短，但"仆咏歌不足，并入梓以全其璧"

---

① 金芝山校点：《戴复古诗集》，第 173 页。
② 金芝山校点：《戴复古诗集》，第 337 页。
③ 金芝山校点：《戴复古诗集》，第 116 页。
④ 金芝山校点：《戴复古诗集》，第 230 页。
⑤ 金芝山校点：《戴复古诗集》，第 94 页。
⑥ 金芝山校点：《戴复古诗集》，第 95 页。
⑦ 金芝山校点：《戴复古诗集》，第 227 页。
⑧ 金芝山校点：《戴复古诗集》，第 97 页。
⑨ 金芝山校点：《戴复古诗集》，第 219 页。
⑩ 金芝山校点：《戴复古诗集》，第 327 页。

这简单的两句，即已表现了李贾对此诗稿下卷的赞赏之意，也表示了将把下卷与自己编选的上卷合为全卷并出资给予刊行之美意，足见对戴氏情谊之深。

至于姚镛与戴复古的交游，更有一段感人的故事。

姚镛(1191—1257?)，字希声，号雪篷(一作“雪蓬”)，又号敬庵，剡溪(今浙江嵊州)人。嘉定十年(1217)进士。历某县县尉、吉州判官、万安县令、赣州通判，绍定五年间以平寇功，擢守赣州。性豪隽，喜文学，诗词文赋兼擅，著有《雪篷集》，诗入江湖派。《宋元诗会》云：“戴复古爱其才，为忘年友。”[1]由于得罪了时任江西安抚使(按：帅臣)陈韡(字子华)，姚氏被陈所劾，于绍定六年冬贬谪衡阳，直至嘉熙元年(1237)“甫得自便”[2]。

考戴复古与姚镛的直接交往，当始于绍定六年(1233)间。这年三月戴复古从邵武至赣州拜访姚镛，并请他为自己的诗卷题跋。由于意趣相投，在戴氏逗留赣州的一个多月里，两人或论诗品画，或游览胜迹，相知日深。戴氏在此时相继写了《题姚雪篷使君所藏苏野塘画》[3]、《赣州上清道院呈姚雪篷》[4](笔者按：弘治本原诗题误为“赵雪蓬”)等诗以记其事。姚也应邀对石屏诗卷题写了跋文：“式之诗天然不费斧凿处，大似高三十五辈，使生遇少陵，亦将有‘佳句法如何’之问，晚唐诸子当让一头。”[5]将戴复古比之于唐代的高适，并认为如果戴氏生遇杜甫，也将会受到杜甫之青睐，对戴诗给予了很高的评价。

是年五月初，戴复古离别赣州，去吉州、临江和抚州等地访友，大约八月份后返邵武参加诗社活动，然后与严羽、李贾等诗友告别离开邵武。十二月，当戴复古在旅途中得知姚镛被贬谪衡州的消息，急赶赴赣州送行，并赋词《沁园春·送姚雪篷之贬所》[6](此词至今已残缺不全)表示慰问。

---

① [清]陈焯：《宋元诗会》卷四六，《景印文渊阁四库全书》第1463册，台湾商务印书馆1986年版，第739页。

② 南宋周密《浩然斋雅谈》记姚镛“端平乙西，甫得自便”。按：“端平”实为“嘉熙”之误，因为按干支纪年顺序，端平三年之后的嘉熙元年才是“乙酉”年。

③ 金芝山校点：《戴复古诗集》，第11页。

④ 金芝山校点：《戴复古诗集》，第226页。

⑤ 金芝山校点：《戴复古诗集》，第327页。

⑥ 曾枣庄：《中国文学家大辞典》，中华书局2004年版，第690页。

尽管那时姚氏已被贬谪，迹近流放，“旧客皆散，音问并绝”①，戴复古仍时时牵挂着遭厄的朋友。别后，又写了《怀雪蓬姚希声使君》七律两首，既深切同情友人“一官不幸有奇祸”，又劝慰其“万事但求无愧心”②。端平三年(1236)，戴复古辗转至衡阳再访姚镛，令姚大为感动，至有“‘万里寻迁客，三年独此人’之句。握手相见至于泣下”③。

在这次会面期间，戴复古不以姚戴罪之身为讳，拿出新写的石屏诗四稿下卷，请姚镛编选。姚于当年五月为其编选并题跋：“观近作一编，其于朋友故旧之情，每惓惓不能忘，至于伤时忧国，耿耿寸心，甚矣其似少陵也。……”④姚的这一新题跋，与他三年前的跋文一样，都突出地揭示了戴复古与杜甫诗歌创作精神上的内在联系。显然，这一对忘年友，他们的诗心是相通的。

戴复古不久后离开衡阳去江西。第二年即嘉熙元年(1237)，姚镛也由于朝廷解除了对他的控制而获得自由。姚有诗云：“归梦鉴湖三百里，白鸥相候亦欣然。”⑤看来，此后姚似乎就回家乡剡溪归隐了。《(万历)黄岩县志》说他“景定元年，掌教黄岩县学”⑥，此说有误。该县志中那位所谓“掌教黄岩县学”的姚镛，其实是南宋福建合沙的杂文家姚镕。考之周密《齐东野语》卷一四《姚乾父杂文》，其中记载了姚镕的四篇寓言式杂文，文前还有如下一段作者简介：“姚镕，字乾父，号秋圃，合沙老儒也。余幼尝师之。记诵甚精，著述不苟。潦倒余六旬，仅以晚科主天台黄岩学，期年而殂。余尝得其杂著数篇，议论皆有思致。”⑦原来姚镕还是周密少时的老师。周密年幼时随在福建为宦的父亲生活，曾师从姚镕。此处“天台”乃是台州郡的代称，非指天台县。显然，景定五年任黄岩县主学的是姚镕，而非曾任赣守的进士姚镛。而且姚镛既非《(光绪)黄岩县志》引《台州外书》所载“作‘镕’”⑧，姚

---

① [清]戚学标：《三台诗话》，[清]陶元藻：《全浙诗话》卷一六，清嘉庆元年怡云阁刻本。

② 金芝山校点：《戴复古诗集》，第178页。

③ [清]戚学标：《三台诗话》，见[清]陶元藻：《全浙诗话》卷一六，第236页。

④ 金芝山校点：《戴复古诗集》，第328页。

⑤ [清]戚学标：《三台诗话》，见[清]陶元藻：《全浙诗话》卷一六，第246页。

⑥ 曾枣庄主编：《中国文学家大辞典》，中华书局2004年版，第690页。

⑦ [宋]周密：《齐东野语》卷一四，齐鲁书社2007年版，第176页。

⑧ 参见陈宝善、王咏霓：《(光绪)黄岩县志》，清光绪三年刻本。该志卷一一曰：“主学姚镛，合沙人，以晚科主学。作《喻白蚁文》，又仿柳河东《三戒》作《三说》，其《马嘉鱼说》尤工。《台州外书》作‘镕’。”

镕亦非又名“姚镛”。《(万历)黄岩县志》《(光绪)黄岩县志》《台州外书》及如今的一些辞典、书刊编著者都错把剡溪的姚镛和合沙的姚镕相混淆了,应予澄清。

八、王埜 赵以夫

在端平元年(1234)为石屏诗稿题跋的有王埜和赵以夫。

王埜(1194—1260),字子文,号潜斋,金华人。嘉定十三年(1220)进士。师从朱熹弟子、理学家真德秀。才华出众,诗文俱佳,且善书法。绍定年间先后为邵武县宰、邵武军通判、知军。端平元年,盗起唐石,埜亲率兵平之。嘉熙元年(1237)四月以太常少卿兼国史院编修官,后为副都承旨,迁沿江制置使兼江东安抚,力主抗元。历任礼部尚书,以察访使出视江防,知建宁府,拜端明殿学士,封吴郡侯。景定元年(1260)卒,赠七官。《宋史》有传。

从戴复古之诗《梦与赵用父、王子文、陈叔方相会甚欢》[①]可推知,戴氏除在绍定二年(1229)冬拜会过任浦城县宰的陈昉(字叔方)外,大约绍定三年亦想拜访邵武知军赵以夫(字用父)和邵武县宰王埜。只是由于赵、王当时忙于平息邵武战乱,他就在访问刘克庄、刘克逊兄弟后的冬天出闽去江西访友了,直到绍定五年春从临江军王伯大处度岁后才重返邵武。那时,王埜已由邵武县宰升邵武军通判,戴有诗《次韵郡倅王子文〈小园咏春〉》[②]与之唱和。这年冬天知邵武军赵以夫因悼亡去职予祠。据戴写于是年腊月下旬的五律《谢王使君送旅费》“黄堂解留客,时送卖诗钱”中的“使君”“黄堂”两个词语[③],可知此时王埜已继任知军。对王埜赠钱挽留之厚意,戴氏由衷感激。绍定六年的元宵节,戴撰《满庭芳·元夕上邵武王守子文》,称王埜“风流贤太守,青云志气,玉树丰标。是神仙班里,旧日王乔”[④];后又写有七律《题邵武熙春台呈王子文君》,誉王埜乃“风流太守诗无敌”[⑤],均表达了对王埜的赞美之意。这虽有些过誉,却也反映了王埜才华出众的一面。

在戴复古与王埜的交往中,有两个问题学术界至今存在较大的分歧,一

---

① 金芝山校点:《戴复古诗集》,第132页。
② 金芝山校点:《戴复古诗集》,第191页。
③ 金芝山校点:《戴复古诗集》,第115页。
④ 金芝山校点:《戴复古诗集》,第246页。
⑤ 金芝山校点:《戴复古诗集》,第191页。

是戴复古究竟有没有在王埜的推荐下当过邵武军学教授；二是王埜与严羽、李贾、戴复古论诗的时间是在哪一年。关于这两个问题，笔者曾在1999年发文申述浅见，认为所谓戴氏任邵武军学教授之职，那只是明代方志的误载[①]；至于王埜与严羽、李贾及戴复古的"论诗研讨会"，拙意当在绍定五年冬或六年戴氏在邵武的那段时间里。有学者推测论诗时间在"端平元年(1234)秋天"[②]，其实那时戴复古正在福建彰州等地访友，并未重返邵武。限于篇幅，这两个论题，笔者当另文再予考述。

端平元年四五月间，建阳有一支农民起义军袭击邵武，结果被邵武知军王埜镇压了下去。戴复古在出访彰州途中闻讯，曾赋五律诗《客自邵武来，言王埜使君平寇》二首，对王埜的"平寇"表示赞赏，夸其"威行千里外，手活一城民"[③]（按：虽然戴氏是个布衣诗人，有忧国忧民情怀，但从此诗仍可看出他依附封建统治阶级的立场）。而王埜在"平寇"后的十月间，也不忘戴氏之所托，为石屏诗卷写了题跋。跋文批评近世"多学晚唐"者"致思婉巧，起人耳目，然终乏实用"，而肯定和赞赏戴复古"长篇短章，隐然有江湖廊庙之忧，虽诋时忌、忤达官，弗顾也"[④]。此后，不论王埜职务如何变化，戴氏时有诗寄送与他。《因风再寄南昌故人，兼简王帅子文》《寄镇江王子文总卿》[⑤]就是戴复古返乡后于嘉熙元年和淳祐年间先后写与王埜的诗，表达对国事的关切和对这位故人的牵挂。

赵以夫(1189—1256)，字用甫（一作"用父"），号虚斋，郓（今山东东平县一带）人，居长乐（今福建省福州市长乐区），系赵宗室子弟。嘉定十年(1217)中进士，授南丰县令，颇有政声。宝庆(1225—1227)年间，主管西外睦宗院。绍定三年(1229)，任南剑州通判。绍定四年，知邵武军，五年冬予祠，六年冬知漳州。体恤民瘼，政绩斐然。端平二年(1235)后，历任提江南西路常平茶盐公事、大理寺丞、两浙转运判官、枢密院副承旨、刑部侍郎、沿

---

① 见拙文《严羽和戴复古身世行迹诸问题考——对〈严羽评传〉的几点商榷性意见》，《南昌大学学报（人文社会科学版）》2001年第4期。文中第一部分论述严羽与戴复古订交于绍定五年。因尚缺乏更有力的文献证据，现在看来两人订交时间还是放宽为"绍定五年冬或六年"比较留有余地。

② 张健：《知识和抒情：宋代诗学研究》，北京大学出版社2015年版，第624页。

③ 金芝山校点：《戴复古诗集》，第117页。

④ 金芝山校点：《戴复古诗集》，第326页。

⑤ 金芝山校点：《戴复古诗集》，第125页。

江制置使、江东安抚使兼知建康府行宫留守。沿长江布防，抵御蒙兵进攻，多次获胜。尔后又任礼部尚书、吏部尚书、兼侍读。晚年告归，六十八岁时卒。著有《虚斋乐府》《易通》等。

戴复古与赵以夫的交游，大约在嘉定、宝庆年间即已开始。据戴氏五律《世事》小序"三山宗院赵用父问近诗，因举'今古一凭栏''夕阳山外山'两句，未得对。用父以'利名双转毂'对上句，刘叔安以'浮世梦中梦'对下句，遂足以成篇，和者颇多，仆终未惬意"[①]，可知戴氏与赵及刘叔安（即被朝廷谪居福建的广东诗人刘镇）等诗人在赵主管西外睦宗院的宝庆年间在福州相聚论诗品词，已相当亲密。端平元年赵以夫任彰州守，戴复古从泉南去彰州拜访赵以夫，请其为自己的诗卷题跋。《访彰州赵用父使君》，就是戴氏根据自己进入彰州境内的见闻而写的一首七律，诗中赞颂赵以夫在彰州的德政："欲知惠爱及人处，听取街头卖炭谣。"[②]在彰州，赵以夫于十月十六日为石屏诗卷题写了跋文，称道戴复古"诗备众体，采本朝前辈理致，而守唐人格律"[③]。不久，谪居福建二十余年的刘叔安得令自便，赵以夫在彰州举办送别刘赴京城临安的宴会，邀戴复古参加。与会二十八人分韵赋诗，戴氏分得"君"字，写了《送刘镇叔安入京》[④]，可谓极一时之盛。会后不久，戴复古"自彰州回泉南，主仆俱病"[⑤]，又写了五律《寄赵漳州话病》，诗尾联云："荆州相别后，王粲更谁依？"[⑥]对赵的关照表示谢意。端平二年，赵以夫迁提举江南西路常平茶盐公事，戴撰《寄贺赵用甫提举》致贺，并为彰州民众失去这位关心百姓疾苦的地方官表示惋惜："千里人民失父母，几多遗泽在清彰。"[⑦]端平三年冬，赵授左司郎官，奉命入京，戴赶往送行并赋诗，其诗题曰《赵用甫提举梦中得"片云不隔梅花月"之句，时被命入朝，雪中送别，用其一句补以成章》[⑧]。此后近十年间，赵历任朝中和国防前线多个要职，病居在家乡的戴复古仍不时以诗代信与他保持联系。《寄虚斋赵侍郎》（二首）[⑨]、

① 金芝山校点：《戴复古诗集》，第113页。
② 金芝山校点：《戴复古诗集》，第181页。
③ 金芝山校点：《戴复古诗集》，第325页。
④ 金芝山校点：《戴复古诗集》，第180页。
⑤ 金芝山校点：《戴复古诗集》，第117页。
⑥ 金芝山校点：《戴复古诗集》，第117页。
⑦ 曾枣庄主编：《中国文学家大辞典》，第690页。
⑧ 金芝山校点：《戴复古诗集》，第166页。
⑨ 金芝山校点：《戴复古诗集》，第122页。

《寄建康留守赵用父都丞侍郎》(二首)[①]即是如此。前者写于淳祐元年赵任刑部侍郎不久，诗中云“药石匡时切，蓍龟见事灵。得公十数辈，亦足壮朝廷”[②]；后者写于淳祐四年(1244)，一是对赵受到朝廷重用和社会的期许感到欣慰，二是或对赵为其父戴敏诗集作序表示感谢。

可以说，王埜和赵以夫是戴复古交游时间较长而关系又十分密切的诗友。

九、吴子良　包恢

吴子良(1197—1256)，字明辅，号荆溪，台州临海(今属浙江)人。陈耆卿之表弟，幼从陈耆卿学，年二十四，经陈氏引荐，又师从叶适。宝庆二年(1226)中进士。历官秘书丞、两浙转运判官、江南西路转运判官兼权隆兴府，改湖南转运使，太府少卿。因忤权臣史嵩之而罢职，不久去世。吴一生反对南宋投降政策，居官尚气节，声闻卓著。系南宋后期台州文坛之执牛耳者，更是永嘉学派的重要人物。叶适盛称其为文“何止超越流辈而已”[③]。着有《荆溪集》《荆溪林下偶谈》等书。刘克庄对他十分推许，有诗云：“水心文印虽传嫡，青出于蓝自一家。……他日史官如立传，先书气节后辞华。”[④]

吴子良与戴复古同是南宋中后期的台州籍人士，相互间更为了解，只是南宋文献有关两人交往的记载却不多。从戴氏晚年写的《寄吴明辅秘丞》(二首)[⑤]可以看出，他对吴的出众才华极为器重和赏识。诗中将吴比作“鸣凤”“奎星”，极尽赞许之能事。戴复古回乡后很想借重他的名望为自己后期的诗集题品。吴子良不负所托，于淳祐三年(1243)六月为《石屏诗后集》写了序言。序中充满富有诗意的排句，而且一组大的排句中又包含着几组短语的排句，可谓琳琅满目，目不暇接。这些密集型的排句，鲜明地突显出戴复古搜览群书，漂泊江湖，游历万里，广交诗友的经历，辩证地揭示出戴诗的

---

① 金芝山校点：《戴复古诗集》，第124页。

② 金芝山校点：《戴复古诗集》，第123页。

③ [宋]叶适：《水心集》，《景印文渊阁四库全书》第1164册，台湾商务印书馆1986年版，第372页。

④ [南宋]刘克庄：《后村先生大全集》，《四部丛刊初编》第214册，上海涵芬楼影印旧抄本，第229页。

⑤ 金芝山校点：《戴复古诗集》，第188页。

多重特色及其“闻而争传，读而亟赏”[①]的原因。程千帆先生曾称这篇序文“显示出吴子良具有较高的理论修养和写作水平，能结合作家的生活经历来论述其创作特点。其推崇戴诗虽或过当，但行文跌宕多姿，流畅亲切，说理之中兼具情韵，在当时不可多得”[②]。卧病于家的戴氏收阅吴子良的序文后，感激之余，特撰寄七律《谢吴秘丞作〈石屏后集序〉》[③]与吴，见证了这对同属台州文坛上耀眼明星的亲密关系。

包恢(1182—1268)，字宏父，号宏斋，建昌南城(今江西南城县)人。出身理学世家，父包扬(字显道)，伯父约(字详道)，叔父逊(字敏道)，均师事陆九渊、朱熹，对陆氏的心学尤为倾心。恢少为诸父门人，聪明好学，博览群书，曾为父辈弟子讲《大学》，获诸父惊叹。恢举嘉定十三年(1220)进士，历仕多处郡县地方长官。所至破豪猾、惩奸吏、治蛊狱、反迷信。知台州时，有妖僧居山中，号“活佛”，为奸利，恢捕诛之。在他州任职，亦多有意外之举，刚正明察，政声赫然。有人比之于北宋之包拯，亦有议其有过酷之嫌。咸淳年间，累官刑部尚书、签书枢密院事，封南城侯，寻以资政殿学士致仕，87岁卒于家。赠少保，谥文肃。著有《敝帚稿略》八卷。《宋史》有传。

戴复古与包恢的父辈结识较早，大约嘉定年间戴氏客游江西之时，就曾与包恢的叔父包敏道同游南丰县南台[④]，对包恢的才学及其家学渊源颇为了解。只是多年来两人交游情况未见有关文献记载。根据现有资料，直到淳祐初包恢奉命来到戴复古家乡所在郡台州任通判后，二人始有诗书往来。先是戴复古就近请包恢为自己的诗卷作序。包恢这年夏天正患病卧床，还是认真赏读戴的诗稿并构思序言，尔后请朋友代札完成。作为受陆九渊、朱熹及父辈思想熏陶的理学家和诗论家，包恢在序中鲜明地表达了自己的诗学见解，强调诗主乎理，尚乎志，贵乎真，肯定戴诗能“自理中得”“自志中来”“自真中发”，“为诗正大醇雅，多与理契。志之所至，诗亦至焉”。[⑤] 并赞扬

---

① 金芝山校点:《戴复古诗集》，第322页。

② 程千帆、吴新雷:《两宋文学史》，见《程千帆全集》卷一三，河北教育出版社2000年版，第501页。

③ 金芝山校点:《戴复古诗集》，第203页。

④ 嘉定年间戴复古客游南丰县时，曾与包恢的叔父包敏道同游南丰的名胜南台，赋诗《南丰县南台，包敏道、赵伯成同游》。见金芝山校点:《戴复古诗集》卷二，第55页。

⑤ 金芝山校点:《戴复古诗集》，第323页。

戴氏“其为诗，自胸中流出，多与真会”“不滞于书，不多用故事”。[①] 同时，包恢在序中也批评了江西诗派“资书以为诗”和效晚唐体者“刻楮翦缯，妆点粘缀”的弊病。[②] 戴复古收到包恢的序言，十分感动，也在病中写了《谢东倅包宏父三首，癸卯夏》[③]寄送包恢。此组诗意蕴丰富，情感真挚：一是称颂朱熹及包氏父子的理学之深远造诣及渊源，二是申述自己与包氏相似的诗学观点和创作理念，最后是自谦己作“入耳终无奇”[④]，并由衷感谢包恢的题品。

不久，包恢自台州通判任上转任临安通判。第二年又奉调升任台州郡守。由于诛杀蛊惑人心以谋利的山中妖僧，一时郡内受蒙蔽者和别有用心者反对之声鹊起，戴复古写诗与恢，对他这一为民除害之举表示坚决的支持，惜乎此诗已佚。包恢为此写了《和戴石屏见寄韵二首》以表谢意：“千里赤城皆欲杀，一双青眼独蒙知。”[⑤]诗中还高度赞许年迈的戴氏“高情岂为时情改，浩气难随血气移”[⑥]，并把现在的戴诗喻作杜诗，“句老律精何酷似，昔题蜀相孔明祠”[⑦]。不久，包恢再次奉调进京，戴氏又撰《送包使君入朝除左曹郎二首》，希望他向朝廷奏陈“活国方”[⑧]以救弊，充分表现了对包氏的期待与对国事的关心。

十、刘克庄

南宋时期最后一位替石屏诗题跋的是刘克庄。

刘克庄(1187—1269)，字潜夫，号后村，兴化军莆田(今属福建)人。出身于仕宦文学之家。师事理学家真德秀，颇受其赏识。嘉定二年(1209)以父荫入仕。曾为靖安县主簿、差知真州录事参军、金陵帅李珏幕府参军，嘉定十二年(1219)辞归奉南岳祠。宝庆元年(1225)任建阳县令，政声著闻。

---

① 金芝山校点：《戴复古诗集》，第323页。

② 金芝山校点：《戴复古诗集》，第323页。

③ 金芝山校点：《戴复古诗集》，第10页。

④ 金芝山校点：《戴复古诗集》，第11页。

⑤ [宋]包恢：《敝帚稿略》卷八，见王德毅主编：《丛书集成续编》，新文丰出版公司1989年版，第80页。

⑥ [宋]包恢：《敝帚稿略》卷八，见王德毅主编：《丛书集成续编》，第80页。

⑦ [宋]包恢：《敝帚稿略》卷八，见王德毅主编：《丛书集成续编》，第80页。

⑧ 金芝山校点：《戴复古诗集》，第126页。

宝庆三年，江湖诗祸骤起，由于刘氏《南岳稿》有《落梅》诗为权臣史弥远所忌，险被流放，虽赖惜才的朝臣郑清之说情而止，仍多年被闲置于家。绍定六年冬史弥远卒，刘氏的政治命运有所改变。但因屡受政敌挤对，此后十余年中在朝廷或地方任职，依然几起几落。淳祐六年被命赴京入对称旨，理宗赞其“文名久著，史学尤精”①，才赐同进士出身，除秘书少监，相继兼国史院编修官、中书舍人等要职。后来也曾数次去职。景定元年(1260)为秘书监，官至工部尚书兼侍读，以龙图阁学士致仕。卒谥文定。《宋史翼》卷二九有传。

刘克庄文名早著。前期诗卷《南岳稿》颇受叶适称许，叶赞刘“当是建大将旗鼓者”②，后果然成为南宋江湖诗派的主将，“江湖从学者，尽欲倚刘墙”③。著有《后村先生大全集》，计诗作4500多首，词作260首左右，是江湖诗人中诗作最多者。

戴复古与刘克庄二人的交游始末，刘克庄《跋二戴诗卷》已有简明的介绍：“余为仪真郡掾，始识戴石屏式之，后佐金陵阃幕，再见之，及归田里，式之来入闽，又见之。皆辱赠诗。”④嘉定十年前后戴复古在南京写的《寄刘潜夫》一诗中，赞扬刘“八斗文章用有余，数车声誉满江湖”⑤；绍定三年(1230)在福建，戴氏先访刘克庄的弟弟、古田县宰刘无竞，所撰五律《访古田刘无竞》诗题下有小注特提及刘克庄“宰建阳有声，人言自有建阳无此宰也”，诗的颔联进一步赞扬兄弟二人“难兄与难弟，能政更能诗”⑥。不久戴接着去莆田访刘克庄，与刘更是“拥絮庵中共说诗”⑦。戴离开莆田时，刘有诗《送戴复古谒陈延平》，建议他前往南剑州(又曰延平)谒见知州陈韡(只是戴氏是否去访陈无考)。此后，二人虽再未相聚过，但戴复古仍然很关注有关刘克庄的信息。淳祐五年(1245)，年近八十的戴复古病居家中得知刘克庄久未被重用，颇为他打抱不平，特撰写《寄后村刘潜夫》三首七绝与刘，其首篇

---

① 程章灿：《刘克庄年谱》，贵州人民出版社1993年版，第214页。

② 吴文治主编：《宋诗话全编》第八册，江苏古籍出版社1998年版，第8660页。

③ [宋]胡仲弓：《苇航漫游稿》，《景印文渊阁四库全书》第1186册，台湾商务印书馆1986年版，第13页。

④ [清]陈焯：《宋元诗会》卷四六，《景印文渊阁四库全书》第1463册，台湾商务印书馆1986年版，第1003页。

⑤ 金芝山校点：《戴复古诗集》，第224页。

⑥ 金芝山校点：《戴复古诗集》，第130页。

⑦ 金芝山校点：《戴复古诗集》，第220页。

云:“朝廷不召李功甫,翰苑不着刘潜夫。天下文章无用处,奎星夜夜照江湖。”[①]而刘克庄对这位比自己年长二十岁,名闻江湖的布衣诗人,态度也是真挚友好和尊重的,对戴氏漂泊江湖几十年,“名为大诗人,然平生不得一字力。皇皇然行路万里”[②]的困窘处境颇表同情。

然而,相对于戴复古的主动、热烈、深情,刘克庄对戴复古的回应文字似乎显得较少。戴复古去世,未见刘的悼诗。数年后,刘应戴复古侄孙戴昺之请写的《跋二戴诗卷》(笔者按:因跋文兼及戴昺的诗,故刘以此为题。跋文称戴昺曰“颐”,不知何据,待考)对石屏诗的评论似乎也简约得有点惜墨如金。也许这与双方的出身、经历、性格的区别以及对社会、对事物包括诗学的认识存在差异有关。但是,有学者说“戴复古和孙季蕃都是刘克庄最好的江湖朋友”[③],似乎并不确切。在刘克庄的朋友圈中,他最好的江湖朋友,除了孙惟信(字季蕃)以外,恐怕是方孚若、王迈、方大琮、林希逸甚至高九万等人,这只要翻一翻《后村先生大全集》,就可以大体了解。自然,戴复古也是刘克庄要好的朋友,但并非“最好”。不过,笔者以为,这两位江湖诗派的代表人物,其诗词风格及诗学观点的异同,以后倘作为一个学术课题去研究,倒是很有意义的。

据戴复古自述,为其诗卷作序跋的还有陈益甫、乔行简等官员,这些序跋早已散佚,不免遗憾。另有在朝为官的陈昉、高斯得等戴氏友人也曾应戴复古的请托为其父戴敏诗作题写了序跋,这些评论都高度赞扬了戴氏父子二人的品格和对诗艺的执着追求及所取得的成就。由于笔者精力所限,本文就不具体介绍了。但从以上这些考述中,我们不难感受到戴复古漂泊江湖、悲欢感慨的生存状态和他忧国忧民的忠义情怀。同时,戴复古与这些编选者和序跋作者的诗友情谊,特别是戴复古在晚宋诗坛上的重要地位,相信从中也将得到进一步的彰显。

本文原为上下两篇,分别刊于《浙江师范大学学报(社会科学版)》2003年第6期及2017年第5期

---

① 金芝山校点:《戴复古诗集》,第220页。

② [宋]刘克庄:《跋二戴诗卷》,引自戴福年主编:《戴复古全集》,文汇出版社2008年版,第395页。

③ 肖鹏:《宋词通史》,凤凰出版社2013年版,第867页。

“黄岩老”并非戴复古

明代马金(汝砺)受戴复古十世孙、明弘治年间六安学正戴镛之请托，将戴复古生前所存之诗稿(包括戴氏宗亲侄孙等诗抄)，亲自校勘，重加编次，越四年而成，计十卷，此即流传至今的弘治本《石屏诗集》。书后有马金所撰之题跋，其中有这样一段话：

> 考之晦庵先生《答仲至书》，有云：“黄岩老过访，惠诗一篇，甚佳。亦见其刊行《小集》，冠以诚斋之诗。”黄岩老盖指翁(按：戴复古)也，《小集》疑即蹈中所选者。夫以投赠大儒之诗，得经题品，而集中不载，非独散轶为可恨，而窃重有感焉。

引文中的晦庵即朱熹，“仲至”即南宋时的学者、诗人巩丰。巩丰曾从朱熹问学，两人信札往返频繁。巩氏与戴复古亦有交往，从《石屏诗集》中可知，他曾以《元结文集》赠与戴复古，且为其诗集题品。但是戴复古与朱熹两人生前并无直接交往，从《石屏诗集》和南宋的文献史料中均找不出两人直接交往的证据或线索。应该说，石屏之诗流传到明代，确有讹缺和散轶，马金协助戴镛根据当时所存石屏诗两种版本之同异，“亲自校雠，重加编次”，历经四年，编成十卷本的《石屏诗集》，其功殊不可没。但是，他为此诗集写的题跋，把朱熹信札中提到的“黄岩老”当成戴复古，把信札中说的“其刊行《小集》”推测为赵蹈中(即赵汝谠)替戴复古编选的《石屏小集》，却是张冠李戴、移花接木，纯属想当然的了。

大概在马金看来，戴复古是南宋黄岩人，出版过赵蹈中为之编选的《石屏小集》；而朱熹则曾在浙东台州任职，巡视过黄岩，两人相识来往是很自然的事，朱熹信札中的“黄岩老”舍“戴”其谁！笔者初读马金题跋中的那段文字，也以为这是关于戴复古与朱熹交游的一个重要发现。但是细加推敲并考辨，便见其推断之虚妄了。具体原因如下：

其一，朱熹卒于公元1200年，终年71岁。而戴复古生于公元1167年，朱熹去世之时，他只有34岁，比朱熹年轻37岁。一位年老的长者居然称比其小37岁的黄岩籍的年轻人为“黄岩老”，于情于理均有不合。

其二，戴复古的诗第一次结集的时间是在嘉定三年(1210)，曰《戴式之诗卷》，由楼钥作序。此后，约在嘉定十三年(1220)，戴复古请赵蹈中从楼钥作序的诗卷及其后新创作的诗篇中“选其尤者，别为小集”，计130首。此时朱熹离世已有20年，何能见到赵蹈中为戴氏编选的《石屏小集》？

其三，诚斋(杨万里)于公元1206年卒，此时《石屏小集》尚未问世。且戴复古虽然与诚斋之子杨长孺有很深的交谊，与诚斋似乎没有什么来往，《诚斋集》和《石屏诗集》中均没有两人诗、书往来的记载和线索。故朱熹所见的“冠以诚斋之诗”的《小集》，显然不是《石屏小集》。

既然朱熹信札中所说的“黄岩老”并非戴复古，那么又是谁呢？查杨万里《诚斋集》及有关记载可知，“黄岩老”不是籍贯黄岩的某位老人的代称，而是闽县(今属福州)的一位南宋诗人之字。这位诗人姓黄名景说，字岩老，号白石。系乾道五年(1169)进士，曾官全州通判、永丰宰、中直秘阁、知静江府。工诗，著有《白石丁稿》(今已佚)。由于他与姜白石(姜夔)俱学诗于萧德藻(字东夫)，时人称二人为“双白石”。杨诚斋与萧德藻是朋友，与黄岩老亦有较深的交谊。绍熙四年(1193)，诚斋67岁的时候，黄岩老有诗赠诚斋，诚斋和其诗还赠，诗曰：“吾友萧东夫，今日陈后山。道肥诗弥瘦，世忙渠自闲。不见逾星终，每思即凄然。邻邑黄永丰(按：黄岩老)，与渠中表间。黄语似萧语，已透最上关。道黄不是萧，萧乃堕我前。佳句鬼所泣，盛名天甚悭。诗人只言黠，犯之取饥寒。端能不惧者，放之据诗坛。”(《诚斋集》卷三六)黄氏后来自刻诗稿，即以诚斋此诗冠于编首。可见朱熹《答巩仲至书》中所说的“黄岩老”指的就是闽人黄景说，他所见到的《小集》开头诚斋之诗，即指上面所引的诚斋赠黄氏的和诗。只是马金所引朱熹之信札前两句比原文有所省略，后面则又有断章取义之嫌。实际上朱熹的原信在“冠以诚斋之诗”之后，紧接着还有如下几句话：“称其似萧东夫，且谓东夫似陈后山，而平生未见东夫诗也。此事至为浅末，然看却魏、晋以前诸作，便觉无开口处，甚可笑耳。”(《朱子大全》卷六十四，《答巩仲至书》第六札)从此信中可以看出，朱熹对黄岩老的诗表示了赞赏之意，而对杨诚斋那首冠于黄氏自刻小集的诗，却表现出不以为然的哂笑态度。不知马金是有意还是无意地截断朱熹信札后面那一段文字，但他不知文中的“黄岩老”乃闽人黄景说却是很明显的。这也表明他并未细查过《诚斋集》。在此集中，载有诚斋于公元1196年他70岁时写的《送黄岩老通判全州》七古一篇。读过此诗，甚至仅看此诗题，自然也就清楚“黄岩老”并非戴复古，因为戴氏布衣终生，从未做过全州通判。

另外,从陆游《剑南诗稿》中可知,黄岩老与陆游亦有过交往。嘉泰二年(1202)陆游78岁时,黄氏曾有诗寄赠陆游,陆次韵和之。(见《剑南诗稿》卷五二《次韵黄宫教见赠》。“黄宫教”,陆自注曰:景说。)从诗的内容看,也是写与黄景说而不是戴复古的。虽然戴复古青年时期曾登陆游之门求教诗法,成为陆游的学生,遗憾的是陆游的作品集中竟未发现有片言只语提到戴复古。

综上所述,已足以证明马金的跋文关于“黄岩老”的推断是错误的了。奇怪的是,数百年来,似无一人指出其谬误。相反,却有不少人信以为真,并把它当作戴石屏与朱熹交游的重要证据。例如《宋诗钞》的编者吴之振、吴孟举等在论证石屏流寓江右,并无与富家女“始乱终弃”之事时,其中一条理由就是《石屏诗集》中马金跋文所引朱熹赞扬“黄岩老”的一段话,说什么“朱子亦以诗相酬赠,使无行至此,其得为大儒所称许”!清代学者戚学标在《台州外书》中为戴复古辩白此事时,也承袭吴之振、吴孟举等人的说法,认为“石屏和朱熹交往,有德行,必不会停妻再娶的”(见《台州外书》卷二〇“辨误”)。戴复古有没有“始乱终弃”“停妻再娶”之事,自可讨论研究,但吴、戚等人此推理却实在不能让人苟同,何况论据还是建立在马金“黄岩老盖指翁(戴复古)也”这样错误推断之上的呢。1992年8月由浙江古籍出版社出版的《戴复古诗集》点校本(以弘治本为底本)对此亦未予校正。点校者写的《前言》甚至把朱熹列为诗人结交的众多重要人物之首,以讹传讹,这也不免令人感到遗憾。

本文系《戴复古及其作品考辨三题》中的第一部分,始载于《浙江学刊》1994年第2期

第三辑

版本及作品考辨

戴复古诗集及其版本考述

南宋江湖派大家戴复古,"以诗鸣江湖间垂五十年"(姚镛《石屏诗题跋》),一生诗作甚丰,为世所重。但其作品流传至明代,已多讹缺。数百年来,虽几次经人整理、校补并刊行,有关方志和文章亦对其作品的流传和版本有所考证和介绍,然而至今依然不同程度地存在着作品收录不全、介绍语焉不详或沿袭讹误、考证论断失当等不足之处。为便于人们更好地开展对戴复古及其作品的研究,本文拟就戴复古著作的编选、刊行及版本作一个较为系统的回顾和考述,希望能得到方家和广大读者的指正。

一、戴复古生前诗集的编选和刊行

戴复古(1168—约 1248),字式之,号石屏。"自小寻诗出,江湖今白头。"(严粲《华谷集》)他的一生大部分岁月是在江湖上游历,从事诗歌创作。戴氏生前写诗两千首左右,其原稿和宋刊本早佚,现据有关记载和明弘治本《石屏诗集》所刊各家序跋,大体可考知戴氏生前所编选的诗集有以下诸部(下文中凡诗卷或选集标题不明的,不用书名号而用引号):

1."戴式之诗卷"初编。嘉定三年(1210)前由诗人自编而成,当系戴氏编集最早的一卷诗。楼钥为之作序(序见弘治本《石屏诗集》。下文所引序跋及引文,凡未特别注明者,均见弘治本《石屏诗集》),序文介绍了戴复古承继乃父戴敏遗志,笃意学诗而成名的经过,颇具史料价值。

戴诗这一初编本之正式题名,有关记载和序跋并未写明。弘治本《石屏诗集》收录的楼钥序文仅云戴氏"一日携大编访予",而楼钥《攻媿集》卷三二所收该文则题为《跋戴式之诗卷》。据赵汝腾《石屏小集序》所言,"戴石屏之诗有楼攻媿先生之序文",此文应是序而非跋。不过,从《跋戴式之诗卷》这一标题中,似可探知"戴式之诗卷"若不是戴氏自己对初编本的题名,即是楼钥或《攻媿集》编者对此诗集的称名。

2."戴式之诗卷"二编。为嘉定六年(1213)诗人汇编 1210 年以来的新作而成。嘉定七年(1214)正月巩丰作序。序曰:"余顷于都中,尝见江西胡都司、杨监丞皆甚称其诗,盖二公导诚斋宗派,不轻许与。别去逾三年矣,一日式之忽见过于武川村舍，袖出近作一编，款论终日，余为之废睡，挑灯熟读，仍为摘句，犹未能尽。大抵唐律尤工，务新奇而就妥帖，道路江湖间，尤多语意之合，读之使人不厌。”

巩丰文中所说的被胡、杨二人甚称之诗，当是指戴氏的诗卷初编本，而“近作一编”即是戴氏的第二编诗卷。嘉定六年，南宋京城内的时贤名公如真德秀、杨汝明为戴诗的题品（见弘治本《石屏诗集》），正是在看了戴氏诗卷的初编本和二编本之后写的。由于受到当时在政坛和诗坛上颇有名望的楼钥、真德秀、杨汝明、巩丰和杨长孺（杨万里之子，即上文所提到的杨监丞）等人之推毂，戴氏诗名大振。

3.《石屏小集》。由赵汝谠（1167—1223）于嘉定十三年（1220）前在湖南任上据“戴式之诗卷”初编、二编以及嘉定七年（1214）以后的新作选编而成，计130首。赵汝谠，字蹈中，号懒庵，是当时有名的诗人和选家，他所选的石屏诗基本上是戴氏前半生创作的精华。其兄赵汝谈写的跋文，诗人赵汝腾作的序言，都对此选集推崇备至。因此，这本题为《石屏小集》的戴氏第一本诗选付梓并流传开以后，赢得了广泛的赞扬，从而进一步奠定了戴复古在南宋江湖诗派中的重要地位。

方回在《瀛奎律髓》中说：“《石屏小集》百余首，赵懒庵汝谠字蹈中所选也。……蹈中兄南塘汝谈字履常，诗文俱高，尤精四六，跋语颇亦不满于石屏之诗，一言以蔽之，曰‘轻俗而已’，盖根本浅也。”查赵汝谈之跋文，并无对石屏诗的不满之语，相反，倒是表现了对它的赞赏：“余读之竟，见式之才果清放，弟识亦甚精到，皆非朽拙所能逮者。”方回是倡江西诗派“一祖三宗”之说的诗评家，其上述所论，不过是对江湖派诗人的偏见罢了。

当然，对于赵汝谠的编选，当时也有不完全满意的，或认为选得过泛，或认为漏选了佳作。例如著名学者和诗人赵蕃（号章泉）就在为《石屏小集》所写的跋语中对赵汝谠漏收戴氏师法杜甫、陈后山的名作《思家用陈韵》表示了遗憾。

4.“《石屏小集》补编”。赵蕃约于宝庆年间（1225—1227）据未被《石屏小集》选入的戴氏诗稿选编而成。倪祖义为补编本写序，曰：“作诗难，选诗尤难，多爱则泛，过遴则遗逸。懒庵为石屏戴式之摘取百余篇，兼备众体，精矣。章泉所拈出，则其尤精而汰者也。然染指知鼋美，窥管识豹斑。爱式之诗者，读此足矣。”表示了对赵蕃选编工作的肯定和对戴氏诗的推崇。此补编篇目不多，但当是戴氏诗卷中的精粹之作，其中自然包含了那首被《石屏小集》漏收而为赵蕃所激赏的五律《思家用陈韵》。

5.《石屏续集》。为袁甫(字蒙斋)于绍定五年(1232)前在赵汝腾(字茂实)、王偲(字元敬)据戴氏散稿 400 余篇选编的基础上再次摘取而成,计 100 多篇,被附于《石屏小集》之后。戴氏在题识中说明了此续集编选的经过:"复古以朋友从臾,收拾散稿,得 400 余篇。三山赵茂实、金华王元敬为删去其半,各以入其意者分为两帙,江东绣衣袁蒙斋又就其中摘取百首,俾附于《石屏小集》之后。"这可以说是戴复古第二部影响较大的诗歌选集。

6."石屏诗第三稿"。萧泰来(字小山,号学易)于绍定六年(1233)前后选编。

7."石屏诗第四稿上下卷"。约 100 篇,其中下卷计 60 篇。由李贾(字友山)、姚镛(字希声)分别于端平年间(1234—1236)选编,李编上卷,姚编下卷,并由李贾合而付梓。李、姚二人并为题跋。

8."石屏诗第五稿上下卷"。约于嘉熙年间(1237—1240)编就。何人选编已难考知。

9.《石屏后集》。淳祐二年(1242)前编成,计 1000 首左右。包恢、吴子良先后于淳祐二年和三年分别为此诗集作序,对戴氏的创作特色和成就给予了高度的评价。后集之首冠有其父戴敏的诗作 10 首,题曰《东皋子诗》,并载有戴复古对刊载父诗于自己诗集之前的说明和陈昉、赵以夫、倪祖义分别为《东皋子诗》写的序跋。这本诗集的编辑和刻印出版,是戴氏一生文学活动中的一件大事,其侄孙诗人戴昺为此曾作诗向戴复古致贺称颂曰:"新刊后稿又千首,近日江湖谁有之!妙似豫章前集语,老于夔府后来诗。梅深岁月枝逾古,菊饱风霜色转奇。要洗晚唐还大雅,愿扬宗旨破群痴。"(见弘治本《石屏诗集》附录,题曰《石屏后集锓梓,敬呈石屏翁》)

前人曾以为石屏诗全集在宋绍定间(1228—1233)已出版。如戴复古之裔孙戴镛在弘治本《石屏诗集》的跋语中说:"先世《石屏诗全集》,宋绍定间已板行,岁久湮灭,而家藏本亦散佚。天顺初,家君恬隐先生重录《小集》并《续集》为一帙,家兄安州守潜勉先生检故箧,复得刻本后集第四稿下卷并第五稿上下二卷,镛亦于藏书家得律诗数十篇。"明谢铎《重刊石屏诗集序》也说:"石屏之诗,当宋绍定中,楼攻媿钥、吴荆溪子良诸公尝序之以行于世矣。"其实不然。从本文前面所介绍的戴复古生前诸部诗卷和选集编选或刊行时间看,编印于绍定年间的只有《石屏续集》、"石屏诗第三稿"。而于绍定年间为石屏诗作序跋的,确知的只有赵汝腾、姚镛二人,赵蕃、倪祖义的题跋估计作于宝庆年间,当然也有可能作于绍定初年,但亦只是可能而已。至于其他诸人的序跋，文后均署有写定之时间，一阅便知非绍定间。看来是戴镛和谢铎记错了时间，以致出现上述的失误。不过，据二人之序跋，我们似可获知以下两点重要信息：其一，袁蒙斋《石屏续集》编就后，戴复古将《续集》置于《石屏小集》之后，可能合而成为《石屏集》，于绍定后期出版过，集前附有原先收集的其父戴敏的《小园》等两首诗，并载有楼钥、巩丰、真德秀、杨汝明、赵汝谈、赵蕃、倪祖义、赵汝腾和姚镛等人分别于嘉定、宝庆、绍定年间为戴氏诗卷写的序跋。这或许即是戴镛所谓的于绍定年间板行的《石屏诗全集》。其二，《石屏后集》收有石屏诗“第四稿下卷并第五稿上下二卷”，那么石屏诗“第三稿并第四稿上卷”也应是收在《石屏后集》之内的。这对我们了解和考察戴复古诗集各种版本之间的承继和演变关系不无裨益。

值得提出的是，在戴复古生前，除了上述诗卷和选集的编选或出版外，钱塘书商和诗人陈起、陈续芸父子经营的“临安府棚北大街睦亲坊陈宅书籍铺”也印行过戴复古的诗词选集：

1.《江湖集·石屏诗》。《江湖集》乃陈起于宝庆初年编刻的第一部南宋江湖诗人的诗歌总集。据方回《瀛奎律髓》和周密《齐东野语》所记，此总集收有刘克庄《南岳稿》和敖陶孙、陈起、曾景建、周文璞、赵师秀等人的作品。由于集中有讥刺当政者史弥远的诗句，陈起和有关作者遭到流放或落职，一时间士大夫作诗也被禁止。这就是历史上有名的“江湖诗祸”。戴复古有《曾景建得罪，道州听读》一诗，对制造诗祸的权贵给予了抨击讽刺，对诗友的被迫害表示了同情和安慰。从诗首联“闻说乌台欲勘诗，此身幸不堕危机”看，戴氏本人尚未因此案而受牵连。但考之《永乐大典》残卷，其中所引的戴复古几首诗，即出于《江湖集》。可见《江湖集》中也收录了戴氏诗选集，而且很可能即是赵汝谠于嘉定年间所编选的《石屏小集》。但由于《石屏小集》和《江湖集》早已失传，已难以比较并证实。

2.《石屏续集》。计 109 首。原版已失，但明末毛晋汲古阁影宋本《南宋六十家小集》和清代顾修读画斋重刻本《南宋群贤小集》均收有此续集。可能这就是袁蒙斋编选而为流放期满返杭重操旧业的陈起略加增补于端平或嘉熙年间、尔后刊行的《石屏续集》。只是由于袁氏所编的《石屏续集》亦早已失传，此事也难以确知了。

3.《中兴群公吟稿戊集·戴复古诗三卷》。《郡斋读书志》卷五赵希弁附志云：“《中兴群公吟稿》四十八卷，右中兴以来一五三人之诗也。”其中戊集四卷，前三卷为戴复古诗，共 131 首。赵希弁《附志》编刻于淳祐九年

(1249),故其所记的《中兴群公吟稿》应在淳祐九年以前为陈起所刻。

4.《石屏长短句》。此系戴复古的词集。计 40 首。约刻印于端平、嘉熙年间。

除了上述已有文字记载的一些戴氏诗集版本外,戴氏生前可能还有别的诗作选集或汇编。他在绍定年间写的《祝二严》一诗(见汲古阁影宋本《南宋六十家小集·石屏续集》卷一和弘治本《石屏诗集》卷一),其结尾曾请友人严粲和严羽替他整理、编辑诗稿:"平生五百篇,无人为之主。……再拜祝二严,为我收拾取。"与此相呼应,严羽在《送戴式之归天台歌》中也谈到戴氏"付我新诗五百首"。此后戴、严二人仍有交往,但编辑诗稿之事却不再提起,也许是袁蒙斋、萧泰来、李贾和姚镛等已分别替戴氏编了续集和诗卷第三稿、第四稿之故。如果著名诗论家严羽另有戴氏诗卷编辑行世,此诗集也许另有一番面目,将为文坛增添一段佳话。

当时还有一些名人如赵德行,尝有请诸公将戴氏诗集进献朝廷之动议(参见弘治本《石屏诗集》卷六《寄赵德行》题注),又有时任淮东制置使、兼知扬州的赵葵"欲刊石屏诗置于扬州郡斋"(参见弘治本石屏诗集卷六《见淮东制帅赵南仲侍郎》一诗)。可惜这些动议和打算似乎并不曾实现,不然,戴氏之诗将会得到更好的保存,并产生更大的影响。不过,即以前面所介绍的戴氏的诸种诗集版本,也可以看出,戴氏一生之创作,不可谓不丰富。只是其诗卷手稿和原版本均已失传;他自淳祐三年(1243)至临终的五六年间新写的作品亦未能在他去世前结集出版,致使一些诗作湮灭无传,给后人探究其诗集版本带来了困难。这不能不说是古典文学史界的一个损失。

二、戴复古身后其诗集的整理和刊行

戴复古去世至今的 750 多年中,其作品代有散佚而又几经整理、编校和抄录、刊行。现对其身后出的一些主要版本按年代先后介绍并考辨如下:

1."二戴诗卷·石屏遗稿"。大约为戴复古侄孙戴昺所编。其中想必收进了戴复古临终前几年所写而未曾编入《石屏后集》的许多诗。刘克庄为此诗卷写的《跋二戴诗卷》云:"式之名为大诗人,然平生不得一字力,皇皇然行路万里,悲欢感触一发于诗。其侄孙颐橐其遗稿示余……颐诗亦有石屏风骨,诸公多称之。昔《礼记》有二戴,余谓诗亦有之,敬尊石屏曰大戴,颐曰小戴。"(见四部丛刊本《后村大全集》卷一〇九)查戴复古侄孙辈,未见有"戴颐"之名者。刘氏跋文中的"颐"字,应是"昺"字之误。戴昺,字景明,号东野,南宋诗人。在戴氏家族中,诗名仅次于石屏。著有《东野农歌集》。惜乎刘氏作跋的"二戴诗卷"久已无传,无法坐实"颐"字之误。

2.《两宋名贤小集·石屏续集》。《两宋名贤小集》收录北宋、南宋诗人二百家。旧题宋陈思编,元陈世隆补。戴复古《石屏续集》四卷亦被编入其中(当是据宋刊本《南宋六十家小集·石屏续集》载入)。有《四库全书》本。

3.元刊本"石屏先生诗集"(或名"石屏集")。戴子英(戴复古裔孙)校刊,元至正十八年(1358)贡师泰为之作《重刊石屏先生诗序》。元刊本今已佚,故其正式的书名亦不甚明确。考明代初期大型类书《诗渊》,其中录有大量戴氏诗。诗后大部分注有"宋戴复古《石屏集》"这一出处。而宋代戴氏各种诗集尚未发现正式用"石屏集"命名的。也许是戴氏于绍定端平年间将《石屏续集》附于《石屏小集》之后合集付梓时用了《石屏集》这一书名,否则即是戴氏《石屏后集》又名《石屏集》(参见弘治本《石屏诗集》卷六《谢吴秘丞作石屏后集序》诗题),或者是戴氏辞世后由戴氏后人将其《小集》《续集》和《后集》等诗集总编为《石屏集》。不然,就是元刊本取了《石屏集》的书名,且成为《诗渊》选录戴氏诗的依据。

4.《戴石屏诗》(一部二册,阙)。见明杨士奇等编的《文渊阁书目》卷十。

5.《戴石屏诗》(三册)。见明叶盛编《绿竹堂书目》。上述两部《戴石屏诗》均已失传。它们是宋刊本、元刊本还是明初的抄刻本,其编者是谁,篇目有哪些,现已不得而知。

6.明弘治本《石屏诗集》。明庐州府同知马金和戴氏十世孙戴镛编校,庐州太守宋鉴刊刻。有谢铎弘治十年(1497)序和马金、戴镛的题跋。全书共10卷,前7卷为戴氏之诗,第8卷系戴氏之词,9、10两卷为附录,收有戴氏宗族后裔之诗。书首载有《东皋子诗》10首。其后是元代贡师泰序和宋代赵汝腾、吴子良、楼钥、包恢、赵以夫、赵汝谈、真德秀、王埜、倪祖义、赵蕃、姚镛、李贾、巩丰和杨汝明诸家的序跋、品题以及戴复古的自识。可以说,弘治本《石屏诗集》是明代迄至近代收录戴氏诗作最多的版本。弘治本以后出现的各种版本的石屏诗集大都是此本的手抄本或影印、翻刻和节录本。

这里有一个问题值得探究:弘治本的来源是什么?有论者认为它所据的是元刊本,或大部分从元刊本出,只是对其篇幅有不少删落。理由是:其一,它将元贡师泰之序置于戴复古生前诸种宋刻本序跋之前;其二,明初类书《诗渊》收录"宋戴复古《石屏集》"多首作品,其中有部分诗词为弘治本所未见,论者以为其中不少诗被弘治本删去。笔者以为，这一看法作为一种推测是可以的；断然认定，则不免有点绝对，因为毕竟证据不足。从弘治本中马金、戴镛的题跋，我们可以清楚地了解到：此书的来源，除了马金之父于成化中（1465—1487）官翰林院时所得的石屏诗写本外，主要是戴镛家藏的旧刻本和抄本。其中有重录的《石屏小集》并《石屏续集》一帙，旧刻《石屏后集》第四稿下卷并第五稿上下二卷，以及从藏书家那儿取得的律诗数十篇。戴镛的跋文中还说，以上这些材料，"成化己亥，悉付侄进士豪携至京，求完本。豪复取《南塘遗翰》所载东野诸先世古律绝诗若干篇附《石屏集》后，将刻以传。继而豪奉命参广东政，未几卒于官，而是志竟弗果矣"。显然，这里说的《石屏集》乃是上文提及的《石屏小集》《石屏续集》和《石屏后集》的总称；而弘治本正是以集《小集》《续集》和《后集》等戴氏生前所刊诗选于一体的《石屏集》为基础，加上戴氏族孙戴东野诸人的诗而编成的。此《石屏集》是宋刊本还是元刊本，戴镛跋文中只字未提，很难认定。但有一点可以明确，至明天顺、成化年间，其家藏本已散佚。马金、戴镛编弘治本所依据的《石屏集》已非完本，而且看来他们也无法看到尚未付梓的类书《诗渊》的稿本。所以说弘治本对元刊本"作了不少删落"就不免出于臆测。从马、戴二人的跋文看，他们原是很希望能得到《石屏集》完本，以更多地保存戴氏之诗的。元刊本贡师泰序中说石屏诗"传世已久，而又有八君子为之论著"，当可推知元刊本收录了宋代八位学者、时贤为石屏诗的序跋；而弘治本所收的宋人序跋，其作者达十四人之多。所以说，我们认为弘治本以残缺了的《石屏集》为依据是对的。但若认定此《石屏集》就是元刊本，弘治本即从元刊本出，并对它作了不少删落，不免有点主观臆断。在没有充分的证据之前，对此还是从实际出发存疑为好。

7.《石屏诗集》十卷。明淡生堂抄本。系从弘治本出。据李盛铎《木樨轩藏书题记及书录》（北京大学出版社 1985 年版）中记载，此抄本为蓝格抄本，板心有"淡生堂抄本"五字，有"淡生堂经籍印"朱文长方印，"旷翁手识""山阴祁氏藏书之章"两白文方印，"子孙世珍"朱文方印。并说书前有"赵汝腾、楼钥二序，包恢、赵以夫、真德秀、倪祖义、姚镛诸题并复古自识"。与弘治本相比，似缺吴子良、杨汝明、王埜、李贾、巩丰、赵汝谈和赵蕃诸人的序跋题品，不知是抄本中原缺这些序跋还是李盛铎题记略而不提。此抄本现存北京大学图书馆。惜不曾一见。

8.《石屏诗集》八卷本。系明代山阴祁氏抄本（见《淡生堂书目》）。亦从弘治本出，保存前八卷，删去九、十两卷而成。

9.《石屏诗集》六卷本。系明潘是仁编的《宋元名家诗集》中的一种(见《淡生堂书目》),篇目与弘治本前七卷基本相同,只是将弘治本第四、五卷合成一卷为第四卷,将弘治本第六、七卷依次提前作为第五、六卷,而删去第八卷石屏词和第九、十卷戴东野等人的诗。此六卷本有浙江鲍士泰家藏抄本。

10.《四库全书》本《石屏集》六卷。据鲍士泰家藏抄本收录,与明末潘是仁编录的《石屏诗集》六卷本乃同一系统,均已删去弘治本中的第八卷石屏词和第九、十卷戴东野诸人之诗。

11.《宋诗钞·石屏诗钞》。清吴之振等选,管庭芬等补录。据弘治本《石屏诗集》前七卷,依次选录戴复古诗 519 首;后又从弘治本补抄 14 首,从《南宋群贤小集·石屏续集》等版本中选录 2 首,合计 535 首。《宋诗钞》现有中华书局铅字排印本。

12."台州丛书"甲集本《石屏集》十卷。系清代嘉庆二十二年(1817)临海宋世荦据长塘鲍氏所抄的弘治本《石屏诗集》刊刻。有宋世荦的重刊序,由于鲍氏抄本多有泐文,故此重刊本亦有多处缺漏。虽从弘治本出,但比起弘治本,还是有所残缺。

13.《四部丛刊续编·石屏诗集》十卷本。系商务印书馆 1934 年据上海涵芬楼影印的常熟瞿氏铁琴铜剑楼藏明弘治刊本影印。1985 年上海书店又据商务印书馆 1934 年版重印。这是现在比较常见的本子。

14.《戴复古诗集》点校本。由金芝山点校,浙江古籍出版社 1992 年 8 月出版。此书以弘治本为底本。参校的有《景印文渊阁四库全书》本、"台州丛书"甲集本以及其他几种收有戴氏诗词的宋诗总集或丛刊本。目录前载有点校者写的前言,书后抄补了为弘治本漏收的戴氏若干诗词作品;对弘治本前的众家序跋题识次序作了某些调整,增入了《台州府志》中的戴氏传记和书考以及后人对戴氏诗词的题咏和品评。应该说,这是迄今为止所见到的戴复古诗集各种版本中最新也是最完整的一个本子,它为广大读者阅读和研究戴氏作品提供了很大的方便。当然此点校本亦有某些疏漏失误之处。对此,笔者已另有专文予以勘误补正,兹不赘述。

关于戴复古的词集,唐圭璋先生编的《全宋词·石屏词》收录最为完整,总计 45 首半(其中《沁园春·送姚雪篷至贬所》一词仅存半首)。浙江古籍出版社《戴复古诗集》点校本卷八合计收 43 首,略少于《全宋词》所录。

本文始刊于《温州师范学院学报》1994 年第 2 期

关于弘治本《石屏诗集》及其点校本的几个问题

浙江籍的南宋江湖派诗人戴复古(字式之,号石屏),生前曾有《石屏小集》《石屏续集》和《石屏后集》等多部诗集问世。但岁久散佚,至明代天顺(1457—1465)初,其裔孙的家藏本亦已残缺。明弘治年间(1488—1505),庐州府同知马金据其父所得石屏诗写本与戴氏裔孙戴镛等搜集的家藏本亲加校雠,并重新编次。经过四年时间,终于编成《石屏诗集》十卷本,并由庐州太守宋鉴刻而传之。这是明代以来保存戴氏诗作较多的刊本,简称弘治本。此后出现的诸种戴氏诗的版本,基本上都是从弘治本出,而罕有超过者。1992 年 8 月,浙江古籍出版社出版金芝山点校的《戴复古诗集》(以下简称点校本),也是以弘治本为底本的。不同的是点校本除了对弘治本作了点校外,还在书后抄补了弘治本未收的戴氏 31 首诗词(其中诗 15 首,词 16 首),并增入了关于戴诗的几篇题跋、题咏和品评,从而成了迄今收录戴氏诗篇最多而且最新的版本。可以说,在戴氏众多的诗集版本中,弘治本及其点校本是两个最重要的版本,其编校者费时最多,用力最勤,对他们的贡献应该予以充分的肯定。

但是,由于编校者的疏忽和某些客观条件的限制,戴氏诗集的这两个版本,不同程度地存在着篇目编排欠当、文字讹误失校、诗作收录不全等问题。现就这些问题分述如下,并着重对这两个版本中的文字和常识性失误提出校勘和补正。

一、篇目次序编排欠当

编选诗集,其篇目编排,通常有按诗体或题材内容分类,也有按创作时间先后编排的。弘治本按诗体的不同,先近古体,次五、七律,再绝句和词等分卷编排。这原无不可。问题是同一卷的诗作,其次序安排却有点杂乱而无规律可循。它既不按五七言区别分类,又不按创作时间先后或题材内容不同而分类。例如第一卷近古体,其中五古与七古的诗时有相间,中年之作与晚年之作也常常夹杂;从内容上看,也是一忽儿送行,一忽儿怀古、感寓,仿佛是编者信手随意地编排似的,实在不利于读者对诗人思想变化轨迹、创作特色和创作发展道路的整体把握。

另外，弘治本中的序跋有元、明时期写的，更多的是宋人写于南宋嘉定、宝庆、绍定、端平和淳祐年间的。其中宋人的十几篇序跋，显然并不按写作时间的先后排列，也没有与诗人生前所陆续编刊的诗集对应排列，以致读者往往分不清某几篇序跋究竟是为诗人哪一部选集写的。

由于点校本是以弘治本为底本，各卷篇目编排一如其旧，故也就因袭了弘治本在这方面的缺憾。虽然点校本将弘治本目录前面各篇序跋移到了诗卷之后的"附录二"内，次序也作了某些调整，把元代贡师泰序和明代谢铎序置于宋人各家序跋之后，把《归田诗话》和《松石轩诗评》中的两则诗评移至后面，并分别加上作者姓名及其朝代，但对宋人各家序跋的次序排列并未按时间先后或序跋的性质、名目作相应的变动。

二、多处文字或常识性失误

试先以弘治本《石屏诗集》(以下一般情况下简称"底本")中的失误而又未被点校本校正者为例：

(1)诗集首页贡师泰序曰"先生之诸孙文瑣"，而在诗集卷十中，"文瑣"被误作"文聩"。

(2)诗集中的谢铎序曰："石屏之诗当宋绍定中楼攻媿钥、吴荆溪子良诸公尝序之以行于世矣。"其实楼序写于宋嘉定三年(1210)，而吴序写于淳祐三年(1243)，均非"宋绍定中"所作。

(3)诗集目录前对各诗体篇数的统计如下："近古体九十□首，五言律四百十□首，七言律二百十□首，绝句一百三十□首，词二十五首，共八百九十□言。"(原版如此。其中"□"乃为黑笔涂抹)按：此统计有误。经核算，弘治本前八卷有近古体 98 首，五言律 448 首，七言律 219 首，绝句 129 首，词 25 首，总数为 919 首。

(4)卷一《刘折父为吴子才索赋云山燕居》，诗题中"刘折父"乃"刘圻父"之误。刘圻父一作"刘圻甫"，与吴子才均为邵武人。戴复古曾写有《昭武刘圻甫以〈嵊篁隐居图〉求诗》(按："昭武"乃"邵武"之别称)。

(5)卷五杜范《跋戴神童文稿》最后署作跋时间为"宝祐三年乙卯春仲"。按：其中"宝……春仲"乃"淳……仲春"之误。因为杜范于淳祐五年(1245)拜相不久即去世，他不可能在去世后的第十年(宝祐三年，即公元 1255 年)

又复活挥笔写跋。

(6)卷六《题方孚若淮南小山》第六句"记成嘉泰八年冬"有误。按:嘉泰为宋宁宗时的一个年号,始于1201年,终于1204年,仅有四年时间。故"嘉泰八年"云云,恐系"嘉定八年"之误。

(7)卷六《裘司直见访留款》诗后有注曰:"仆时寓兴隆东湖。"按:句中"兴隆"当系"隆兴"之误。据宋《方舆胜览》,隆兴即江西之南昌,而诗人写此诗时正寓居在南昌东湖。

(8)卷六有《竹洲诸侄孙小集,永嘉蒋子高有诗,次韵》,此诗题在目录中则简化为《竹洲诸侄小集》。又,诗集卷六有《与侄南隐等赓和》一诗;诗集卷十则有戴竹洲、戴菊轩、戴南隐三人分别写的与此诗相应和的三首《和屏翁韵》。竹洲究竟是戴氏的侄孙还是侄儿?诗集中颇含混不清。考之戴氏家世和《水心文集·竹洲戴君墓志铭》以及新近发现的戴复古所撰《宋故淑妇太孺人毛氏墓志铭》,戴竹洲、戴菊轩、戴南隐三人实是戴复古从侄辈,而非祖孙关系。故诗题中称戴竹洲为侄孙显然有误。

(9)卷六《谢吴秘丞作〈石屏集〉后序》之诗题,在《戴复古诗集》及其所据《四部丛刊续编》本《石屏诗集》的目录中均为《谢吴秘丞序石屏集》,而在《四部丛刊续编》本《石屏诗集》目录前所收的吴秘丞(子良)之序,其标题则是《石屏诗后集序》,前后颇不统一。查卷九有戴东野《〈石屏后集〉锓梓,敬呈屏翁》之诗,从诗题和首句"新刊后稿又千首"中当可肯定,吴子良作序的这部诗集正式书名应为《石屏后集》。

(10)卷七有《赣州上清道院呈赵雪篷》一诗,其中"赵雪篷"应是"姚雪篷"之误。《南宋六十家小集》中此诗即写作"姚雪篷"。按:姚雪篷即姚镛(字希声),曾任赣州守,与戴复古为忘年交,相知颇深,时有诗歌往还。戴复古于绍定年间去赣州拜访姚氏,就住在上清道院。

(11)卷十后马金《书石屏诗集后》的题跋,误将朱熹《答仲至书》中的"黄岩老"当作戴复古,从而得出戴复古与大儒朱熹交往,其赠诗受到朱氏题品赞赏的结论。其实,"黄岩老"乃闽人黄景说,字岩老,号白石,而不是籍隶黄岩的戴复古(对此笔者已有专文考证,兹不赘述)。

底本的上述失误,点校本基本上不曾校正。总的来说,点校本在标点句读方面做得较好(虽然少数诗句和语句也有标点失当的),而校勘工作却疏漏不少,时有该出校而未出校或者取舍不当的情况。

下面即以点校本文字和校勘等方面的一些缺憾和疏漏分类举例说

明之。

1.底本无误,点校本因编校或判断失误而致错。

(1)目录第24页上栏《东湖看花呈宋原父》和卷七第226页第一行诗题中的"宋原父",系"宋愿父"之误。同页另一诗题《到西昌呈宋愿父伯仲、黄子鲁诸丈》即可印证。

(2)卷一第12、13页《章泉二老歌》最后一句"天已遐龄五百年"中的"已"字,底本和《宋诗钞》本均为"与"字。据文义,似亦以"与"字为胜,点校本改为"已",反为不美。

(3)卷四第100页《吾乡陈万卿儒者能医……著〈本草折可传衷〉》,此诗题最后七字底本作"著《本草折衷》可传"。

(4)卷六第157页《访赵东野》第二句"花满溪堂竹满坡",点校本出校曰:"'坡',台本(按:指《台州丛书》本,下同)作'家'。"按:底本"坡"原无错,而台本写作"家"倒不通了,不但不协韵,而且也不合情理,因为大批竹子不可能生长在家里。

(5)卷六第174页《都下书怀》"明知弄巧方成拙"一句,"方",底本为"翻",并无不通之处,点校本改为"方"字,倒真有点"弄巧成拙"了。

(6)卷六第203页《湘中》"旗亭少饮村醪薄"句,点校本出校曰:"'村',台本作'春';'薄'作'酒'。"按:台本此异文用在诗中颇勉强,且"春醪酒"与下句"晚稻香"也不相连接和对仗,还不如底本显得自然恰切。

(7)卷八第233页《木兰花慢》首句"流莺啼,啼不尽",点校本校记曰:"'流',原缺,据阁本(按:指《景印文渊阁四库全书》本,下同)补。"按:对照《木兰花慢》词谱,其首句乃五字,非六字。底本即为五字("莺啼啼不尽"),正与词谱相符,明刊本《诗渊》《石屏词》等开头也是这五个字。而阁本为六字("流莺啼,啼不尽"),倒是离谱变调了。作为异文出校尚可,而径自将底本原词首句加上"流"字,不免武断。

(8)卷八第237页《清平乐》结句"狂夫到老尤狂","尤",底本为"犹",点校本径改为"尤",反不若底本妥帖。

(9)附录一第250页《东皋子诗》,底本题下署有作者"黄岩戴敏敏才"六字,点校本删去了,不妥。

(10)附录一第270页《次韵屏翁〈壬寅九日再题小楼〉》末句"老气横吞少年场",底本此句后三字为"年少场",合乎诗平仄,于意亦无不当,点校本径改为"少年场"就不合诗律了。

(11)附录一第 276 页《梳头自叹》“黾灵徒取焦”句，“黾”，底本为“龟”字，点校本擅改之，大误。

(12)附录二第 324 页宋楼钥序第 7 行“夫诗能穷人哉？谓惟穷然后工”，此句语意文法均不通。“哉”，底本为“或”。由于点校本误将“或”字看成“哉”字，以致曲解了文意，标点也用错了。按底本原文应是：“夫诗能穷人。或谓惟穷然后工。”

(13)附录二第 332 页明马金《书石屏诗集后》“犹未获其全集”句，底本为“犹未获见其全集”，点校本漏一“见”字。

(14)附录二“题咏”部分第 337 页最后一行赵希迈诗第二句“扁月棹舟过湖城”，底本为“扁舟棹月过湖城”。点校本把“舟”“月”二字对调了位置，不但不合诗律，于义亦有不通之处。

点校本中还有其他一些文字错讹，如“宴”误作“寔”，“获”误作“获”，“求”误作“术”，“真意”误作“直意”，“高菊硐”误作“高菊涧”，“七言律”误作“五言律”，“比肩接踵”误作“比肩接迹”等。这些虽是小疵，但毕竟有损书之严谨，似亦有勘误之必要。

2.校勘中存在着应出校而未出校的情况。

(1)卷一第 20 页《感寓四首》第一首“系谁主权衡”中的“系”，底本和《宋诗钞》均为“繄”字。“繄”有“惟”和“是”之义，与“系”的繁体字“繫”形近。不知点校者是误“繄”为“繫”，还是另有所本？

(2)卷一第 27 页《题曾无疑〈飞龙饮秣图〉》第二句“一骑欲水一骑刍”，诗后校记曰“‘饮水’，台本作‘欲来’；‘刍’，作‘趋’”。此校记中的“饮水”系“欲水”之误。“欲水”，《宋诗钞》本倒是写作“饮水”。点校本仅据台本出校而不及《宋诗钞》本，是个缺憾。

(3)卷二第 64 页《题侄孙岂潜〈家山平远图〉》，底本和《宋诗钞》均为《题侄孙岂潜家〈平远图〉》，无“山”字。卷九戴东野诗《岂潜弟〈平远图〉》，亦同。点校本未出校而径自加上“山”字，欠妥。

(4)卷三第 87 页《怀江村何宏甫自赣上寄林檎》。按：林檎，植物名，即“花红”，亦名“沙果”(见《辞海》合订本，上海辞书出版社 1979 年版，第 1272 页)。据此可知诗中末句“有便寄来禽”的“来禽”应系“林檎”之误。

(5)卷三第 89 页《谢萧和伯见访》尾联“野客无边幅，相看话此心”，《诗渊》为“兄弟皆佳士，令人起敬心”。

(6)卷三第 91 页《所闻二首》第一首第四句“□□望何轻”，所缺二字，

《宋诗钞》本写作“宰相”，可据此出校并补正。

(7)卷四第115页《谢王使君送旅费》末句“时送卖诗钱”之“卖”，《诗渊》作“买”，似更恰切。

(8)卷四第124页《侄孙亦龙作亭于小山之上，余以“野亭”名之，得诗五首》，其中第二首“蔡外有馀地”句中“蔡”字，《宋诗钞》本为“舍”字。

(9)卷四第130页《访古田刘无竞》有句“俱在水心知”。“在”，底本缺，点校本据阁本补。而《宋诗钞》本写作“受”，似比“在”字更胜。

(10)卷五第139页《樱桃》第五句“猩肉和琼液”，“肉”，《诗渊》《后村千家诗》均作“血”字。

(11)卷五第142页《梅花》第四句，底本和点校本均付阙如，参校《诗渊》，可知此句为“溪面印水姿”五字。应出校并予补缺。

(12)卷六第155页《庐山十首取其中四》第二首末句“桂花香里酒瓶干”之“里”字，《诗渊》为“处”字。又第三句“松摇半夜风声壮”，此“半夜”二字以及该诗尾联二句，《(正德)南康府志》卷十分别为“夜半”二字和“当年罗汉寻归赵，谁道天台是故乡”二句，两者文字差别颇大，但均可通，应予校补。

(13)卷六第208页《李深道得苏养直所为“深”字韵一首……》其尾联“试向愁烟推白鸟，无情白鸟又何知”，颇令人费解。据《诗渊》，此联上句第二字乃“问”字，联系底本和点校本此诗题后的小字所注“唐人诗云：‘欲向愁烟问故宫，又恐愁烟推白鸟’”，可知底本和点校本此诗第七句中的“试向”实乃“试问”之误。此诗末句，《诗渊》写作“问风问月定须知”，似亦比点校本末句高出一筹。

(14)卷外第242页《溪上》第三句“夹岸人家□□圃”中有二字阙如，考《诗渊》所收此诗，此二字为“小园”。宜出校。

(15)卷外第243页《满江红·赤壁怀古》“胜读四书言语”句，“四书”，《南宋六十家小集》作“史书”，《石屏词》作“诗书”。

另外还有一些该出校而未校的例子，篇幅所限，这里就不再一一列举了。

3.对底本中某些繁体字和通假字的处理不够统一和规范。

古籍整理、点校和出版，常常要碰到如何对待古籍的通假字、古今字、异体字和某些特殊繁体字的问题。对此，国务院批准公布的《简化字总表》以及国家语言文字委员会有过明确的规定。应该说，作为“两浙作家文丛”之一种的《戴复古诗集》(简化字排印本)，即弘治本《石屏诗集》点校本，大体上是按照这些规定处理的。但也有一些字处理、使用得不够统一和规范。例如：

(1)“余”和“馀”。《简化字总表》已把“馀”简化为“余”，同时又附注指出：“在余和馀意义可能混淆时，仍用馀。如文言句‘馀年无多’。”对底本中的许多“馀”字，点校本有的已改用简化字“余”，有不少仍用“馀”字，其中有些“馀”字本来改用简化字“余”后并不会与文言中作为第一人称代词的“余”相混淆，点校本却依然用“馀”字。如卷一第 30 页“饘粥有馀炊饼饵”，卷六第 183 页“客有行厨用有馀”，第 184 页“怀古尚馀乔木在”，第 188 页“分得馀波到石屏”，卷八第 238 页“且喜有盈馀”等等，其中的“馀”均不曾简化，这就不合规范了。

(2)“幹”和“干”。据《简化字总表》，“幹”已简化为“干”，而在点校本中，却多处出现“幹”“干”混用的情况。如目录第 18 页《罗汉寺省王总干墓》中的“王总干”，目录第 17 页《兴国军晚春简吴提干》的“吴提干”，在卷三第 75 页、卷六第 169 页两诗题中分别成了“王总幹”“吴提幹”。根据《简化字总表》，这些“幹”字均应改用简化字“干”才是。

(3)“原”与“元”。底本中，有不少“元”字乃是“原”字的通假字，作“原来”解。对通假字，即使是采用简化字排印的新版古籍整理著作，也一般予以保留而不改用本字，使读者了解文字通假变化之状况。中学语文课本的古文篇目即是这样处理的。点校本确也在底本某些诗句中保留了“原”的通假字“元”，如卷八第 235 页“元自有不相忘处”，附录一第 259 页“安居元自好”，第 268 页“天意乘除元自定”，第 282 页“性情元自无今古”等；但是在另一些诗句中，点校本却又把底本“原”的通假字“元”改为其本字了。如卷八第 234 页“贾岛形模原自瘦”，附录一第 280 页“鼠璞原非玉”等。

另外，点校本对于“正”与“政”、“值”与“直”、“着”与“着”、“暮”与“莫”、“旁”与“傍”、“纵”与“从”等几对本字与通假字的处理也有点混乱：底本原是通假字，点校本有时径改为本字，有时则不改；底本原用本字而点校本有时却反而改为通假字。总之颇不规范，令读者无所适从。这类例子不少，限于篇幅，就不一一列举了。

4.某些诗题、诗句或文句的标点欠妥。

(1)卷一第 2 页《白苎歌》诗后原注，点校本标点为“南塘‘称其识精到’”，非是。应将单引号去掉，或者标点为“南塘称‘其识精到’”。

(2)卷一第 6、7 页《大热五首》最后一首有“思鼓南风琴”一句，其中“南风”二字应加书名号。按：《南风》，据传为舜时的乐曲。《史记·乐书》：“昔者舜作五弦之琴，以歌《南风》。”集解引王肃曰：“《南风》，育养民之诗也。”

(3)卷三第49页《邵阳赵节斋、史君同、黄季玉以“合江亭”三字分韵》，此诗题中的三个顿号均应删去。按：赵节斋即赵汝愚之子赵崇度，曾任湖南邵阳知府。“史君”，通常写作“使君”，自汉代以来即通称州、府的长官为“使君”或“史君”，此诗题中的“赵节斋史君”这五个字本应连读，其后“同”字乃是连词，诗题的意思是“赵节斋和黄季玉与诗人(即戴复古)各以“合江亭”中的一个字为韵写诗”。诗人分到的是“亭”字，此诗以“亭”字为韵即可证明。

(4)卷六第184页《慈云避暑》“五弦思舜奏南薰”句中，《南薰》为舜时的乐曲名，应补加上书名号。

(5)附录二第331页明谢铎《重刊石屏诗序》中“实亦有见乎？天之意”之句，标点显然有误，不符合原文之意，应将句中的问号删去。

(6)附录二第332页明马金《书石屏诗集后》：“‘……冠以诚斋之诗黄’。岩老，盖指翁也。”此句句读及标点皆有误，应改为：“‘……冠以诚斋之诗’。黄岩老，盖指翁也。”

(7)附录二第335页清吴之振等编选的《宋诗钞·石屏诗钞序》中有“乃言曾娶妇，翁怒”之句，标点不妥，应改为“乃言曾娶，妇翁怒”。

此外，书中还有一些逗号、顿号、句号、问号等标点符号误用或遗漏的情况，兹不赘举。

三、对戴氏诗作收录、补抄不全

戴氏生前写诗两千多首，而明弘治年间马金重编的《石屏诗集》仅收录戴氏诗词共919首。这固然是因为宋元刊本散佚残缺较多，同时与编者未能(或难以)广泛搜求戴氏遗诗有关。南宋陈景沂《全芳备祖》收入的几首戴氏诗和明初的大型类书《诗渊》中选载的许多戴氏诗，就为弘治本所漏收。点校本虽然抄补了未被弘治本收入的十五首戴氏诗，但依然有不少诗未补入，不免令人感到美中不足。近年来笔者从《诗渊》《全芳备祖》《后村千家诗》等书和一些古代地方志上辑得点校本未曾收入的戴氏诗逾40首。其中有的诗颇具历史和文学价值，例如七绝《泉、广载铜钱入外国》《溪上》，古体《题何季皋南村山人隐居》《邹震父梅屋》，七律《蚕妇》和五律《别严沧浪》等。

另外，弘治本和点校本保存了宋元刊本原有的序跋、题咏并先后增入明代以来的一些学者、文人关于戴氏诗的题跋、评论，这对我们深入准确理解戴氏及其作品有着重要的意义。可是，作为力图完整收录戴氏作品及其有关研究资料的诗集来说，在收录和补抄宋代以来诸家关于戴氏诗集的题跋、题咏和评论等方面，同样存在着某些不足。例如刘克庄《跋二戴诗选》(见《后村大全集》卷一九九)，高斯得《东皋子诗题跋》(见《台州府志》卷七五)，严羽《送戴式之归天台歌》(见严羽《沧浪集》)，周弼《戴式之垂访村居》(见《南宋六十家小集·汶阳端平诗隽》)以及邹震甫、严粲、包恢、高斯得、乐雷发和宋自逊等人寄赠戴氏的诗词和武衍的悼亡诗等研究戴氏的重要史料和作品，点校本均未补收，殊为遗憾。

点校本“前言”曰：“在校勘中，底本与校本有歧义，如俱可通，则于校记中注明；底本有残缺或讹误，则据诸本补正；明显误字则径改。”但从上面所列举的一些问题看，“前言”所提出的校勘原则在实际操作时并未很好地贯彻。究其原因，恐怕与参校的版本资料不够广泛以及点校者的疏失或认识的某些偏差不无关系。众所周知，整理古籍，校勘是一项十分重要的工作。因为它是理解和解释文本的基础，要对文本尽可能地还原。一字之异，有时可能使理解相去千里。它不仅需要逐字校对比勘的耐心和细心，还要有选择取舍的识力，以及对其判断、取舍的令人信服的说明。而其前提，是点校者尽可能多地掌握可供参校的版本资料，尤其是那些时代较早的版本、差错较少的善本以及有关的史书、类书、诗话等。像明代前期的大型类书《诗渊》(收有戴复古诗一百多首)，据传为南宋刘克庄编选、清代曹寅翻刻的《后村千家诗》(收有戴复古诗五十多首)，还有与戴复古同一时代又同乡的陈景沂所编的类书《全芳备祖》等等，就是点校、抄补弘治本《石屏诗集》的重要资料。可惜它们未能进入点校者的视野之内，这也就不免给点校本带来了先天之不足。

本文始刊于《浙江学刊》1995年第5期

戴复古佚诗辑录

戴复古(1168—约 1248),字式之,号石屏,南宋时黄岩县人(其家乡南塘今属浙江省温岭市)。宋代江湖诗派的代表作家之一,生前作诗二千首左右,先后有《石屏小集》《石屏续集》和《石屏后集》等问世,但其诗至元代已有散佚。明代弘治年间(1488—1505),庐州府同知马金与戴复古裔孙戴镛据家藏本和手抄本,亲加校雠,新编了一部《石屏诗集》,收有戴复古诗 894 首,词 25 首。这是现存戴氏诗集的一个重要版本。此外,较为重要的还有编入《南宋群贤六十家小集》的《石屏续集》(汲古阁影宋抄本)和浙江古籍出版社于 1992 年出版的以弘治本为底本的《戴复古诗集》点校本,除去重出的,这三个版本合计收录了戴氏诗歌 909 首,词作 41 首。这与戴氏生前所写的诗词数目仍然相距甚远。有鉴于此,笔者从南宋和明清时期的一些类书、诗集(如《诗渊》《全芳备祖》和《后村千家诗》)以及地方志中,辑得未被弘治本《石屏诗集》、汲古阁影宋抄本《石屏续集》和浙江古籍出版社 1992 年版《戴复古诗集》点校本收入的戴氏佚诗 35 首、词 3 首(内一首残缺),现公诸同好,希望能有助于戴氏诗作的整理和研究,有助于南宋江湖诗派的研究。①

古体

题何季皋南村山人隐居

山人昔从慈湖游,平生所学知源流。山人之庐虽不广,三间可作万间想。西山作记东山序,更有鹤山题扁榜。名章妙画,金石班班。山人之重,一湖三山。非隐非吏,居乎南村。书画满室,花竹盈门。方巾大袖,头角嶙峋。议论风生,文质彬彬。身混于俗,不同其尘。调度如此,乃称山人。吾所不解,恐非其真。相顾一笑,青山白云。

---

① 本文原载于《浙江师大学报》(社会科学版)1997 年第 5 期,原文中的错讹承蒙北京大学中文系王岚教授在其《〈诗渊〉所收戴复古集外诗》一文(见《古籍整理研究学刊》2004 年第 1 期)中予以纠正,在此谨向王岚教授致谢。

邹震父梅屋

邹郎爱梅结梅屋，一区掩映湄湘曲。风月门庭云雾窗，眼前处处皆冰玉。花之白者凡几种，酴醾窈窕琼花俗。唯梅韵胜格更高，傲雪凌霜天下独。邹郎家与梅共居，羡尔幽栖有清福。白玉为堂不可住，黄金作坞祸相逐。何如梅屋之下无荣亦无辱。东山老仙心似铁，为君作记妙铺说，一读使人三击节。我疑此君胸中自有千树梅，不假造化花长开。有时化作文章吐出乎笔下，不然安得言言句句能潇洒，梅屋得之亦增价。

——以上录自《诗渊》

五律

纪游

巨灵擘山腹，岩壁倚虚空。环列万丈高，六月生寒风。客来访古迹，中有灵泉宫。金精飞上天，此女其犹龙。

——录自《赣州府志·艺文》

赵寿卿西屿山亭

景物从人赏，登临着句难。海山供远眺，岩石耸奇观。两寺钟声合，一亭松影寒。徘徊恋清景，欲去更凭栏。

南康曹侍郎湖庄

卜筑三湖上，考槃吟涧阿。人贤增地胜，花少种松多。庐阜横千叠，星江共一波。白云来往处，想象见鸣珂。

南剑溪上

长舟不用舵，江上木为篙。溪路湾环转，滩声日夜号。居人不觉险，行客始知劳。四望无平地，山田级级高。

岳市胜业寺禹柏

三千年老柏，怪怪复奇奇。剖彼一枯腹，离为九折枝。蟠根半生死，阅世几兴衰。神禹所栽植，山灵常护持。

寄蕲州郡斋邵长源

暂借官船泊，买鱼开酒缸。寒灯明板屋，疏雨洒篷窗。天地老行客，古今流大江。无穷磨有尽，白首壮心降。

——以上录自《诗渊》

雪后暖

先腊梅花谢，不冰溪水流。早尝春菜饼，暖卸木终裘。去岁三冬雪，今年百谷秋。此冬无此瑞，又为老农忧。

——录自《后村千家诗》

别严沧浪

三生汉严助，笔阵抵千兵。雅志从南隐，吟诗到北征。结交疑泛爱，惜别见真情。来岁春花发，相期在上京。

——录自《南宋群贤小集·中兴群公吟稿戊集》

七律

读邹震父诗集

读邹震父梅屋诗卷，如行春风，巷陌间见时花游女，动人心目处多矣。使其加以苦心进进不已，野夫他日当避三舍。因题五十六字以归之。端平丙申良月望日石屏戴复古书。

邹郎雅意耽诗句，多似参禅有悟无。吟到草堂师杜甫，号为梅屋学林逋。润滋草木山含玉，光动波澜水有珠。学力到时言语别，更从骚雅着工夫。

——录自《南宋六十家小集·梅屋吟》卷后

蚕妇

荷君问讯蚕家事,此是妇人辛苦媒。典尽衣裳酬叶价,忙无心绪向妆台。缫声未断机声续,私债未偿官债催。织未成缣分剪尽,妾身争得一丝来。

——录自《后村千家诗》

寿留守

怡则炎戚到一旬,当年神岳降生申。文章韩柳堪为辈,政事龚黄可比伦。暂屈北门司锁钥,即归西掖掌丝纶。长生自有神仙诀,何必区区颂大椿。

——录自《诗渊》

五绝

萍乡县圃月月红

客鬓年年白,庭花月月红。此花如解笑,应是笑衰翁。

——录自《诗渊》

湖景

亭亭绿荷叶,密密罩清波。为见湖光少,却嫌荷叶多。

——录自《后村千家诗》(又见《永乐大典》卷二二六一引《石屏集》,诗题别为《豫章东湖》)

七绝

泉、广载铜钱入外国

人望南风贾舶归,利通中国海南夷。珠珍犀象来无限,但恐青钱有尽时。

寄福建漕陈鲁叟还朝

威凤南飞已失群，幸成平寇小功勋。难求事事如人意，归傍柯山看白云。

寄贺赵用甫提举

手持龙节出龙冈，回首休思白玉堂。千里人民失父母，几多遗泽在清漳。

寄董叔宏佥判

山园话别又经年，试把封书寄雁边。问讯溪庄松与竹，起居堂上紫荷仙。

道州界上

林峦深秀水潺湲，一路经行溪洞间。拔地数峰如笋立，平生才识道州山。

溪上

小楼潇洒面晴川，袅袅西风扫暮烟。碧水明霞两相照，秋光全在夕阳天。

以状元红、白叠罗各一朵送赵虚庵

状元红最得春多，雪白新开叠叠罗。丈室久无天女至，送将浓艳恼维摩。

送荔枝黄叔粲

莫嫌荔子寄求悭，走送筠笼道路艰。红绿堆盘供大嚼，年年六月忆三山。

送青柑与秋房

百果之中无此香，青青不待满林霜。明年归侍传柑宴，认取仙乡御爱黄。

领客游鹤林寺竹院

竹院虽存竹已荒，数声啼鸟话凄凉。春风马上客重到，前日柳丝今更长。

登鼓山、九仙等诗语四首

飘然意气壮哉诗，笔力能探造化机。写出鼓山山上景，天风浩荡海涛飞。

九仙乌石两争雄，尽在骚人诗句中。惊得白云飞不起，吟声摇撼古松风。

文山风月日湖园，一处请君题一篇。我老不能攀逸驾，三杯以后事高眠。

周郎年少更风流，白发逢君老可羞。闻道扁舟有行色，如何不为荔支留。

倅厅书院

去年相识又今年，客里逢君若遇仙。借问青原溪上水，如何流得到樵川。

赠月蓬相士

五湖明月棹孤篷，笑隐搜贤未见功。莫入烟波深处去，英雄多在草庐中。

江村

雨过山村六月凉，田田流水稻花香。松边一石平如榻，坐听风蝉送夕阳。

——以上录自《诗渊》

新岁

新年试笔欲题诗，老去才衰得句迟。春事未容桃李觉，梅花开到北边枝。

画山

几簇云烟几段山，画成烟雨渺茫间。扁舟三两溪桥上，一路更无人往还。

——以上录自《后村千家诗》

海棠

十月园林不雨霜，朝曦赫赫似秋阳。夜来听得游人语，不见梅花见海棠。

——录自《全芳备祖》

词

渔父词

（共四首，一二首已见《石屏诗集》卷一）

其三

渔父醒，荻花洲。三千六百钓鱼钩，从头下复休。

其四

渔父笑，笑何人？古来豪杰尽成尘，江山秋复春。

——录自《锦绣万花谷别集》

沁园春·送姚雪蓬之贬所

（以上原阙）访衡山之顶，雪鸿渺渺；湘江之上，梅竹娟娟。寄语波臣，传言鸥鹭，稳护渠侬书画船。（以下原阙）

——录自《诗人玉屑》卷二一

本文始刊于《浙江师大学报（社会科学版）》1997 年第 5 期，经王岚教授发文指正后，收入本书时有较大改动

戴复古论诗诗、论词词辑编

本辑编所收的戴复古论诗诗、论词词(含以词论诗)两个部分,以论诗诗数量最多。它们大都辑自以《石屏诗集》弘治本为底本、并参校他本点校的《戴复古诗集》(浙江古籍出版社 1992 年版,金芝山校点,以下简称《诗集》),另有一小部分则辑自《诗渊》(书目文献出版社 1984 年版)、《南宋群贤小集》、《南宋六十家小集》、《朱子实纪》等相关文献。

论诗诗,顾名思义,就是以诗歌形式阐述诗学原理,评论诗人及其诗作。自唐代杜甫《戏为六绝句》首创论诗诗这一独特的艺术批评样式之后,继起写作者代不乏人,尤以南宋戴复古、金代元好问、王若虚和清代王士禛、赵翼等诗人的论诗七绝最为知名。而广义的论诗诗,还应包括各类诗篇中含有论诗内容之诗句。戴复古的诗集和集外诗,即含有不少这类评述唐宋诗人及其诗篇的内容。只是除了《论诗十绝》之外,戴氏非七绝诗体的那些广义论诗诗,似乎尚未引起学界的充分关注和研究。这些论诗诗,与通常所称的“诗话”有相通之处,但严格地说,两者体式毕竟不同,前者属于诗歌体式,以诗论诗,后者主要是散文体式,有诗有话,除少数特殊情况,似不宜将前者混同于后者,将前者一概纳入诗话体式之中。现特将戴复古的各体论诗诗(包括某些含有论诗内容之诗句)一并予以辑录。其非七绝体的论诗之诗句,虽间有宽泛、简略或夸张之嫌,但大多评述亦颇中的,具有相当的诗学价值,对于戴氏生平、交游及其作品的整体研究,亦有着重要的意义,值得我们予以应有的重视。

本辑编所谓论词词,乃指以词(诗余)的形式评论诗词作者及其所作的诗词。它与论诗诗性质相似,但宋代撰写论词词者及其作品数量不多,为人们所称道者更少,而戴复古的《望江南》(壶山好)等数首,堪为论词词的上乘之作,值得后人珍视。

至于戴复古诗话,乃戴氏论诗词之短文,主要是关于其个人或他人诗词作品之序跋或题记,亦有其个人论诗词的短文摘编或语录。尽管数量不多,但亦有其诗学价值和史料价值。鉴于体例有别和篇幅有限,拟不附于本文之后,而是另作辑编。希望这两个辑编能有助于读者和学界对戴氏诗学思想和诗词作品以及有关作者作品的探讨研究。

一、论诗诗

求先人墨迹呈表兄黄季文

我翁本诗仙，游戏沧海上。引手掣鲸鲵，失脚堕尘网。身穷道则腴，年高气弥壮。平生无长物，饮尽千斛酿。传家古锦囊，自作金玉想。篇章久零落，人间渺余响。搜求二十年，痛泪湿黄壤。君家图书府，墨色照青嶂。我翁有遗迹，数纸古田样。仿佛钟王体，吟句更豪放。把玩竹林间，寒风凛凄怆。昂昂野鹤姿，愧无中散状。儿孤襁褓中，家风随扫荡。于兹见笔法，可想翁无恙。幽居寂寞乡，风月共来往。众丑成独妍，群喑怪孤唱。一生既蹉跎，人琴遂俱丧。托君名不朽，斯文岂天相？旧作忽新传，识者动慨赏。嗟予忝厥嗣，朝夕愧俯仰。敢坠显扬思，幽光发草莽。假此见诸公，丐铭松柏圹。君其启惠心，慰彼九泉望。

——《诗集》卷一，第1页。

都中书怀呈滕仁伯秘监

北风朝暮寒，园林日萧条。自非松柏姿，何叶不飘摇！儒衣历多难，陋巷困箪瓢。无地可躬耕，无才仕王朝。一饥驱我来，骑驴吟灞桥。通名丞相府，数月不见招。欲登五侯门，非皓齿细腰。索米长安街，满口读《诗》《骚》。时人试静听，霜枝啭寒蜩。倘可悦人耳，安望如《箫韶》。

——《诗集》卷一，第4页。

和山谷上东坡古风二首　见一朝士，今取一篇。

自鬻非奇货，强鸣非好声。法当老山林，松根断一作“斫”茯苓。揭来长安道，霜鬓迫衰龄。穷吟无知音，只觉太瘦生。公诗妙一世，风雅见根蒂。比兴千万篇一作“端”，已作不朽计。穷达虽不同，嗜好乃相似。

——《诗集》卷一，第5页。

题古源棠和尚送青轩

南山色射窗，北山光照户。道人处其中，冰玉为肺腑。兹山自开辟，荒翳几年所。一朝得主人，荆榛化庭宇。手披风月藏，目极烟霞趣。居然获奇观，人境贺相遇。道人诗更高，不作蔬笋语。朝对北山吟，暮对南山赋。闻说玉堂仙，击节赏佳句。

——《诗集》卷一，第6页。

久寓泉南待一故人消息，桂隐诸葛如晦谓客舍不可住，借一园亭安下，即事凡有十首（其二）

寄迹小园中，岂不胜旅舍！俗事无交加，客身自闲暇。邻家有酒沽，杯盘亦可借。吟侣适相过，新诗堪脍炙。足以慰我怀，留连日至夜。

——《诗集》卷一，第7页。

题郑宁夫玉轩诗卷

良玉假雕琢，好诗费吟哦。诗句果如玉，沈谢不足多。玉声贵清越，玉色爱纯粹。作诗亦如之，要在工夫至。辨玉先辨石，论诗先论格。诗家体固多，文章有正脉。细观玉轩吟，一生良苦心。雕琢复雕琢，片玉万黄金。

——《诗集》卷一，第8—9页。

寄郑润甫提干（其一，节录）

吾乡有佳士，官小患才多。文可登词苑，直宜居谏坡。

——《诗集》卷三，第88页。

送吴伯成归建昌二首　此是包宏斋倅台时作，癸卯夏。（其一）

老夫脚病疮，闭门作僧夏。麦面不疗饥，冬衣犹未卸。喜读吴融诗，穷愁退三舍。无因暗投璧，有味倒餐蔗。冥搜琢肺肝，苦吟忘昼夜。工夫到深处，非王亦非霸。

——《诗集》卷一，第10页。

谢东倅包宏父三首 癸卯夏。

其一

诗文虽两途，理义归乎一。风骚凡几变，晚唐诸子出。本朝师古学，六经为世用。诸公相羽翼，文章还正统。晦翁讲道余，高吟复超绝。巽岩许其诗，凤凰飞处别。

其二

君家名父子，为晦翁嫡传。尝见黄勉斋，极口称其贤。师友相琢磨，南轩惜无年。翁之与汝翁，文字相周旋。溟渤深见底，泰华高及天。宏斋有风髓，可续欲断弦。

其三

平生不识字，把笔学吟诗。旧说韦苏州，于余今见之。每遭饥寒厄，出吐辛酸辞。候虫鸣屋壁，风蝉啭枯枝。但有可怜声，入耳终无奇。宏斋误题品，恐贻识者讥。

——《诗集》卷一，第10—11页。

章泉二老歌(节录)

在昔商山传四皓，又闻香山图九老。异乡异姓适同时，争如章泉一家兄弟登耆颐。章泉之上两山下，有地可宫田可稼。伯也早休官，季也相约归林泉。名动京师耕谷口，山中有诗天下传。一生得闲兼得寿，皓首庞眉世稀有。

——《诗集》卷一，第12页。

寄章泉先生赵昌父

灵凤鸣朝阳，神龙不泥蟠。时兮不可为，昌父乃在山。思君二十年，见君良独难。时于邸报上，屡见得祠官。祠官禄不多，一贫其奈何！采芝亦可食，当作采芝歌。近者李侍郎，直言遭逐去。人皆笑其疏，君独有诗句。君为山中人，世事安得闻？入山恐未深，更入几重云。时悦斋李侍郎去国，章泉诗送其行。

——《诗集》卷一，第21页。

栗斋巩仲至，以元结文集为赠

寻常被酒时，归到急投枕。为爱次山文，今夜醉忘寝。伟哉浯溪碑，千载气凛凛。舂陵贼退篇，少陵犹敛衽。文章自一家，其意则古甚。太羹遗五味，纯素薄文锦。聱牙不同俗，斯人异所禀。君君望尧舜，人人欲仓廪。古道不可行，时对窊樽饮。

——《诗集》卷一，第14页。

杜甫祠

呜呼杜少陵，醉卧春江涨。文章万丈光，不随枯骨葬。平生稷契心，致君尧舜上。时兮弗我与，屹然抱微尚。干戈奔走踪，道路饥寒状。草中辨君臣，笔端诛将相。高吟比兴体，力救风雅丧。如史数十篇，才气一何壮！到今五百年，知公尚无恙。麒麟守高阡，貂蝉入画像。一死不几时，声迹两尘莽。何如耒阳江头三尺荒草坟，名如日月光天壤！

——《诗集》卷一，第14页。

琵琶行

浔阳江头秋月明，黄芦叶底秋风声。银龙行酒送归客，丈夫不为儿女情。隔船琵琶自愁思，何预江州司马事？为渠感激作歌行，一写六百六十字。白乐天，白乐天，平生多为达者语，到此胡为不释然？弗堪谪宦一作“官”便归去，庐山政接柴桑路。不寻黄菊伴渊明，忍泣青衫对商妇。

——《诗集》卷一，第15页。

祝二严

仆本山野人，渔樵共居处。小年学父诗，用心亦良苦。搜索空虚腹，缀缉艰辛语。糊口走四方，白头无伴侣。前年得严粲，今年得严羽。我自得二严，牛铎谐钟吕。粲也苦吟身，束之以簪组。遍参百家体，终乃师杜甫。羽也天姿高，不肯事科举。风雅与骚些，历历在肺腑。持论伤太高，与世或龃龉。长歌激古风，自立一门户。二严我所敬，二严亦我与。我老归故山，残年能几许！平生五百篇，无人为之主。零落天地间，未必似尘土。再拜祝二严，为我收拾取。

——《诗集》卷一，第18页。

市舶提举管仲登饮于万贡堂，有诗

七十老翁头雪白，落在江湖卖诗册。平生知己管夷吾，得为万贡堂前客。嘲吟有罪遭天厄，谋归未办资身策。鸡林莫有买诗人，明日烦公问番舶。

——《诗集》卷一，第19页。

别严沧浪

三生汉严助，笔阵抵千兵。雅志从南隐，吟诗到北征。结交疑泛爱，惜别见真情。来岁春花发，相期在上京。

——《南宋群贤小集·中兴群公吟稿戊集》

送吴伯成归建昌二首（其二，节录）

吾友严华谷，实为君里人。多年入诗社，锦囊贮清新。

——《诗集》卷一，第10页。

闻严坦叔入朝，再用前韵（节录）

诗家青眼旧，世路白头新。每诵梅花句，一心思故人。严公有诗云“过却海棠浑未醒，梦中犹自咏梅花”，脍炙人口。

——《诗集》卷四，第118页。

读严粲诗“风撼潇湘覆，江空雪月明”，喜其一联，檃栝为对

笔端有神助，句法自天成。风撼潇湘覆，江空雪月明。苦吟非草草，妙趣若平平。李杜诗坛上，为君题姓名。

——《诗集》卷五，第141页。

寄耒阳令严坦叔

士元堂上坐，千载仰清规。百里宜民政，数篇怀古诗。江连杜甫墓，水落蔡伦池。公暇登临处，宁无忆我时！

——《诗集》卷五，第 147 页。

有感

老子生来世法疏，白头思欲把犁锄。摩挲此腹空无物，侥幸虚名愧有余。憔悴不堪渔父笑，寒温无益贵人书。诗家幸有严华谷，襟谊犹能眷眷予。

——《诗集》卷六，第 203 页。

伏龙山民宋正甫湖山清隐乃唐诗人陈陶故圃，曾景建作记，俾仆赋诗

故人昔住金华峰，面带双溪秋水容。故人今住伏龙山，陈陶故圃茅三间。千载清风徐孺子，门前共此一湖水。百花洲上万垂杨，白鸥群里歌沧浪。故人心事孺子高，故人诗句今陈陶。短衣饭牛不逢尧，何如绣鞍上着宫锦袍？瓦盆对客酌松醪，何如紫霞觞泛碧葡萄？豆萁然火度寒宵，何如玉堂夜照金莲膏？吟成秃笔写芭蕉，何如沉香亭北醉挥毫？再三问君君不对，目送飞鸿楚天外。细读山中《招隐》篇，超然意与烟霞会。照影湖边双鬓皓，此计知之悔不早。三椽可办愿卜邻，荷锸相随种瑶草。

——《诗集》卷一，第 23—24 页。

高九万见示落星长句，赋此答之

天星堕地化为石，老佛占作青莲宫。东来海若献秋水，环以碧波千万重。云根直下数百丈一作“尺”，时吐光焰惊鱼龙。凤凰群飞拥其后，对面庐阜之诸峰。阴晴风雨多态度，日日举目看不同。高髯能诗复能画，自说此景难形容，且好收拾藏胸中。养成笔力可扛鼎，然后一发妙夺造化功一作“工”。高髯高髯须貌取，万物升沉元有数。吾闻此石三千年，复化为星上天去。

——《诗集》卷一，第 24 页。

黄州栖霞楼即景，呈谢深道国正

朝来栏槛倚晴空，暮来烟雨迷飞鸿。白云苍狗易改变，淡妆浓抹难形容。芦洲渺渺去无极，数点断山横远碧。樊山诸峰立一壁，非烟非雾笼秋色。须臾黑云如泼墨，欲雨不雨不可得。须臾云开见落日，忽展一机云锦出。一态未了一态生，愈变愈奇人莫测。使君把酒索我诗，索诗不得呼画师。要知作诗如作画，人力岂能穷造化！

——《诗集》卷一，第 28 页。

衡山何道士有诗声，杨伯子监丞盛称之，以杨所取之诗，求跋其后

道人幽吟岩壑底，伴晓猿啼秋鹤唳。自陶情性乐天真，一心不作求名计。一朝邂逅杨东山，诗声扬扬满世间。东山才与诚斋敌，手腕中有万斛力。为君翻九渊，探君骊龙珠。为君擘沧海，钩上珊瑚枝。丰城地下掘起一作"出"龙泉太阿双宝剑，南山雾里窥见隐豹文章皮。是宝欲藏藏不得，总被东山手拈出。道人从此诗价高，石廪祝融争崒嵂。君不见弥明石鼎联句诗，千载托名韩退之。

——《诗集》卷一，第 29 页。

湘中(节录)

荆楚一都会，潇湘八景图。试呼沙鸟问，曾识古人无？痛哭贾太傅，行吟屈大夫。

——《诗集》卷二，第 36 页。

卢申之正字小酌

清境无尘杂一作"梦馆何潇洒"，羁怀向此开。主人有风度，和我不尘埃。依竹评诗句，拈花泛酒杯。出门见明月，客去又招回。

——《诗集》卷二，第 36 页。

题徐京伯通判《北征诗卷》

一襟忠谊气，数首北征诗。不许公卿见，徒为箧笥奇。衔枚冲雪夜，击楫誓江时。此志无人共，愁吟两鬓丝。

——《诗集》卷二，第37页。

寄栗斋巩仲至

几度观朝报，差除不到君。山林自台阁，文字即功勋。吟苦孟东野，潜深扬子云。一官虽偃蹇，千载有知闻。

——《诗集》卷二，第38页。

寄沈庄可(节录)

无山可种菊，强号菊山人。结得诸公好，吟成五字新。

——《诗集》卷二，第39页。

沈庄可号菊花山人，即其所言

老貌非前日，清吟似旧时。已无藏酒妇，幸有读书儿。连岁修茅屋，三秋绕菊篱。寒儒有奇遇，太守为刊诗。

——《诗集》卷二，第51页。

立春后二首(其一，节录)

爱酒常无伴，吟诗近得师。《离骚》变风雅，当效楚臣为。

——《诗集》卷二，第42页。

按：次句“近得师”之“师”，指当时为戴氏编选《石屏小集》的著名诗人、选家赵汝谠(字蹈中)。

寄韩仲止

何以涧泉号，取其清又清。天游一丘壑，孩视几公卿。杯举即时酒，诗留后世名。黄花秋意足，东望忆渊明。

——《诗集》卷二，第43页。

哭涧泉韩仲止二首

只选后篇，欲记其临终一节，故并录之。

其一

雅志不同俗，休官二十年。隐居溪上宅，清酌涧中泉。慷慨伤时事，凄凉绝笔篇。三篇遗稿在，当并史笔传。闻时事伤心，得疾而死。作《所以桃源人》《所以商山人》《所以鹿门人》三诗，此绝笔之诗也。

其二

忍贫长傲世，风节似君稀。死后女方嫁，峡中儿未归。门人集诗稿，故卒服麻衣。涧上梅花发，吟魂何处飞？

——《诗集》卷四，第106—107页。

哭赵紫芝

呜呼赵紫芝，其命止于斯。东晋时一作"朝"人物，晚唐家数诗。瘦因吟思苦，穷为宦情痴。忆在藏春圃，花边细语时。尝在平江孟侍郎藏春园终日论诗。

——《诗集》卷三，第43页。

拟岘台杜子野主簿寓居(节录)

诗是君家事，长城在五言。

——《诗集》卷三，第45页。

杜子野主簿约客赋一诗为赠，与仆一联云"生就石桥罗汉面，吟成雪屋阆仙诗"

杜陵之后有孙耒，自守诗家法度严。秀骨可仙官况薄，高情追古俗人嫌。起看星斗夜推枕，为爱江山寒卷帘。饱吃梅花吟更好，锦囊虽富不伤廉。

——《诗集》卷三，第160页。

题萍乡何叔万云山诗人姚仲同乃胡仲方诗友(节录)

能诗老姚合，朝夕共吟哦。

——《诗集》卷二，第46页。

建昌道上此篇误写在高九集中

凛凛北风劲，行行西路赊。人情甘淡薄，世事苦参差。酒易逢知己，诗难遇作家。林间数点雪，错认是梅花。

——《诗集》卷二，第46页。

杜仲高自鄂渚下仪真(节录)

兄弟皆名士，文章动上台。倾城倾国色，也用觅良媒。

——《诗集》卷二，第47页。

题永州思范堂

太守能延客，兹堂为我开。清池照窗户，列嶂带楼台。剔藓观题字，披榛欲访梅。城根数一作"几"株石，曾识范公来。

——《诗集》卷二，第48页。

见湖南绣使陈益甫大著

其一

手揽澄清辔，声名汉范滂。一台振风采，列郡正权纲。衡岳势增重，文星日有光。金门虽藐藐，玉节自堂堂。

其三

敢写散人号，来登君子堂。论文才力短，忧世话头长。老不堪行路，心思归故乡。数行诗后语，夜夜吐光芒。为作诗跋，甚佳。

——《诗集》卷二，第49页。

淮东赵漕领一作“宴”客东园，赵世卿剩谈近日诸公，仆谓今日东园之会，想象欧苏风流不可见

今日东园会，能为野客期。乾坤一南北，花木几兴衰。亭馆经行地，欧苏无恙时。风流不可见，烟雨谩题诗。

——《诗集》卷二，第51页。

新喻县苏晋叔相会

偶作榆溪客，还逢橘井仙。多才出人上，笑我老吟边。买锦囊诗卷，典衣供酒钱。竹林青眼叔，常说仲容贤。

——《诗集》卷二，第56页。

寄赵茂实大著二首

其一

久坐图书府，方登著作庭。人知才可敬，公以德为馨。议论参诸老，文章本六经。省中相别后，夜夜望奎星。

其二

词臣工笔墨，亦足致功勋。细草平戎策，兼为谕蜀文。一言关治乱，千载有知闻。应笑垂纶叟，愁吟对海云。

——《诗集》卷二，第62页。

寄永嘉太守赵茂实(其一)

龚黄古贤牧，政事见于今。疾恶风霜手，活人天地心。躬行《循吏传》，时作谢池吟。我欲依刘表，常忧老病侵。

——《诗集》卷四，第102页。

次韵陈叔强见寄

其一(节录)

识面者无数，论交要有缘。未闻苍玉佩，先枉《碧云篇》。彩凤腾诗

笔，持螯泛酒船。

其二（节录）

穷通元有命，富贵奈无缘。对此黄梅雨，歌君白雪篇。

——《诗集》卷二，第67页。

寄山台赵庶可二首

其一（节录）

天族文章士，会稽山水州。地灵钟秀异，人物信风流。

其二（节录）

顷上山台谒，临行辱赠诗。……见君《花萼集》，梦到谢公池。

——《诗集》卷三，第69页。

梦中题林逢吉轩壁，觉来全篇可读，天明忘了落句

嚣尘不到眼，潇洒似僧家。风月三千首，图书四十车。绿垂当户柳，红映一作"透"隔墙花。好读天台赋，登楼咏落一作"绮"霞。

——《诗集》卷三，第74页。

解后乐清主簿姜昌龄，一见如平生欢，同宿能仁（节录）

愁见僧头白，喜逢君眼青。灯前闻妙语，字字摘天星。

——《诗集》卷三，第75页。

会心

我本江湖客，来观雁荡奇。脚穿灵运履，口诵贯休诗。景物与心会，山灵莫我知。白云迷去路，临水坐多时。

——《诗集》卷三，第76页。

题侄孙昺《东野农歌》

吾宗有东野，诗律颇留心。不学晚唐体，曾闻大雅音。霜空孤鹤

唳，云洞老龙吟。群噪无才思，昏鸦自满林。

——《诗集》卷三，第 78 页。

壬寅除夜(节录)

今夕知何夕，满堂灯烛光。杜陵分岁了，贾岛祭诗忙。

——《诗集》卷三，第 79 页。

东谷王子文死，读其诗文有感

东谷今何在，骑鲸去渺茫。荆花半零落，岩桂自芬芳。议论波浪阔，文章气脉一作"味"长。遗编犹可考，何必计存亡。

——《诗集》卷三，第 82 页。

挽温岭丁竹坡

潇洒复潇洒，是为丁竹坡。生涯浑草草，诗句自多多。恨不识是叟，悲哉作此歌。数编遗稿在，不共葬烟萝。

——《诗集》卷三，第 82 页。

求安(节录)

愁来须强遣，老去只求安。酒熟思招客，诗成胜得官。

——《诗集》卷三，第 83 页。

思归二首

其一

吟诗不换校书郎，但欲封侯管醉乡。疏懒无成嵇叔夜，清狂似达贺知章。安贫不怕黄金尽，既老从教白发长。百计不如归去好，子孙相对说农桑。

其二

老矣归欤东海村，长裾不复上王门。肉糜岂胜鱼羹饭，纨袴何如犊鼻裈？是处江山如送客，故园桐竹已生孙。分无功业书青史，或有诗名身后存。

——《诗集》卷三，第166页。

别李司直、萧小山(节录)

老作五羊客，时从二妙游。文星照南斗，吾道欲东周。

——《诗集》卷三，第85页。

诸诗人会于吴门翁际可通判席上，高菊磵有诗。仆有“客星聚吴会，诗派落松江”之句，方子万使君喜之，遂足成篇

客星聚吴会，诗派落松江。老眼洞千古，旷怀开八窗。风流谈夺席，歌笑酒盈缸。杨、陆不再作，何人可受降！

——《诗集》卷三，第94页。

史贤良入蜀，有锦江诗卷，陈谊甚高

学道世情薄，论交谊气深。谩怀三献玉，肯受四知金！万里铜梁道，千篇《锦水吟》。一芹供匕箸，聊寓野人心。

——《诗集》卷三《史贤良入蜀，有锦江诗卷，陈谊甚高》，第96页。

贤良一和五篇，不可及(节录)

立谈双白璧，一诺百黄金。志大不少屈，诗工非苦吟。

——《诗集》卷三，第96页。

题新淦何宏甫江村(节录)

宾客门无禁，诗书笔有神。何郎好心事，鸥鹭亦相亲。

——《诗集》卷三，第99页。

有感

皱眉观世事，把酒读《离骚》。天下无公论，胸中有古刀。徒然成耿耿，何以制滔滔。不逐群飞转，孤鸿毕竟高。

——《诗集》卷三，第101页。

饮中

布衣不换锦宫袍，刺骨清寒气自豪。腹有别肠能贮酒，天生左手惯持螯。蝇随骥尾宜千里，鹤在鸡群亦九皋。贤似屈平因独醒，不禁憔悴赋《离骚》。

——《诗集》卷六，第 173 页。

咏梅投所知(节录)

洁白无瑕美不娇，炯如珠玉粲林皋。……不将品质分优劣，痛饮花前读楚骚。

——《诗集》卷六《咏梅投所知》，第 192—193 页。

与侄南隐等赓和(节录)

谈麈一挥尘事少，《离骚》才读醉魂醒。闲居便是人间乐，克己何须座右铭。

——《诗集》卷六，第 208 页。

端午丰宅之提举送酒

海榴花上雨萧萧，自切菖蒲泛浊醪。今日独醒无用处，为公痛饮读《离骚》。

——《诗集》卷七，第 215 页。

先人东皋子《小园》七言，人多喜之，浼秋房楼大卿作大字刻石

父殁名随泯，诗存世莫传。敢求大手笔，为写《小园》篇。词翰成双美，光华照九泉。托公垂不朽，镌刻到千年。

——《诗集》卷四，第 104 页。

吴门访旧 孟良夫侍郎有藏春园。

去此十三秋，重来雪满头。镜颜加老丑，诗骨带穷愁。鸟语新晴

树，人寻旧倚楼。藏春门下客，一半落山丘。

——《诗集》卷四，第106页。

江上

江上维舟稳，人间行路难。数朝花雨细，一夜社风寒。燕语能留客，蛙鸣岂为官！苦吟成底事，赢得瘦团栾。

——《诗集》卷四，第107页。

杜仲高、高九万相会

杜癖诗无敌，高髯画绝伦。笑谈能不朽，富贵或成尘。今古多奇事，乾坤几怪民。相逢不容易，一醉楚江滨。

——《诗集》卷四，第108页。

李深道得苏养直所写"深"字韵诗

一作"翁景山出示故人作序送行"。

表出尘埃外，浓薰兰蕙一作"斑马"香。风流晋人物，高古汉文章。老眼不多见，前程岂易量。三杯话胸臆，一笑对云骧。

——《诗集》卷四，第114页。

次韵盱江李君昉见寄二首(其一)

久作丹丘客，疑君去复来。高吟闯风雅，妙句斫琼瑰。道谊心千古，文章水一杯。荷花时话别，别后又梅开。

——《诗集》卷四，第120页。

寄建康留守制使赵用父都丞侍郎

其一

蛮貊闻名姓，当今有此人。片心天共广，一笑物为春。花满金陵路，风清玉塞尘。九重方简注，四海望经纶。

其二

燕许文章笔，片言轻万金。先人十诗序，孝子一生心。入手方为宝，三年等到今。九泉应有望，取璧照山林。

——《诗集》卷四，第124页。

寿留守(节录)

文章韩柳堪为辈，政事龚黄可比伦。暂屈北门司锁钥，即归西掖掌丝纶。

——《诗渊》，第4560页。

寄镇江王子文总卿(节录)

一代文章手，官如水样清。

——《诗集》卷六，第125页。

题邵武熙春台呈王子文使君(节录)

风流太守诗无敌，有暇登临共唱酬。

——《诗集》卷六，第191页。

送季明府赴太平倅(节录)

县花潘岳赋，池草惠连诗。磨取九峰石，刊成德政碑。

——《诗集》卷四，第126页。

题徐子英小园

奉亲营小圃，僻在水之湄。霜露蔡公赋，假山慈竹诗。人皆称寿母，我独喜佳儿。八行家风在，三迁忆旧时。

——《诗集》卷四，第127页。

豫章东湖避暑(其一)

行坐自徜徉，吟声绕屋梁。晓烟滋柳色，晨露发荷香。以我一心静，参他六月凉。渊明知此意，高卧到羲皇。

——《诗集》卷四，第129页。

濠州春日呈赵教授体国(节录)

得酒忘为客,谈诗不论官。无人知此意,一笑对黄冠。

——《诗集》卷四,第 130 页。

访古田刘无竞潜夫宰建阳有声,人言自有建阳无此宰。

前说建阳宰,古田今似之。难兄与难弟,能政更能诗。文字定交久,江湖识面迟。人传《花萼集》,俱在水心知。

——《诗集》卷四,第 130 页。

送陈幼度运干

其一

台幕三年最,云霄万里程。西山饯行色,南浦棹新晴。骨秀荆山璞,胸涵元气英。更携扛鼎笔,祇合上蓬瀛。

其二

君是青云料,吾当白发年。驽骀傍骐骥,鱼鸟各天渊。他日难忘处,寒宵不忍眠。挑灯雪窗下,共读《雁奴篇》。

——《诗集》卷四,第 131 页。

访曾云巢

一老今无恙,诸公昔与俦。随时难苟合,怀道早归休。苦似陶元亮,全如秦少游。笔端锋锐别,有待续《春秋》。

——《诗集》卷五,第 133 页。

族侄孙子荣之子神童颜老不幸短命而死,哭之不足,三诗以悼之

其一

亘古英灵在,颜回有后身。年才十三一作"二"岁,才过万千人。学到由天悟,文高见理真。再生仍再夭,无路问鸿钧。

其二

昨应童科日，群儿立下风。丰姿倾众目，文采动诸公。两耳能兼听，六经皆暗通。相期到杨、晏，有始奈无终。

——《诗集》卷五，第137—138页。

孙季蕃死，诸朝士葬之于西湖之上

卜宅西湖上，花翁死亦荣。诙谐老方朔，旷达醉渊明。风月生前梦，歌诗身后名。风流不可见，肠断玉箫声。

——《诗集》卷五，第139页。

题清江台是日新打范石湖碑表于亭上。（节录）

胜践园林古，好诗天地悭。范碑生羽翼，飞上画屏间。

——《诗集》卷六，第139页。

赤壁

千载周公瑾，如其在目一作"眼"前。英风挥羽扇，烈火破楼船。白鸟沧波上，黄州赤壁边。长江酹明月，更忆老坡仙。

——《诗集》卷五，第142—143页。

醉吟

一狂兼一懒，穷到白头年。客路偏耽酒，诗囊不贮钱。吟边忘世故，醉里乐吾天。不答诸公问，何如孟浩然？

——《诗集》卷五，第143页。

法曹罗立之酒边举数首，皆仆故人为我寄声

佳士欣相识，吟边问姓名。官为三语掾，诗到五言城。野客可怜我，故人烦寄声。白头归故隐，秋后会群英。

——《诗集》卷五，第144页。

会李择之，其父名丙字南仲，著《丁未录》《丙申录》

吟边逢李白，谈笑亦风流。相对各青眼，安知有白头。两家穷活计，四海老交游。不负云山约，同登百尺楼。

——《诗集》卷六，第145页。

春日二首，呈黄子迈大卿。

其一（节录）

野人何得以诗鸣，落魄骑驴走帝京。白发半头惊岁月，虚名一日动公卿。

其二（节录）

或是或非尘里事，无穷无达醉中身。五陵年少夸豪举，寂寞诗家戴叔伦。

——《诗集》卷六，第150页。

寄复斋陈寺丞二首（其二）

长忆西湾系小舟，野人曾伴使君游。夜浮星子邀明月，雨对庐君说好秋。坐拥红妆磨宝砚，醉歌赤壁写银钩。当时一段风流事，翻作相思一段愁。饮中歌仆赤壁词，为作大字书之，今刻石于庐山罗汉寺。

——《诗集》卷六，第152页。

题泉州王梅溪先生祠堂，徐竹隐直院谓梅溪古之遗直，渡江以来一人而已

堂堂大节在朝廷，名重当时太华轻。乾道君臣千载遇，先生议论九重惊。人歌黄霸思遗爱，我颂朱云有直声。一瓣清香拜遗像，英风凛凛尚如生。

——《诗集》卷六，第153页。

李季允侍郎舟中

忆昨枫桥既语离，何期千里又相期。太湖不见鸱夷子，秋浦同寻杜

牧之。灯火船窗深夜话，江山客路早冬诗。人间草木空无数，除却梅花莫我知。

——《诗集》卷六，第154页。

湖南见真帅

致身虽自文章选，经世尤高政事科。以若所为即伊吕，使其不遇亦丘轲。长沙地窄儒衣阔，明月池干春水多。天以一贤私一路，其如四海九州何！

——《诗集》卷六，第154页。

送蒙斋兄长游天台二首（其二）

山林胜处说天台，仙佛多从此地栖。司马八篇通道妙，丰干一语指人迷。时逢好酒从容饮，莫把新诗取次题。白日看云思我否？惠连无分共攀跻。

——《诗集》卷六，第157页。

访赵东野名时习，休官隐居。

揭来问讯病维摩，花满溪堂竹满坡。发秃齿危俱老矣，人高诗苦奈穷何。四山便是清凉国，一室可为安乐窝。犹有忧时两行泪，临风挥洒湿藤萝。

——《诗集》卷六，第157页。

江州德化县漪岚堂尽得庐山之胜，醉中作此，呈赵明府

不羡君为花县宰，羡君日坐漪岚堂。有时酒兴兼诗兴，无限山光与水光。百姓熙熙知教化，群胥凛凛对风霜。公余置酒看桃李，醉倒花前客自狂。

——《诗集》卷六，第158页。

张仁仲提干衡阳冰壶亭宴客（节录）

吟家旧日张公子，千首诗成句句工。

——《诗集》卷六，第159页。

别钟子洪(节录)

识得潮阳钟子洪，今人可想古人风。文章有气吞馀子，天地无情负此翁。问舍求田非细事，参禅学佛见新功。

——《诗集》卷六《别钟子洪》，第162页。

萧学易、何季皋和作别诗佳甚，再用前韵(节录)

一篇王粲《登楼赋》，几首巴陵送别诗。独倚篷窗无意绪，瓦盆倾酒忆金卮。

——《诗集》卷六，第162页。

灵洲(节录)

一台中立郁苍苍，四面山光接水光。……白发东坡在何许，两行遗墨照琳琅。

——《诗集》卷六，第163页。

南安王使君领客湛泉，流觞曲水(节录)

梅岭向来逢行一作"驿"者，兰亭今日又羲之。家声不坠一作"传家尚有"风流在，如见初寮说好诗。

——《诗集》卷六，第163页。

曾幼卿同游风山二首(其二)

别驾常怀物外心，黄金屡费买山林。后堂不肯着歌舞，高阁惟思贮古今。几处亭台新结束，一春风雨阻登临。野夫昨日闲乘兴，着屐寻诗到柳阴。

——《诗集》卷六，第164页。

镇江别总领吴道夫侍郎，时愚子琦来迎侍，朝夕催归甚切（其二，节录）

落魄江湖四十年，白头方办买山钱。老妻悬望占乌鹊，愚子催归若杜鹃。济世功名付豪杰，野人事业在林泉。

——《诗集》卷六，第165页。

长沙呈赵东岩运使，并简幕中杨惟叔通判诸丈（节录）

香草汀洲付骚客，红莲幕府聚名流。吟边万象写不得，上有风流赵倚楼。

——《诗集》卷六，第167页。

读放翁先生剑南诗草

茶山衣钵放翁诗，南渡百年无此奇。入妙文章本平淡，等闲言语变瑰琦。三春花柳天裁剪，历代兴衰世转移。李杜陈黄题不尽，先生摹写一无遗。

——《诗集》卷六，第171页。

诸葛仁叟县丞极贫，能保风节，有权贵招之，不屑其行

时人谁识老聋丞，满口常谈杜少陵。俗辈众多吾辈少，素交零落利交兴。权门炙手炎如火，诗社投身冷似冰。堪笑皇天无老眼，相知赖有竹林僧。

——《诗集》卷六，第172页。

过邵武访李友山诗社诸人

吟过长亭复短亭，喜于溪上访诗朋。雕锼已被天公怒，狂狷仍遭俗子憎。故故愁人长夜雨，明明照我短檠灯。休思京口相逢日，喜雨楼中赋大鹏。

——《诗集》卷六，第172—173页。

李友山诸丈甚喜得朋，留连日久。月洲乃友山道号

此身到处自悠悠，一笑非为越女留。风雨不妨鸡戒晓，江湖又见雁横秋。途中有客居岩谷，天下何人似月洲。颇欲相从溪上住，诸君许我卜邻否？“洲”字韵，一作“酒徒日日通来往，诗社时时肯倡酬”。

——《诗集》卷六，第173页。

陪徐渊子使君登白雪楼，约各赋一诗，必以“宋玉石”对“莫愁村”

楼名白雪因词胜，千古江山春雨余。宋玉遗踪两苍石，莫愁居处一荒墟。风横烟艇客呼渡，水落沙洲人网鱼。借问风流贤太守，孟亭添得野夫无？唐诗崔郢州馆孟浩然于楼上，遂有浩然亭。后人尊浩然，改为孟亭。徐使君诗并录于此：“水落方成放牧坡，水生还作浴鸥波。春风自共桃花笑，秀色偏于麦垄多。村号莫愁劳想象，石名宋玉谩摩挲。试将有袴无襦曲，翻作阳春白雪歌。”

——《诗集》卷六，第173页。

九日登裴公亭，得“无灾可避自登山”之句，何季皋、滕审言为之击节，足以成篇

良辰乐事两相关，不可不求今日闲。有酒能赊堪荐菊，无灾可避自登山。心怀屈贾千年上，身在潇湘八景间。好向樽前开笑口，人生枉自作愁颜。

——《诗集》卷六，第176页。

赵升卿有官不肯为，里居有贤声，访之于深巷

深居陋巷不妨幽，翠竹当门水满沟。每遇事来先觉懒，欲为官去又还休。田园自乐陶元亮，乡里多称马少游。除却读书无所好，有时闲作北岩游。即化成岩也。

——《诗集》卷六，第176页。

杜门自遣(节录)

世事茫茫心事灰，众人争处我惊回。……平生任达陶元亮，千载神

交共一杯。

——《诗集》卷六，第176—177页。

登快阁，黄明府强使和山谷先生留题之韵

未登快阁心先快，红日半檐秋雨晴。宇宙无边万山立一作“今古如斯一水在”，云烟不动八窗明。飞来一鹤天相近一作“旁罗万象山如立”，过尽千帆江自横。借问金华老仙伯，几人无忝入诗盟。

——《诗集》卷六，第177页。

和高与权

相逢休说昧平生，高适能诗久擅名。欲课荒芜来入社，羞将老丑对倾城。近来客里仍多病，强向花前举一觥。乐极自伤头白早一作“早白”，樽前知我孟云卿。

——《诗集》卷六，第178页。

送刘镇叔安入京

谪居三山二十余年，真西山奏令自便，赵用父使君为唱饯其行，坐客二十八人，分韵赋诗，得“君”字。

二十余年谪官身，此行便可上青云。西山一手为推毂，南浦几人争送君。横水流传《无垢集》，海神惊见老坡文。回头莫有关情处，别酒须教满十分。

——《诗集》卷六，第180页。

赵克勤、曾囊卿、景寿同登黄南恩南楼（节录）

宁随狡兔营三窟，且跨飞鸿阅九州。忆着当年杜陵老，一生飘泊也风流。

——《诗集》卷六，第182页。

山行遇秀痴翁（节录）

樽前尽是论文客，林下那逢一作“闻”好事僧。机解到时言语别，李翱诗句入传灯。

——《诗集》卷六，第182页。

赠万杉老秀痴翁二首

其一

识得庆云和尚，不痴自号痴翁。此老端如五老，高出庐阜诸峰。

其二

读儒书五千卷，通禅门八万条。宴坐万杉林下，四旁风雨萧萧。

——《诗集》卷七，第 211 页。

阅旧稿见乔丞相诗跋，因成此诗(节录)

三十年前旧诗册，两行钧翰俨如新。自甘白屋为寒士，敢说黄扉有故人。

——《诗集》卷六，第 183 页。

寄赵德行尝有浼诸公进诗之说。

平生幸甚识诸公，未免归为田舍翁。诗稿敢取经御览，客身自笑坐天穷。肯将钓手遮西日，独耸吟肩诉北风。枉使西山有遗恨，不能置我玉堂中。

——《诗集》卷六，第 185 页。

寄吴明辅秘丞

吾乡幸有吴夫子，星斗网罗文字胸。百鸟收声听鸣凤，千山落木秀孤松。旁通沧海江山水，高压云城恰帻峰。每见一斑三叹息，白头未得奉从容。

七十七翁犹眼明，三台星畔见奎星。文章有气吞馀子，议论无差本六经。愧我不能攀逸驾，得君自足振颓龄。玉溪常与荆溪接，分得余波到石屏。

——《诗集》卷六，第 188 页。

寄抚州楼使君

梦上江西江上船，行随五马五峰前。临川太守贤无敌，攻媿先生学有传。佳政可书《循吏传》，斯民共乐太平年。不知拟岘台前景，公暇清吟得几篇？

——《诗集》卷六，第 190 页。

京口遇薛野鹤

天下江山第一州，可能无地着诗流。黄金不爱买官职，白发犹堪上酒楼。懊恨牡丹遭雨厄，叮咛芍药为春留。狂吟有禁风骚歇，语燕啼莺代唱酬。

——《诗集》卷六，第 190 页。

秋日病余

桂子吹香风露深，老夫吟了听蝉吟。秋来剩有行山兴，病后全无涉世心。诗苦积成双白发，酒豪轻用万黄金。平生意气今如许，独抱传家一破琴。

——《诗集》卷六，第 191 页。

黄州竹楼呈谢国正

每日黄堂事了时，一心惟恐上楼迟。发挥天地读《周易》，管领江山歌杜诗。切戒吏来呈簿历，常邀客至共琴棋。风流太守谁其似？半似元之半牧之。

——《诗集》卷六，第 193 页。

陈漕领客西园赏海棠(节录)

追随玉节赏仙葩，满座风流客更嘉。……肯对骚坛轻着语，后山诗句已名家。

——《诗集》卷六，第 195 页。

送黄教授日岩之官章贡(节录)

出人意表发高论，入我眼中多好诗。欲对春风开笑口，不堪世事上愁眉。

——《诗集》卷六，第 196 页。

题赵忠定公雪锦楼诗

断句云："早晚扁舟会东下，莫占衡岳问归程。"人以为后来谪居之谶云。

九鼎重安国势牢，功名易办谤难逃。手扶日月扫云雾，身向江湖直羽毛。雪锦诗成先谶兆，金縢书启见勤劳。纷纷论定知忠定，不负朝廷两字褒。

——《诗集》卷六，第197页。

阅世(二首)

其一(节录)

老夫阅遍人间事，欲和寒山拾得诗。

其二(节录)

积镪多金生怨尤，一温饱外更何求。自甘韬遁陶元亮，不爱赢余马少游。

——《诗集》卷六，第199页。

呈姚显叔奉亲送死极孝

雁去多年缺寄音，扁舟无复到山阴。卧牛冈上经过少，下马陵前感慨深。细读文公千字诔，足知孝子一生心。无才为作招魂些，自有悲风宰树吟。

——《诗集》卷六，第201页。

题姚显叔南屿书院

朝夕置身书卷间，纷华满眼几曾看。山林不受尘埃涴，屋宇无多气象宽。立脚怕随流俗转，留心学到古人难。漫山桃李争春色，输与寒梅一点酸。

——《诗集》卷六，第202页。

阅四家诗卷翁际可、薛沂叔、孙季蕃、高九万。

阅尽四家诗卷子，自然优劣在其中。石龟野鹤心相合，菊硐花翁道不同。鸣凤翱翔上霄汉，乱蝉萧瑟度秋风。一篇论尽诸家体，忆着当年巩睡翁。

——《诗集》卷六，第202—203页。

谢吴秘丞作《石屏后集序》

说破当年旧石屏，自惭无德又无能。向来江海疏狂客，今作山林老病僧。高卧一楼成宇宙，冷看独影当宾朋。恶诗有误公题品，不是夔州杜少陵。

——《诗集》卷六，第203页。

寄玉溪林逢吉六首（其五）

老夫时作白头吟，爨下焦桐孰赏音？敢望荆溪作诗跋，自惭敝帚享千金。

——《诗集》卷七，第229页。

曾景建得罪，道州听读

闻说乌台欲勘诗，此身幸不堕危机。少陵酒后轻严武，太白花前忤贵妃。迁客芬芳穷也达，故人评论是耶非？饱参一勺濂溪水，带取光风霁月归。

——《诗集》卷六，第204页。

朱行父留度岁

衡山之下湘江上，岁月留连去较迟。四海弟兄多不遇，一门父子两相知。梅边竹外三杯酒，岁尾年头几局棋。羁旅宦游俱是客，细论心事共题诗。

——《诗集》卷六，第204页。

石屏久游湖海，祖妣遂题二句于壁云："机番白苎和愁织，门掩黄花带恨吟。"后石屏归，祖妣已亡矣。续成一律

按：此诗题应是石屏之孙辈所拟，"祖妣"乃指石屏之发妻。

伊昔天边望藁砧，天边鱼雁几浮沉。机番白苎和愁织，门掩黄花带恨吟。自古诗人皆浪迹，谁知贤妇有关心。归来却抱双雏哭，碑刻虽深恨更深。

——《诗集》卷六，第 209 页。

东池戴叔伦隐居之地

来寻吾祖隐居处，袅袅春风吹酒旗。手把梅花寄愁绝，东池只是旧东池。

——《诗集》卷七，第 217 页。

绿阴亭四绝

五百年前作此亭，亭前古木绿阴清。而今古木无存者，赖有新亭系旧名。

惨惨秋风吹客襟，唐人遗迹宋人吟。浮云世事多迁变，不独此亭无绿阴。

远山横碧一溪清，白鸟飞边落照明。吏散庭阶无一事，绿阴亭上又诗成。

政是国家多事秋，渝川县尉亦风流。吟诗不废公家事，坐使孟郊输一筹。

——《诗集》卷七，第 219 页。

次韵谷口郑柬子见寄六首

闭门觅句饭牛翁，囊有新诗不怕穷。十里梅花生眼底，九峰山色满胸中。

不管家居四壁空，琢成佳句有神工。谪仙会有金銮召，莫道诗人命不通。

相看俱是白头翁，出处规模自不同。我走江湖作狂梦，君能面壁课成功。

一生漂泊客途中，挟技从人类百工。白首归来入诗社，犹思渭北与江东。

吾乡自昔诗人少，委羽先生后有翁。坐客无毡君莫笑，《云台》有集继家风。郑谷有《云台集》

按："郑谷"系"郑谷口"之误。

自笑诗人多好酒，君能不饮任樽空。劝君莫倚醒醒眼，却笑傍人醉面红。

——《诗集》卷七，第220页。

寄后村刘潜夫三首

朝廷不召李功甫，翰苑不着刘潜夫。天下文章无用处，奎星夜夜照江湖。

拥节持麾泽在民，仰看台阁笑无人。刘蕡一策传千古，何假君王赐出身。

客游仙里见君时，拥絮庵中共说诗。别后故人知我否？年几八十病支离。

——《诗集》卷七，第220页。

寄刘潜夫时在建康作制干。唐人诗："芳誉香名满数车。"

八斗文章用有余，数车声誉满江湖。今年好献《南郊赋》，幕府文章有暇无？

——《诗集》卷七，第224页。

招山乃诗人刘叔拟故居，朱清之得其地。清之赴南宫，中道而返，就招山卜筑，不久亦去世

半路袖回攀桂手，一生才遂买山心。要知此老风流处，来向刘郎吟处吟。

有钱可买沧浪景，无术能还梦幻身。一段江山寄愁绝，百年不见两

诗人。

——《诗集》卷七，第 223 页。

次韵李伯高

莲幕高吟冰雪篇，天才秀发思华年。千金买得惊人句，落在鸡林渡海船。

——《诗集》卷七，第 223 页。

林伯仁话别二绝（其二）

茉莉花边把酒卮，桄榔树下共谈诗。醉来一枕西窗下，酒醒方知有别离。

——《诗集》卷七，第 228 页。

寄玉溪林逢吉六首　癸卯春。

其三

心腹相知会面稀，一春未有盍簪期。西窗风雨愁眠夜，梦到君家赋小诗。

其六

王建不能怜贾岛，吟边怀抱向谁开！扶病欲迎新太守，不知千骑几时来。

——《诗集》卷七，第 229 页。

题梅岭云封四绝（其四）

南迁过岭面无惭，前有东坡后澹庵。儿辈欲知当日事，青山解语水能谈。

——《诗集》卷七，第 230 页。

戏题诗稿

冷澹篇章遇赏难，杜陵清瘦孟郊寒。黄金作纸珠排字，未必时人不喜看。

——《诗集》卷七，第 230 页。

论诗十绝

昭武太守王子文，日与李贾、严羽共观前辈一两家诗及晚唐诗，因有《论诗十绝》。子文见之，谓无甚高论，亦可作诗家小学须知。

文章随世作低昂，变尽风骚到晚唐。举世吟哦推李杜，时人不识有陈黄。

古今胸次浩江河，才比诸公十倍过。时把文章供戏谑，不知此体误人多。

曾向吟边问古人，诗家气象贵雄浑。雕锼太过伤于巧，朴拙唯宜怕近村。

意匠如神变化生，笔端有力任纵横。须教自我胸中出，切忌随人脚后行。

陶写性情为我事，留连光景等儿嬉。锦囊言语虽奇绝，不是人间有用诗。

飘零忧国杜陵老，感寓伤时陈子昂。近日不闻秋鹤唳，乱蝉无数噪斜阳。

欲参诗律似参禅，妙趣不由文字传。个里稍关心有悟，发为言句自超然。

诗本无形在窈冥，网罗天地运吟情。有时忽得惊人句，费尽心机做不成。

作诗不与作文比，以韵成章怕韵虚。押得韵来如砥柱，动移不得见工夫。

草就篇章只等闲，作诗容易改诗难。玉经雕琢方成器，句要丰腴字要安。

——《诗集》卷七，第 230—231 页。

邹震父梅屋

邹郎爱梅结梅屋，一区掩映湄湘曲。风月门庭云雾窗，眼前处处皆冰玉。花之白者凡几种，酴醾窈窕琼花俗。唯梅韵胜格更高，傲雪凌霜天下独。邹郎家与梅共居，羡尔幽栖有清福。白玉为堂不可住，黄金作坞祸相逐。何如梅屋之下无荣亦无辱。东山老仙心似铁,为君作主妙铺说,一读使人三击节。我疑此君胸中自有千树梅,不假造化花长开。有时化作文章吐出乎笔下,不然安得言言句句能潇洒,梅屋得之亦增价。

——《诗渊》,第 3244 页。

读邹震父诗集

邹郎雅意耽诗句,多似参禅有悟无。吟到草堂师杜甫,号为梅屋学林逋。润滋草木山含玉,光动波澜水有珠。学力到时言语别,更从骚雅着工夫。

——《南宋六十家小集·梅屋吟》卷后

题何季皋南村山人隐居

山人昔从慈湖游,平生所学知源流。山人之庐虽不广,三间可作万间想。西山作记东山序,更有鹤山题扁榜。名章妙画,金石班班。山人之重,一湖三山。非隐非吏,居乎南村。书画满室,花竹盈门。方巾大袖,头角嶙峋。议论风生,文质彬彬。身混于俗,不同其尘。调度如此,乃称山人。吾所不解,恐非其真。相顾一笑,青山白云。

——《诗渊》,第 3339 页。

题晦庵亭

晦翁畴昔此登临,草木曾闻謦欬音。四海共尊道传统,一亭聊寓敬贤心。故乡景物应如旧,前辈风流尚可寻。千古文公经史学,武夷山水共高深。

——《朱子实纪》卷一二,明正德八年(1513)鲍雄刻本。

登鼓山、九仙等诗语

飘然意气壮哉诗,笔力能探造化机。写出鼓山山上景,天风浩荡海涛飞。

九仙乌石两争雄,尽在骚人诗句中。惊得白云飞不起,吟声摇撼古松风。

文山风月日湖园,一处请君题一篇。我老不能攀逸驾,三杯以后事高眠。

周郎年少更风流，白发逢君老可羞。闻道扁舟有行色，如何不为荔枝留。

——《诗渊》，第 4251 页。

二、论词词

望江南（四首）

壶山宋谦父寄新刊雅词，内有《壶山好》三十阕，自说平生，仆谓犹有说未尽处，为续四曲。

壶山好，博古又通今。结屋三间藏万卷，挥毫一字直千金。四海有知音。　　门外路，咫尺是湖阴。万柳堤边行处乐，百花洲上醉时吟。不负一生心。

壶山好，胆气不妨粗。手奋空拳成活计，眼穿故纸下功夫。处世未全疏。　　生涯事，近日果何如？背锦奚奴能检点，画眉老妇出交租。且喜有赢余。

壶山好，文字满胸中。诗律变成长庆体，歌词绰有稼轩风。最会说穷通。　　中年后，虽老未成翁。儿大相传书种在，客来不放酒樽空。相对醉颜红。

壶山好，也解忆狂夫。转首便成千里别，经年不寄一行书。浑似不相疏。　　催归曲，一唱一愁予。有剑卖来沽酒吃，无钱归去买山居。一向作狂徒。壶山有《催归曲》赠仆，甚妙。

——《诗集》卷八，第 238—239 页。

望江南（三首）

仆既为宋壶山说其自说未尽处，壶山必有答语，仆自嘲三解。

石屏老，家住海东云。本是寻常田舍子，如何呼唤作诗人？无益费精神。　　千首富，不救一生贫。贾岛形模原自瘦，杜陵言语不妨村。谁解学西昆。

石屏老，长忆少年游。自谓虎头须食肉，谁知猿臂不封侯。身世一虚舟。　　平生事，说着也堪羞。四海九州双脚底，千愁万恨两眉头。白发早归休。

石屏老，悔不住山林。注定一生知有命，老来万事付无心。巧语不如喑。　　贫亦乐，莫负好光阴。但愿有头生白发，何愁无地觅黄金。遇酒且须斟。

——《诗集》卷八，第 239 页。

沁园春·自述

一曲狂歌，有百余言，说尽平生。费十年灯火，读书读史，四方奔走，求利求名。蹭蹬归来，闭门独坐，赢得穷吟诗句清。夫诗者，皆吾侬平日，愁叹之声。　　空余豪气峥嵘，安得良田二顷耕。向临邛涤器，可怜司马；成都卖卜，谁识君平！分则宜然，吾何敢怨，蝼蚁逍遥戴粒行。开怀抱，有青梅荐酒，绿树啼莺。

——《诗集·抄补》，第 243 页。

贺新郎·为真玉堂寿

说与黄花道，九秋深，三光五岳，气钟英表。金马玉堂真学士，酝藉诗书奥妙。一一是经纶才调。斟酌古今来活国，算忠言谠论知多少。又入奏，金门晓。　　朝回问寝披萱草。对高堂，长说一片，君恩难报。更待痴儿千载遇，膝下十分荣耀。趁绿鬓、朱颜不老。整顿乾坤济时了，奉板舆，拜国夫人号。可谓忠，可谓孝。

——《诗集·抄补》，第 247 页。

满江红

庐陵厉元范史君，梦中得“柳眉抹翠”一联，仆为续作此词歌之。

太守风流，何人似、金华仙伯？试看取、珠篇玉句，银钩铁划。叶叶柳眉齐抹翠，梢梢花脸争匀白。比池塘、春草梦来诗，尤奇绝。　　胸中有，蛾眉月。笔头带，蓬□雪。笑归来万里，不登金阙。鹿瑞堂前冬日暖，螺山江上春波阔。但伤时、一念不能休，添华发。

——《诗集·抄补》，第 248—249 页。

《宋诗话全编·戴复古诗话》校正

吴文治(1925—2009)主编的《宋诗话全编》(凤凰出版社 2006 年版,以下简称《全编》)共十册,计七百多万字,其中除了收录原已单独成书的宋人诗话一百七十余种外,又新辑录宋人散见的诗话四百多万字,从而使约四百位宋代作家散落各处的诗话得以汇聚成集,又让原有诗话专著的那些宋代作家,其诗话著述更趋于完备。该书出版不久,即受到学界和广大读者的关注和欢迎,获得"华东地区古籍优秀图书奖"特等奖。

不过,《全编》篇幅浩瀚,应邀参与编纂的国内高校和研究机构的老中青学者人数众多,知识和研究水平也不可能整齐划一,书中仍难免有个别新编纂的诗话集子出现意想不到的舛误。为此,笔者不揣冒昧,特先对《全编》第七册中的《戴复古诗话》(以下简称《诗话》)存在的诸多舛误尽可能予以校正。不当之处,祈望方家和广大读者有以正之。

一、《戴复古小传》中的舛误

《诗话》正文之前有《戴复古小传》(以下简称《小传》),计 100 余字,现节录如下:

> 戴复古(1167—?),字式之,号石屏,天台(今属浙江)人。戴敏之子。幼孤,好学。曾从林景思游,又学诗于陆游之门。……其诗受晚唐诗影响,为江湖派诗人中较有成就者。……本书辑录其论诗诗词四十八则。[①]

《小传》有以下三方面的舛误:

其一,戴氏生年和籍贯之误。

1. 戴氏生于南宋乾道三年十二月,此时公历已进入 1168 年,而非 1167 年。考《石屏诗集》四部丛刊续编本(即编纂者辑录所据之底本),其卷四《新

① 陈柏华:《戴复古诗话》,载吴文治:《宋诗话全编》第七册,凤凰出版社 2006 年版,第 7594 页。

年自唱自和》和卷五《生朝对雪，张子善有词为寿》二诗，可推知戴氏生于南宋乾道三年十二月。按照中西律对照表推算，乾道三年丁亥十一月十九日已是公元1168年元旦，而十二月(腊月)一日至三十日(除夕)，公历为1168年1月12日至2月10日。据此，戴复古生年已是公元1168年。过去众多的文学史著作和文学家辞典等文献，在介绍戴氏生年时，大都将它标为公元1167年，对此，笔者于1996年曾有所考证。①

2.据历代的《黄岩县志》《太平县志》《温岭县志》等志书，戴复古的籍贯为宋代台州黄岩县，其故里南塘，今属浙江台州温岭市，故也可以称其为今温岭市人。宋代至近代的诸多文献之所以往往泛称其为天台人，戴氏也常常自称"天台狂客"，以台州人士自居，这是因为，台州以境内名山——天台山而得名，唐时即有"天台郡"之称。自唐宋至近代，社会上似乎约定俗成将"天台"当作"台州"的一个代称，喻长霖《(民国)台州府志》即明确指出："天台乃(台州)一郡之统称。"②

此处《小传》把作为台州一郡统称的"天台"和台州所辖之"天台县"等同起来，这是有违事实的。关于这个问题，笔者在1994年所写一篇论文中已有过论述。③

其二，戴复古从师学诗经历之误。戴复古学诗之经历，早在乾道三年(1167)岁末，楼钥《戴式之诗卷序》中已有简要的介绍："雪巢林监庙景思，竹隐徐直院渊子，皆丹丘名士，(复古)俱从之游，讲明句法。又登三山陆放翁之门，而诗益进。"④其中，戴复古从徐似道(字渊子，号竹隐)学诗，时间最长，师生联系也最为密切，这从《石屏诗集》及诗后附录可以得到证实。而《小传》介绍时，却将戴氏师从徐似道学诗这一重要经历遗漏了。

其三，戴氏之诗兼备众体，博采诸家，尤重于承继杜甫、陆游的爱国主义精神和诗歌风格。而小传却沿袭以往的成说，仅言其"受晚唐诗影响"，而未及其祖绍、瓣香于少陵、放翁等大家之思想精华和艺术特色，失于片面。

其四，小传末句"本书辑录其论诗诗词四十八则"，句中"论诗诗词"四

---

① 参见拙作《对〈新发现的戴复古重要史料及其考证〉的几点辨正》，《浙江师大学报(社会科学版)》1996年第5期，第42—45页。

② [清]喻长霖《(民国)台州府志》卷一〇四，民国二十五年排印本。

③ 参见拙作《戴复古及其作品考辨三题》，《浙江学刊》1994年第2期，第76—80页。

④ 金芝山校点：《戴复古诗集》附录二，浙江古籍出版社1992年版，第323页。

字，语意含糊，全句也与《全编》其他诗话作家小传通常的结句“本书辑录其诗话……则”不相一致。

二、《戴复古诗话》正文的舛误

(一)《诗话》第二则对戴诗《白苎歌》标点和诗意理解的失误

《诗话》所录《白苎歌》计七句，全诗如下：

> 雪为纬，玉为经，一织三涤手织成。一片冰清如夷齐一作“齐夷”，可以为衣，陟彼西山，于以采微。①

1. 末句中的“采微”，系“采薇”之误。

2. 全诗的标点断句多有不当。揆之诗之结构和诗意，它应该分为八句，而不是七句。较为准确的句读应是：“雪为纬，玉为经，一织三涤手，织成一片冰。清如夷齐（一作“齐夷”），可以为衣。陟彼西山，于以采薇。”②

3. 编纂者将戴氏这首乐府诗，当作论诗诗辑入《诗话》。然而就全诗的内容看，戴氏此诗重在赞美织女和苎麻之丝之冰清玉洁，歌颂隐者品格之高尚，并非以诗论诗。将它当作论诗诗，实是误解了此诗的性质和诗意。黄升《玉林诗话》曾曰：“《白苎歌》最古雅，语简意深，今世难得，所谓‘一不为少’。”③应该说，黄升这一评述，似更切合对戴氏《白苎歌》诗意和特色的把握。

(二)《诗话》第二十七则文字、标点等方面的失误

《诗话》第二十七则如下：

> 侄孙槃，字子渊；服，字岂潜。各携诗卷来，相与在酒边，细细读之

① 陈柏华：《戴复古诗话》，载吴文治：《宋诗话全编》第七册，第7594页。

② 金芝山校点：《戴复古诗集》卷一，第2页。

③ 金芝山校点：《戴复古诗集》卷一，第2页。

> 足以起予。“醉石眠花影，吟廊步藓纹。春水绿平野，夕阳红半山。一樽溪上别，孤棹雨中行”此槊之作也。“一灯深夜雨，几处不眠人。(案：原文缺一句)一草亦关春。造化众星□，能表月精神”此服之作也。如此等语不可枚数，摘其一二以识之，当自有识者为其赏音。“览镜忽有感，谁能写我真！崚嶒忍饥面，蹭蹬苦吟身。风叶飘零夜，雨花狼藉春。相遇慰牢落，吾族有诗人。”(同上卷三《风雨无憀中，览镜有感，作小诗未有断句，适两侄孙携诗卷来》)①

对照底本(即《石屏诗集》“四部丛刊续编”本)，这则诗话的编纂，存在如下一些失误：

1. 底本中“览镜忽有感”一诗，原是位于“侄孙槊”一段文字之前，而编纂者却将该诗置于“侄孙槊”一段之后(且将诗中的“相过”二字错写成“相遇”)，这不仅与底本原文有违，也不符合戴氏将“侄孙槊”这段文字作为其诗创作经过的说明或后记之原意。

2. 底本卷三之“醉石眠花影，吟廊步藓纹”“春水绿平野，夕阳红半山”“一樽溪上别，孤棹雨中行”，原是戴复古分别从戴槊的三首五律中摘录出来的三联诗句，而编纂者却将它们标点成先后相连的一首诗。其实，从这三联诗句末字韵脚并不相押，即可判断它们并非同一首诗。同样，底本卷三之“一灯深夜雨，几处不眠人”“一草亦关春造化，众星能表月精神”，原是戴复古分别从其侄孙戴服所撰一首五律和一首七律摘录出来的佳句，不知何故，编纂者却将其标点成一首支离破碎、诗意不明的五言诗：“一灯深夜雨，几处不眠人。□□□□□(案：原文缺一句)，一草亦关春。造化众星□，能表月精神。”实际上，底本原文并无缺句，乃编纂者将戴服后一联七律诗句(十四个字)误作五律中的两联(二十个字)而产生的错觉，以为其中缺了一句(五个字)、后一句又少了一个字(以“□”标示)，致其句读、标点亦多有误。

3. 据底本原文，“侄孙槊”这段文字，相对准确的标点应该是：

> 侄孙槊，字子渊，服字岂潜，各携诗卷来，相与在酒边细细读之，足

① 陈柏华《戴复古诗话》，载吴文治：《宋诗话全编》第七册，第7598页。

以起予。"醉石眠花影，吟廊步藓文"，"春水绿平野，夕阳红半山"，"一樽溪上别，孤棹雨中行"，此檠之作也。"一灯深夜雨，几处不眠人"，"一草亦关春造化，众星能表月精神"，此服之作也。如此等语，不可枚数，摘其一二以识之，当自有识者为其赏音。[1]

而这段说明文字之前，才是戴氏《风雨无憀中览镜有感，作小诗未有断句，适两侄孙携诗卷来》之诗："览镜忽有感，谁能写我真！崚嶒忍饥面，蹭蹬苦吟身。风叶飘零夜，雨花狼藉春。相过慰牢落，吾族有诗人。"

（三）《诗话》最后两则（即第四十七则、四十八则）《望江南》之词句，间有句序颠倒、不相连续之误

第四十七则《望江南》（壶山好）下阕曰：

中年后，相对醉，颜红虽老未成翁，儿大相传书种在，客来不敢酒樽空。（同上卷八《望江南八首》其五）[2]

词之下阕不但语句颠倒错乱（将底本该词的末句移到首句之后，分成两截，后截"颜红"二字与下句相连成了语句不通的词句"颜红虽老未成翁"），使第四句"客来不敢酒樽空"变成第五句，而且该句还夹有讹误（"不敢"乃"不放"之误）。其末句后括号内所注出处亦有错，"《望江南八首》其五"实乃"《望江南四首》其三"之误。据底本，该词下阕正确的编排和标点应该是：

中年后，虽老未成翁。儿大相传书种在，客来不放酒樽空，相对醉颜红。[3]

第四十八则《望江南》（石屏老）其一的上阕曰：

千首富，石屏老，家住海东云。本是寻常田舍子，如何呼唤作诗人，

① 金芝山校点：《戴复古诗集》卷三，第78页。
② 陈柏华：《戴复古诗话》，载吴文治：《宋诗话全编》第七册，第7601页。
③ 金芝山校点：《戴复古诗集》卷八，第238—239页。

无益费精神。(同上《仆既为宋壶山说其自说未尽处,壶山必有答语,仆自嘲三解》其一)[①]

对照底本,此词上阕的首句原是“石屏老”,不知何故,编纂者竟凭空在此句前面加上与下阕首句“千首富”一样的三个字,成了该词上阕的衍句,这就破坏了该词牌的规定格式,不成其《望江南》之词体了。另外,词句中也同样含有错讹(“田舍子”错写成“田舍丁”)。括注出处与前则体例也不一致。该词上阕正确的词句排列应该是这样:

石屏老,家住海东云。本是寻常田舍子,如何呼唤作诗人,无益费精神。[②]

(四)《诗话》中的多则诗话,底本文字无误,由于编纂者抄录或辨认失误而造成讹误或脱、衍

1.《诗话》第十一则第三句“为爱坎山文”,“坎山”应是“次山”之误,“次山”系唐代诗人元结之号。又,该则之第十三句“声牙不同俗”之“声”,应是“聱”字之误,两者形近但音、义不同。

2.《诗话》第十二则第十四句“力求风雅丧”,“求”字系“救”字之误。

3.《诗话》第十七则括注诗题中“衡山仲道士”,“仲道士”底本为“何道士”。参照别的版本,亦与底本同。

4.《诗话》第十八则括注诗题“题徐宋伯通判北征诗卷”,其中“徐宋伯”应为“徐京伯”。底本即为“徐京伯”。

5.《诗话》第二十一则末句之后,底本原附有“尝在平江孟侍郎藏春园终日论诗”一行小注,不知何故,被编纂者删去了,其实此句反映了戴复古与赵师秀交游的重要信息,颇有价值,应予保留。

6.《诗话》第二十三则末句之后,有“诗人姚仲同乃胡仲方诗友”之小注。对照底本,发现此注原是以六号小字置于诗题《题萍乡何叔万云山》之下方,

① 陈柏华:《戴复古诗话》,载吴文治:《宋诗话全编》第七册,第7601页。

② 金芝山校点:《戴复古诗集》卷八,第239页。

编纂者却将其改为与诗句同样的五号字体，置于诗的末句之后，与正文紧相连接，有违作者原意。

7.《诗话》第二十五则第七句“应笑垂伦叟”，“垂伦”应改为“垂纶”。

8.《诗话》第二十六则第四句“鲁闻大雅音”，“鲁”应是“曾”字之误；第八句“昏雅自满材”应是“昏鸦自满林”之误。其中“雅”与“鸦”，“材”与“林”，分别因形、音相近或仅因形近而致误。又，本则所选之诗已在底本第三卷之中，按《全编》之凡例，应于诗后括注出处时加上“卷三”二字。

9.《诗话》第二十六则“余非謏言，自识者……”一句，其中“謏”字系“谀”字之误；“自识者”之句，与底本相比，脱“有”字，应是“自有识者”。

10.《诗话》第三十三则第一句“表出尘垓外”，“垓”系“埃”字之误。

11.《诗话》第三十六则第六句“妙句若平平”之“妙句”，系“妙趣”之误；此则括注诗题末句之“稳括”，系“檃栝”之误。

12.《诗话》第三十七则第二句“自宋诗家法度严”，“宋”字底本系“守”字，此乃因两者字体形近而致误。又，该则末句之后的括号内“生就后桥罗汉面”之“后桥”，底本为“石桥”，亦因“后”“石”二字形近而致误。

13.《诗话》第三十八则第四句“等闲文章变瑰奇”，“瑰奇”应是“瑰琦”之误，底本即为“瑰琦”。本诗首联韵脚为“奇”，若颔联又以同一字“奇”字相押，显然不合律诗押韵之规定。

14.《诗话》第四十三则“郑东子”系“郑柬子”之误，底本卷七有戴氏《次韵谷口郑柬子见寄》可以为证。

15.《诗话》第四十六则第六行“鲁向吟边问古人”之句首字“鲁”，系“曾”字之误；“个里稍关心有悮”句末“悮”字，应是“悟”字之误。

16.《诗话》第四十六则第一行“抵得韵来如砥柱”之句，首字“抵”，系“押”字之误。

（五）底本有误，而编纂者未按凡例第四条之规定，予以必要的改正，沿袭了底本之误

1.《诗话》第一则第二十二句“寒风凛凄惨”，其文字与底本完全一致，但此句的韵脚“惨”字，却与该诗前后偶句之“样”“放”“状”“荡”等韵脚均非同韵，不符合古诗押韵的规则。参照四库本《石屏诗集》《江湖后集》中的该诗，此句为“寒风凛凄怆”，其末字“怆”，正好与其前后偶句末字同韵相押。故可

以肯定，此乃编纂者承袭了底本卷一首篇《求先人墨迹呈表兄黄季文》原句中的“惨”这个错别字，未作校正所致。

2.《诗话》第三则末句之后，括注之前，底本原有小字“断，一作斫”四字。但按底本排版之惯例，此四字原应置于此则诗话第四句“松根断茯苓”之下，作为对该句“断”字的说明。但编纂者既不按底本之惯例予以移置，又径将此四字删去，有违《全编》凡例之规定。

3.《诗话》第四十四则最后一句“云台有集继家风”之后，底本原有一行小字“郑谷有《云台集》”的附注，这是对诗句中的“有集”的具体说明。然而底本此注却有一个失误，即把郑柬子之号“谷口”脱漏了一个“口”字”，郑谷口“成了“郑谷”，这不仅有违事实(按：郑柬之名大惠，柬子其字也有写作“简子”的)，也易与唐代诗人郑谷相混淆。编纂者对此未作校正，仅将此小字号注删去，不妥。

三、结语

《诗话》全文不到六千字，却出现本文所揭示的几十处差错。应该说这在《宋诗话全编》整套书内乃是绝无仅有的个案。笔者推测，该《诗话》编纂者失误之原因，恐怕是未与底本即《石屏诗集》四部丛刊续编本逐篇对照、细心校雠所致。

笔者觉得凡是个人所撰写的文稿，都须认真阅读校勘，一旦发现其中的舛误，应该尽力通过适当的方式予以勘正，犹如菜农发现菜园内的害虫，务求捉取除之而后快。故本文谨对《宋诗话全编・戴复古诗话》存在的某些舛误进行了校勘订正。由于篇幅所限，文中未曾对《诗话》漏辑《石屏诗集》及集外作品中的诸多诗话予以补纂。至于《全编》凡例将宋代论诗诗作为诗话之一种编入书中是否妥当，以及如何准确理解诗话的定义，这更是一个引发争议的学术问题，只能俟以异日另文申述。

2023年5月

戴石屏诗话辑编

吴文治先生主编的《宋诗话全编》第七册已收有陈柏华编纂的《戴复古诗话》共四十八则。由于其中舛误较多(详见拙文《〈宋诗话全编·戴复古诗话〉校正》),又漏收了《石屏诗集》集内和集外的诗话多则,为此特另辑编戴石屏诗话,以与陈柏华编纂的《戴复古诗话》相区别。后者按《宋诗话全编·凡例》之规定,将论诗诗作为广义诗话之一种纳入其中;而笔者则据传统狭义诗话之定义,未将戴氏的论诗诗编入其诗话之中,而是将它们汇集为《戴复古论诗诗、论词词辑编》。这样的区别处理,不知是否妥当,还望读者诸君评判和教正。

《石屏小集》自序

懒庵赵蹈中寺丞作湘漕时,为仆选此诗凡一百三十首,观者疑焉。谓懒庵古诗得曹、谢、韦、陶之体,律则步骤杜工部,其议论高绝一世,极靳于许可,今所取此编,何其泛也。复古议论斯语,使有五字可传,如崔信明"枫落吴江冷"一句;十字可存,如杜荀鹤"风暖鸟声碎,日高花影重"一联足矣,果何以多为! 嘉定癸未二月朔日,复古书。

——《戴复古诗集》(浙江古籍出版社 1992 年版,以下简称《诗集》)附录二,《戴复古自书》,第 329 页。

《石屏续集》自序

复古以朋友从臾,收拾散稿,得四百余篇,三山赵茂实、金华王元敬为删去其半,各以入其意者,分为两帙,江东绣衣袁蒙斋又就其中摘取百首,俾附于《石屏小集》之后。明珠纯玉,万口称好,无可拣择,是为至宝。凡物之可上可下,随人好恶而为之去取者,断非奇货。绍定壬辰仲夏,复古自书。

——《诗集》附录二,《戴复古自书》,第 329 页。

《东皋子诗》跋语

右先人十诗。先人讳敏，字敏才，号东皋子。平生酷好吟，身后遗稿不存。徐直院渊子竹隐先生常诵其《小园》一篇，及“日落秭归啼处山”一联。续加搜访，共得此十篇。复古孤幼无知，使先人篇章零落，名亦不显，不孝之罪，不可赎也。谨录于石屏诗稿之前，庶几使人获见一斑。复古忍泣敬书。

——《诗集》附录一，第 252 页。

《东皋子诗·赵十朋夫人挽章》跋语

此诗有五绝，吟稿零落。十朋先生黄岩前辈，行谊甚高。尝有诗云：“数枚豚犬粗知书，二顷良田乐有余。杜酒三杯棋一局，客来浑不问亲疏。”梅溪先生尊敬之，有“杜酒三杯棋一局，王十朋如赵十朋”之句。

按：赵十朋乃戴复古之父戴敏的同乡好友，因其“行谊甚高”，颇为南宋绍兴二十七年(1157)状元、邻县乐清的著名诗人、学者王十朋所器重。其夫人去世后，戴敏撰有《赵十朋夫人挽章》五首七绝以悼之。惜乎戴复古尚在襁褓时其父已遗世，生前遗稿散佚，包括这组挽诗，五首中只剩一首七绝。

附《东皋子诗·赵十朋夫人挽章》：“缝掖先生游汗漫，夫人高节独青青。临行抖擞空书笥，分付诸郎各一经。”

——《诗集》附录一，第 252 页。

高斯得《东皋子诗序》(节录)

黄岩戴复古式之，持其先人《东皋子诗》一编，过余而言曰：“余先人平生嗜诗。没时余幼，稿无一存。少长，乃得一首一联于竹隐先生徐渊子。其后尽力得九篇，余皆散佚，无可复访。夫逸者固已无可奈何，其仅存者非有所托，是又将逸矣。盍置一谈于篇端，与吾先人以不朽乎！”

——《台州府志》卷七五，《艺文略》，上海古籍出版社 2015 年版，第 3325 页。

五律《贤女祠》小序

南康县外二十里有贤女祠。昔有刘氏女，少而慧。父母初以许蔡，无故绝蔡而许吴，吴亡，又以许蔡。女曰："女子身初许蔡，夺以许吴，二年矣。今吴亡，复以许蔡，一女二许人，尚何颜面登人之门！"投身于潭而死。

附《贤女祠》："士有败风节，惭愧埋九京。幽闺持大谊，千载著一作"树"嘉名。父不重然诺，女能轻死生。寒潭堕秋月，心迹两清明。"

——《诗集》卷三，第 38 页。

五律《东池隐居小集》小序

花朝，侄孙子固家小集，见其后园一池甚广。因思唐戴简隐居长沙东池，柳子厚有记。吾子固虽富而不骄，有礼文足以饰身，乡里称其善，马少游之流也。余以东池隐居称之，不为过。况此乃吾家故事，特欠柳柳州作记尔。

——《诗集》卷三，第 73 页。

"吾宗有东野"一诗诗题

侄孙昺以《东野农歌》一编来，细读足以起予。七言有"汲水灌花私雨露，临池叠石幻溪山""草欺兰瘦能香否，杏笑梅残奈俗何"。似此两联皆自出新意，自可传世。然言语之工，又未足多，其体格纯正、气象和平为可喜。余非谀言，自有识者。因题其卷末以归之。

——《诗集》卷三，第 78 页。

《风雨无憀中览镜有感，作小诗，未有断句，适两侄孙携诗卷来》诗后注

侄孙槃，字子渊，服字岂潜，各携诗卷来，相与在酒边细细读之，足以起予。"醉石眠花影，吟廊步藓纹"，"春水绿平野，夕阳红半山"，"一樽溪上别，孤棹雨中行"，此槃之作也。"一灯深夜雨，几处不眠人"，"一草亦关春造化，众星能表月精神"，此服之作也。如此等语，不可枚数，摘其一二以识之，当自有识者为其赏音。

——《诗集》卷三，第 78 页。

五律《书事》诗后注

前李约作漕时，请游药湖，出新宠佐尊，一意顾盼，无暇与宾客语。仆有诗云“手拍锦囊空得句，眼看檀板遇知音”，漕大怒，谓舟中有麻油不投税，拘留其船。

附《书事》：“喜作羊城客，忘为鹤发翁。问天求酒量，翻海洗诗穷。已过西南道，适遭东北风。扁舟载明月，枉作卖油公。”（按：西南道乃广州一税场。）

——《诗集》卷三，第85页。

五律《题渝江萧氏园亭》小序

体仁、体信伯仲，佳士也，一区同居，不出户庭而得溪山之胜。自昔有秀江亭，山谷先生尝留题云：“澄波古木，使人得意于尘垢之外，盖人闲景幽，两奇绝耳。”所题之壁犹存。一作“体仁、体信，佳公子也。一区同居，乡里称善，石屏见而喜之，为题三诗”。

附《题渝江萧氏园亭》三首：

相识虽云晚，相知盖有年。同门好兄弟，华屋带林泉。笑傲一樽酒，登临九月天。客怀秋思豁，万象在吟边。

三径逐高低，旁通桃李蹊。一作“陟彼芙蓉径，通他桃李蹊”。凉台无六月，钓石俯双溪。醉欲眠花下，吟来过竹西。风流黄太史，古壁有留题。

近市嚣尘远，幽居古意存。诗人常下榻，俗子莫登门。日坐图书府，时开风月樽。野夫因到此，忘却海云村。

——《诗集》卷三，第98页。

《寄复斋陈寺丞二首》（其二）诗后注

饮中（复斋）歌仆赤壁词，为作大字书之，今刻石于庐山罗汉寺。

附《寄复斋陈寺丞二首》其二：“长忆西湾系小舟，野人曾伴使君游。夜浮星子邀明月，雨对庐君说好秋。坐拥红妆磨宝砚，醉歌赤壁写银钩。当时一段风流事，翻作相思一段愁。”

另附戴氏“赤壁词”《满江红·赤壁怀古》：“赤壁矶头，一番过、一番怀古。想当时、周郎年少，气吞区宇。万骑临江貔虎噪，千艘赤炬鱼龙怒。卷长波、一鼓困曹瞒，今如许。江上渡，江边路。形胜地，兴亡处。览遗踪，胜读四书言语。几度东风吹世换，千年往事随潮去。问道傍、杨柳为谁春，摇金缕。”

——《诗集》卷六，第 152 页。

“都来五十有六字”一诗诗题

李深道得苏养直所为“深”字韵一首，不知题何处景，俾跋其后。唐人诗云：“欲向愁烟问故宫，又恐愁烟推白鸟。”

附题下诗：“都来五十有六字，写出山林无限奇。当日所题何处景，只今但见后湖诗。一言一语堪传世，某水某丘仍属谁。试向愁烟推白鸟，无情白鸟又何知。”

——《诗集》卷六，第 208 页。

五律《世事》小序

三山宗院赵用父问近诗，因举“今古一凭栏”“夕阳山外山”两句，未得对。用父以“利名双转毂”对上句，刘叔安以“浮世梦中梦”对下句，遂足成篇，和者颇多，仆终未惬意。都下会李好谦、王深道、范鸣道，相与谈诗，仆举此语，鸣道以“春水渡旁渡”为对，当时未觉此语为奇。江东夏潦无行路，逐处打渡而行，溧水界上一渡复一渡，时夕阳在山，分明写出此一联诗景，恨不得与鸣道共赏之。

附《世事》：“世事真如梦，人生不肯闲。利名双转毂，今古一凭栏。春水渡旁渡，夕阳山外山。吟边思小范，共把此诗看。”

——《诗集》卷四，第 113 页。

《族侄孙子荣之子神童颜老，不幸短命而死，哭之不足，三诗以悼之》诗后注

神童讳颜老，生而秀骨奇姿，非凡子比。及晬，父渔村徇俗修试儿故事，罗书籍、玩具、果肴于席，顾盼无所取，独挈《礼记》一帙，披卷若读诵然。稍长，口授以书，两耳兼听，日记数千百言。七岁能暗诵五经，举止应对，俨若成人。十岁，善属文，思如涌泉。王帅千檒卿试以数题，捉笔辄就，檒卿称赏不容口。嘉熙元年丁酉，参政范公嘉其俊异，举应神

童科第一，后省中敕赐免解进士，朝廷以其能，行文永免。年十三卒。

——《诗集》卷五，第138页。

"一丘一壑自逍遥""别驾常怀物外心"二诗诗题

去年访曾幼卿通判，携歌舞者同游凤山，仆有"歌舞不容人不醉，樽前方见董娇娆"之句。今岁到凤山，又辟西隅筑堤种柳，新作数亭，且欲建藏书阁，后堂佳丽皆屏去之矣。仆嘉其志，又有数语，并录之。

附题下二诗：

一丘一壑自逍遥，莫怪山人索价高。是处园林可行乐，同来宾客不须招。临风桃李花狼藉，照水楼台影动摇。歌舞不容人不醉，樽前方见董娇娆。

别驾常怀物外心，黄金屡费买山林。后堂不肯着歌舞，高阁惟思贮古今。几处亭台新结束，一春风雨阻登临。野夫昨日闲乘兴，着屐寻诗到柳阴。

——《诗集》卷六，第164页。

"一时议论动诸公"一诗诗题

赵用甫提举梦中得"片云不隔梅花月"之句，时被命入朝，雪中送别，用其一句，补以成章。

附题下诗："一时议论动诸公，有诏西来玉节东。又见清朝更大化，好趋丹陛奏孤忠。片云不隔梅花月，一雪翻成柳絮风。把酒莫辞今夕醉，明朝车马去匆匆。"

——《诗集》卷六，第166—167页。

《绿阴亭四绝》小序

绿阴亭自唐时有之，到今五百年。卢肇二三公题诗之后，吟声寂寂久矣。亭前古木不存，绿阴之名，殆成虚设。今诗人李贯友山作尉于此，实居此亭。公事之暇，与江山风景应接。境因人胜，见于吟笔多矣。友人石屏戴复古访之，相与周旋于亭上，题四绝句以纪曾来。

——《诗集》卷五，第219页。

《读邹震父诗集》诗后注

读邹震父梅屋诗卷，如行春风，巷陌间见时花游女，动人心目处多矣。使其加以苦心进进不已，野夫他日当避三舍。因题五十六字以归之。端平丙申良月望日，石屏戴复古书。

附戴复古跋《丁梅岩文集》："梅岩少时不碌碌，勇于为义，不吝千金。闾长邑胥势横，莫能谁何。君白于牧，去之如拉朽，识者壮之，谓其有古烈士风。既而折节问学，与一世宏硕相师友，而仅博一第，抱负终不大试于天下，岂造物固啬于梅岩耶？群殁四纪，其季子策始刻遗稿以传。丰城剑气发越自今，梅岩其不死矣。嘉熙庚子重九后三日，石屏野客书。"(《(嘉庆)太平县志》卷一六，清光绪二十二年刊本)

按：丁梅岩，名希亮，字少詹，梅岩其号。南宋时黄岩人，戴复古同乡。

——《南宋六十家小集·梅屋吟》卷后，见曾枣庄主编《宋代序跋全编》第 7 册，齐鲁书社 2015 年版，第 4872 页。

《婕好词》题下注

丹霞张诚子作此词，出以示仆，仆疑其太文，因作此。

附戴复古《婕好词》："纨扇六月时，似妾君恩重。避暑南薰殿，清风随扇动。妾时侍君王，常得沾余凉。秋风飒庭树，团团无用处。妾亦宠顾衰，栖栖度朝暮。扇为无情物，用舍不知恤。妾有深宫怨，无情不如扇。"

——《诗集》卷二，第 20 页。

《归后遣书问讯李敷文》(其四)诗后注

"后夜郁孤台上月，更从何处照诗人"，敷文送行诗也。

按：李敷文，名华，字实夫，曾任汀州守、广东转运使、赣州提刑、湖南安抚使等职，"敷文"系其被授予敷文阁直学士之官职。

附《归后遣书问讯李敷文》(其四)："忆作南州客，归来东海滨。尚怀忧世志，忍说在家贫。老作山林计，梦随车马尘。郁孤台上月，无复照诗人。"

——《诗集》卷二，第 60 页。

七律《海月星天之观》题下注

京口普照寺旧有横陈轩，岳总侍改作此观。唐张祜《普照上方》诗云："人行中路月升海，鹤语上方星满天。"就中摘此四字为名。

按：岳总侍，名珂，系南宋岳飞孙，岳霖之子，嘉定十四年(1221)暂权镇江府事。宝庆三年(1227)又以权户部侍郎淮东总饷兼权，简称总侍。

附《海月星天之观》："巍然华屋似凌歊，下际沧溟上九霄。万顷波涛浴蟾兔，一天星斗转魁杓。征鸿有感人飘泊，宿鹤无声夜寂寥。谁似风流羊叔子，登临□□□□□。"

——《诗集》卷六，第 159 页。

《梅硐诗话》(节录)

杜小山耒尝问句法于赵紫芝，答之云："但能饱吃梅花数斗，胸次玲珑，自能作诗。"戴石屏云："虽一时戏语，亦可传也。"

——《梅硐诗话》，见《历代诗话续编》(中册)，中华书局 1983 年版，第 562 页。

戴复古论诗语录七则

1. 韵拘无好语。

——《诗集》卷六，《庐州帅李仲诗春风亭会客，有"尘"字韵，和者甚多，韵拘无好语》，第 158 页。

2. 吾以此(按：指作诗)传父业，然亦以此而穷，求一语以书其志。

——《诗集》附录二，楼钥序，第 323 页。

3. 本朝诗出于经。

附包恢序："尝闻有语石屏以本朝诗不及唐者，石屏谓'不然，本朝诗出于经'，此人所未识，而石屏独心知之。"

——《诗集》附录二，包恢序，第 323—324 页。

4. (仆)幼孤失学，胸中无千百字书，强课吟笔，如为商贾者乏资本，终不能致奇货也。

——《诗集》附录二，赵汝腾序，第 321 页。

5. 作诗不可计迟速，每一得句，或经年而成篇。

——《诗集》附录二，赵汝腾序，第 321 页。

6. 严公有诗云“过却海棠浑未醒，梦中犹自咏梅花”，脍炙人口。

按：此句乃戴复古诗“每诵梅花句，一心思故人”句下小注。“严公”，指严粲（字坦叔，号华谷），乃戴氏诗友。

——《诗集》卷四，《闻严坦叔入朝，再用前韵》，第 118 页。

7. 式之谓蹈中有高鉴。

按：蹈中，即赵汝谠，蹈中其字，号懒庵，赵汝谈胞弟，曾为戴复古编选《石屏小集》，在江湖诗坛上颇有声誉，石屏视之为己师。

——《诗集》附录二，《石屏小集》赵汝谈跋，第 325 页。

钱锺书先生对戴复古《世事》创作的误解

长亭外，古道边，芳草碧连天。晚风拂柳笛声残，夕阳山外山。
天之涯，地之角，知交半零落。一壶浊酒尽余欢，今宵别梦寒。

——李叔同《送别》[①]

每当听到上个世纪初期由弘一法师李叔同作词、至今已传唱百年的这首经典歌曲，就会让我们想起800多年前的南宋江湖派代表诗人戴复古。因为这首脍炙人口的《送别》，其中令人一唱三叹的金句“夕阳山外山”，最早出自戴复古的五律诗《世事》。

戴复古，字式之，号石屏，台州黄岩南塘（今浙江温岭市塘下）人，出生于南宋孝宗乾道三年之腊月（按阳历计，此时已进入1168年）。其父戴敏，字敏才，号东皋子，是台州郡一个颇有名气的诗人。戴复古在襁褓之时，父亲已病革，临终前深以“诗遂无传乎”[②]为憾。复古稍长，得知其父之遗言，笃意学诗，以继父志。他先就近向当时寓居台州的诗人林宪（字景思）和同乡长辈徐似道（字渊子）学习诗法，尔后又登陆游三山之门。结婚生子之后，长期游历江湖，以写诗为业，广交诗友，从而诗艺益进，诗名愈著。

《世事》堪为他的代表作之一：

世事真如梦，人生不肯闲。利名双转毂，今古一凭栏。春水渡旁渡，夕阳山外山。吟边思小范，共把此诗看。[③]

此诗的标题，在宋人陈起编刻的《江湖小集》、陈思编刻的《两宋名贤小集》中，原是一段类似诗之小序的记叙性文字：“三山宗院赵用父问近诗，因举‘今古一凭栏’‘夕阳山外山’两句，未得对。用父以‘利名双转毂’对上句，刘叔安以‘浮世梦中梦’对下句，遂足成篇，和者颇多，仆终未惬意。都下会

---

① 朱立乔、吴骞：《嘉兴文杰》（上集），当代中国出版社2005年版，第310页。

② 金芝山校点：《戴复古诗集》附录二，浙江古籍出版社1992年版，第323页。

③ 金芝山校点：《戴复古诗集》卷四，第113页。

李好谦、王深道、范鸣道，相与谈诗，仆举此语，鸣道以'春水渡旁渡'为对，当时未觉此语为奇。江东夏潦无行路，逐处打渡而行，溧水界上，一渡复一渡，时夕阳在山，分明写出此一联诗景，恨不得与鸣道共赏之。"①明代弘治年间，戴氏的裔孙戴镛出示家藏本，由庐州府同知马金重加校勘编定，计十卷，名曰《石屏诗集》，是为弘治本。在这个版本中，那篇颈联为"春水渡旁渡，夕阳山外山"的五律诗，其诗题变成《世事》，已不见原来那段很长的记叙性长标题(有学者把它视为诗的小序，为行文方便，本文亦以"小序"称之)。对此，钱锺书先生在《谈艺录》中推断，"马金辑《石屏诗集》卷四载此诗，尽削此题，仅取诗首二字，标曰《世事》"②。钱先生进而批评这样的削题做法，"则小范不知所指矣"③，意谓马金将原诗题改为《世事》，没有了关于范鸣道以"春水渡旁渡"对"夕阳山外山"的说明，诗末联中的"小范"就不明所指了。这个推断和批评不无道理。后人确有由于未见《世事》原来的小序，而对诗中的"小范"作了错误理解的。例如 1940 年由上海中华书局出版的《音注陈后山、戴石屏诗》，释"小范"为"仲淹"，理由是范仲淹守边数年，号令严明，曾被夏人称为"小范老子"④。这就不免牵强附会了。由此也说明，被马金删去的《世事》一诗原先的长标题或小序，对我们了解戴复古此诗的创作经过有着十分重要的意义，从这小序我们不难看出此诗历经十多年的初稿酝酿起草、诗句反复推敲和体验实景而定稿等几个阶段的创作过程，并深切感受到戴复古对待诗歌创作刻苦炼句、务达完美的严谨态度，以及他尊重诗友构思之成果、不掩人之美的宽阔胸襟。

令人不解的是，虽然钱锺书先生对马金"尽削"《世事》原来的长标题不以为然，但是他接着却又对此长标题所叙介的内容特别是范鸣道之对句的真实性，表示怀疑。钱先生说，马金辑编的弘治本《石屏诗集》"卷三《风雨无憀中揽镜有感》五律后有石屏识语，称道其侄孙槩之佳句云'春水绿平野，夕阳红半山'，则此联机杼早已透露。观《风雨无憀》一律前后诸诗，当作于壬

---

① 见[宋]陈起《江湖小集》卷八〇，《景印文渊阁四库全书》第 1357 册，台湾商务印书馆 1986 年版，第 542 页；又见[宋]陈思《两宋名贤小集》卷二七五，《石屏续集》，《景印文渊阁四库全书》第 1362 册，第 1378 页。

② 钱锺书：《谈艺录》(补订本)，中华书局 1984 年版，第 186 页。

③ 钱锺书：《谈艺录》(补订本)，第 186 页。

④ 参见[清]王渔洋编选、中华书局编者注释：《音注陈后山、戴石屏诗》，中华书局 1940 年版，第 11 页。

寅，为理宗淳祐二年；《世事》一律后即《改元口号》，更后《悼侄孙》诗跋中，明署宝祐三年，则《世事》当作于淳祐十二年。……窃疑石屏耻盗其侄孙句，遂作此狡狯，幻出一段故实，宁归功于范鸣道，而置春水、夕阳之先例勿道耳”①。

从上述这段话可以看出，钱先生对戴复古写作《世事》至少有两个误解。

一、对《世事》定稿时间的误解

钱先生推断《世事》“当作于淳祐十二年”，理由是“《世事》一律后即《改元口号》，更后《悼侄孙》诗跋中，明署宝祐三年”。然而，戴复古约在淳祐七年至十年间业已去世②，根本不可能在淳祐十二年(1252)时写定《世事》。

钱先生的这个失误，应与误解了《读改元诏口号》的诗题和内容有关。钱先生以为诗题中的“改元”是指理宗淳祐十二年(1252)之后改年号为“宝祐”之事，实际上，此处的“改元”乃指端平三年(1236)理宗颁诏明年改年号为“嘉熙”。从戴氏写的《读改元诏口号》的三首五律组诗看，其内容也反映了嘉熙元年前后的政治形势。该诗的第二首末联曰：“寄声崔与李，催促到长安。”③句中的“崔”，即崔与之。崔与之(1158—1239)，字正子，号菊坡，广州人。绍熙元年(1190)进士，累官至参知政事。端平三年(1236)拜右丞相兼枢密使。崔数次辞谢，朝廷则坚持此任命并多次催促其赴京任职。嘉熙三年(1239)，崔氏终于致仕，年八十二，谥正献。“李”，指的是李埴。李埴(1161—1238)，字季允，号悦斋。绍熙元年(1190)进士，端平年间累官为吏部尚书兼修国史、实录院修撰，嘉熙元年(1237)，擢同知枢密院事、四川宣抚使。次年，以同签书枢密院事督视江淮、京湖军马，不久病逝。戴复古与崔、李均有交游，所以当嘉熙改元之际，得知他们新授要职，很是兴奋，迅即写诗鼓励他们及时赴任。显然，此组诗实作于嘉熙元年。这还可以从弘治本《石屏诗集》卷六《送黄教授日岩之官章贡》这首七律中得到佐证。该诗同样写于嘉熙元年的春日，当时戴复古尚在江西。诗尾联曰：“凭谁寄语谢安石，莫

---

① 钱锺书：《谈艺录》(补订本)，第186页。

② 参见拙文《戴复古生卒年考辨》，《文献》2003年第1期，第87—94页。

③ 金芝山校点：《戴复古诗集》卷四，第114页。

为苍生起太迟。”[①]“谢安石”，此处暗喻崔与之。此联后面即有作者用小字作注云：“时召崔丞相不出。”该联表明，戴复古也希望黄日岩能规劝崔氏为苍生出任丞相之职。

戴复古自嘉熙元年春日送别黄日岩赴赣州上任之后，不久也就辗转北上，去过平江（苏州）、镇江（京口）、扬州等地，分别拜见了吴渊、吴潜、赵葵、方岳、翁际可等当地官员与诗友，至这年秋冬之交，这位年过七十的江湖诗人，才由儿子戴琦自镇江接回家乡，结束了长期漂泊江湖的生活。在这最后一次北上途中，正如戴氏《世事》小序所记述的，恰逢“夏潦无行路，逐处打渡而行，溧水界上，一渡复一渡”（按：溧水县与南京、镇江相邻，或为其所辖，境内多湖泊），当时夏雨初霁，夕阳在山，作者在渡口打渡过程中亲见这一水漫行路、波光浩渺、夕阳在山的宽阔奇丽之景，不禁想起自己与诗友们打磨多时而未定稿的五律《世事》，发现眼前的实景宛然如同诗的颈联所描绘的景色。这时他才真正体会到了范鸣道构思的“春水渡旁渡”的上联与自己原有的下联“夕阳山外山”相对，确是天造地设、相得益彰，于是情不自禁地吟咏起《世事》的诗句，并且“恨不得与鸣道共赏之”。至此，“吟边思小范，共把此诗看”的诗句也就应时地在他脑海中蹦出，替代了初稿中的末联，“夕阳山外山”的上联“春水渡旁渡”也终于得到作者自己的印证，成为定稿了。应该说，诗的小序对此诗定稿经过的记述，符合其创作的实际。钱先生以为《世事》定稿时间在淳祐十二年（1252），实在是一种误解。

二、对《世事》小序的误解

钱先生颇怀疑小序之真实性，认为那是“石屏耻盗其侄孙句，遂作此狡狯，幻出一段故实，宁归功于范鸣道，而置春水、夕阳之先例勿道耳”。这个怀疑也缺乏事实的依据。上文业已论证，早在嘉熙元年（1237）《世事》已最后定稿，其颈联“春水渡旁渡，夕阳山外山”经戴复古实景体验称奇，终于拍板认定，而戴复古见到并称道其侄孙（名槃，字子渊）的佳句“春水绿平野，夕阳红半山”，是在淳祐壬寅（1242）之时，远迟于《世事》定稿的时间，故戴复古仿用其侄孙诗句的可能性并不存在。相反，其侄孙写出此名句，倒是有可能受到《世事》颈联“春水渡旁渡，夕阳山外山”的启发。何况，参与《世事》对句

① 金芝山校点：《戴复古诗集》卷六，第196页。

构思的众多诗友如赵以夫(字用父)、刘镇(字叔安)、李好谦、王深道和范鸣道等在嘉熙至淳祐前期大都健在,如果戴复古真的"耻盗其侄孙句,遂作此狡狯,幻出一段故实",这些诗友一旦发现其编造"故实"的真相,戴氏将何以自处,岂不身败名裂?这也与戴氏一向真诚待友之道不相符合。

推究钱先生对戴复古《世事》创作的误解,或许与他误以为弘治本《石屏诗集》目录编排是以创作时间为先后次序不无关系。马金所辑的弘治本《石屏诗集》,共有十卷,其中前七卷是戴复古之诗,大体按诗体分卷,第一卷为近古体,第二、三、四、五卷为五律,第六卷为七律,第七卷为五、七绝句,第八卷系其词作。各卷的篇目,虽然也有前后几篇的创作时间相近的,但大部分篇目并非按时间先后排列,这只需把诗集目录浏览一遍,即可了然。就以钱先生所举卷四《世事》前后几首诗来说,《庐州界上寄丰帅》(按:丰帅,指丰有俊,字宅之。曾任真州知州,官至吏部郎,1220 年卒)写于嘉定年间,《赠孤峰长老》《吴子似》大约也作于这个时间段。而排在《世事》之后的《读改元诏口号》,则作于嘉熙元年(或上一年末),《谢王使君送旅费》又作于嘉熙之前的绍定五年腊月,可见上述诸诗之写作时日大都并非相近。

至于钱先生所说的"《世事》一律后即《改元口号》,更后《悼侄孙》诗跋中,明署宝祐三年,则《世事》当作于淳祐十二年"这一段文字,除了对《世事》和《读改元诏口号》写作时间推断有误外,尚有两处与事实不符:一处是经钱先生缩简后的诗题《悼侄孙》与原诗题《族侄孙子荣之子神童颜老,不幸短命而死,哭之不足,三诗以悼之》的题意不相符合。因为作者悼念的是族侄孙子荣之子神童颜老,而不是族侄孙子荣。另一处是该诗后面所附的两个题跋,前者系戴复古于淳祐三年戴颜老 13 岁时去世后所作,后者《跋戴神童文稿》并非戴氏之跋,而是累官至右丞相之职的同乡杜范(字成之,一字仪夫,号立斋)所作。杜范跋文最后一句,弘治本误录为"宝祐三年乙卯春仲,同邑杜范仪夫识",浙江古籍出版社 1992 年版《戴复古诗集》因袭其误。其中的"宝祐三年"(1255)显然有违史实,因为杜范早在淳祐五年(1245)夏即已病逝。考杜范《清献集》卷一七所收的《跋戴神童颜老文稿》,该文最后的落款是"淳祐癸卯中秋,黄岩杜某书","淳祐癸卯"即淳祐三年(1243)。看来是弘治本将"淳祐三年"误写成"宝祐三年"了。钱先生未曾细考,因袭其误,于是也错把戴复古的悼神童颜老诗当成写于宝祐三年的诗,连类而及,进而误将《世事》的定稿时间当作淳祐十二年(1252)了。

我们深知，钱先生知识渊博，学贯中西，是我国现当代的杰出学者和文化大家。作为晚辈，我们对他卓越的学术贡献和文学成就一向极为敬仰。他对戴复古《世事》创作的误判，想是一时看走了眼，所谓智者千虑中的偶然一失吧。只是考虑到钱先生的这些误解已产生相当大的负面影响，尤其是“窃疑石屏盗其侄孙诗句，遂作此狡狯，幻出一段故实”云云，用语很重，这对于长期漂泊江湖的布衣诗人戴复古来说，无疑是人格和声誉上的极大伤害。为此笔者觉得有必要就这个问题作一番考辨，以澄清事实真相，相信钱先生在天之灵该不会怪罪吧。

戴复古诗题中的“诸葛机宜”考辨

古人写诗，其标题若提及有关人物，往往不直称其姓名，只简略地标示他们的姓氏和官职，如李白《庐山谣寄卢侍御虚舟》、刘长卿《送李中丞归汉阳别业》即是。读者如果不认真考察诗题中人物的简历及作者写诗之背景，就不易准确把握其诗意，甚至误判诗题人物的真实名号，出现张冠李戴、引发歧见的情况。最近笔者在阅读南宋江湖诗人戴复古（号石屏）的七律《泉州紫极宫寿星殿古桧，诸葛机宜同赋》的注释时，对诗题中的“诸葛机宜”，就看到书刊上存在着两种截然不同的见解。

为便于读者理解分析，现将此诗抄录于下：

泉州紫极宫寿星殿古桧，诸葛机宜同赋

浪说陈朝八桧碑，何如此桧古而奇。灵根据地高千尺，黛色浮空阅四时。人欲栋梁劳想象，树存陵谷有迁移。寿星赐汝长生诀，化作苍龙守殿墀。（《石屏诗集》卷五）

从诗题中可以看出，“诸葛机宜”是戴复古一位关系密切的诗友，“机宜”或是其所任的安抚司“主管书写机宜文字”之职的简称。但他的大名和字号是什么？此诗写于何时？戴氏未做必要的说明。这就引起了戴复古研究者的探究。

福建学者陈丽华撰文《戴复古游历泉州诗文释读》[①]（下面简称“陈文”），对戴复古在泉州交游之时留下的多篇诗歌进行了解读，其中有不少可供汲取的真知灼见。只是文中对上引戴诗标题中“诸葛机宜”的解释，仍值得商榷。

陈文认为，诸葛机宜即是泉州著名的诸葛家族诸葛廷瑞之弟诸葛廷材。她考证说：诸葛廷瑞（？—约1195），绍兴二十七年（1157）进士，淳熙十六年（1189）因出使金国不辱使命而受朝廷重用，官至兵部侍郎。其弟

① 陈丽华：《戴复古游历泉州诗文释读》，《台州学院学报》2015年第4期，第15—20页。

诸葛廷材“授徒里中，究心学问”。陈文推测，诸葛廷瑞在与史浩（1106—1194）同朝为官闲聊时，可能谈及其弟的品性才学，因此乾道（1165—1173）末年史浩知福州兼福建安抚使期间，“提拔诸葛廷材为幕僚”，任以安抚司主管书写机宜文字的职务，“于私于公完全在情理之中”。陈文另一个重要“证据”是诸葛廷材去世时史浩写的《祭诸葛机宜文》。她摘录了其中一段：“我帅七闽，一见奇才。絜置幕府，机密是咨。叩之凝然，如万顷陂。即之飘然，如千里骓……伊君笃行，出于天姿。行年五十，冰玉无疵……”陈文进而很有把握地说：“对照祭文内容和史浩的来闽时间，以及《闽中理学渊源考·泉南诸葛氏家世学派》《晋江县志》《南安县志》对诸葛家世的记载，再从时间、年龄、气质、学识上判断，唯有诸葛廷瑞弟诸葛廷材才有可能成为史浩的幕僚（机宜）。”她以为，“正是借着戴复古这首诗和史浩的祭文这两条线索，让我们了解到诸葛廷材运筹帷幄的才华”。

粗看陈文上述关于诗题中“诸葛机宜”即“诸葛廷材”之说的理由，似乎考证有据，推断合理。但是当笔者深入查考相关历史文献后，发现陈文上述的考证和推断不能成立，理由如下：

其一，史浩《祭诸葛机宜文》，祭的是曾任长乐县主簿、后任福州史浩帅府机宜之职的诸葛梦叟，绝非泉州诸葛廷瑞之弟诸葛廷材。

诸葛梦叟（1125—1174），名说（音悦），字梦叟，永嘉人（今属浙江）。登绍兴庚辰（1160）进士。据《（光绪）永嘉县志》载，其始“授严州司户，调黄岩尉，俱以忧未赴。久之起为长乐县主簿……史浩帅闽闻其贤，数委以事，皆以理平……复延之幕中。自一话一言无裨补不出口。浩甚重之，将荐于朝，而说卒矣”[①]，终年50岁。史浩《祭诸葛机宜文》（一作《祭诸葛梦叟文》）是为他的去世而撰写的。全文如下：“惟灵生长东嘉，月评所推。文采可观，德义可师。晚登上第，世与我违。闭门却扫，不求闻知。交游劝勉，结绶王畿。得官长乐，枳棘卑飞。我帅七闽，一见奇之。挈置幕府，机密是咨。叩之凝然，如万顷陂（波）；即之飘然，如千里骓。剡奏九阍，将穷设施。胡为一疾，竟丧大期。方君卧枕，我即命医。君曰：‘病渴，泉溺无时，使人染指，其甘如饴，是殆将死。’其又奚疑，语未信宿，俄以讣驰。”[②]

文中的“枳棘”，指长满荆棘的灌木丛，引申为所处的恶劣环境；“卑飞”，

① [清]王棻：《（光绪）永嘉县志》卷一三《人物志》，清光绪八年刻本。

② 宁波市鄞州区政协文史资料委员会编：《帝师丞相史浩》，宁波出版社2009年版，第134页。

低飞。祭文大意是：诸葛梦叟在永嘉出生长大，其为人受到社会之推重。后中进士，任长乐主簿，屈身微职。作者出任福建安抚使，知他是个贤才，十分器重他，特提拔他为帅府幕僚，主管机宜文字，并准备向朝廷举荐。岂料他不久即患病去世。在文中史浩还诚挚地表达了对诸葛梦叟患病（应是严重的糖尿病）的关心及其去世的痛惜。不知陈文是有意或无意，在摘录史浩的祭文时，漏引了“生长东嘉”“晚登上第”“得官长乐”等几个关键句子——大概由于诸葛廷材生自南安而又并无中进士、在长乐为官之经历的缘故吧。但是，此祭文恰与诸葛梦叟的经历相符合，且与和诸葛梦叟同属永嘉郡的学者陈傅良（号止斋）所撰的《跋史丞相〈祭诸葛梦叟文〉》[①]相互印证。此外，《（乾隆）福州府志》卷四八也有采自《闽书》的关于诸葛梦叟（即诸葛说）为史浩聘为机宜的记载。[②] 这些都足以证明史浩的《祭诸葛机宜文》祭的是永嘉籍、任福州帅府机宜之职的诸葛梦叟，而不是一生并未出山为吏，只在故里泉州南安授徒、究心儒学的诸葛廷材。

其二，无论是史浩知福州之前还是之后，诸葛廷瑞与史浩都不可能同时在朝为官。

据《宋史》和《（宝庆）四明志》等史志记载可知，史浩（1106—1194），字直翁，明州鄞县（今浙江省宁波市鄞州区）人。绍兴十四年（1144）进士。绍兴三十二年（1162），孝宗即位，史浩以中书舍人迁翰林学士知制诰、参知政事，次年即隆兴元年（1163），拜尚书右仆射、同中书门下平章事兼枢密使。旋因对张浚急于北伐持异议，被罢相予祠。乾道八年（1172），任知福州兼福建路安抚使。淳熙元年（1174）乞祠在家，四年被召回京，除少保、观文殿大学士，五年（1178）三月，复为右丞相。九个月后因议事与孝宗不合，力求去位，复为醴泉观使兼侍读。淳熙八年（1181）八月罢侍读，辞归。平生喜荐举人才，告归时又举荐江浙之士十五人，皆一时之选。淳熙十年（1183）以太保退休，封魏国公，进太师。绍熙五年（1194）卒，年八十九。封会稽郡王。[③]

而诸葛廷瑞（1129—1195）呢？陈文已据《泉州府志》《闽中理学渊源考》等文献做了简要介绍，从中可知，诸葛廷瑞，字麟之，泉州南安人。绍兴二十七年（1157）进士。授龙溪尉，后知崇安。与朱熹有交往，颇礼敬之。赈灾有

① ［宋］陈傅良：《止斋先生文集》卷四，四部丛刊影明弘治本。

② ［清］鲁曾煜：《（乾隆）福州府志》卷四八，清乾隆十九年刊本。

③ 参见《宋史·史浩传》，［宋］罗濬《（宝庆）四明志》（宋刻本），宁波市鄞州区政协文史资料委员会编著、宁波出版社出版的《帝师丞相史浩》等史志文献。

功,因政绩授明州通判,改池州,擢知惠州。淳熙十五年(1188)因主管官告院奏对称旨,除起居舍人。十六年,光宗嗣位,受命出使金国,执节有度,不为金人所屈。使还,光宗奖谕,兼权吏部侍郎,进起居郎。绍熙元年(1190),兼中书舍人,改兵部侍郎。庆元元年(1195)以疾谢事,遂以朝请大夫守权兵部侍郎中致仕,当年去世。①

比照二人的宦历,不难发现,史浩知福州之前,仅于绍兴二十七年(1157)前后至隆兴元年(1163)数年间在朝中任职,其他时日,不是在地方为官,就是被免职予祠。而诸葛廷瑞在自绍兴二十七年(1157)中进士至淳熙十年(1183)史浩退休还乡的整整25年中,一直在京城外任地方官,从未任过京官,怎么会有陈文所谓的与史浩"同朝为官",二人"闲聊间可能谈及其弟之品性才学"之事?而诸葛廷瑞被迁入朝中任主管官告院之职时,史浩早已告休在家,此时更谈不上两人同朝为官。

其三,无论是诸葛廷材还是诸葛梦叟都没有与戴复古同游泉州紫极宫并同赋古桧的机会。

其实只要查考一下戴复古在史浩知福州期间的年龄和踪迹,这一问题即可昭然。前文已写到,史浩是在乾道八年(1172)至淳熙元年(1174)之间知福州的。而戴复古出生于乾道三年(1167)十二月(按公历此时已是1168年1月),至淳熙初年满打满算,也就是八九岁吧。试想一个不到十岁的孩子,能从浙江台州远行到福建泉州与当地帅府的"机宜"交游赋诗吗?对此,大概陈文也感到不合情理,于是力求自圆其说:"依据史浩的卒年及其《祭诸葛机宜文》,可判断戴复古此诗作于公元1185—1194年间,换句话说,这是戴复古最初至泉州的时间段,此时戴复古不到30岁,尚处于广泛积累广交朋友的游学阶段。"②然而这样的说明显然是无力的,难以使人信服。试想,被史浩聘为机宜之职的诸葛梦叟早在淳熙元年已经因患有严重糖尿病离世,史浩的祭文大约写于诸葛梦叟去世后不久。而被陈文认定为在史浩幕府中主管书写机宜文字的诸葛廷材,在公元1185年至1190年,若非早已辞世,也已进入老年,还会保持"机宜"之职务,与戴复古同游泉州并赋诗吗?何况诸葛廷材被聘为"机宜"原是子虚乌有之事。所以可以肯定地说,真正

---

① 参见[明]黄仲昭:《八闽通志》卷六六,"诸葛廷瑞";[清]李清馥:《闽中理学渊源考》卷三三,《泉南诸葛氏家世学派少保诸葛辟之先生廷瑞》;《(乾隆)泉州府志》卷四一,《宋列传·诸葛廷瑞》。

② 陈丽华:《戴复古游历泉州诗文释读》,《台州学院学报》2015年第4期,第16页。

与戴复古在泉州同游同赋的“诸葛机宜”，实乃另有其人。

那么戴复古诗题中这位“诸葛机宜”是谁呢？这就要提到另一位学者的见解了。

这位学者就是戴复古的同乡、戴复古及其作品的当代资深研究者吴茂云先生。吴先生自20世纪80年代开始从事戴复古的学术研究，几十年来孜孜不倦，成果丰硕。他校注的《戴复古全集校注》中对此诗题的“诸葛”“机宜”分开做了注释：“诸葛：即诸葛如晦，名琰，号桂隐，南安（今江西大余）人，以父荫光泽县尉，佥判信州。诗人曾久寓泉南，诸葛为借一园亭安住，有诗。机宜：官名，主管机宜文字和主管书写机宜文字的简称。”[1]这一注释（以下简称“吴注”）比起陈文对“诸葛机宜”的释读，似乎显得靠谱些，因为戴复古与诸葛如晦确是关系较为密切的诗友（说来也巧，这位诸葛如晦，还是前文提及的诸葛廷瑞的孙子、诸葛廷材的侄孙），戴氏来泉南游历，他陪同诗友去泉州紫极宫游览并同赋古桧，还是完全可能的。

不过，吴注也有含糊不清、令人生疑之处。它既未注出诸葛如晦与戴氏去泉州紫极宫参观的时间，更未说明诸葛如晦是何时成为安抚司帅臣的机要秘书即“机宜”的。考之《闽中理学渊源考·泉南诸葛氏家世学派》，可知诸葛如晦，名琰，桂隐其号，泉州南安人。其父诸葛直清曾知临安府事。其岳父乃南宋名宦和学者李诚之（号臞庵）。其于“宋绍定三年以任子累官邵武军光泽县尉……真西山喜琰忠勤，上其事于朝，进阶儒林郎，官至信州签书判官，致政归。琰赋性豪迈，有学术，在官清贫。与白玉蟾相善。蟾诗中所谓桂隐者即琰也……琰知宋腊不再，远识几先，率其子隐武夷山中得免。后乃屏居于城西之古榕。”[2]视其生平，诸葛如晦并未中过进士，官职也止于信州佥判。若是他任过安抚司的“机宜”之职，史志传记上何以没有一点记载？

综上所述，关于戴复古诗题中那位与戴氏同赋的“诸葛机宜”，陈文的“诸葛廷材”说，显然不能成立，吴注的“诸葛如晦”说，亦难以肯定。或曰：也许这位任机宜之职、与戴氏同游泉州的是另一位诗友，或者“机宜”只是与戴氏同游泉州的某位诗友的字号，而非帅府主管书写机宜文字的官职名呢？在有文献资料提供一定的线索之前，这样的设想也无法证实。

总之，要想真正确认诗题中的“诸葛机宜”是谁，还得各方学者和读者共

---

① 吴茂云：《戴复古全集校注》，中国文史出版社2008年版，第295页。

② ［清］李清馥：《闽中理学渊源考》卷三三，《佥判诸葛桂隐先生琰》，《景印文渊阁四库全书》第460册，台湾商务印书馆1986年版，第375—376页。

同努力,继续多方面搜求相关文献,深入发掘有关证据,认真辨别其真伪。只有找出了与戴复古同赋古桧的这位"诸葛机宜"的真实姓名,掌握了他准确的履历、交游及其相关信息(包括他何时何地成为那位帅臣的机宜等信息),才算有了正确的答案。在没有准确的证据之前,不宜轻下断语或主观推想,曲为之说。

最后,附带提一下,吴注说诸葛如晦为"南安(今江西大余)人",也有所失考。《闽中理学渊源考·泉南诸葛氏家世学派》明确记载,诸葛家族"宋世入泉州",居泉州之南安县已数世,该家族之四世诸葛廷瑞、五世诸葛直清及其五个儿子(玠、珏、琰、琳和璋)皆然。只是诸葛直清的第三个儿子诸葛琰即诸葛如晦,自信州佥判任上辞政归后,乃从泉州卜迁于城西之古榕(系福州古榕巷)[①],但亦仍在福建境内。吴注说诸葛如晦"南安(今江西大余)人",这是把南安军与南安县混为一谈了。吴注所说的"南安(今江西大余)",确切地说,应为"南安军(治所在今江西大余县)",因为"南安军"与"南安县"是两个不同的概念。这里的"军"是宋代设置的军事行政区,相当于州一级的单位。"南安军,北宋淳化元年(990)分虔州置,治大庾县(今江西大余县)。属江南西路。辖境相当于今江西章水,上犹江流域。"[②]南安军所属只有三个县,即南康县、大庾县和上犹县,并无南安县。而"南安县"乃福建泉州属下的一个县,这一点,南宋著名学者洪迈的《容斋随笔》卷七七《州县失故名》早就有所说明:"今之州县以累代移徙、改革之故,往往失其故名,或州异而县不同者。如建昌军在江西,而建昌县乃隶南康;南康军在江东,而南康县乃隶南安;南安军在江西,而南安县乃隶泉州。"[③]当然,吴注偶尔疏忽,把隶属泉州的南安县误当作江西的大余县仅为小疵。这次撰写本篇小文,意在相互切磋以求真探实,绝不敢自以为是。文中有不当之处,还望陈、吴二位作者提出反批评,也欢迎广大读者不吝指正。

本文始刊于《武夷学院学报》2017 年第 10 期,系与徐俐华合写,为第二作者

---

① 古榕是福州的象征。福州亦因榕树而别名"榕城"。诸葛如晦"致政归,卜迁于城西之古榕",系指卜迁于福州城西的"古榕巷"。参见刘亮编:《白玉蟾生平与文学创作研究》,凤凰出版社 2012 年版,第 85 页。

② 易平主编:《赣文化通典·方志卷》,江西人民出版社 2013 年版,第 567 页。

③ [宋]洪迈:《容斋随笔》卷七,清修明崇祯马元调刻本。

戴复古两首七绝中“文章”之含义考辨

一、问题的缘起

最近翻阅一本题为《刘克庄与南宋后期文学研究》的学术著作，作者在强调刘克庄的前期诗稿《后村居士集》的深远影响后，写下这样一段文字(以下简称引文)：

> 下面再看看当时的江湖领袖戴复古写给刘克庄的两首诗：“朝廷不召李功甫，翰苑不着刘潜夫。天下文章无用处，奎星夜夜照江湖。”“八斗文章用有余，数车声誉满江湖。今年好献南郊赋，幕府文章有暇无。”
>
> 有意思的是，石屏显然是在赞誉刘克庄的文章，而非其诗。这实际上是给我们透出一个信号，那就是，在这位江湖领袖的眼中，是这位南宋后期文坛领袖的文章使他获得了更多的声誉，而非他的诗歌，至少在石屏的眼中是如此。①

按：刘克庄字潜夫，号后村；戴复古字式之，号石屏。上面引文中的戴复古两首七绝，前一首写于淳祐五年(1245)，系《寄后村刘潜夫》组诗三首之一。后一首题为《寄刘潜夫》，写于嘉定十一年(1218)，末句“文章”二字，考之南宋陈起编刻的《江湖小集》和旧题陈思编刻的《两宋名贤小集》二书所收的《石屏续集》以及四库全书本《石屏诗集》，均作“文书”。② “文书”与“文章”词义有异，何况七绝首尾两句出现同一词语，若非特殊需要，亦为律绝创作所忌。想是引文作者未作校勘，沿袭了所依据的弘治本《石屏诗集》或浙

---

① 王述尧：《刘克庄与南宋后期文学研究》，东方出版中心2008年版，第156页。

② 陈起编刻的《江湖小集》卷八七至卷八一、旧题陈思编刻的《两宋名贤小集》卷二七三至二八六，均收有戴复古《石屏续集》，其中《寄刘潜夫》一诗末句，皆为“幕府文书有暇无”。见《江湖小集》，《景印文渊阁四库全书》第1357册，第546页；《两宋名贤小集》，《景印文渊阁四库全书》第1362册，第1382页。

江古籍出版社1992年版《戴复古诗集》之失误所致①。为此,笔者下面引用、分析此句时,即以"幕府文书有暇无"为准。

引文作者显然片面理解了戴复古那两首诗中"文章"这一词语的含义。鉴于这一理解牵涉到如何看待戴复古对其好友刘克庄的诗歌的评价问题,似有必要对此作一番考辨。

二、古代"文章"词义的引申和演变

考"文章"一词,早在先秦时代就已经出现。《墨子·非乐上》:"是故子墨子之所以非乐者,非以大钟鸣鼓琴瑟竽笙之声以为不乐也,非以刻镂华文章之色以为不美也。"②(按:据毕沅校注,末句中的"华"系衍字。)句中"文章"一词,乃指错杂的色彩或花纹。"文"即"纹",指纹路、纹样;"章"本指"屏蔽",转指"外表",合为"文章",其本义是指直接构成视觉形象的图样,诸如服装上绣绘的龙凤图样、皮肤上针刺的花卉图案等,后指文字所描绘出来的事物图样,进而衍生出多个义项。《汉语大词典》"文章"这一词条,首先即释其本义为"错杂的色彩或花纹",再逐一列出由本义引申、衍化发展而来的多个义项(诸如"礼乐制度""文字""文辞或独立成篇的文字""才学"和"曲折隐晦的含义或情节"等等)③,且分别在各个义项之后举例句说明。随着时代的变迁,"文章"的词义,如同"文学"那样,亦发生了某种变化。试看《论语·先进篇》中的"文学:子游、子夏"一句,邢昺《论语注疏》释"文学"二字为"文章博学",其中的"文章"一词,指的是古代的典籍、文献。④ 到了汉代,"文学"则是指学术,甚至直指为儒学,而"文章"倒是"指学术之外的词章",其含义乃重在属辞,即语言的运用,仍不同于今之所谓"文学"。魏晋南北朝之时,"文章"的含义又有了变化。曹丕《典论·论文》曰:"盖文章,经国之大

---

① 弘治本《石屏诗集》十卷本为明代马金编校,上海涵芬楼曾据常熟瞿氏铁琴铜剑楼所藏明弘治本《石屏诗集》影印。此本后被收入《四部丛刊续编》,其中七绝《寄刘潜夫》之末句误作"幕府文章有暇无"。浙江古籍出版社1992年版《戴复古诗集》以此为底本、参校他书印行,其卷七《寄刘潜夫》末句亦同底本。

② [清]毕沅校注:《墨子》,吴旭民校点,上海古籍出版社2014年版,第136页。

③ 参见罗竹风主编:《汉语大词典》中卷,"文章"词条,汉语大词典出版社1997年版,第4031页。

④ 参见袁行霈《中国文学概论》,高等教育出版社1990年版,第3—4页。

业，不朽之盛事。”[①]曹丕所谓文章的概念已和前人所指的言辞、学术、儒学等有所不同，而是包含了两类：一类是成为专门著作的论文，另一类则是诗、赋、章、表等作品，即其在《典论·论文》所说的：“夫文，本同而末异，盖奏议宜雅，书论宜理，铭诔尚实，诗赋欲丽。”[②]这里，曹丕不仅前所未有地突出强调“文章”的价值和作用，首次提出了八体文章的四种不同风格特点，而且明确地把诗赋纳入“文章”范围之中。曹丕把诗赋的地位抬得如此之高，体现了建安时代文学的自觉性。正如鲁迅所说，那是文学的自觉时代。此时，诗文辞赋这一类文学作品进一步受到人们的重视。在其后的南北朝，“文章”进而有了“文”“笔”之分。刘勰《文心雕龙·总术篇》曰：“今之常言，有文有笔，以为无韵者笔也，有韵者文也。”[③]梁元帝萧绎《金楼子·立言篇》所说的文笔之别，不仅指有韵、无韵之分，而且进一步认为“文”之特点是重在以情动人和语言的形式美，“笔”则是奏章之类的论说文、应用文。[④] 对此，近代的章太炎先生曾概括言之：“文即诗赋，笔即公文，乃当时恒语。”[⑤]不过，总的说来，在我国古代，特别是魏晋以后，“文章”与“文学”、“文”与“笔”或分或合，并没有十分严格的界限，乃至你中有我，我中有你，即便是《文心雕龙》和《文选》亦是如此。只是朝代不同，时期有别，“文章”“文学”概念的内涵和外延各有侧重或变化而已。唯有到了现代，由于传入中国的西方文学观念与我国古代原有的狭义文学观念（强调缘情和辞采）相交汇，形成了现代意义上的“文学”概念，使语言性艺术的“文学”与说理记事的学术类“文章”真正地相分离，才有了“文章体裁”（包括记叙文、议论文、说明文和应用文等）和“文学体裁”（包括诗歌、小说、散文、戏剧等）的明确区分。

据上所述，我们在确定古代某一作品中“文章”这一词语的含义时，拟结合作者所处的时代及其作品的实际，并根据这一词语所处的语境，进行历史的、具体的分析，不宜无视其具体情况，一概用现代人通常对该词语概念的认识，轻率地作出判断。本文开头的引文恰恰忽视了这一点。

---

① 魏宏灿：《曹丕集校注》，安徽大学出版社 2009 年版，第 313 页。

② 魏宏灿：《曹丕集校注》，第 313 页。

③ 周振甫：《文心雕龙注释》，人民文学出版社 1998 年版，第 469 页。

④ 参见袁行霈：《中国文学概论》，第 5 页。

⑤ 章太炎：《文学总略》，见高文强主编：《中国文论经典导读》，武汉大学出版社 2015 年版，第 230 页。

三、如何理解戴复古两首七绝中“文章”的含义

那么,戴复古寄赠刘克庄的两首七绝中“文章”之词义,应该如何理解呢?

要正确回答这一问题,似有必要先回顾一下戴复古与刘克庄的交游经历,并准确把握那两首绝句所表达的主旨以及“文章”一词在诗中的语境。

(一)戴复古与刘克庄的交游经历

戴复古与刘克庄是交游多年的江湖诗友。早在嘉定十年、十一年间,戴复古就先后在刘克庄任职所在地真州和南京拜访过他。当时刘之诗作已广为流传,声名日著。首句为“八斗文章用有余”的那首七绝即是戴氏客游南京期间寄赠给刘的。在南京,戴和刘还与当时几位江湖诗人如赵仲白、赵师秀、孙季蕃等结社论诗吟诗,相得甚欢。绍定二年(1229)戴氏在福建造访刘克庄的弟弟、时任古田县令的刘克竞之后,又去探访任建阳县令期满、卸职居家的刘克庄。其间亦有诗赞美刘氏兄弟“难兄与难弟,能政更能诗”①。在刘克庄家做客时,戴、刘两人更是亲密地“拥絮庵中共说诗”。但是尽管刘克庄文才卓著,政声斐然,由于遭到权臣的打压,在仕途上几起几落,直至淳祐五年(1245),依然未能进入翰林院得到重用。业已回乡多年、年近八十的戴复古仍关心着诗友刘克庄的政治前途,深为其怀才不遇的境况感到不平,在病中连写了三首七绝,题曰《寄后村刘潜夫》②,对他表示同情和安慰。本文开头引文中的第一首七绝即是其中之一。而刘克庄对戴复古的诗作也颇为赞赏,称戴氏为“大诗人”,并对戴长期漂泊江湖、困顿一生的遭遇深怀同情之心。这从戴复古于淳祐八年(1248)前后去世之后刘克庄为戴诗写的跋文《跋二戴诗卷》中可见一斑。③

---

① 金芝山校点:《戴复古诗集》,浙江古籍出版社 1992 年版,第 224 页。

② 金芝山校点:《戴复古诗集》,第 230 页。

③ 刘克庄《跋二戴诗卷》(见《后村先生大全集》卷一〇九,四部丛刊本)中曰:“余为仪真郡掾,始识戴石屏式之,后佐金陵阃幕,再见之。及归田里,又见之。皆辱赠诗。式之名为大诗人,然平生不得一字力,惶惶然行路万里,悲欢感触一发于诗……追念曩交式之,余年甫三十一。同时社友如赵紫芝、仲白、翁灵舒、孙季蕃、高九万,皆与式之化为飞仙。余虽后死,无与共谈旧事者矣。”可见二人交往情谊之深厚。

（二）引文中两首七绝的主旨及“文章”一词在诗中的语境

第一首七绝，首句中的“李功甫”，即李刘（号功甫），善诗，更是当时文坛写四六骈文的高手，但却一直未被朝廷召用。次句“翰苑不着刘潜夫”，强调文才出众的刘克庄，本来早该招入翰林院以尽其才，但至今仍被闲置。诗人以前二句为铺垫，顺理成章地带出第三、四句“天下文章无用处，奎星夜夜照江湖”，感叹刘克庄等这样的盖世文才得不到朝廷重视，只能长期在江湖上发光闪亮。此诗既流露了对朝廷不重人才的不满，更表达了对刘克庄等诗人怀才不遇的深切同情。“奎星”，亦谓“奎宿”，星宿名，是二十八星宿之一，有星十六颗，古人多因其形似“文”字而认为其主人间的文运和文章，称之为文曲星。由于刘克庄主要以诗词称名于世，而“奎星”又是主文运的，所以此末句实有视刘克庄为江湖诗坛的领袖之意。

引文后一首七绝的首句“八斗文章用有余”，典出前人传说的南朝谢灵运所言：“天下才共一石，曹子建独得八斗，我得一斗，自古及今共享一斗。”①这是戴复古借此典故赞美刘克庄具有三国时代的大诗人曹植（字子建）那样杰出的文才。第二句“数车声誉满江湖”，则继而强调刘克庄在江湖诗坛上的崇高声誉。第三、四句“今年好献南郊赋，幕府文书有暇无”②，意思是说：今年皇帝将在南郊祭祀天地，正是您展露才华，像晋代诗人郭璞献《南郊赋》与东晋皇帝得其赏识而擢为著作佐郎那样，向朝廷进献诗赋以显

---

① 曹子建“八斗才”之说，唐以前似未见提及。李商隐（字义山）诗集曾有“宓妃愁坐芝田馆，用尽陈王八斗才”之句。“陈王”，即陈思王曹植，字子建。清代朱鹤龄《李义山诗集注》注其下句曰：“谢灵运曰：‘天下才共一石，曹子建独得八斗，我得一斗，自古及今共得一斗。奇才博识，安可继也。’”此注未提及谢灵运之言出自何书。后来的许多注家包括现当代的一些辞书或学术著作引用谢氏此语时，都说它出自《南史·谢灵运传》。然笔者翻检《南史》或《宋书》的《谢灵运传》都不见谢氏的这段话。后查看有关文献，发现清代孙志祖的《读书脞录》卷五和梁章钜《浪迹三谈》均早已指出“今检《南史》，并无此语”。现当代的有些辞典如《全元曲典故辞典》，则曰谢灵运此言出典于宋代无名氏所著的《释常谈》。查看《释常谈》，倒确实引有谢灵运这段话。但也没有交代其出处，所以也很难说典出此书。因为唐之后的五代后晋李瀚《蒙求集注》即有“谢灵运尝云‘天下才共有一石，曹子建独得八斗，我得一斗，自古及今同用一斗’”的引语。应该说，谢灵运一生恃才傲物，但对曹植的诗才却极为敬重，故其说过类似这样的话，当为不虚，只是其真正的出处已失考，有注家误以为出自《南史》或《宋书》，后人不察，遂以讹传讹至于今，对此实有辨正之必要。

② 金芝山校点：《戴复古诗集》，第 224 页。

示自己的才干，获得提升的好时机，只是不知您在任职的幕府中还有没有余暇起草公文？这既是鼓励诗友抓住机遇发挥自己的八斗之才以争取晋升，也希望他在创作诗赋的同时兼顾公文的起草，以尽幕僚的职责，充分表现了对诗友政治前途的关切。

戴氏这两首七绝的写作时间相隔二十多年，但对朋友刘克庄才华的高度赞赏、对他前途的关心却是一脉相承的。二诗中都出现了“文章”这一词语。不过，仔细体味该词在二诗中的含义，则又各有侧重，不尽相同，前一首“天下文章无用处”中的“文章”，应是包括了文学与非文学的各类体裁的文字，诸如诗词骈赋、诗论小品、序跋碑铭、策论奏疏等等，即所谓各类“文辞及独立成篇的文字”，然从其所处的语境看，主要还是指刘克庄的诗词作品。后一首“八斗文章用有余”中的“文章”，则是才学、文才之意。只是，有一点却是相同的，即无论是前诗还是后诗中的“文章”，都与诗歌有着密切的关系，甚至可以说，被引文作者排除在“文章”之外的诗词作品，在戴复古心目中，恰恰是二诗中“文章”一词的主要含义。

总之，从戴、刘二人的交游及“文章”在戴氏这二首七绝中的语境来看，都足以说明，戴复古不仅对刘克庄的政治才干、各类文体兼擅的才华颇为称许，更对他的诗词创作才干和在江湖诗坛上的声誉充满倾慕之情，绝无半点轻视其诗歌成就之意。

四、引文作者误解戴诗带给我们的思考

引文作者何以对戴复古那两首七绝中“文章”的含义产生如此的误解？推究其原因，一是未曾深入了解戴复古写作这两首七绝的时代背景及其与刘克庄相知甚深的情谊，二是对“文章”的词义在不同时期的变化缺乏全面的考察，仅按现代的文章体裁与文学体裁区分的标准来判断，把诗词作品与古代所称的文章对立起来，将它完全排除于“文章”词义之外。殊不知，在古代很长一个时期内，“文章”原本就包含诗歌或诗词，有时在特定的语境下，所谓“文章”指的就是“诗歌”这一体裁。《戴复古诗集》中除了引文所举的两首七绝，还有数首诗带有“文章”这一词语，其含义亦是如此。例如卷六赞颂老师陆游的七律《读放翁先生剑南诗草》：

茶山衣钵放翁诗，南渡百年无此奇。入妙文章本平淡，等闲言语变

瑰琦。三春花柳天裁剪，历代兴衰世转移。李杜陈黄题不尽，先生摹写一无遗。[①]

此诗第三句中的"文章"，联系诗句的下联和诗的标题，明显指的是陆游诗歌的文辞，而不是现代人所理解的无韵之"文章"。此外如卷一的《栗斋巩仲至以元结文集为赠》和《杜甫祠》两首诗，也均有含"文章"一词的诗句，前者曰："春陵贼退篇，少陵犹敛衽。文章自一家，其意则古甚。"[②]意谓元结和杜甫的诗文特别是诗歌都具有强烈的现实主义精神。后者曰："呜呼杜少陵，醉卧春江涨。文章万丈光，不随枯骨葬……"[③]赞叹杜甫的诗歌与日月同辉，永放光芒。如果按照引文作者对"文章"的理解，岂非戴复古这里只是赞赏杜甫和元结的文章，而非他们的诗歌？

其实，不光是戴复古，唐宋时期许多诗人的不少诗句中都含有"文章"一词，其含义大都是诗文或诗歌。下面再略举数例：

例 1："文章憎命达，魑魅喜人过。"（唐·杜甫《天末怀李白》）

例 2："文章千古事，得失寸心知。"（唐·杜甫《偶题》）

例 3："李杜文章在，光焰万丈长。"（唐·韩愈《调张籍》）

例 4："诗成神鬼皆遭役，命薄文章不值钱。"（宋·刘仙伦《送陈维定》）

例 5："东坡文章冠天下，日月争光薄风雅。谁分宗派故谤伤，蚍蜉撼树不自量。"（宋·王十朋《赞东坡诗》）

不知引文作者看到上述诗句，是不是也认为这些诗句中的"文章"并非指诗歌或诗文，而只是无韵的文章？

当然，引文作者误解了"文章"一词的含义，只是个小问题，自不能因此而否定全书的学术价值。但是，举一反三，它留给我们的思考却是深长的。这就是，从事学术研究，对于一个词语、一篇文章、一本学术著作，乃至任何人与事物，千万不要主观臆测、以偏概全，而应该全面地、历史地进行考察、分析和比较。孟子曰："诵其诗，读其书，不知其人，可乎？"所以要知人论世，要了解其人的身世、交游、经历、思想主张等等，更要了解他所处的时代和环境。概言之，需要我们本着实事求是的精神，对问题进行历史的、具体的客观分析。

---

① 金芝山校点：《戴复古诗集》，第 171 页。

② 金芝山校点：《戴复古诗集》，第 14 页。

③ 金芝山校点：《戴复古诗集》，第 14 页。

最后，附带提一下，引文的有些用语也欠准确严密。例如称戴复古为“江湖领袖”，就不怎么恰当。在一些研究南宋江湖诗派的著作中，有称刘克庄或戴复古为江湖诗派领袖的，但这不过是对二人在当时江湖诗坛上举足轻重地位和作用的推许，并非认为江湖诗派是一个真正意义上的诗派组织，更不是说二人乃江湖诗人严格选举出来的组织者或领导者。何况，“江湖”与“江湖派”（或“江湖诗派”）毕竟不是同一个概念，后者比前者的概念要狭小得多，是不能等同视之的。

本文始刊于《台州学院学报》2018年第2期

《全宋文·戴复古》补正

戴复古，字式之，号石屏，是南宋江湖诗派最具代表性的布衣诗人，他大半生漂泊于江湖，以诗鸣天下数十年，年八十余。生前写诗二千余首，传至后世的亦达千首，可谓南宋诗坛上作诗数量较多的一位。但就散文创作而言，其数量则屈指可数。《全宋文》收入其文仅五篇，均为诗集之序跋短文，漏收了他为族侄戴丁之妻所写的墓志铭。此篇墓志颇有文献价值，纠正了过去某些方志关于戴氏宗族上下辈分排列上的某些失误，并提供了戴复古于淳祐六年十一月仍然活在世上的证据。现特予抄补，并就《全宋文·戴复古》中戴复古小传的撰写及收录之文校点的失误，试作考辨和订正。

一、《全宋文·戴复古》漏收的一篇墓志铭

宋故淑妇太孺人毛氏墓志铭

余族侄丁字华父之妃曰毛氏，名仁静，家黄岩之丹崖。其父廷佐，以儒学望于里，故孺人习闻其训，陶染与性成。既归，克尽妇道，以贤淑称。仪止山立，节操玉洁，是非不涉于言，喜怒不形于色，动循礼法，暗合《女诫》。赢衣美铏，只以振贫，一毫不费于释氏，非介然有守者莫能。华父自少与余为忘年交，相见必倾倒。尝为余言："妇人之所难克者，妒为大。山妻赋性不妒，比之传记所载谢安、王导、任瑰、裴谈之徒之妻，制勒其夫如束湿者，殆霄壤。叔处吾族，曾闻其指尖妒悍声出房闱乎？繇是人益多之。"乌乎！其他可能也，其不妒为难能也。能为其难，岂非贤妇也哉！年八十七，逢国锡类，恩封孺人。生于绍兴甲戌九月壬子，卒于嘉熙庚子十二月甲午。子男四，楷、木、栝、栩。栩先孺人六年卒。女三，嫁其侄从政郎前绍兴府嵊县主簿仁厚、进士曾建大、王修。孙男八，宜老、双老、大老、翀老、君锡、敕赐童科免解进士颜老、宗凭、伟老。大、锡、颜、伟俱蚤夭。女十，郑蕃、陈观光、郑居礼、陈应梦其婿也，余在室。曾孙女三。以淳祐六年十一月壬申祔葬于戴奥

华父兆。前事，楷等款门乞铭，余虽不任载笔，谊不得辞，况又平时所乐道者。

铭曰：自《小星》之诗绝响，为妇者类以妒相师，至专房擅宠，祸移彼姝，宁灭祀而不悔。闻孺人之风，可以愧死矣！

族叔祖石屏樵隐戴复古撰。玉山林琮夫刻。[1]

戴复古所撰的这篇墓志，1971 年在戴复古故里——今浙江省温岭市新河镇南塘附近的长屿丁岙出土。当时丁岙村正在大规模拆坟平地，一天突然挖出这一块碑石，村民未仔细辨认，仅把它当作普通的石料用来垫土。1996 年，温岭市将戴复古墓地定为市级文物保护单位，在查找戴氏墓群文物时，这块被村民视作一般石料而搁置许久的、刻有铭文的碑石，这才身价百倍，被当作研究戴复古及其宗族的重要历史文物，温岭市文物局郑重地将其迎入并保护起来，并对它进行认真的考古研究。据当地的戴复古研究专家吴茂云先生描述，这块刻有戴复古遗文《宋故淑妇太孺人毛氏墓志铭》的碑石，“长 75 厘米，高 54 厘米，厚 7 厘米。石质细腻光滑，下沿已磨光。铭文直行，共 27 行，每行 19 字，总计 454 字。字为 2 分硬币般大，左下角另有‘玉山林琮夫刻’一行小字，记载了刻者的名字。铭文楷书，笔力遒劲秀丽，有钟、王帖意”。[2] 该铭文的被发现经当地媒体报道后，引起了浙江各级文物部门和文史学界的重视。自 1996 年以来，关于戴复古撰写的这篇墓志铭的考证、阐释文章相继问世，多位学者都充分肯定了该墓志的历史价值和文献价值，认为它不仅推翻了学界以往所谓戴复古之父戴敏系宋进士戴舜钦之从侄、戴复古系戴丁族兄的说法，纠正了过去某些方志误列的戴氏宗族上下辈分的承接关系，而且提供了戴复古于淳祐六年十一月仍然活在世上的证据。特别值得提出的是，该墓志极力褒扬戴丁之妻毛氏“不妒”的所谓美德，突出反映了古代封建社会夫为妻纲的陈腐思想观念以及女性地位之低下，从而也加深了我们对宋代妇女所受封建礼教毒害与迫害的认识。

① 该墓志铭石碑于 1971 年从温岭市戴复古故里出土，原件现存浙江温岭市文物局。

② 吴茂云校笺：《戴敏集　戴复古集》，“温岭丛书”甲集第一册，浙江大学出版社 2016 年版，第 552 页。

二、《全宋文》戴复古小传的几处失误

《全宋文》编纂凡例曰："本书所收作者，皆撰小传，简要介绍其姓名、字、号、谥、生卒年、籍贯、仕履、主要活动及著述等，并注明所据之史料。"①按照此凡例，《全宋文·戴复古》开首亦撰有戴复古小传：

> 戴复古（一一六七—？），字式之，号石屏，台州黄岩（今浙江黄岩）人，敏子。笃志古学，从林景思、徐渊子游，又登陆游之门，讲明诗法，由是有诗名。著有《石屏诗集》十卷行于世。见本集卷四《新年自唱自和》，万历《黄岩县志》卷六，《宋史翼》卷二九。②

这则小传，不计标点符号，共八十多字，初看并无不妥，但仔细推敲，却有几处失误或不准确之处，与凡例所定的原则不完全符合。

（一）戴复古出生于公元1168年，八十余岁卒，而非小传所谓"一一六七—？"

戴复古生于南宋孝宗乾道三年，古今向无异议，戴氏多篇诗作即可证实这一点。淳祐四年甲辰戴氏作的五律《新年自唱自和》即有"生自前丁亥，今逢两甲辰"之句。③ 上一个甲辰年是孝宗淳熙十一年（1184），"前丁亥"正好是乾道三年。或曰：对照中西历年表，乾道三年，不就是公元1167年吗？为什么又说戴复古是1168年出生的呢？这就需要说到中西历年表两者对照时，有不相对应的一面了。原来，公元的某年，对应到我国的农历某年，并非完整地在同一年内。常有我国农历某年之尾却是公元下一年之初的情况。戴复古出生在乾道丁亥三年的农历十二月（据《石屏诗集》卷五《生朝对雪，张子善有词为寿》"梅花腊月春……谁道是生辰"句可知），对照阳历已是

---

① 曾枣庄、刘琳主编：《全宋文》第一册，编纂凡例，上海辞书出版社2006年版，第15页。

② 曾枣庄、刘琳主编：《全宋文》第三〇四册，卷六九三八，戴复古，上海辞书出版社2006年版，第49—50页。

③ ［宋］戴复古：《石屏诗集》卷四，《四部丛刊续编》，商务印书馆影明弘治刻本。

1168年1月12日至2月10日间了，故若按阳历，其出生之年应为“1168年”。

至于戴复古的卒年，有多种推测，学界至今尚无定论，小传以问号标示，自是一种谨慎的态度。但有一点可以肯定，戴氏活到80余岁才去世。这不仅有宋末方回《桐江集》卷四《跋戴石屏诗》曰戴氏寿“八十余岁”之说法可以佐证[①]，从戴氏诗集中也可找出依据。《石屏诗集》卷一的《和郑润甫提举见寄》作于淳祐六年(1246)，诗中称自己“痴生年八秩”[②]；卷七《寄上赵南仲枢密》作于淳祐七年至八年间，正是赵葵(字南仲)任枢密使之时，可见戴氏至少于淳祐七年间尚活在世上。此后就不见他的新作和活动了，估计淳祐八年(1248)左右或已辞世。故关于戴氏的生卒年，若按中西历对照年表，稳妥的表述应是“宋乾道三年十二月(1168年1、2月间)生，于淳祐八年左右卒”；若仅以西历来表示，则为“1168—1248?”。

关于这个问题，笔者在1996年和2003年先后发表的两篇文稿中曾作过初步的论析[③]，现北京大学中文系博导王岚教授于2003年出版的专著《宋人文集编刻流传丛考》一书最后一章《戴复古集》有更具体的阐述[④]，感兴趣的读者不妨找来一阅。

这里似有必要提及，修纂于民国三十六年(1947)的宁波天一阁藏《四明桃源戴氏家乘》卷一内宋南塘谱系和南塘谱实二章中有戴复古“生乾道三年十二月四日，卒淳祐七年三月十三日，年八十一”的记载。有学者据此认为“这部家谱明确记载了南宋著名诗人戴复古的世系和生卒年”[⑤]，将它当作戴氏生卒年的结论性依据。但这部“新发现的《戴氏家乘》”叙及戴敏父子家族的部分，有着明显的失实迹象，其可靠性尚有待考证，别的暂且不说，即以其称戴复古之父戴敏为“学谕”(县学主管)，就与有关文献所述戴敏的生平不符。众多史料均表明，戴敏平生不喜举子业，布衣终身，从未涉足官场。

---

① [宋]方回：《桐江集》卷四，《跋戴石屏诗》，清嘉庆宛委别藏本。

② [宋]戴复古著：《戴复古诗集》，金芝山点校，浙江古籍出版社2012年版，第9页。

③ 参见《浙江师大学报(社会科学版)》1996年第5期拙文《对〈新发现的戴复古重要史料及其考证〉的几点辨正》和《文献》2003年第1期拙文《戴复古生卒年考辨》。

④ 参见王岚：《宋人文集编刻流传丛考》，戴复古集，江苏古籍出版社2003年版，第522页。

⑤ 参见吴茂云：《新发现〈戴氏家乘〉中戴复古家世和生卒年》，《台州学院学报》2013年第2期。

何况宋初直到南宋理宗景定之前，县学并无专职之学谕。至于此谱所详记的戴复古的生卒年月日，也缺乏其原始依据和旁证材料。愚以为此谱或可聊备一说，若据以作为戴复古生卒年之确证，似乎尚难以令人信服。

(二)戴复古是南宋黄岩人，却非今浙江黄岩人

小传之所以将戴复古误标为今黄岩人，是因为编者忽视了自宋至今台州黄岩地域的历史沿革。原来在明代成化五年(1469)，朝廷已析出黄岩县南部的太平、繁昌和方岩三个乡(戴复古的故里南塘属繁昌乡，正在其中)，与从乐清县析出的小部分土地合并，另设太平县。1914 年太平县改为温岭县。至 1994 年，温岭已撤县建市、名曰温岭市了。所以如今对戴复古籍贯的确切表述应是"宋台州黄岩县南塘(今属浙江台州温岭市)人"，或曰"宋台州黄岩人(其故里南塘今属台州温岭市)"。

(三)"笃志古学，从林景思、徐渊子游，又登陆游之门，讲明诗法"表述不确切

小传曰戴复古"笃志古学……讲明诗法"，该句几乎一字未改地取自明代凌迪知《万姓统谱》对戴式之(即戴复古)的生平简介。[①]《万姓统谱》的这段文字，又是编者凌迪知截取南宋楼钥《戴式之诗卷序》中一段文字稍作改动而成。楼氏原话是："(戴复古)遂笃意古律。雪巢林监庙景思、竹隐徐直院渊子，皆丹丘名士，俱从之游，讲明句法。又登三山陆放翁之门，而诗益进。"[②]经凌迪知改动后，"笃意古律"变成"笃志古学"，"讲明句法"换作"讲明诗法"，且把后者移至"又登陆游之门"句后。但这两处改动，都有违楼氏原意和戴复古的实际生平。什么是"古学"？《汉语大词典》的释义是"1. 研究古文经、古文字之学。……2. 科举功令文字如策论、律赋、经义、八股文、试帖诗以外的经史学问，称古学。"[③]戴复古"笃意古律"，其继父志决心要学的是包括古体和近体的诗歌创作，并不是与"古律"含义有别的"古学"。而

① 参见[明]凌迪知：《万姓统谱》卷九十九"戴姓之谱"，《景印文渊阁四库全书》第 957 册，台湾商务印书馆 1986 年版，第 1683 页。

② [宋]戴复古著：《戴复古诗集》，金芝山点校，浙江古籍出版社 2012 年版，第 322 页。

③ 罗竹风主编：《汉语大词典》(上卷)，汉语大词典出版社 1997 年版，第 1454 页。

“句法”与“诗法”的概念也不完全相同，其中亦有范围大小、侧重方面之分，故字词的变换、位置的移动还是须谨慎体察原作者的用意和传主生平实际为宜。

在这方面，为石屏诗作序跋的有关作者就比较注意。楼钥序已见上引，且再看下面南宋包恢序和清代吴之振序。

包恢序曰：“石屏痛念其先君子平生不肯作举子业，而专以诗自适，临终，以子在襁褓，而虑诗或无传。石屏长而有闻，深切疚心，求以诗传父业，显父名，是其志也，实继父志也。”①

吴之振《宋诗钞·石屏诗钞序》曰：“（戴复古）少孤，痛父东皋子之遗言，收拾残稿，遂笃志学诗。从雪巢林景思、竹隐徐渊子讲明句法，复登陆放翁之门，而诗益进。”②

把楼序、包序、吴序跟凌氏对戴复古的生平介绍相比较，就不难看出凌氏下笔用词有点随意，不够严谨，甚至不大尊重事实。而小传撰写者又未曾细考，便轻易袭用凌氏语，与戴氏矢志学诗之实情不甚相契，未免令人遗憾。

（四）戴复古“著有《石屏诗集》十卷”的说法不准确

戴复古生前著有多部诗卷，身后由于种种原因，至明代已多有散失。留传至今较为完整的是由明代马金据戴复古生前几种遗稿重加编次而成的《石屏诗集》十卷本，其中前八卷为戴复古所作的诗词作品，后面两卷即第九、十卷是附录，并非戴复古之作，分别是戴复古侄孙戴昺及戴氏族人之诗。所以严格地说，小传曰戴复古“著有《石屏诗集》十卷”并不合乎事实，倒不如删去“十卷”二字为好。

（五）把《石屏诗集》卷四《新年自唱自和》置于小传史料出处的首位，亦欠妥当

打开《石屏诗集》十卷本，其中能较全面地反映戴复古生平经历的序跋和诗篇并不少。比较而言，当以戴氏台州籍同乡诗友吴子良所撰《石屏诗后

---

① ［宋］戴复古著：《戴复古诗集》，金芝山点校，浙江古籍出版社2012年版，第323页。

② ［清］吴之振：《宋诗钞》卷九十五，《石屏诗钞序》，《景印文渊阁四库全书》第1461—1462册，台湾商务印书馆1986年版。

集序》所提供的戴氏生平的信息量最大。[①] 从中,我们不仅能推知戴氏生于乾道三年,更能了解他大半生漂泊江湖,广交各界人士,以诗为业,终穷而不悔的经历,了解他诗歌创作的特点和成就。将该序作为小传所依据的首选史料,似更恰当些。

综上所述,或可将小传修改为:

> 戴复古(1168—1248?),字式之,号石屏,台州黄岩人(其故里南塘今属台州温岭市),敏子。笃意古律,从林景思、徐渊子游,讲明句法,又登陆游之门,而诗益进。有《石屏诗集》十卷本行于世。见本集卷首吴子良《石屏诗后集序》,《(万历)黄岩县志》卷六,《宋史翼》卷二九等。

三、对《全宋文・戴复古》所收序跋之校点的几处补正

《全宋文・戴复古》所收5篇序跋见于《全宋文》第三百三十四册,卷六九三八,第50—52页。现依次将前4篇中有欠准确之校点补正如下:

1. 标题"石屏诗集序一"宜改为"石屏小集自序(或曰'自书')"。

2. 标题"石屏诗集序二"宜改为"石屏续集自序(或曰'自书')"。

按:戴复古的多部诗选或诗集中,有其本人手编的,更多的是请托名家、诗友编选的。其中《石屏小集》乃赵汝谠(字蹈中,号懒庵)于嘉定十三年左右任湘漕期间,受戴复古之请托,从戴氏此前所写的数百篇诗中选出一百三十首而编成的一部诗选。《石屏小集》这一书名不仅见于戴复古自书序文,也可以从赵汝腾(字茂实,号庸斋)、赵汝谈(字履常,号南塘,赵汝谠之胞兄)分别为《石屏小集》所撰写的序跋中得以证实。[②] 而《石屏续集》则是由袁甫(字广微,号蒙斋)在赵汝腾、王佖(字元敬,号敬岩)将戴复古四百余篇诗稿删去其半的基础上,就其中摘取百首而编成的又一部石屏诗选,由于它被附于《石屏小集》之后,所以取名为《石屏续集》。明代弘治年间马金编就《石屏诗集》十卷本后,在所撰的《书石屏诗集后》中明确写道:"天台布衣戴屏翁以

---

① [宋]戴复古著:《戴复古诗集》,金芝山点校,浙江古籍出版社2012年版,第323页。

② [宋]戴复古著:《戴复古诗集》,金芝山点校,浙江古籍出版社2012年版,第320—323页。

诗鸣宋季,类多悯时忧国之作。同时赵蹈中选为《石屏小集》,袁广微选为续集。"[①]由此看来,《全宋文·戴复古》所收的前两篇序,应是《石屏小集》和《石屏续集》的自序(或曰"自书")。而《全宋文》校点者将戴复古的两篇自序分别名为"石屏诗集序一""石屏诗集序二",固无大错,只是欠确切。

3.《东皋子诗跋》正文"徐直院渊子、竹隐先生"中的顿号应删去。

按:"徐直院渊子"与"竹隐先生"本是同一个人,即南宋孝宗乾道二年进士徐似道(字渊子,号竹隐)。用上顿号,倒成两个人了,有违史实。关于徐似道,南宋文献多有介绍。陈耆卿编于嘉定十六年的《(嘉定)赤城志》卷三三即有其传略:"徐似道,黄岩人,字渊子,历官告院、知郢州、太常丞、礼部司封郎官、起居舍人、权直学士院,迁秘书少监,终朝散大夫、提点江西刑狱。自号竹隐,有文集藏于家。"[②]因徐氏曾任权直学士院(简称"直院"),故戴复古在此跋文中有"徐直院"之称。

徐似道不仅有丰富的仕宦经历,还是南宋著名的诗人,与范成大、杨万里和陆游均有交游,受到过他们的称许。比他后出的著名诗人刘克庄赞其"才气飘逸,记闻精博,警句巧对,殆天造地设,略不戟人喉舌,品在姜尧章之上"[③]。他是戴复古之父——东皋子戴敏的同乡和诗友,在乡居家时与戴敏时有酬唱,关系密切。故戴复古在《东皋子诗跋》中特地提到"徐直院渊子竹隐先生常诵其《小园》一篇"也就顺理成章了。戴敏去世后,年少的戴复古为继父志,曾师从徐似道学诗。宁宗时期,戴复古多次拜会或献诗与徐氏,真切地向他表达敬仰之情。想是《全宋文·戴复古》校点者不甚熟悉徐似道的字号及其与戴氏父子的关系,以致在标点《东皋子诗跋》时误加了顿号。

4.《邹震父梅屋诗跋》首句"读邹震父《梅屋》诗卷"中的书名号宜删去。

按:南宋江湖派诗人邹登龙,字震父,号梅屋,与戴复古交游颇深。戴复古访问他时,赠以《石屏小集》,邹赋七律《戴式之来访,惠石屏小集》一首,对戴氏充满钦敬和感激:"诗翁香价满江湖,肯访西郊隐者居。瘦似杜陵常戴笠,狂如贾岛少骑驴。但存一路征行稿,安用诸公介绍书。篇易百金宁不

---

① [宋]戴复古著:《戴复古诗集》,金芝山点校,第332页。

② [宋]陈耆卿:《(嘉定)赤城志》卷三三,《景印文渊阁四库全书》第486册,台湾商务印书馆1986年版,第877—878页。

③ [宋]刘克庄著:《后村诗话》,王秀梅点校,中华书局1983年版,第119页。

售，全编遗我定交初。”[①]而戴氏为邹氏《梅屋吟》作跋时，亦以诗一般的语言、拟人的手法、靓丽的比喻，称赞邹诗“如行春风巷陌间，见时花游女，动人心目处多矣”。接着又以年长者的身份鼓励他不断进取，继续苦吟练句，强调他日后成就必将远超于己，最后又“题五十六字以归之”。从《诗渊》考得这“五十六字”原是一首名为《题邹震父诗集》的七律：“邹郎雅意耽诗句，多似参禅有悟无。吟到草堂师杜甫，号为梅屋学林逋。润滋草木山含月，光动波澜水有珠。学力到时言语别，更从骚雅着功夫。”[②]若将此诗与邹氏诗《戴式之来访，惠石屏小集》联系起来看，不难体察这二位忘年交的江湖诗人惺惺相惜、相互倾慕的真挚情感。

从戴诗颔联“吟到草堂师杜甫，号为梅屋学林逋”，以及戴氏写与邹氏的另一首诗《题邹震父梅屋》首句“邹郎爱梅结梅屋”[③]中，亦可证实“梅屋”既是邹登龙之号，又是其住所之名称，这应是与他喜爱梅花、居处遍植梅树有关。我们可以连称邹氏之字号“邹震父梅屋”，可以称其自己命名的住所为“梅屋”，也可以称他的诗卷为“梅屋诗”或“梅屋诗集”（邹氏即把自己的诗集定名为《梅屋吟》），但是如果直接把他的号——“梅屋”当作其诗集名称而加上书名号，就不合作者原意了，正如不能把戴复古之号“石屏”加上书名号，与《石屏诗集》之书名等同起来。当然，倘若戴复古此跋首句写的是“读邹震父梅屋吟诗卷”（或“读邹震父梅屋吟”），那么校点者为“梅屋吟”加上书名号自是情有可原，可惜戴氏原文并无这一“吟”字。真可谓一字之差，似是而非，为文标点，岂可不慎乎！

本文始刊于《语文学刊》2019年第5期

① ［宋］陈起：《江湖小集》卷六九，《景印文渊阁四库全书》第1357册，台湾商务印书馆1986年版，第536页。

② 吴茂云校笺：《戴敏集　戴复古集》，“温岭丛书”甲集第一册，浙江大学出版社2016年版，第521页。

③ ［宋］戴复古：《题邹震父梅屋》，《诗渊》第5册，书目文献出版社1993年版，第3244页。

《千家诗·初夏游张园》的作者究竟是谁?

“乳鸭池塘水浅深,熟梅天气半晴阴。东园载酒西园醉,摘尽枇杷一树金。”这是过去广为流传的《千家诗》里的一首七绝,题为《初夏游张园》(有的版本题为《夏日》)。诗中写了诗人载酒游园的情景,展示了初夏时节人与自然的相互体认,语言洗练清快,用“一树金”三字形容枇杷之黄熟鲜丽,形神兼备,尤为真切生动,其艺术特色几乎为《千家诗》各种注释本所一致肯定。但是关于这首诗的作者是谁,各家的说法却不那么一致了。从二十世纪八九十年代各地出版的《千家诗》注释本看,大多数依照相传明末清初王相选注本的看法,将此诗归于戴复古之父戴敏的名下,也有少数注释本(如广西人民出版社 1982 年版《千家诗新注》和安徽人民出版社 1983 年版《新校千家诗》等)根据明弘治刊本《石屏诗集》卷七,认为此诗的作者乃是戴复古。

以上二说各有所据,孰是孰非,迄今无人予以辨正。笔者最近对此诗的作者问题做了一番考证。经分析有关材料,认为此诗的作者应是戴复古,而不是他的父亲戴敏。

戴敏,字敏才,南宋诗人和书法家。“独能以诗自适,号东皋子,不肯作举子业,终穷而不悔。”(楼钥《戴式之诗卷序》)其临终时因儿子尚在襁褓之中难以传其诗、承其业而不胜叹息。戴复古晓事后立志实现父亲的遗愿。他长期辗转于江湖之上,搜集父诗,拜师结友,讨论诗艺,刻苦创作,终于成为江湖诗派的名家。《石屏诗后集》之首载有戴敏的十首遗诗,题曰《东皋子诗》。其后有戴复古的跋语,叙说他父亲“平生酷好吟,身后遗稿不存”,他几十年“续加搜访,共得此十篇”,“谨录于石屏诗稿之前,庶几使人获见一斑”。对此,戴复古友人陈昉在《东皋子诗》题跋中曾予以褒扬,称其“于其先人片言只字访求甚苦,老而益切,惟恐失坠……不敢一语忘其父,可谓孝矣”。可见戴复古对父亲遗诗的搜求与传世是很重视的。

戴复古的诗集在元至正年间曾由其后裔戴子英(字文璜)校核并重新刊印。但到了明代,戴诗的宋元刊本已有残缺、散佚。明弘治年间庐州府同知马金协助戴氏裔孙戴镛根据家传的石屏集板本、诗抄和石屏诗手抄本细加校勘,重新编次而成《石屏诗集》十卷本以传世。其中第一至七卷为石屏诗,第八卷为石屏词,第九、十卷为附录,收录戴复古晚辈裔孙之诗。“东皋

子诗仍录集首。”（马金《书石屏诗集后》）

翻阅明弘治本《石屏诗集》可知，被《千家诗》选收的《初夏游张园》一诗不在《石屏诗集》之集首《东皋子诗》之中，而在《石屏诗集》第七卷里，当属戴复古所作无疑。试想倘若这是戴敏的诗作，一生对父诗访求甚苦、“不敢一语忘其父”的戴复古一定喜出望外，如获至宝，早就把它编入《东皋子诗》了，怎么会将它编到自己诗集之中呢？

或曰：会不会这是戴复古生前未曾发现的戴敏之诗，而被戴镛、马金误收在《石屏诗集》第七卷的？从此诗集的编印情况看，这个推测也难以成立。因为它毕竟是依据戴复古后裔家藏的宋（或元）刊本并细加校勘的，可信度高。虽然此弘治刊本亦间有文字脱漏或错讹的情况（这可能与原刊本残缺有关），但却未发现误收他人诗作这类的疏忽。相反，戴复古有的诗被人误收到别家诗集，如《建昌道上》一诗被误入高九万（菊磵）集中，倒是赖马金等发现，使之“物归原主”，编进了《石屏诗集》（见集中该诗标题下的说明）。可见诗集编者对诗歌著作权的归属问题是认真对待的。因此，在没有充分证据之前，不应轻易否定戴复古是《初夏游张园》的作者，并怀疑《石屏诗集》卷七误收了戴敏的作品。

应该指出，关于《千家诗》的编选者是谁的问题，长期以来存在着争论，至今尚无一致的看法。如有的版本题为宋谢枋得、明王相编选，有的则说是谢枋得选、王相注。上海辞书出版社 1979 年版《辞海》认为“题谢枋得选，当系伪托”，并认为《千家诗》乃是“《分门纂类唐宋时贤千家诗选》的简称，南宋刘克庄主编。克庄号后村居士，故也称《后村千家诗》”。但也有对“简称”说和“刘克庄主编”的说法表示异议的（如语文出版社 1987 年版《千家诗全译》前言）。本文无意对上述诸说进行考辨。不过，无论如何，《后村千家诗》与据传为王相选注的《千家诗》存在着渊源和承继关系当是肯定的。后者的 233 首诗，大都选自《后村千家诗》，包括《初夏游张园》这首七绝。虽然宋版的《后村千家诗》失传已久，但从清曹寅所刻的《楝亭丛书》中尚可得见此书。该书中的《初夏游张园》一诗，作者为“戴石屏”，这与明弘治刊本《石屏诗集》十卷本的看法是一致的。而源于《后村千家诗》且后于《石屏诗集》十卷本问世的相传为王相选注的《千家诗》，却将此诗的作者写成“戴敏”，显然是误写或错改的了。

令人惊讶的是，1986 年某出版社出版的《后村千家诗校注》在校注《初夏游张园》这首诗时，居然以正为误，把《楝亭丛书》本《后村千家诗》中《初夏游张园》诗题后的作者名字“戴石屏”改作“戴敏”，还解释说这是“据

《宋诗钞·东皋集》改"的。殊不知《宋诗钞》乃清代人所编选,比《后村千家诗》宋刊本和《石屏诗集》明刊本后出。该书把此诗作者戴石屏改作"戴敏",并无合理的论证,原是不足为凭的。对照《石屏诗集》十卷本,可以发现《宋诗钞》中的《东皋诗钞》十首诗全部抄自《石屏诗集》卷首的《东皋子诗》,而《宋诗钞·石屏诗钞》大都也是摘选于《石屏诗集》的第一至七卷。值得注意的是《宋诗钞》的编选者吴孟举、吕留良等既没有将《初夏游张园》选入《石屏诗钞》,也没有将它编入《东皋诗钞》。只是到了管庭芳、蒋光煦编《宋诗钞补》的时候,不知为什么,他们竟不做任何说明便将《石屏诗集》卷七中戴复古的这首诗作为戴敏之作补抄入《东皋集》中。这实在不是一种严肃、慎重的态度。我们现在校注此诗时,是不能不做分析地将《宋诗钞补》作为标准而依样画瓢的。因为在这个问题上,比《宋诗钞补》早出多年的《后村千家诗》和弘治本《石屏诗集》更为可信。刘后村与戴复古是诗友,刘生前对戴的诗很熟悉,在戴复古去世后还为他的诗集写过题跋(见《后村大全集》卷一〇九《跋二戴诗卷》),对《初夏游张园》一诗的作者是谁应是很清楚的。即使《后村千家诗》乃后人托后村之名而编,它也远比《宋诗钞补》问世要早。其实,旧时出的某些《千家诗》校注本,也有依据《后村千家诗》,以戴复古为《初夏游张园》的作者的。1992 年 4 月笔者曾在遂昌县图书馆看到过一本题为《合刻注释张子房、解学士、千家诗讲读》一卷。线装石印,已较破旧,每页分上下栏。上栏是关于张良、解缙的说唱文字,带有"打油"性质,不足为训,下栏便是《千家诗讲读》,计 126 首,全是七言绝句和七言律诗,无五言,首页署有"临川汤海若校释"字样。汤海若即汤显祖。汤氏曾于明万历年间在遂昌县做过五年的县令,此校释本是否为他在遂昌任上所作,由于此本前后无序跋,已不得而知。考汤显祖一生事迹,并无校释《千家诗》之记载。此本也许是后人伪托其名而校释印行的。但在这一校释本中,《初夏游张园》的作者也是写作"戴石屏"而不是"戴敏"。这却是符合事实的。

综上所述,当可确定,《初夏游张园》的著作权属于戴复古,而不是他的父亲戴敏。为了尊重事实,并对读者负责,建议凡将此诗作者写成"戴敏"的《千家诗》各种注释本及有关辞书,在再版、重印时,对此予以更正,而不能目为小事而不为,我行我素,继续以讹传讹了。

本文系《戴复古及其作品考辨三题》中的第二部分,原文刊于《浙江学刊》1994 年第 2 期

标注格言名句出处应力求准确无误

南宋江湖派代表诗人戴复古有一首题为《处世》的七律，诗曰：

风波境界立身难，处世规模要放宽。万事尽从忙里错，一心须向静中安。路逢平处经行稳，人有常情耐久看。直到一作“道”世间无悔吝，才生枝叶便多端。

——《戴复古诗集》卷六（浙江古籍出版社 1992 年版）

全诗自然平易，直抒胸臆，表现了作者长期漂泊江湖对世事的认知和对如何处世的感悟，特别是颔联“万事尽从忙里错，一心须向静中安”，可谓作者自己艰难曲折人生经历的深刻反思和总结，富有哲理性，对后人处世行事颇具启示意义（甚至包括老年人如何养生的启示）。所以长期以来，这一名联常常被各类辞典和面向青少年的教育类图书视为格言名句而收入书中，如《成语探源辞典》（首都师范大学出版社 1996 年版）、《中国诗词曲赋辞典》（大象出版社 1997 年版）、《最新活用成语辞典》（知识产权出版社 2006 年版）、《写作应用成语大词典》（华语教学出版社 2014 年版）等均是。有的编者甚至还把这一名联编入中学语文考试试题，作为选择题选项之一，如《中考语文基础知识试题精选》（见语文出版社 2009 年版）、《考点大观・初中词语专练》（见北京教育出版社 2009 年版）等，可见其影响之大。

值得称道的是，上述书籍在收入这一联句之时，能准确标出它的作者姓名（戴复古）及篇名（《处世》），为读者了解其出处、查阅全诗提供了方便。而遗憾的是，另一些收录该名句的辞书或教育类图书，却在标注其作者或出处上出现了两方面的失误：

一是错标了它的作者，把戴复古误作刘克庄。如《新编小学生名言熟语实用辞典》（北京师范大学出版社 1997 年版）、《名人名言》（北方妇女儿童出版社 1996 年版）、《中外名言大辞典》（四川辞书出版社 1991 年版）、《中学生格言集・名人名言 300 条》（中国国际广播出版社 1992 年版）、《名人读书法》（电子科技大学出版社 1994 年版）等。

二是把这一联的出处（《处世》）错写成戴复古另一诗的标题《送侄孙汝

白往东嘉，问讯陈叔方诸丈》，如《人生格言分类大辞典》(汉语大词典出版社 2004 年版)、《教子格言辞典》(广西人民出版社 1992 年版)等。其实戴复古的《处世》是首七律，而《送侄孙汝白往东嘉，问讯陈叔方诸丈》是首五律，一首七律的颔联怎么会出自五律诗呢?

更令人不可思议的是，有一部题为《台州文化发展史》(云南民族出版社 2006 年版)的学术著作第 560 页引用戴复古这一名句时，竟错写成“吟诗无路学熏风，一心须向静中安”，其上句乃刘克庄七律《示儿》的第六句，原句是“吟诗无路和薰风”，引用者移用时把仄声字的“和”误写成“学”字，以致错上加错。著者误引的这一联，无论意思还是对偶、平仄都不相合，显然不是戴复古的原句。

误标名句格言的作者和出处，看似小事一桩，其负面后果却不能等闲视之。它不仅会误导读者，也会影响图书的质量，有时还会引起名句著作权的纠纷，带来一定的麻烦。

为什么会出现上述那些失误? 究其原因，想是由于有关责任人对校对工作重要性认识不足，掉以轻心，以讹传讹;或者工作太忙，抽不出时间去认真核对诗句的原始出处，仅凭个人不准确的记忆校对。这正违背了戴复古“万事尽从忙里错，一心须向静中安”的告诫。

忙里出错，心静则安。倘若凡事不急不躁，细心认真地对待，相信差错、失误也就可以减少甚至避免了。

本文始刊于《品位 · 经典》2018 年第 6 期

子虚乌有的宋代方岩《灵璧磬石歌》

翻阅沈泓编著的《奇石鉴赏与收藏》一书(湖南美术出版社2010年版),其第三章《灵璧石鉴赏与收藏》单页标题下方,有四句七言诗:“灵璧一石天下奇,体势雄伟何巍峨。巨灵怨(按:应作“怒”)拗天柱掷,平地苍龙卷首尾。”该诗出处为“宋代方岩《灵璧磬石歌》”(见下图)。接着,此书第36至第37页又强调,“从宋代诗人方岩‘灵璧一石天下奇’的诗句,到清代乾隆皇帝鉴评灵璧石为‘天下第一石’的定论,自此‘灵璧奇石甲天下’不为妄语”,“宋代诗人方岩的《灵璧磬石歌》在藏石界流传千古,产生了深远影响”。

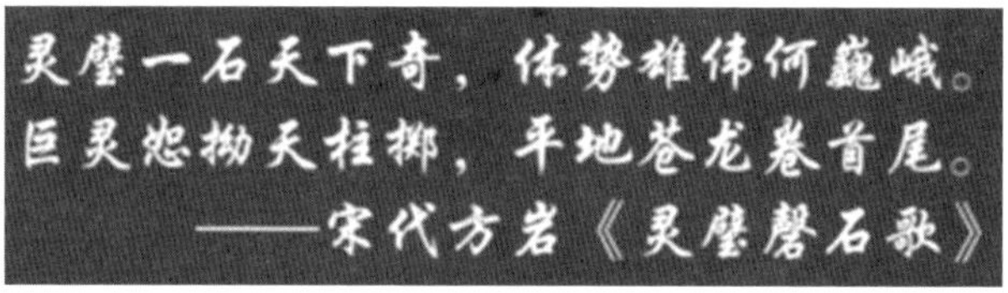

《奇石鉴赏与收藏》第三章《灵璧磬石歌》

查检宋代有关文献和北京大学出版社1991年至1998年出版的《全宋诗》,并无姓方名岩的诗人及其所撰《灵璧磬石歌》的记载。宋代诗人中,其号为方岩者倒有一位,他姓王名居安,字资道(一字简卿),台州黄岩县方岩乡(今属浙江台州温岭市)人,与江湖派诗人戴复古同一县籍,是南宋宁宗、理宗时期一位直言敢谏的爱国名臣,官拜工部侍郎,著有《方岩集》十卷(至明代已散佚大半)。事迹详见《宋史》卷四〇五本传。王居安能诗善文且酷爱奇石,嘉定初年任太平州知州期间曾有“平生爱奇石,如见古君子”之诗句[①],且对距太平州不远的安徽宿州灵璧县出产灵璧奇石早有耳闻,曾寤寐求之。后有幸获得名曰“碧云”的灵璧一石,其诗友释居简曾有诗《方岩侍郎得灵璧一峰名“碧云”》[②]以纪其事。但王居安留存的若干首遗诗中并无《灵璧磬石歌》之篇什。

---

① 见[明]王崇纂修:《(嘉靖)池州府志》卷八,《杂著篇上》,明嘉靖刻本。

② 见[宋]释居简:《北磵诗集》卷一,清抄本。

那么,《奇石鉴赏与收藏》一书所谓在藏石界流传千古的"宋代方岩《灵璧磬石歌》"之出处何在?该书作者从未标明其依据。考浙江古籍出版社1992年版《戴复古诗集》卷一,有一首以七言为主的杂言诗《灵璧石歌为方岩王侍郎作》(按:《全宋诗》亦收有戴复古此诗),展读之后,我们当可推知,诗中的"方岩",既非地域的名称(按:有学者认为戴诗标题中的"方岩"指金华永康市之名山方岩[1]),更不是指姓方名岩的诗人,而是南宋王居安侍郎之号。所谓宋代诗人方岩《灵璧磬石歌》,其实脱胎于"方岩王侍郎"的同乡诗友戴复古所撰《灵璧石歌为方岩王侍郎作》中的四句诗。谨录戴诗于下:

> 灵璧一峰天下奇,体势雄伟身巍巍。巨灵怒拗天柱掷,平地苍龙骧首尾,两片黑云腰夹之。声如青铜色碧玉,秀润四时岚翠湿。乾坤所宝落世间,鬼神上诉天公泣。谓有非常人,致此非常物。可磨斫贼剑,可倚击奸笏。可祝不老年,可比至刚德。自从实几在眼前,溪山日夜生颜色。君不见杭州风流白使君,雅爱天竺双云根。又不见奇章公家太湖碧,高下品题分甲乙。二公名与石不磨,今到方岩有灵璧。我来欲作灵璧歌,击石一唱三摩挲。秋风萧萧淮水波,中分南北横干戈。胡尘埋没汉山河,泗滨灵璧今如何?安得此石来岩阿!郁然盘礴中原气,对此令人感慨多。
>
> ——金芝山校点《戴复古诗集》卷一(浙江古籍出版社1992年版)

将戴诗与《奇石鉴赏与收藏》一书所谓"宋代诗人方岩"赞叹灵璧磬石的四句诗相对照,可以看出,后者不过是今人采用戴诗的前四句,改动某些词语和个别句子而成,如把戴诗"灵璧一峰"写成"灵璧一石","骧首尾"写成"卷首尾",其中还出现了别字,如第三句中的"怒拗"被误写成"恕拗"。可见,《奇石鉴赏与收藏》一书所谓宋代方岩创作《灵璧磬石歌》以及其"在藏石界流传千古"云云,实乃子虚乌有的事,属于张冠李戴且错改原文的伪知识。

应该说,将戴复古诗句视为"宋代诗人方岩"所写之讹误,在20世纪80年代之前似乎并没有出现过。令人不解的是,此后的近三十年中,却有数十

---

[1] 《宋元诗观止(下)》收有南宋诗人楼钥的七言古体诗《灵璧道傍怪石》,注者刘明今先生题解曰:"灵璧,县名,今属安徽。其地产磬石,世称灵璧石。又,浙江金华方岩亦有灵璧石,戴复古写有《灵璧石歌为方岩王侍郎作》。"(学林出版社2015年版,第58页)显然,这是将戴氏诗题中的"方岩"视为金华永康的方岩山了。其实,永康市方岩并不出产灵璧石。

家出版单位出版的多种书刊，以及安徽一些与灵璧石有关的旅游景区，都程度不等地错把戴复古赞美灵璧石的诗句加以改动甚至剪接，如安徽省地方志编纂委员会编的《安徽省志·旅游志》在介绍本省地产"灵璧磬石"时，就剪接并改动了戴复古的四句本不连续的诗，随心所欲拼成四句连续的"灵璧一石天下奇，宝落世间何巍巍。声如青铜色如玉，秀润四时岚翠湿"，进而大言不惭地说这是"宋代诗人方岩赞美安徽灵璧大理石的绝妙诗句"。[①] 这就比《奇石鉴赏与收藏》一书对戴诗所动的"手术"更严重，简直到了面目全非的地步了。类似此处错将戴诗的语句改动、置换，当作方岩之诗予以引用或赞许的读物不在少数，限于篇幅，恕不一一列举，读者从网上查阅便可得知。

或问：为什么这些读物都把戴复古的那些诗句改动后归之于"南宋诗人方岩"的名下呢？推究个中原因，一是个别编著者误读了《灵璧石歌为方岩王侍郎作》这一诗题，把诗题中的介词"为"（wèi）当成判断动词"为"（wéi），从而误以为该诗是"方岩所作"，或是草草看过该诗题后，时间久了，印象已经模糊，仅记得"方岩"二字，就错把方岩当成该诗的作者了；二是更多的编著者可能连这一诗题亦未见过，根本不了解诗题中的"方岩王侍郎"和诗作者戴复古原是爱国忧民的同乡，仅看到有关资料引述所谓宋代诗人方岩赞美灵璧石的那几句诗，未曾查对，便人云亦云，沿袭引用，相继转述。

应该指出，数十年来也有相当多书刊读物的作者准确引用戴复古灵璧石歌，并明确标示其作者系戴复古，有的还对戴复古这些诗句被某些读物误标在"宋代诗人方岩"名下的现象做过纠正。如安徽人民出版社 2008 年出版的《宿州奇石》第 285 页，作者不但全文收录了戴复古《灵璧石歌为方岩王侍郎作》一诗，在其诗题下一行明确标示作者为"宋·戴复古"，还在诗末附注："此前，诸多书刊把戴复古的这首诗歌载成方岩所作，是为误读。"这种尊重原诗作者、求真务实的科学精神和严谨学风值得肯定和点赞。

可惜这一纠正和说明并未引起《奇石鉴赏与收藏》等一些读物的编著者以及有关旅游景区相关责任人的关注，他们依然袭用所谓宋代诗人方岩撰作《灵璧磬石歌》之伪说，以讹传讹，误导了读者与游客。例如安徽灵璧磬云山国家地质公园中的"灵璧磬石特色"简介牌板上，有如下文字说明："磬云山蕴藏美石，所产奇石玉振金声、余音悠长。宋代诗人方岩'灵璧一石天下

① 安徽省地方志编纂委员会编：《安徽省志·旅游志》，方志出版社 1998 年版，第 384 页。

奇，声如青铜色碧玉'的诗句是对其声色之美的高度概括。"这就很令人遗憾了。

我想，倘若以往那些有此失误的责任者，能事先研读一下戴复古《灵璧石歌为方岩王侍郎作》，了解此诗原是戴氏为王居安侍郎量身特制之作，是将咏物与咏人巧妙结合，将赞美灵璧石神奇特色与颂扬王居安刚直品格、爱国情怀融于一体的爱国主义诗篇，而不是粗心大意、疏于查验、人云亦云，乃至出于某种功利目的擅改原诗，那么，也就不会出现这类张冠李戴的失误了。这实在是一个应该深刻记取的教训。

本文始刊于《品位·经典》2021年第6期

第四辑

综论

论南宋江湖派的形成与界定

长期受学术界轻视、冷落的南宋江湖派，20 世纪 80 年代以来，似乎时来运转，逐渐得到部分学者的关注和重视。书刊上陆续出现一批探讨研究江湖派的文章，比较客观地评价了这一流派的文学成就，肯定了它在文学史上的地位；同时还就江湖派的特点和风格、江湖派的形成和界定以及《江湖集》的编刻和流传等问题，开展了讨论和争鸣。进入 20 世纪 90 年代，似已形成一股小小的江湖诗派研究热。这无疑是一个令人欣喜的现象。它标志着古代文学研究特别是宋诗研究的逐步深入，也进一步引起了人们审视和探究江湖派的兴趣。这里，笔者不揣浅陋，也想对江湖派的形成和界定问题谈一点意见。不当之处，切盼方家正之。

一、江湖派的形成

在古代社会，由于各种原因而以诗干谒、游食江湖的诗人，历代皆有，如三国时一度投靠荆州刘表的王粲，自号“江湖散人”的唐代诗人陆龟蒙，就是其中著名的两位。只是由于主客观条件的限制，那时众多的江湖诗人缺乏群体意识，作品又很少流传后世，不为人们注意罢了。

但是，到了南宋，情况则大不相同了。金人入侵中原，宋室仓皇南渡，社会处于大变动中。社会阶级结构的变化，城市商品经济的发展，加上其他各种社会因素和文化因素所起的作用(比如政治黑暗腐败，文人仕进不易，书院、诗社勃兴，游士群体意识增强等等)，使得南宋江湖游士和诗人的队伍空前扩大。方回《瀛奎律髓》中有这样一段话：

> 庆元、嘉定以来，乃有诗人为谒客者，龙洲刘过改之之徒不一人，石屏亦其一也。相率成风，至不务举子业，干求一二要路之书为介，谓之“阔匾”，副以诗篇，动获数千缗，以至万缗。……钱塘、湖山，此曹什佰为群，阮梅峰秀实、林可山洪、孙花翁季蕃、高菊磵九万，往往雌黄士大夫，口吻可畏，至于望门倒屣。

方回是江西诗派后期的中坚，这段话明显地表现出他对江湖诗人的偏见。但从中也可看出，江湖诗人在南宋时期已成为一股不容忽视的社会力量。

江湖派就是在这样的社会文化背景下崛起于南宋诗坛的。

关于江湖派形成的具体年代，传统的说法，是继四灵派之后，在四灵派影响下发展起来的。有的还明确地说它产生于宋理宗宝庆二年(1226)，理由是那时钱塘书商陈起编刻了《江湖集》，收入许多江湖诗人的作品，江湖派即由此而得名。近年来，又有论者认为它发端于南宋前期，形成、发展在南宋中后期。理由是《江湖集》和《江湖前集》《江湖后集》《江湖续集》的作者有些是南宋前期的江湖诗人。

这几种说法似有值得商榷之处。

笔者以为，要确定一个文学流派形成的年代，应主要从考察这一流派的创始者和代表人物的经历和创作实践入手。了解江湖派及其形成的年代，就必须探究大家公认的这一流派的先驱刘过、姜夔和代表人物刘克庄、戴复古、陈起等的文学活动，联系时代的实际和有关史料，从而得出科学的结论；而不是仅凭收有这一流派成员作品的某部或数部诗集的编刻时间，或仅据某几个不出名的诗人的生活年代上限来确定。

考刘过、姜夔的有关史料和作品可知，他俩主要生活于南宋中期，经历了孝宗、光宗、宁宗数朝，与四灵即徐照、徐玑、翁卷和赵师秀等差不多生活在同一年代。二人一生均不得志，长期流落江湖，“客食诸侯间”，但词名卓著，诗也各具特色。刘过的诗富有爱国激情，出语豪纵，风格与江西派和四灵派截然不同。据张世南《游宦纪闻》载，“其诗篇警策者已载《江湖集》”。姜夔早年学诗曾“三熏三沐师黄太史氏(按：黄庭坚)”，受江西诗派影响较深，数年后“大悟学即病”，从而跳出江西派的窠臼，自出机杼。他与杨万里同声相应，反对江西派，转学晚唐，但与专宗晚唐的四灵又不一样。他的诗学唐而不泥于唐，意境深远，气韵高致。他广泛吸取各家诗歌的长处，熔铸出自己诗歌的风格特色，受到多人推崇。杨万里称赞其七绝“有裁云缝月之妙思，敲金戛玉之奇声”，并封他为开创诗坛新局面的先锋。他与刘过一样，以自己有别于江西派和四灵派的创作实践，对其后的江湖派诗人，起了导夫先路的作用，成为江湖派的先驱和前辈。

刘克庄、戴复古和陈起生活年代比刘过、姜夔要晚些。刘克庄生于宋孝宗淳熙十四年(1187)，83岁时卒。他初涉诗坛时受到四灵诗影响，后发现四灵"才望见姚合、贾岛之藩而已"，乃厌之，转学陆游、杨万里等，务求清健脱俗，自成一家。刘克庄年轻时即负盛名，江湖诗人多乐与之交游。嘉定三年(1210)以后他陆续任过几处地方官吏，理宗亲政后又数次入朝为官。但由于《江湖集》中他和曾极、陈起等人的诗讥讽朝政的黑暗腐败，招致"江湖诗祸"，政治上长期受压抑，数次被贬斥，所以他与众多江湖诗人的声气是相通的。加上他文名卓著，在理论和创作上均不为江西派和四灵派所囿，而能另创江湖派的独特风格，自然也就众望所归，成为江湖派的领袖。考其成为江湖派领袖的时间，大约在宁宗嘉定后期。嘉定十年至十三年间(1217—1219)，刘克庄在仪真和金陵任幕僚时，以他为中心，一批江湖诗友时常结社酬唱。这期间，比他年长20岁的江湖派另一代表诗人戴复古曾两次去拜访他，两人相得甚欢。戴复古每次都赠诗与他，还曾赞扬他"八斗文章用有余，数车声誉满江湖"。嘉定十六年(1223)叶适在《题刘潜夫〈南岳诗稿〉》中，更称赞刘克庄写诗"思愈新，句愈工，历涉老练，布置阔远"，并推许道："建大旗非子孰当!"看来，此时叶适已视刘克庄为诗坛巨擘了。

作为江湖诗人，戴复古在生活形态上是最典型的一位。他"自小寻诗出，江湖今白头"，长期在江湖上漂泊，足迹几乎遍及中国南部，以诗鸣江湖近五十年。活了80余岁，布衣终生。他开始学诗时也受到江西派和四灵派的较大影响，自登陆游之门后，"诗益进"，多忧国忧民之作，颇有杜甫、陆游之风骨。嘉定前期，他"落魄骑驴走帝京"，在杭州干谒公卿，欲求进身之阶和生活之资。虽然他在这方面并不成功，但其诗却颇为时人所重。于嘉定十四年(1221)前后编成的戴氏前期诗选《石屏小集》，奠定了他在江湖派中的重要地位。当时著名的诗评家、戴复古的挚友严羽也对他十分尊重和称许，在《送戴式之归天台歌》中赞叹道："海内诗名今数谁？群贤翕沓争相推。"在南宋后期，戴复古的诗歌成就，恐怕只有刘克庄可与之媲美。称刘、戴二人为江湖派的一、二把手，似乎并不为过。

陈起是个书商，也是个诗人。他通过开书铺刻书售书，以选家、书商兼诗人的特殊身份，比较广泛地结交当时的各类知识分子包括大批江湖诗人。他替他们选诗、刻诗，借书与他们看，与其中声气相应者建立了深厚的友谊。他大约在宋宁宗时期(至迟在嘉定年间)开始经营书铺、结交江湖派诗友。宝庆初年陈起刊刻的《江湖集》，是江湖诗人特别是江湖派诗人初期的创作成果。由于此诗集内有诗讥刺朝政和权臣，引起"江湖诗祸"，陈起坐流配。流放期满后他又重操旧业，继续与许多江湖诗人交往联络，编选、刻印、出售江湖诗集丛刊，扩大江湖派的队伍和阵地。应该说，在江湖派的建立和发展过程中，陈起发挥了特殊的作用，尤其在组织联络和出版发行方面，可谓是江湖派中的组织宣传出版部长。

由以上对江湖派几位代表人物的经历和文学活动的叙述中，我们可以看出，江湖派作为南宋诗坛一个重要流派，是在南宋中期光宗、宁宗期间逐步形成的，而且在嘉定后逐渐替代了四灵派在诗坛的主导地位。而到了南宋后期即理宗、宝庆以后，更是江湖派的发展时期。从南宋三大诗歌流派在诗坛上的地位和影响看，南宋前期可说是江西诗派的天下，中期则是永嘉四灵“今通天下话头行”；到了中期末、后期之初，江湖派终于称雄诗坛，使江湖诗风吹遍大江南北。就这个意义上说，认为江湖派是继四灵之后登上诗坛的倒没有错。

二、江湖派的特点

关于江湖派形成年代认识上的不同，实际上反映了人们对江湖派界定标准的分歧。在一些论者看来，江湖诗人、《江湖集》丛刊收录的诗人就是江湖派诗人。这种将二者当作同一概念，混合、交互使用的现象在有关文章中屡见不鲜。其实，二者之间既有密切联系和相同的一面，又有相互区别的一面。江湖诗人是个大概念，包含着不同时期、不同思想观点和文学风格的江湖诗人。诚如许多论者所分析的，他们流品很杂，有关心国事的，有逃避现实的，也有个别投靠奸佞、阿谀权贵的。他们诗风各殊，就南宋时期来说，有宗江西派的，有宗晚唐的，有学陆游、杨万里并转益多师、自成一家的。就是宗晚唐者，所学对象也各有侧重。《江湖集》丛刊收录的诗人其诗歌风格就是多种多样的。而江湖派，乃是以江湖诗人中的爱国进步作家为主体、突破江西派和四灵派的藩篱、自具独特风貌的文学流派。与江西派、四灵派及其追随者比较，江湖派具有以下两个显著的特点。

（一）在思想上，忧国忧民，倾向进步

江湖派诗人，特别是其中的重要成员，虽然一生命运多舛，或功名不就、生活困窘，或居官屡遭贬迁打击，但却能关心国家和人民的命运，渴望恢复中原、让百姓生活安乐。他们不满南宋当局对外屈辱求和的政策和对国内

人民的残酷剥削，发而为诗，充满忧国忧民的感情。

试看江湖派几位重要诗人渗透着爱国激情的几篇代表作：

壮观东南二百州，景于多处最多愁。江流千古英雄泪，山掩诸公富贵羞。北固怀人频对酒，中原在望莫登楼。西风战舰成何事，只送年年使客舟。（刘过《登多景楼》）

诗人安得有春衫，今岁和戎百万缣。从此西湖休插柳，剩栽桑树养吴蚕。（刘克庄《戊辰纪事》）

有客游濠梁，频酌淮河水。东南水多咸，不如此水美。春风吹绿波，郁郁中原气。莫向北岸汲，中有英雄泪。（戴复古《频酌淮河水》）

类似这样伤时忧国、讥刺谴责南宋当局求和政策的忠愤之作，在这些江湖派作家的诗集中可举出多篇。即使是被人们认为专注于艺术的姜夔和严羽，他们的诗歌也不时流露出忧国之思和愤慨之情。例如严羽的《北伐行》《四方行》《有感六首》，就记述了当时朝廷外交失策、军事失利、权奸误国、叛将投敌等重大事件，对"社稷堪多难"怀着深切的忧虑。另外如王同祖的七绝《送刘方石归盱江》："昨日新闻未忍听，忧时赢得鬓毛星。归休高卧西江上，只恐川原草木腥。"也表现了诗人对时局深切的忧患意识。

再看他们反映民间疾苦的一些优秀之作：

……一年辛苦今幸熟，壮儿健妇争扫仓。官输私负索交至，勺合不留但糠秕。我腹不饱饱他人，终日茅檐愁饿死！（赵汝鐩《耕织叹》）

饿走抛家舍，纵横死路歧。有天不雨粟，无地可埋尸。劫数惨如此，吾曹忍见之？官司行赈恤，不过是文移。（戴复古《庚子荐饥》）

老翁八十鬓如丝，手缚黄芦作短篱。劝客莫嗔无凳坐，去年今日是流移。（高翥《行淮》）

这些作品，诉说了受压迫、受剥削的穷苦人民的悲苦怨恨之情，揭露了封建统治者的凶残和虚伪，对灾异连年、战乱不止给人民带来的苦难，表示了深切的同情。另外如姜夔的《箜篌引》、戴复古的《蚕妇》、叶茵的《机女叹》、乐雷发的《逃户》、方岳的《行田》和刘克庄的《运粮行》等诗，也都写得颇为深刻、沉痛。“忧时原是诗人职，莫怪吟中感慨多。”刘克庄的这两句诗，回答了江湖派诗人多感时伤世之作的原因，体现了他们爱国忧民的高度责任感。这正是陆游“位卑未敢忘忧国”的崇高精神的继承，同时期的江西派中人和四灵派及其追随者难以望其项背。

（二）在艺术上，突破江西派和四灵派的藩篱，广泛取法，自树一帜

有论者认为江湖派“反江西，亲四灵”，这个看法移之于许多江湖诗人身上是适当的。严羽《沧浪诗话》即指出：“近世赵紫芝、翁灵舒辈独喜贾岛、姚合之诗，稍稍复就清苦之风。江湖诗人多效其体，一时自谓之唐宗。”刘克庄也说“今江湖诗人竞为四灵体”（《跋满传卫诗》）。但是，正如前文已指出过的，江湖诗人不完全等同于江湖派。就江湖派对江西、四灵两派的态度看，既各有肯定，又各有批评。例如，刘克庄对江西派领袖黄庭坚评价很高，称其“荟萃百家之长，究极历代体制之变……遂为本朝诗家宗祖，不易之论也”。其对所谓江西派三宗之一的陈与义也推崇备至，说他“以简洁扫繁缛，以雄浑代尖巧，第其品格，故当在诸家之上”。对四灵，刘克庄也曾赞扬道：“近世理学兴而诗律坏，惟永嘉四灵复为苦吟，过于郊岛，篇帙少而警策多。”但是他对江西派和四灵派及其追随者的弊端也表示不满。他在《刘圻父诗序》中说：“余尝病世之为唐律者胶挛浅易，窘局才思，千篇一律；而为派家者则又驰骛广远，荡弃幅尺，一嗅味尽。”这里“为唐律者”是指宗晚唐的四灵，而“为派家者”则是指江西诗派末流。他认为后者的错误在于“资书以为诗，失之腐”，前者的错误在于“捐书以为诗，失之野”。兼取江西、四灵两派之长而能自出机杼的江湖派另一位领袖人物戴复古，对两派亦各有贬抑。他的《论诗十绝》第一首说：“文章随世作低昂，变尽风骚到晚唐。举世吟哦推李杜，时人不识有陈黄。”至于江湖派的另一员大将严羽，他反对江西诗派和四灵派的诗风，主张诗法盛唐，则更为世人所熟知。

当然，江湖派对江西派和四灵派，并非不偏不倚，各打五十大板，其批评

的侧重面是随着认识的加深和诗坛形势的变化而有所变化的。比较起来，在南宋中期，为了打破江西派一统天下的局面，江湖派诗人与四灵结成统一战线，其主攻面在“江西”；而当四灵诗“今通天下话头行”，取得了左右诗坛的地位，诗风弊病也愈益明显之时，江湖派则又侧重于对四灵的批评。江湖派正是在反对江西派和四灵派诗风流弊的斗争实践中，向唐宋诸大家和各个流派广泛取法，融液众格，而自树一帜的。

刘克庄说：“初余由放翁入，后喜诚斋，又兼取东都南渡江西诸老，上及于唐人大小家数。”确实，他的诗，既有陆游雄浑豪迈的格调、精妙的对偶和韵律，又有杨万里新颖活泼诙谐的趣味；既有江西派元老善用事、擅议论的特点，又往往有唐代杜甫、韩愈、张籍、王建、李贺和贾岛等人的风韵，堪为转益多师、另辟蹊径的江湖派领袖。

戴复古也善于吸取诸家之长，尤重视学习杜甫和陆游。赵以夫《石屏诗题跋》说他“诗备众体，采本朝前辈理致，而守唐人格律……本之东皋（按：戴复古之父戴敏之号），又祖少陵”。同时对于唐代的王建、元结、陆龟蒙、贾岛，宋代的黄庭坚、陈师道、杨万里、范成大以及四灵中的赵师秀、翁卷等，也能就其长处兼收并蓄，从而形成他创作的丰富性和复杂性。其诗有豪迈雄浑的，有平淡简朴的，有诙谐轻快的，有古雅奇警的，风格多样而个性鲜明。多直抒胸臆，少用事典，善于用生动形象又平易自然的语言表达对生活的独特感受，更是他写诗的突出特点。

除刘、戴二人外，江湖派的其他重要诗人也大都能跳出江西、四灵的圈子，转益多师而后成名家。如赵汝鐩、刘过、严粲、叶茵、邹登龙、乐雷发等诗人对盛唐和中晚唐诗人都能吸取其长。即使是学习中晚唐诗，江湖派也不像四灵那样取径偏狭，专以姚合、贾岛二人为法，且只习惯写近体诗，而能遍参名家，兼擅众体，例如李贺、许浑、陆龟蒙、孟郊等等，都是他们取法之对象。姜夔就常以陆龟蒙自比，在《除夜自石湖归苕溪》诗中云：“三生自是陆天随，又向吴松作客归。”但总的说来，江湖派是以推崇和学习杜甫、陆游、杨万里等为主，参以中晚唐各家的长处为其特点的，清健可谓其主要风格。戴复古的“吟到草堂师杜甫”和“陆、杨不再作，何人可受降”这几句诗，正说明江湖派诗人对杜甫、陆游和杨万里的推崇以及继承他们在诗坛盛业的志向。

需要指出的是，江湖派提倡盛唐诗风和学杜，与江西派以学杜相标举，有着原则性的差别。江西派表面上学杜的旗帜举得很高，特别是方回，公然声称“江西派非江西，实皆学老杜者也”，并将杜甫尊为江西派祖师爷，生怕别人抢走这面旗帜。其实他们的学杜,更多是在用事、用字、拗句、拗律等形式方面,而江湖派则着重学习其伤时忧国等思想精神方面。至于四灵,则是看到江西派末流学杜只学到皮毛而弊端丛生,又感到杜甫高不可攀,故选择取径偏狭的晚唐诗人姚合、贾岛作为效法的对象,以求"出毫芒之奇"。有人说江湖派与四灵结成反江西派的统一战线,意在推倒江西派的老祖宗杜甫,似乎并不准确。江湖派的代表诗人实际上很重视学习杜甫,他们反对的是江西派把学杜的经念歪了,路走狭了。总的说,江湖派的文学成就是超过四灵和江西派末流的。当然,江湖派诗人及其诗歌也有其不足之处,例如有些干谒之作格调较低,有的诗表现了消极思想等等。

三、江湖派界定的标准与问题

明确了江湖派形成的年代和江湖派的主要特征,这一流派的界定标准也就容易确定了:一,江湖派诗人应该是生活在南宋中后期的江湖诗人。他们具有一般江湖诗人所共有的属性和"江湖味"。二,他们大多具有忧国忧民思想和对政治腐败、社会黑暗的不满情绪。三,他们的诗大体能跳出江西诗风和四灵诗风的圈子,在诗体和写法方面取径较宽,自具一种风貌。四,有诗入选《江湖集》丛刊而其风格的主要方面有别于江西诗派和永嘉四灵的。五,与江湖派的元老、领袖和代表人物如刘过、姜夔、刘克庄、戴复古和陈起等人中的一二位,有过交游、结社或诗书联系,而又与他们文学主张和诗风相通或相近的江湖诗人。以上这五条标准是相互联系的。确定某一诗人是否属于江湖派,宜按这五条标准通盘考虑,其中第一条和第三条是最基本的,具备了这两条,大致也可归入江湖派了。至于第五条,则是出于这样的考虑:作为一个文学流派,总有其成员间的不同形式的交往、唱酬、切磋或思想、艺术风格的某种联系。刘克庄曾说:"诗料满天地,诗人满江湖,人人有诗,人人有集。然惟天下之清乃能极天下之工,放一生客投社,着一俗字入卷,败人清思矣。"可见参加诗社、流派的活动有着相当的限制,并不是任何一位江湖诗人都可以归入江湖派的。

有学者按照传统的观点,把《江湖集》丛刊当作江湖派诗人的花名册,认为这一套丛刊中的作家即为江湖派作家,并且说陈起和他的儿子陈续芸可以说是江湖派的真正鉴定者。这样的说法不免有点绝对,而且势必出现以下几个问题。

(一)把本不属于江湖派的诗人划入江湖派

陈起编刻的《江湖集》今已不存。据统计，现存的《江湖集》丛刊、《四库全书》收录的《江湖小集》《江湖后集》和《永乐大典》残卷收录的八种名称不一的江湖诗集等共收录了140多位诗人的诗。这些诗人的生活年代跨度很大，有早在北宋时期或南北宋之交的，如曾巩、刘翰、邓林、方惟深、郑侠、邵伯温等；有主要生活于南宋前期的，如姚宽、曾几、冯时行、周孚、郑克己、陈造等。显然，这些诗人尽管被收入《江湖集》丛刊之中，也是不能归入江湖派的。其次，从这140多位诗人的身份、经历看，也很不一致。有至丞相、枢密等高位的，如郑清之、吴渊、洪迈等，也有中、下级官吏和布衣寒士。连四库馆臣也指出："迈及吴渊位皆通显，尤不应列之江湖。"有人说郑清之因为在"江湖诗祸"中援救过江湖派中人，故陈起后来将郑清之的《安晚堂集》也刻入了《江湖集》丛刊之中，以报其恩。这个猜测不无道理，然而另一方面却也表明陈起选录诗卷的标准并不那么一致。对此，陈振孙的《直斋书录解题》早已指出："《江湖集》九卷，临安书坊刻本，取中兴以来江湖之士以诗驰誉者，而方惟深子通、承平人物晁公武子止，尝为从官，乃亦在其中，其余也不免。玉石兰艾，混淆杂呈。"

(二)一些江湖派诗人被排除于这一流派之外

南宋后期，随着江湖诗人的成批出现，江湖诗卷也层出不穷，而刊刻诗卷以售的自然亦非陈起一家。据江湖派诗人林洪说，仅其家藏江湖吟卷已达千余种(见《山家清事》"种梅养鹤图记"条)，其中当不乏江湖派的作品。虽然它们至今大都已亡佚，但从南宋中后期有关诗话、诗集、笔记中仍可发现未被《江湖集》丛刊收入的江湖派诗人的作品，如方岳的《秋崖集》、戴复古侄孙戴昺的《东野农歌集》、严羽的《沧浪吟》以及刘圻父、张元学、吴归父等人的诗集。如果按照"《江湖集》丛刊的诗人才算江湖派诗人"的观点，上述一些诗人就只能被排除在外了。

当然，陈起编刻诸种江湖诗集，自有其取舍的标准。他作为江湖派重要领导成员，出于宣传本派诗风、扩大本派影响等因素，确实选入了不少江湖派诗人的作品；但另一方面，作为书铺老板，为了更多地团结不同流派、风格的诗人，为了适应各方面读者的需要，扩大书刊销路以盈利，他也不能不选入一些别的流派、风格的作品；而由于诗人、诗集多，编刻力量有限，未能尽行付梓，所以，也就造成了《江湖集》丛刊既收录了江湖派之外的作者的诗，又漏收了不少江湖派诗人的诗。可见，把《江湖集》丛刊作为划分江湖派的标准，把陈起父子当作江湖派诗人的鉴定者是不甚恰当的。

(三)模糊了南宋三大诗派——江西派、四灵派和江湖派之间的界限，特别是江湖派与四灵派的界限

一些同志之所以认为江湖派是江西、四灵两派的融合，或认为四灵是江湖派的内部成员，原因之一就是看到《江湖集》丛刊中收入了一些恪守江西派主张的江湖诗人如敖陶孙的诗和四灵派赵师秀、翁卷及其追随者的诗。

凡此种种，不能不说都与把江湖派与江湖诗人及《江湖集》丛刊收录的诗人完全等同起来的思维定势有着根本的联系。为了还历史以本来的面目，更准确地认识南宋这三个文学流派的联系和区别，给江湖派以应有的重要历史地位，似有必要全面而准确地认识江湖派、江湖诗人、《江湖集》丛刊的诗人三者之间的联系和区别，并对江湖派的界定提出科学的、合乎实际的标准。这样，有关江湖派的一些令人困惑的问题，也就可以迎刃而解了。

如同任何历史现象一样，任何一个文学流派的形成、发展和变化，往往反映了一定历史时期的客观要求，与当时政治、经济和文化方面的斗争和变迁相联系。而各个文学流派之间又总是相互影响、交替向前发展的，彼此之间既有对抗又有联合或融合。至于每一流派的艺术特点，也不会是一成不变的模式。因此，在考察某一文学流派的形成、发展和变化时，需要以发展的眼光，全面、客观、辩证地去看待和分析。

本文始刊于《浙江师大学报(社会科学版)》1994 年第 1 期，后转载于人大复印资料《中国古代、近代文学研究》

江湖诗派名家戴复古及其诗歌

宋代诗坛上风靡多时的江西诗派，到了南宋中后期，已渐趋末流，继之而起的是永嘉四灵和江湖诗派。而台州籍的戴复古，便是江湖诗派的杰出代表。其诗在当时即名闻朝野，受到许多文人学士的赞赏。荆溪吴子良说他"以诗鸣海内余四十年……其诗清苦而不困于瘦，丰融而不豢于俗，豪健而不役于粗，闲放而不流于漫，古淡而不死于枯，工巧而不露于琢，闻而争传读而亟赏者何啻数百千篇"[①]。姚镛称道他的诗"天然不费斧凿处，大似高三十五辈……晚唐诸子，当让一头"[②]。戴复古也慨叹自己"历尽艰关，赢得虚名满世间"[③]。遗憾的是，这样一位在当时颇负盛名、拥有众多读者的江湖派重要诗人，留传下来的生平事迹记载极少，他的许多富有特色的作品，也没有得到后人充分的重视而进行全面、深入的研究。直至20世纪80年代才有一些关于其事迹和诗歌的研究文章先后发表。[④] 笔者不揣浅陋，也拟就以下三个问题做些考察，略陈管见，不当之处，还望识者正之。

一、戴复古为什么选择布衣诗人的人生道路？

戴复古，字式之，自号石屏。南宋乾道三年十二月（1168年1、2月间），出生于台州黄岩县南塘（今浙江温岭塘下）一个中小地主家庭。戴氏原为南塘的大族，但到戴复古父亲戴敏这一代，家道已渐中落。

戴敏，字敏才，南宋诗人，以布衣终身。南宋社会政治的黑暗腐败，促使戴敏采取与封建统治者不合作的态度。与他同时代的名人楼钥说他"独能以诗自适，号东皋子，不肯作举子业，终穷而不悔"[⑤]。戴复古选择布衣诗人

① 金芝山校点：《戴复古诗集》附录二，吴子良序，浙江古籍出版社1992年版，第322页。

② 金芝山校点：《戴复古诗集》附录二，姚镛序，第527页。

③ 金芝山校点：《戴复古诗集》卷八，《减字木兰花》之三，第327页。

④ 分别见吴茂云：《戴复古家世考》，《成都大学学报》1987年第4期；常国武：《〈石屏诗〉初探》，《江海学刊》1989年第11期。

⑤ 金芝山校点：《戴复古诗集》附录二，楼钥序，第323页。

的人生道路，与其父戴敏有着直接的关系。

楼钥在《戴式之诗卷序》中记有戴敏临终之时凄切动人的一幕：

> 且死，一子方襁褓中，语亲友曰："吾之病革矣，而子甚幼，诗遂无传乎？"为之太息，语不及他。与世异好乃如此。

戴复古晓事之后，闻知父亲的遗言，深感痛切，"遂笃意古律"，决心"传父业，显父名"，做一个闻名于世的诗人。

当代著名学者钱锺书指出："古代知识分子要得官，自隋唐以来实行科举，明清尤烈，这是封建统治者禁锢思想，进行文化专制的重要手段。于是一些陋儒把学问与功名、诗词与八股的矛盾判若水火，认为时文可富人，文学能穷人，因而视制举应试之外的学业为仇寇。"①南宋时期这种重时文、轻诗词的现象已很普遍。而戴复古以父亲为榜样，不图仕进，孜孜以求于诗词"外学"，不能不说是一种勇敢的行动。

如果说戴复古选择写诗作为自己一生的事业，是受了父亲的直接影响，那么，他数十年如一日在布衣诗人的道路上行进，则又与他广泛接触社会和各种思想以后，逐步形成对社会、人生和艺术的某种独特的坚定看法有着很大的关系。戴复古经历南宋孝宗、光宗、宁宗、理宗四朝，长期在江湖上漂泊，儒家的入世思想和道家的出世思想在他身上都有明显的影响。他目睹耳闻"四海疮痍甚，三边战伐频"（见《石屏诗集》，下同）、"吾国日以小，边疆风正寒"的严峻局势，切望朝中的贤臣良将能出来重整河山，亦希望自己的儿子"策勋文字场，致君以儒术。不然学孙吴，纵横万人敌。为国取中原，辟地玄冥北"。他也曾有过求取功名、衣锦还乡之想，但当他看到朝政的日趋腐败，"人以廉称少，官从辟奏多"，亲身感受到世态的炎凉，"权门炙手炎如火""举世争趋名利场"，又不愿与之同流合污，"从来泾与渭，混作一流难"。他抛弃了一时的功名之念，"布衣甘寂寞"，进一步坚定了做一个布衣诗人的决心，"野人事业在林泉"。通过对杜甫、陆游等大诗人的作品的学习和长期的创作实践，他对诗的社会功能、审美意义和创作方法有了更深的了解和体验，因而自觉地把诗歌作为陶写性情、经世致用的重要工具，对它倾注了最大的热情，甚至梦中也在构思诗句。"吟诗不换校书郎"，"诗成胜得官"。对

① 钱锺书著：《钱锺书论学文选》第三卷，舒展选编，花城出版社1990年版，第333页。

诗歌的特别爱好和深得其趣，也使他得以顶住社会偏见和生活困顿的压力，坚持把诗歌创作作为自己毕生的事业。

当然，戴复古之所以能长期游食江湖、成为布衣诗人，与南宋中叶江湖游士盛行的风气亦不无关系。当时有许多落魄文人依靠做游士过活。《(嘉靖)太平县志》记载："(南宋宁宗)庆元以来，诗人为谒客成风，身求要路，动获千万。"如宋谦父干谒贾似道，得楮币二十万，造起一幢华丽的房子。戴复古不愿不顾原则和人格，滥作应酬诗去求托权门。但为生计所迫，他也不得不靠"卖诗册"以救穷，靠在朝廷和地方为官的诗友们接济。由于他诗名卓著，对人"有忠益而无谄求，有谦和而无诞傲，所至怡怡如也"，当时的"名人巨公皆乐与之游"①，"争致馈赠"②，所以他多次得以摆脱"野夫饥欲死"的困苦境地。戴复古就是在这样的时代条件下，经过他自己多方面的不懈努力，终于实现父亲的遗愿，成为名重一时的诗人的。

二、戴复古是怎样努力成为著名的布衣诗人的？

垒砖成塔，非一日之功。戴复古是经过怎样多方面的不懈努力，而成为著名的布衣诗人的呢？

(一)刻苦搜集和学习父亲的遗诗

戴敏去世之时，生前所写的诗大都散佚，仅存七律《小园》一首和《屏上晚眺》中的颈联两句。戴复古对此深感痛惜。他不仅"小年学父诗，用心亦良苦"，而且以百折不挠的毅力，数十年如一日，四处访求父亲的遗稿，直到70多岁时才一共搜集到十首。他郑重地将这十首诗编于自己的诗集之首，题为《东皋子诗》，以"显父名"，并表明自己诗风之所本。这固然反映了戴复古的某种封建孝道观念，但他热爱诗歌事业，刻苦搜求、编录、学习父亲的遗作，这种"老而益坚"的精神，却是令人感动的。他的诗，确也受到父亲之诗的影响。赵以夫说其诗"本之东皋"，不无道理。

---

① [宋]戴复古：《石屏诗集》卷前，陈昉跋。

② [元]方回：《桐江集》卷四，跋戴石屏诗，清嘉庆宛委别藏本。

(二)遍访名师,广交诗友,组建诗社,切磋诗艺

父亲的过早去世,使戴复古幼孤失学。他痛感自己小时受教育少,"胸中无千百字书"。为了学诗有长进,他在青少年时即遍访名师。先是向徐渊子、林景思等当时的名士请教,讨论诗法,接着又"登三山陆放翁之门",拜赋闲在家的大诗人陆游为师,学习写诗,从而使诗作大有进步。他后来写的一些忧国忧民的诗篇,可以说是对陆游诗的爱国主义精神的继承。在浪迹江湖期间,他还以诗会友,广泛结识擅长诗文、颇有声望的时贤、官吏、文人、游士,如真德秀、魏了翁、乔行简、楼钥、赵汝镋、赵汝谈、赵汝腾、王子文、姚镛、包恢、吴子良、巩丰、赵蕃、曾景建、李贾、赵以夫、高翥、刘克庄、严羽、严粲、袁蒙斋、翁卷、孙季蕃、陈叔方、乐雷发和吴胜之等等,或请他们选编、品题诗稿,或与他们聚会赏景、互相唱和,或与他们共结诗社、研讨诗艺。这一切都对提高他诗歌创作的水平起了重要的作用。例如,戴复古自己颇为欣赏且被后人称道的五律《世事》的中间两联"利名双转毂,今古一凭栏。春水渡旁渡,夕阳山外山",就是他与诗友们相互切磋、并经他自己反复推敲和实景体验才完成的。

(三)游历江湖与博览群书、刻苦创作相结合

"自小寻诗出,江湖今白头。"①在江湖漂泊的数十年中,戴复古的足迹几乎遍及四川以外的中国南部各个地区。他不仅历览祖国南方的名山大川、胜景古迹,而且广泛接触各色人等,了解各地的风土人情和百姓的疾苦、愿望,从中吸取了丰富的创作素材。另一方面,为弥补幼孤失学读书少之不足,他游历中不忘读书,日积月累,阅览了古今大量的经籍、文史著作和诗集,以充实自己。乐雷发有一首诗,即叙写了与戴复古共读当代理学家横渠《正蒙书》的感受。巩丰送戴一本《元结文集》,他爱不释手,秉烛夜读,体会至深。他虚心吸取前人和同代诗人的长处,同时又重视创新。他在《论诗十绝》(其四)中说写诗"须教自我胸中出,切忌随人脚后行"。又曾对人说:"作

---

① [宋]严粲:《送戴式之》,见《华谷集》。

诗不可计迟速，每一得句，或经年而成篇。”[1]可见他写诗的严肃和勤苦。正是由于他把游历江湖、博览群书与刻苦写作结合起来，拓宽了诗歌创作的源与流，并勤于锤炼诗稿，从而使他的诗歌既源于生活，富有生活气息，又高于生活，具有典型意义，受到广大读者的喜爱。

吴子良在《石屏诗后集序》中指出：戴复古在江湖数十年间，“所搜猎点勘，自周汉至今大编短什、诡刻秘文、遗事廋说，凡可资以为诗者，何啻数百千家；所游历登览，东吴、浙西、襄汉、北淮、南越，凡乔岳巨浸，灵洞珍苑，空迥绝特之观，荒怪古僻之踪，可以拓诗之景、助诗之奇者，周遭何啻数千万里；所酬唱谂订，或道义之师，或文词之宗，或勋庸之杰，或表著郡邑之英，或山林井巷之秀，或耕钓酒侠之遗，凡以诗为师友者，何啻数十百人”！这一段话，可以说全面而生动地概括了戴复古几乎一生的学诗写诗的感人经历，同时也有力地揭示了他能继承乃父之遗志，成为著名的布衣诗人、江湖诗派杰出代表的原因。

戴复古在江湖上漂泊了 50 余年，至 70 多岁时才因年迈买舟回家养老，但仍写诗不辍。据方回《桐江集》卷四《跋戴石屏诗》所记，戴复古活了 80 余岁。他一生共写了多少首诗？据有关记载分析，当有 2000 首左右，但留传下来的似只有 900 多首，有《石屏诗集》、《石屏续集》，另有《石屏词》30 多首和《石屏新语》传世。就诗歌而言，在江湖派诗人中，戴复古是诗作数量较多、题材较为广泛的一个。特别是在诗的质量上，更是流辈中的佼佼者，其诗较之江湖派另两个重要诗人刘克庄和刘过的诗，似有过之而无不及。因此，称戴复古为江湖派的杰出代表或成就最大的布衣诗人，我以为他是当之无愧的。

三、戴复古诗歌创作的主要特色及其体现

评介戴复古的诗歌，论者大都肯定其具有爱国主义和关心人民疾苦的思想感情，这自然是不错的。但是，抒写爱国情怀，同情人民疾苦，原是南宋诗人创作的一个共同主题，先于戴复古或与戴复古同期的著名诗人陈与义、曾几、范成大、杨万里、陆游和刘克庄、刘过等，都有数量不等的爱国忧民的诗篇传世。讨论戴复古的诗，除了分析它与其他诗人的诗的共同之处以外，重要的是要找出它与众不同的思想艺术特色。

戴复古诗歌创作的主要特色是什么呢？与他同时的赵汝腾曾在《石屏诗序》中作过论述。他说："石屏之诗，平而尚理，工不求异，雕锼而气全，英拔而味远，玩之流丽而情不肆，即之冲淡而语多警。"这个评论还是抓住了戴诗的思想艺术特点的。而如果再联系戴复古的身世，对戴诗作深入分析的话，我们就会进而发现，戴诗的突出特色还在于它以下层知识分子的眼光观察世界，反映了普通平民的愿望和爱憎，表达了在野的进步文人对时局、社会、人生和自然界的认识和感受，沉郁而轻健，深厚而率真，具有较强的人民性。这一特色，在他写的爱国诗、忧民诗、讽世咏怀诗和旅游风景诗及其他题材的诗篇中都有不同程度的体现。现简要分述如下。

(一)爱国诗

戴复古写有不少伤时忧国的诗篇。这些诗，没有陆游那种"枕戈前驱""裹尸马革"和以"塞上长城"自许的豪言壮语、英雄气概，但却以一个在野人士对民族命运和国事的深切关怀，对祖国故土的一往情深而感人心魄。而这又与陆游诗的爱国主义精神一脉相通。请看他的五古名篇《频酌淮河水》：

有客游濠梁，频酌淮河水。东南水多咸，不如此水美。春风吹绿波，郁郁中原气。莫向北岸汲，中有英雄泪。

这是诗人客游安徽淮河南岸时写的一首诗。诗中深情地表现了对淮河的赞美和热爱，对淮北失地的眷恋，对因壮志难酬而泪洒淮河的中原抗金志士的崇敬。一个普通知识分子悲愤的爱国之情，溢于言表。他有两首写北望中原的七绝也很感人：

横冈下瞰大江流，浮远堂前万里愁。最苦无山遮望眼，淮南极目尽神州。(《江阴浮远堂》)

北望茫茫渺渺间，鸟飞不尽又飞还。难禁中原满目泪，莫上都梁第一山。(《盱眙北望》)

两诗一写为无山而苦，一写有山而怕上，但表达的思想感情是相似的：都希望有山峰遮住北望中原沦陷区的视线，以免触景生情，涕泪难禁。诗人这种“身在草茅忧社稷”的爱国情怀在《闻边事》《庐州界上寄丰帅》等诗中也都有真切的流露。他时刻关注着时局和边事的变化，“路逢江上客，立马问京华”，得知边事急，辄“持杯不忍斟”。一个布衣诗人，为什么对边事那么关心呢？这是因为，他从实际生活中深切感受到，外族统治者的入侵，受害最深的还是处于社会下层的人民群众。他的七绝《淮村兵后》即反映了外族敌兵侵扰给人民带来的深重灾难：

小桃无主自开花，烟草茫茫带晓鸦。几处败垣围故井，向来一一是人家。

本诗的题目很重要，交代了地点和时间，点明了造成淮村一派荒凉残破景象的原因，揭示了主题。那一户户人家的命运牵动着诗人和广大读者的心。诗的风格颇近杜甫，沉郁而顿挫。另有一首《望花山张老家》写得更加沉痛：

元从边上住，来此避兵兴。麦麸朝充食，松明夜当灯。蔽门麻苇苇，护壁石层层。老妪逢人哭，吾儿在谢陵。

诗人在题下附注：“一老妪逢人必大哭云：‘我儿在谢陵不归也。’光州有谢陵桥，其子与虏战死于此。”此诗描写了张老一家因边患而家破儿亡、被迫南迁、艰难度日的情状，读后不禁使人想起杜甫的《石壕吏》。面对老妪思悼亡儿的哭诉，谁能不为之一掬同情之泪！

为什么中原不能恢复，边患不能消除，人民不得安生？诗人明白，这是因为南宋统治者政治腐败，耽于安乐，对外妥协投降，对内加强压迫造成的。对此，诗人在一些诗中做了大胆的揭露，甚至把矛头直指最高统治者：“朝廷为计保万全，往往忘却前朝耻”，“志士不能行所学，明君亦或讳忠言”。《读三学士人论事三书》二首对统治者的讽刺斥责更为有力：

邦计伤虚耗，边民苦乱离。诸公事缄默，三学论安危。灾异天垂戒，修为国可医。传闻上元夜，绝似太平时。

黄屋见闻远，朱门富贵忙。屠沽思报国，樵牧解谈王。能转祸为福，毋令圣作狂。草茅垂白叟，尚拟见时康。

这两首诗以朝廷诸公、黄屋朱门为一方，以三学士、草茅叟、屠沽樵牧为另一方，进行了鲜明的对比，愤怒地斥责了统治者在国库空虚、边患严重、人民流离失所的紧急关头，竟无动于衷，依然过着歌舞升平的奢侈生活，依然为追逐个人名利而奔忙；热情地歌颂了有正义感的知识分子和下层人民群众关心国家安危、立志报国的爱国精神，表达了人民对恢复中原、过上安居乐业生活的愿望。它表明：真正关心国事、愿以身许国的是下层知识分子和平民百姓，而不是那些贪生怕死、争名夺利的朱门诸公！王子文《石屏诗序》中说他的诗是“长篇短章，隐然有江湖廊庙之忧，虽诋时忌，忤达官，弗顾也”。这二首诗及前面所引的爱国诗，都充分证明了这一点。这也正是戴诗人民性的突出表现之所在。

（二）忧民诗

由于诗人一生漂泊江湖，饱经忧患，与下层人民群众有着广泛的接触，对他们的悲惨境遇有较多的了解，所以他写的反映民生疾苦的诗也显得特别深刻、动人。《庚子荐饥六首》是这方面的代表作。这组诗不仅饱含同情之泪写出了连年饥荒下，人民走投无路的惨状以及他们面临死亡被迫啸聚山林的现实，还以辛辣讽刺的口吻，揭露了“官司行赈恤，不过是文移”的虚伪和欺骗性以及豪绅屯积闭粜的险恶用心，读来令人悲愤交加。试看其中的第五首：

杵臼成虚设，蛛丝网釜鬶。啼饥食草木，啸聚斫山林。人语无生意，鸟啼空好音。休言谷价贵，菜亦贵如金！

古时形容荒年饥民“面有菜色”，而此诗所写的农民处境则更为严酷艰难，只能食草木而苟延残喘。官府欺骗，豪绅盘剥，饥民被迫“啸聚斫山林”也就不足为怪了。诗里充满了对劳动人民的同情。同类的作品还有《织妇叹》、《嘉熙己亥大旱荒，庚子夏麦熟》（六首）、《江涨见移居者》、《刈麦行》和

《大热五首》等。诗人目睹荒年“老农如鬼瘦”“人将委沟壑”的悲惨情景，不禁发出了“与人同一饱，安得米千艘”的呼喊。这和杜甫的“安得广厦千万间，大庇天下寒士俱欢颜”正是同一襟袍，同是伟大的人道主义精神的流露。基于这一思想，他在一些诗中曾恳切劝勉在地方上为官的朋友“勤政爱民”。如在《送来宾宰》中说：“能放一分宽，可减十分怨。不爱资囊橐，但爱了支遣。民穷赖抚摩，官贫俸不多。但得百姓安，俸薄其奈何。”特别值得一提的是，他还有一些诗反映了下层知识分子生计之艰辛，命运之困蹇，从一个侧面揭露了社会的黑暗。如《访友人家即事》：

> 烂茅遮屋竹为床，口诵时文鬓已霜。妻病无钱供药物，自寻野草试单方。

封建科举制度诱使知识分子走读经做官的道路，但入仕为官的毕竟是少数，大批知识分子为“时文”所误而终生潦倒。此诗纯用白描的手法，写出了寒士的悲惨境遇，并暗寓对封建科举制度的批判。文字平易自然但含意深远，耐人寻味。

（三）讽世咏怀诗

诗人阅世既久，对社会、人生的感触也深，发而为诗，往往讽世更为有力，咏怀尤其深挚。他在诗中不仅指摘朝政，斥责“诸公衮衮成何事”“污吏容私昼攫金”，而且感叹“今古两虚器，乾坤百戏场”“世事纵横人事左”“利名如海溺人深”。他在《梦中亦役役》一诗中更是具体地抒写了对人生的感受，揭示了“人生良鲜欢”的原因。诗云：

> 半夜群动息，五更百梦残。天鸡啼一声，万枕不遑安。一日一百刻，能得几刻闲？当其闲睡时，作梦更多端。穷者梦富贵，达者梦神仙。梦中亦役役，人生良鲜欢。

为追名逐利，世人日间醒时营营役役，夜间睡梦中亦营营不已，或梦富贵，或梦神仙。整个人生简直没有片刻安闲，还有什么欢乐舒适可言呢？全诗以叙述议论为主，虽然缺少形象的描绘，但由于语言通俗浅近，议论明快畅达，道出了常人司空见惯而又不曾道明的那种世态，仍不失为一篇有意义的佳作。诗人的另一首诗《戏题诗稿》，则嘲讽了当时阅读、评论诗歌的一种不良风气：

冷澹篇章遇赏难，杜陵清瘦孟郊寒。黄金作纸珠排字，未必时人不喜看。

此诗感慨平淡求实、不慕名利的诗歌被冷落，而那些奢华靡丽之作反为时俗所重。其实岂只是“冷澹篇章”，淡泊名利的寒士之遭遇何尝不是如此！诗中实际上寄寓了诗人无限的人生感慨。

“举世皆好竽，老夫方鼓瑟。”与势利的世态相反，戴复古坚持自己的高尚节操，不见利忘义，不随波逐流。他在《大热五首》之五中表白自己纯洁的心怀：“天嗔吾面白，晒作铁色深。天能黑我面，岂能黑我心！我心有冰雪，不受暑气侵。”

他对朋友、家人都怀有真挚的情意，表现这方面内容的诗歌为数不少，如《既别诸故旧，独黄希声往曲稟议未回，不及语离》第二首：

老年怀抱晚秋天，欲去思君重黯然。闻道归来有消息，江头错认几人船。

这首七绝是诗人因思念友人黄希声而写的。情真意切，感人至深，与李白的《送孟浩然之广陵》颇有异曲同工之妙。此外，诗人思念家人之作如《春日怀家》《怀家三首》等，也均以质朴平淡的语言表达游子对家人的刻骨思念之情怀，读来催人泪下。

（四）旅游风景诗

诗人浪迹江湖50余年，所到之处，常有记游和描写风景之作。这些诗作渗透着一个正直的下层知识分子的独特观感，大都别有韵味。这里略举几首，以见一斑。

双峰直上与天参，僧共白云栖一庵。今古诗人吟不尽，好山无数在江南。(《巾子山翠微阁》)

江头落日照平沙，潮退渔舠阁岸斜。白鸟一双临水立，见人惊起入芦花。(《江村晚眺》)

山崦谁家绿树中，短墙半露石榴红。萧然门巷无人到，三两孙随白发翁。(《村居》)

第一首以少总多，由赞美浙东巾子山，进而赞美江南无数秀丽的山峦，表达了对祖国山河的热爱之情，语句轻健明快。第二首刻写江村自然景物，静中有动，妙趣横生。第三首俨然一幅山村风情画，优美和谐，洋溢着对宁静的山村生活的热爱和憧憬。这三首诗不用典，不堆事，用语清新，白描如画，感情真挚，独具特色，读来韵味悠然，令人神往。而这些特点，又是与诗人长期游食江湖的经历和不慕名利的思想情趣分不开的。

需要说明的是，上面对戴复古几类诗的划分，主要是为了便于分析，不一定确切妥帖。其实，它们之间常常是彼此联系乃至有所交叉的。可以说，爱国、爱民、爱故土、爱自然与恨外敌入侵、恨朝廷投降、恨苛政酷吏、恨炎凉世态，都属于戴复古爱国主义的思想范畴，是一个问题的两个方面。尽管由于阶级和时代的局限，他的诗有地主阶级封建思想的烙印，有迂腐、消极、落后的一面，但总的说来，是表现了人民的爱憎感情、愿望要求，特别是反映了下层知识分子的理想和情趣的，具有进步意义。与思想内容相联系，他的诗在艺术上，确也体现了赵汝腾所说的"平而尚理，工不求异"等方面的鲜明特色。他推崇杜甫、陆游、陈子昂和陶渊明等诗人的诗，继承了他们诗的现实主义精神，重视诗歌陶冶性情、经世致用的社会功能，诗风沉郁而清健，深厚而自然。虽然他曾受到江西诗派和四灵派的影响，但能在吸取他们长处的同时，突破江西诗派"资书以为诗"和四灵派风格纤细、意境狭窄等弊端，提出写诗"须教自我胸中出，切忌随人脚后行"等进步主张，并且在实践中努力贯彻之。故他的诗与江西诗派不同，很少使事用典，而多采用白描手法。戴氏也胜于永嘉四灵，其学晚唐诗不是像四灵那样"刻楮剪缯，妆点粘缀，仅得一叶一花之近似"，而是得其全篇之风神，诗的题材、境界比四灵开阔，诗的意义也较深远。在诗体运用上，可谓众体兼备，特别是五律、七绝尤工。他的词作，虽数量不多，但格调豪放而壮丽，属苏轼、辛弃疾词风。其《满江红·赤壁怀古》一词，《四库全书总目》认为“豪情壮采，实不减于苏轼”。

当然，戴复古诗在艺术上的不足之处亦较明显，比如有的诗好发议论，说理味重而缺乏形象描绘，有的诗匆忙写就，缺乏锤炼，流于肤浅或轻俗，诗的总体格局、气象也不够宏大。但毕竟瑕不掩瑜。平心而论，他的诗歌艺术成就是高出四灵和江湖派诸人的。陈衍推他为“晚宋之冠”，并非过誉。过去对他的诗重视、研究不够，评价偏低，这种现象应得到进一步的改变。我们期待着研究戴复古及江湖派的新著陆续问世。

本文始刊于《浙江师大学报(社会科学版)》1991年第4期，系与李圆疆合写，为第一作者

“四海九州双脚底，千愁万恨两眉头”
——读石屏词

在南宋江湖诗派中，戴复古（号石屏）、刘克庄、刘过和姜夔，都是声名卓著的大家。他们不仅善于写诗，亦工于填词，后三位在词作上成就尤高，以至诗名竟为词名所掩。比较起来，戴复古的文学成就主要在诗歌方面，词在他全部作品中所占的比例很少，约为二十分之一。今人唐圭璋所编《全宋词》收入戴复古的词相对较全，也只有四十五首半（其中《沁园春·送姚雪篷之贬所》仅存半首）。戴复古的词，即通常所称的石屏词，长期以来未得重视，除了几篇赏析文章外，众多的文学史著作和论词专著都很少提及。其实，石屏词很有特色。清代纪昀即独具慧眼，称道它“音韵天成，不费斧凿”“时出新意，无一语蹈袭”。他尤其赞赏《满江红·赤壁怀古》一词，说它“豪情壮采，实不减于轼（按：苏轼）”（《四库全书总目·石屏词提要》）。这个评价还是比较符合实际的。翻读石屏词，呈现在我们面前的是一个活脱脱的身在江湖、心系天下的布衣诗人形象。这些词与石屏之诗一样，率真而生动地展现了诗人浪迹江湖的生活意趣、音容笑貌、思绪情操、生活体验和审美思想。从中我们可以感受到时代的风雨和诗人情感的波涛，可以窥见诗人苦苦追求人生理想的踪迹，也可以了解到他在继承并发展苏轼、辛弃疾和陆游等词坛名家的创作风格和爱国主义精神方面所取得的成就。

石屏词中有不少感慨时事、抒发爱国激情的感人之作。如《水调歌头·题李季允侍郎鄂州吞云楼》：

> 轮奂半天上，胜概压南楼。筹边独坐，岂欲登览快双眸。浪说胸吞云梦，直把气吞残虏，西北望神州。百载一机会，人事恨悠悠。　骑黄鹤，赋鹦鹉，谩风流。岳王祠畔，杨柳烟锁古今愁。整顿乾坤手段，指授英雄方略，雅志若为酬。杯酒不在手，双鬓恐惊秋。

这首词是戴复古当年逗留武昌时登吞云楼有感而作，风格豪放而沉郁。上片暗用《世说新语·容止》中庾亮登南楼咏乐和司马相如《子虚赋》所述

“吞若云梦”这两个典故，描绘吞云楼之雄伟巍峨，赞扬时任鄂州知州的李季允侍郎以国事为怀、“气吞残虏”的凌云壮志；同时抒发了抗金志士对朝廷决策者腐败、怯懦而坐失北伐良机的不胜感慨。下片从写吞云楼周围景色入手，缅怀写《黄鹤楼》的唐代诗人崔颢、作《鹦鹉赋》的汉末文人祢衡和抗金名将岳飞，追昔抚今，触景生情，而陡生“杨柳烟锁古今愁”之叹。作者赞赏并寄厚望于李侍郎“整顿乾坤手段，指授英雄方略”，但又为其“雅志”如何实现而发愁。“杯酒不在手，双鬓恐惊秋”，作者最后只好以酒浇愁了。全词虚实并举，一波三折，写得不落俗套。既紧扣题目，写了楼的雄姿，又因楼及人。楼与人，景与情，巧妙而自然地结合在一起，使读者不仅激起对壮美的吞云楼及其周围名胜古迹的热爱之情，而且深为作者和李季允等爱国志士的一片忧国丹心所感动。

《满江红·赤壁怀古》是戴复古游历黄州时写的另一首爱国词：

赤壁矶头，一番过、一番怀古。想当时、周郎年少，气吞区宇。万骑临江貔虎噪，千艘列炬鱼龙怒。卷长波、一鼓困曹瞒，今如许？　江上渡，江边路。形胜地，兴亡处。览遗踪，胜读史书言语。几度东风吹世换，千年往事随潮去。问道傍、杨柳为谁春，摇金缕。

读罢这首词，我们会明白清代纪昀对其“豪情壮采，实不减于轼”的赞誉并不虚妄。初看词开首三句，似觉平常，不如苏轼的赤壁怀古词突兀而起，气势磅礴。但词中接着对赤壁大战浓墨重彩、惊心动魄的描绘，就比苏词更具体生动，更有声势。看！“万骑临江貔虎噪，千艘列炬鱼龙怒。”吴蜀联军的士气是多么高昂，犹如猛虎急欲冲向猎物；火攻曹军的舰战是多么激烈，连江底的鱼龙也因战火的威胁而怒掀江海了，“卷长波、一鼓困曹瞒”写吴蜀联军在波澜壮阔的水战中一鼓作气、围剿曹军的场面，更是气势不凡，十分传神。古人能有如此业绩，而如今又怎么样呢？上片结句“今如许”这一设问，文势陡然转折。短短三个字，却包含着作者对南渡以来国势日非的无限感慨。下片追怀并察看传说中赤壁之战的遗迹。“几度东风吹世换，千年往事随潮去。”在这一精工的对偶句中，作者忧国伤时的感慨更为深切：物换星移，逝者如斯，现在又有谁能出来收拾祖国残破的山河呢？结句对杨柳的发问，进一步表现了他的忧国之思。这首词的风格与苏词《念奴娇·赤壁怀古》相近,雄浑豪放,写法上有继承亦有突破,可谓各有千秋。据说,此词写成后,即得到当时许多人的赞赏。戴复古的朋友、书法家陈复斋偕戴复古在庐山游览宴饮时,曾高歌这首《满江红》词,并"为作大字书之",后来还被"刻石于庐山罗汉寺"(见《石屏诗集》第六卷,《寄复斋陈寺丞》第二首诗后自注)。可见此词在当时之影响。

明代毛晋在《石屏词跋》中称戴复古"性好游,南适瓯闽,北窥吴越,上会稽,绝重江,浮彭蠡,泛洞庭,望匡庐、五老、九嶷诸峰,然后放于淮泗,归老委羽之下"。由于戴复古一生在江湖上游历区域很广,时间很长(几达50年之久),饱经沧桑,忧患交加,备尝人世艰辛,故石屏词中有许多表现游历生活和身世之感的篇章。试看他的一首《洞仙歌》:

卖花担上,菊蕊金初破。说着重阳怎虚过。看画城,簇簇酒肆歌楼,奈没个、巧处安排着我。　　家乡煞远哩,抵死思量,枉把眉头万千锁。一笑且开怀,小阁团栾,旋簇着、几般蔬果。把三杯两盏记时光,问有甚曲儿,好唱一个。

这首词运用以乐衬忧的手法,描写了在旅途中过重阳节的情景,深刻地表现了作者的乡思客愁。重阳佳节倍思亲。但家乡远在千里,可思而不可即。作者只好自我排遣,把酒楼小阁当作唯一去处,借酒浇愁,听曲解闷,苦中取乐。这种笼罩着时代阴影的乡思客愁,乃是当时下层知识分子坎坷境遇和抑郁心理的真实反映。词中吸收了不少清新、通俗的群众口语,富有表现力;以素描手法对南方城镇酒肆场景和过重阳节的热闹气氛之描写,生动而逼真,生活气息浓厚。此词堪称一首别致的羁旅行客、苦中作乐之歌,一幅南宋时期的重阳市井画。

如果说《洞仙歌》是写作者旅途中重阳节那天的生活情景和感受的话,那么《减字木兰花》(阻风中酒)、《望江南》(石屏老)和《沁园春》(一曲狂歌)等几首词,便是他长期流落江湖的生活和思想心态的集中概括和形象反映了。特别是《沁园春》这一首,简直可以当作他的自传来读:

一曲狂歌,有百余言,说尽一生。费十年灯火,读书读史,四方奔走,求利求名。蹭蹬归来,闭门独坐,赢得穷吟诗句清。夫诗者,皆吾侬平日、愁叹之声。　　空余豪气峥嵘，安得良田二顷耕。向临邛涤器，可怜司马；成都卖卜，谁识君平。分则宜然，吾何敢怨，蝼蚁逍遥戴粒行。开怀抱，有青梅荐酒，绿树啼莺。

这是一首作者自叙身世的长调，作于他70多岁结束江湖漂泊生活、返回家乡黄岩县南塘(今温岭塘下乡)之后。上片回忆自己一生的坎坷经历，感慨万端："夫诗者，皆吾侬平日、愁叹之声。"说得何等沉痛！作者忧国忧民的情怀，对人事、世态的愤懑与无奈，对自己怀才不遇、理想破灭、一生困顿的不平，都包含于其中了。下片先写自己空有壮志满怀，却没有机会实现，表现出英雄无用武之地的悲愤。接着，用西汉司马相如和严君平落拓不遇、靠卖酒或卖卜以自给的两个典故，表示自己也只能像他们那样以度余生："分则宜然，吾何敢怨"等六句，是作者情绪的一大转折，由前面对怀才不遇的不平转为达观闲适，似乎已泰然接受命运的安排，想在"青梅荐酒，绿树啼莺"中求得苦闷的解脱。这种表现自然是消极的，但也是另一种形式的反抗，仍然有其一定的意义。

爱情历来是文学作品的重要题材，词这种文学形式，尤以描写爱情为正宗。石屏词以爱情为题材的作品却不多，仅5首左右，大都是写行客游子与恋人间的离情相思，情意深挚动人。最为人们所称道的是一首《木兰花慢》：

莺啼、啼不尽；任燕语、语难通。这一点闲愁，十年不断，恼乱春风。重来故人不见，但依然、杨柳小桥东。记得同题粉壁，而今壁破无踪。

兰皋新涨绿溶溶，流恨落花红。念着破春衫，当时送别，灯下裁缝。相思谩然自苦，算云烟、过眼总成空。落日楚天无际，凭栏目送飞鸿。

关于这首词的背景，后人有不同的看法和争论。元陶宗仪《辍耕录》卷四载："戴石屏先生未遇时，流寓江右，武宁有富家翁爱其才，以女妻之。居二三年，忽欲作归计，妻问其故，告以曾娶。妻白之父，父怒，妻宛曲解释。尽以奁具赠夫，仍饯以词云：'惜多才，怜薄命，无计可留汝。揉碎花笺，忍写断肠句。道傍杨柳依依，千丝万缕，抵不住一分愁绪。捉月盟言，不是梦中语。后回君若重来，不相忘处，把杯酒浇奴坟土。'夫既别，遂赴水死。"有人据此认为《木兰花慢》是石屏悼念其江西妻子所作。也有人否认《辍耕录》中这则记载之可信性，认为石屏与大儒朱熹有交往，为其所称许，必不会瞒妻重婚的。其实两说证据皆不足。考戴复古一生行迹，虽然去过江西多处，但尚未发现寓居武宁的线索，不应坐实之。而所谓戴氏与朱熹有交往，为其称许事，据笔者考证，实乃张冠李戴。退一步说，即使为朱熹所称许，也不能凭此证明他不曾有此情事。我以为对《辍耕录》的该则记载还是姑且存疑，先按其所表达内容将它作为怀念旧时江湖游历期间认识且有过恋情的女性朋友为宜。这并不妨碍它的审美价值。

应该承认，这是一首出色的描写爱情的词，而且带有鲜明的江湖诗人的印记。词中真切地表现了作者与情人分别十年来绵绵不绝的相思之情和旧地重游、人去楼空的无限伤感。“记得同题粉壁”二句和“念着破春衫”三句，看似平常言论，却是铭心刻骨的情语，把作者与情人当时相聚的欢乐、分别时情人对他的绵绵情意以及他对情人的感激、思念和对情人如今杳不可见的怅惘、愁恨，都十分深切动人地表现出来了。“流恨落花红”一句，融情入景，情景交融，语意蕴藉浓缩，暗示情人已亡故，又形象地表现了作者无限沉痛、悔恨的心情。全词用绵丽之笔，写哀婉之思，寓江湖飘零之感，声情凄楚，动人心弦，与陆游的《钗头凤》可谓异曲而同工。

戴复古在江湖上游历时久地广，交往广泛，朝廷、地方上的官吏和文人学士有不少都是他的朋友，故他与人酬唱赠答的诗词也特别多。石屏词近一半是题赠酬唱之作。其中或寄寓爱国情思，或感叹身世飘零，或表达对朋友的思念和勉励，虽然间有恭维应酬的成分，但大都内容充实，情真意切。例如《大江西上曲》(大江西上)、《祝英台近》(泛杭州)即是。还有写给他的好友、江湖派诗人宋自逊(号壶山)的《望江南》(壶山好)四首，以轻快、诙谐的笔调，把宋壶山的学识才华、性格爱好、生活环境、创作风格以及与作者之间的亲密情谊，生动地表现出来，也十分使人赏爱。

前面列举了石屏词中伤时忧国、感慨身世、恋情相思、交游酬答等题材的一些词作。最后，还要向读者介绍一下戴复古的两首在宋词中比较少见的作品。

一首是《望江南》(石屏老)第一首：“石屏老，家住海东云。本是寻常田舍子，如何呼唤作诗人？无益费精神。千首富，不救一生贫。贾岛形模元自瘦，杜陵言语不妨村。谁解学西昆？”

此词既感叹身世，又以词论诗，两者有机结合，别开生面。作者运用对比反说的手法,以自我解嘲和调侃的口吻,写出自己懊恼、愤慨的心境,并流露了对自己成为诗人的自负。词中对杜甫、贾岛的创作态度和风格加以肯定,对西昆体华而不实的诗风表示不满,表现了进步的文学思想。古人论诗诗流传颇多,但似这样富有情趣和深刻旨意的、以词的形式论诗的作品实不多见,值得我们重视。

另一首是《贺新郎》(蜗角争多少)。作者在这首词的序中说:"兄弟争涂田而讼,歌此词主和议。"词的上片从社会和自然的历史变化角度劝说两兄弟不要为一片涂田争执而"生烦恼";下片重在说明长时间向官府诉讼"元非吉兆"。词中虽有消极、虚无的思想,但作者主张对这类问题要以"和为贵",还是不错的。特别是"这官坊、翻来覆去,有何分晓"的揭露,表明作者对封建统治阶级政权机构的腐败有着清醒、深刻的认识。词的语言流畅、轻快,说理实在,颇打动人心。据《台州府志》卷一三七《杂事记》记载,石屏赋此词后,"兄弟觉悟,遂罢争"。这不啻是一篇成功的调解词。

综上所述,可知石屏词虽然数量不多,而且间有消极、虚无的一面,但总的说来,它题材广泛,内容深刻,风格多样,承继前人而又不为所固,时出新意。其词自鸣一家,还是颇有价值的。具体地说,我以为其主要特点是:

其一,爱国情感激越而深挚,表现了下层知识分子的一片忧国丹心。爱国主义精神是南宋广大爱国词人作品的主调。但由于词人的身份、经历、所处的时代环境和地位不同,他们作品中爱国思想表达的方式、角度以及语言和风格等也就同中有别,各有差异。例如辛弃疾,就他的一生论,首先是个英雄,是个壮士,故其词"慷慨纵横,有不可一世之概"(《四库全书总目·稼轩词提要》)。陆游是位正直的、具有政治眼光的士大夫,是朝中的文士,也有报国杀敌的雄心,但他又是个以诗人气质为主的作家,是以文士身份要求从戎作战的,故他的作品往往是以在朝的爱国士大夫的角度来抒写对祖国的热爱之情和因受排挤而报国无门的激愤。而戴复古是一个清寒的江湖诗人,以布衣终老。虽然伤时忧国,负奇尚气,毕竟无权参预朝政和军事;由于时代的局限,他也不可能认识到人民群众是历史发展的根本动力。故他的爱国诗词常常以一个下层知识分子、一个布衣诗人的身份抒发对国事的感慨,对妥协投降的主和派表示谴责,对正直、主战的官员表示赞扬并寄予厚望。"自许风流丘壑,何人共、击楫长江。新亭上,山河有异,举目恨堂堂……仍须待、剩栽兰芷,为国洗河湟。"(《满庭芳·楚州上巳万柳池应监丞领客》)“一片忧国丹心,弹丝吹笛,未必能陶写……紫枢黄阁,要公整顿天下。”(《大江西上曲·寄李实夫提刑,时郊后两相皆乞归》)“唤起东山丘壑梦,莫惜风霜老手,要整顿、封疆如旧。”(《贺新郎·寄丰真州》)从石屏词这部分例句中,我们不难看出石屏词与辛、陆之词的上述不同特点。

其二,善于把个人身世之感与江湖廊庙之忧有机结合,具有强烈的时代悲剧感。南宋江湖诗派的出现,是当时一个重要的社会现象;他们艰难多舛的遭遇,也是时代的悲剧。值得重视的是,戴复古不是避开现实,孤立、单纯地去叹老嗟贫,抒写个人“剪不断,客愁千里”(《祝英台近》)的身世之感,而是将它融入对民族、国家命运的忧虑、关切之中,从而使“长篇短章,隐然有江湖廊庙之忧”(王子文《石屏诗序》)。石屏词《柳梢青·岳阳楼》中“不须携酒登临,问有酒何人共斟”这两句所表现的苦闷心情和孤独感,就是作者身世之感和“廊庙之忧”的浑然统一。这种苦闷和孤独感,几乎是南宋时期爱国志士的共同感觉和普遍心态。岳飞慨叹“知音少,弦断有谁听”(《小重山》)就是一个突出的例子。这是人生的苦闷,也是时代的悲剧。由于石屏词能以新的视角表现出战乱时代的苦难人生和江湖爱国诗人的苦闷心理,传达对现实、人生的复杂感受,因而也就具有它的独特价值。这也可以说是石屏词的重要特点之一。

其三,风格豪放轻健,真率自然。这一特点,从前面所举的几首爱国词已可看出。石屏词中另一首《大江西上曲》亦颇豪壮。其中“地涌千峰摇翠浪,两派玉虹如泻”两句,写长江和赣江的气势,堪与苏轼“大江东去”句相媲美。戴复古称赞宋壶山“歌词渐有稼轩风”,将此语移用于他自己也挺适合。这一风格的形成,显然与他受到苏轼、辛弃疾和老师陆游的影响有关。当然,一个成熟的作家,大都有几副笔墨,几种风格,绝非单纯的“豪放”二字可以概括。苏轼、辛弃疾、陆游是这样,戴复古也是这样,虽然他的文学成就不如前三位大家。就石屏词而论,除有豪放这一种特色外,还有沉郁、轻健、绵丽、真率、明快等方面的特色体现在不同的具体作品里。那么其本色是什么?清代况周颐《蕙风词话续编》卷一云:“石屏词往往作豪放语,绵丽是其本色。”笔者认为,此说前一句是对的,后一句则与实际不甚符合。诚然,石屏词中有风格绵丽的作品,如《木兰花慢》等;但是要论本色,当是“真率”。所谓真率,就是指率性而作、任情而发,体现在诗词上,往往是直抒胸臆、不假修饰、一气呵成。例如石屏词《西江月》下片“过隙光阴易去,浮云富贵难凭。但将一笑对公卿，我是无名百姓”，就说得十分真率，想什么，就说什么，既不忸怩作态，也不转弯抹角。这一点，在各类题材的石屏词中都有所体现。如《望江南》七首，或写宋壶山的才华、性格、生活环境，或自叹身世，都是真情抒发，坦露胸臆，无矫揉造作之病，而富真切自然之妙。与真率的审美情趣相联系，表现在语言上，则是清新、轻快、自然。大量口语、俚语的吸取和运用，一扫传统词的脂粉气，增强了词的生活气息。即使有时用典，也较浅近，并与词意融会一体，妥帖而不显雕琢。而这又与其词真率自然的特点是分不开的。

其四，以诗为词，进一步扩大了词的题材和境界。所谓以诗为词，就是把传统的词论或词作者认为是属于诗的表现题材和内容，用词的形式来表现。这是词的一大解放。苏轼首先打破了“词为艳科”“诗庄词媚”的藩篱，另辟新的天地，大胆地用词去表达那些怀古感旧、悼亡、记游等历来为诗人所惯用的题材，这一特色至南宋则更为辛派词人所发展。戴复古则是南宋后期以诗为词且取得较大成就的一位词人。他不但像苏轼那样将怀古、感旧、记游、说理等题材入词，还以词论诗，以词调解纠纷，又不失词的意趣。这些不能不说是对于宋词发展的一个贡献。

《望江南》（石屏老）第二首中有两句：“四海九州双脚底，千愁万恨两眉头。”这一对偶句可以说是戴复古一生经历和心绪的真实写照，也是他诗词作品内容和特色的形象概括。在中国历史上，封建知识分子的人生道路，通常不外三条：做官，隐居，游食江湖。三者或有交错，这三类人的品格、表现和在历史上的作用也各有好坏，不能一概而论。然而比较起来，游食江湖者往往是以不得志、地位低下者居多，其中不乏正直、爱国、有抱负和有才华的学者、作家、仁人志士。而戴复古就是我国南宋后期江湖诗人中杰出的也是最典型的代表。其游历江湖时间之长、区域之广，对国家和人民命运关切、忧虑之深，个人遭际之困蹇以及一生未做官而致力于诗歌专业创作之执着态度，在南宋江湖派乃至在中国历史上的布衣诗人中，几乎无出其右者。因此，重视和加强关于戴复古的经历、思想和作品的研究，有着多方面的意义。这不仅有助于我们吸取他的作品中民主性的精华，正确认识他在文学史上的地位，有助于文学界对江湖诗派及南宋时期文学的研究，而且也有助于对我国古代知识分子人生道路问题的探索研究。

本文始刊于《浙江师大学报(社会科学版)》1992 年第 3 期

严羽、戴复古异同论

论及南宋后期的诗歌创作和理论，人们不能不同时提起严羽和戴复古。这是因为两人在诗歌创作和理论上各有建树，在当时及后世产生了重要的影响。可喜的是，两人还是一对忘年交，曾在严羽的家乡邵武一起切磋诗艺，开展诗社活动，共同度过艺术创作和研究生涯中的一段美好时光。因此，考察严羽和戴复古两人之间的交往和相互关系，比较他们的生活经历和创作道路，分析其在诗歌创作和论诗见解等方面的特点或异同，对于我们深入开展宋代文学和宋代文学批评史的研究，无疑具有一定的意义。

一、严羽、戴复古之交游

严羽，字仪卿，一字丹丘，自号沧浪逋客，邵武（今属福建）人，约生于绍熙三年（1192）。“为人粹温中有奇气。尝问学于克堂包公。”①严羽一生未应举入仕，除曾数次漫游江湖外，大部分时间隐居乡里从事诗歌理论研究。约于淳祐年间（1241—1252）去世。著有诗歌理论著作《沧浪诗话》，为世所重。所作诗篇，今存146首，另词二首，编为《沧浪先生吟卷》二卷行世。

戴复古，字式之，号石屏，台州黄岩南塘（今台州温岭塘下）人。生于南宋乾道三年十二月（按公历换算，当在公元1168年1月至2月间）。其父戴敏，一生无意科举，以诗自适，临终之时，子尚在襁褓中，遂以“诗无传”为憾。复古成年后，为继承乃父之遗志，笃意学诗。初从林宪（字景思）、徐似道（字渊子）学习句法，继而向陆游（号放翁）求教，诗益进。一生布衣，游历江湖四十余年，至七十余岁才归隐于家。卒于淳祐八年（1248）前后，年八十余。存诗近千首，有《石屏诗集》《石屏词》传世。

考《石屏诗集》和《（嘉靖）邵武府志》等文献，可知严羽、戴复古相识订交

① ［清］朱霞：《严羽传》，见郭绍虞校释：《沧浪诗话校释》，人民文学出版社1983年版，第261页。

的时间,当在绍定五年(1232)戴复古客游邵武之时。这一年,戴复古六十五岁,已是名闻海内的大诗人,他至邵武,意在拜访李贾(字友山)等诗友,参加邵武诗社的活动,所谓"欲课荒芜来入社"①;同时也是为了结识心慕已久的著名诗论家兼诗人严羽,共同探讨诗艺。当时严羽大约四十岁。他的到来,受到了邵武诗社李贾、严羽等诗人的热烈欢迎,也得到了时任邵武通判、后任知军的当地行政长官王埜(字子文)的殷勤款待。戴复古《过邵武访李友山诗社诸人》《李友山诸丈甚喜得朋,留连日久》《题熙春台呈王子文使君》《谢王使君送旅费》等诗以及《论诗十绝》的诗前小序"昭武太守王子文,日与李贾、严羽共观前辈一两家诗及晚唐诗,因有《论诗十绝》。子文见之,谓无甚高论,亦可作诗家小学须知"②,具体生动地记述了他在邵武参与诗社活动以及与李贾、严羽和王埜等新老朋友的亲密交往,表现了与他们以诗会友的喜悦之情。在邵武与严羽一起切磋诗艺的日子里,戴复古对严羽的杰出才华和诗论的独创性有了更多的了解,因而对他也更为器重。在《祝二严》一诗中,戴复古高度赞扬了严羽和严粲卓尔不群的人品和文学上的创造精神,并深情地表示:"二严我所敬,二严亦我与。"诗最后还说要将自己后期创作的五百篇诗稿托付"二严"整理编辑。而严羽对这位名满江湖的老诗人也是十分倾慕。在绍定六年(1233)的秋天,戴复古离开邵武之际,严羽特撰长篇歌行《送戴式之归天台歌》相赠,诗中对戴复古仙风道骨般的气质神姿和"群贤翕沓争相推"的诗才,给予了热烈的称颂,对他的离去表达了深切的惜别之情。别后,两人还不时有诗表示对对方的思念。在严羽漫游吴越、戴复古重游南方之际,两人意外相逢,不禁喜出望外,严羽又作《逢戴式之往南方》一诗,表达了惜别之意以及待国家升平之日相会京城的愿望。应该说,两人交往的时间不算长,但是诗友的情谊却很深。据传,两人在邵武相处的日子里,经常去邵武东城的望江楼上说诗论文,品藻人物。此楼高十丈,檐牙三重,可以俯瞰大江。清初福建观察使周亮工重修此楼时,为了纪念严羽,将此楼改名为"诗话楼"。从此,"诗话楼"更成为当地的胜迹,而严羽与戴复古的交游也成为文学史上"文人相亲"的佳话。

---

① 金芝山校点:《戴复古诗集》卷六,《和高与权》,浙江古籍出版社1992年版,第178页。

② 金芝山校点:《戴复古诗集》卷七,第230页。

二、严羽、戴复古之同

为什么严羽与戴复古这二位年龄相差二三十岁的诗人初次会面，即一见如故，相知甚深，成为忘年之交呢？不能不说，这与他们在思想意趣、人生经历、诗歌创作主张等方面大体相同或相近而又各有所长、各具特点有着密切的关系。

首先，两人都具有忧国忧民之情怀，报效祖国之理想，而又无意于科举，不愿为圭组所束缚。

严羽和戴复古主要生活在宁宗、理宗两朝，这是南宋历史上政治空气最沉闷的时期。自开禧北伐失败之后，南宋小朝廷习于偏安局面，已失去抗战雪耻、恢复中原的勇气和信心，内政亦败坏不堪，民生凋敝，变乱四起。虽然此时的金国已趋于衰微并于端平元年(1234)被宋、蒙联军所灭，但南宋朝廷所面对的却是更强大凶恶的蒙军。由于朝政腐败，决策失当，或冒险进兵，或屈辱求和，招致兵连祸接，三京失守，襄阳沦陷，国家前途岌岌可危。身处这样国衰民困的时代，严羽和戴复古对祖国的命运和民生的疾苦颇为忧虑。他们关心国事，主张抗敌御侮，反对屈膝求和，而且怀有建功立业、报效国家的愿望。但是他们不愿走科举的道路，希望能凭自己的才华实现政治抱负，可最终依然怀才不遇，唯有一腔忠愤。严羽有诗曰："安得凌风翰，为君拂寥邈"①，"少小尚奇节，无意缚圭组"②，"日日愁心西北望"③，"蝗旱三千里，江淮儿女嗟"④，"感时须发白，忧国空拳拳"⑤。戴复古《石屏诗集》中这方面的诗句更多，诸如"人生一世间，所忌立志卑"⑥，"忧国家何有？愁吟天不闻。北风吹汉水，胡骑正纷纷"⑦，"濒海数十里，饥民及万家……老农如鬼瘦，不

① [宋]严羽:《沧浪集》卷二,《登豫章城感怀》,《景印文渊阁四库全书》第1179册,台湾商务印书馆1986年版,第56页。

② [宋]严羽:《沧浪集》卷二,《梦中作》,《景印文渊阁四库全书》第1179册,台湾商务印书馆1986年版,第56页。

③ [宋]严羽:《沧浪集》卷二,《舟中寄汉阳故人》,第54页。

④ [宋]严羽:《沧浪集》卷二,《舟中苦热》,第56页。

⑤ [宋]严羽:《沧浪集》卷二,《庚寅纪乱》,第56页。

⑥ 金芝山校点:《戴复古诗集》卷一,《和高常簿〈暮春〉》,第9页。

⑦ 金芝山校点:《戴复古诗集》卷三,《新朝士多故人,愁吟寄之》,第98页。

住作生涯”[1],“身在草茅忧社稷,恨无毫发补乾坤”[2],“布衣不换锦宫袍,刺骨清寒气自豪”[3],等等。这些诗句正是他们忧国忧民,政治上欲有所作为而又不乐意走科举道路的真实写照。

其次,他们的性格和意趣有不少相似点。如两人都喜作诗论诗,又都爱饮酒,常常是“大杯倒瓮作牛饮”[4],乃至“问天求酒量,翻海洗诗穷”[5],“酒熟思招客,诗成胜得官”[6]。他们以酒作为消愁解忧,发抒愤世嫉俗、狂放不羁的思想个性的工具,所谓“愁来惟仗酒遮拦”[7],“诗苦积成双白发,酒豪轻用万黄金”[8],“椎牛酾酒且高会,酣歌击筑焉能悲”[9]。他们习儒宗儒,又都受到佛、道两家思想的深刻影响,是文人书生,却又喜携剑,如严羽的“高冠湛卢剑”[10],戴复古的“壮怀频抚剑,孤愤强衔杯”[11]等诗句,都显现出两人具有壮士豪侠之气质。此外,两人都喜结交朋友,而且珍重友情。“自古英雄重结交,樽酒相逢气相许……人生感激在知己,男儿性命焉足怜”[12],“人作交游看,情如骨肉亲”[13]。在两人的诗集中,有不少与友人酬赠的篇章,写得情真意切,感人至深,除上文提到的严、戴两人相互赠别、怀念的诗作外,其他如严羽题赠上官良史、吴会卿、冯熙及严参等人的诗,戴复古题赠姚镛、宋自逊、王子文、严粲、黄希声等人的诗也都情意深厚,毫无矫饰虚假之感。

第三,两人的人生历程和遭遇也大体相同。他们都喜游历江湖,企望凭

---

① 金芝山校点:《戴复古诗集》卷三,《嘉熙己亥大旱荒,庚子夏麦熟》,第71页。

② 金芝山校点:《戴复古诗集》卷六,《思归》,第181页。

③ 金芝山校点:《戴复古诗集》卷六,《饮中》,第173页。

④ [宋]严羽:《沧浪集》卷二,《促刺行》,第65页。

⑤ 金芝山校点:《戴复古诗集》卷三,《书事》,第85页。

⑥ 金芝山校点:《戴复古诗集》卷三,《求安》,第83页。

⑦ 金芝山校点:《戴复古诗集》卷六,《竹洲侄孙小集,永嘉蒋子高有诗,次韵》,第177页。

⑧ 金芝山校点:《戴复古诗集》卷六,《秋日病余》,第191页。

⑨ [宋]严羽:《沧浪集》卷二,《剑歌行赠吴会卿》,《景印文渊阁四库全书》第1179册,台湾商务印书馆1986年版,第65页。

⑩ [宋]严羽:《沧浪集》卷二,《行子吟》,第62页。

⑪ 金芝山校点:《戴复古诗集》卷二,《淮上春日》,第40页。

⑫ [宋]严羽:《沧浪集》卷二,《剑歌行赠吴会卿》,《景印文渊阁四库全书》第1179册,第65页。

⑬ 金芝山校点:《戴复古诗集》卷五,《怀何宏甫》,第140页。

借自己的才华，通过科举之外的江湖干谒的途径，取得进身之阶，一展报国裕民、建功立业的抱负。考严羽之身世，其一生至少有三次"远游江海间"①的经历。他在《闻雁二首》之二中说："十载江湖泪，一夕尽淋浪。"②他的《促刺行》也有"三年走南复走北，岁暮归来空四壁"㉑之语。早在从学包扬之后，严羽即曾往庐陵、长沙、衡州、洞庭、临川等地客游。绍定二年(1229)至四年冬，严羽因避家乡战乱而外出漫游，先后去过临川、南昌、九江、洞庭、江汉、淮南等地。端平元年(1234)五月邵武地区的饥民暴动被太守王埜镇压下去后，严羽又曾外出去吴越一带漫游，经江淮去建康、扬州、吴江，再至临安，大约在端平三年(1236)秋后经衢州返回邵武，在家过着"默坐空斋夜，寂寞道心生"③的隐居生活。而戴复古更是"一生飘泊客途中"④，"白鸥心性五湖旁"⑤，先后在江湖上漂泊四十余载，足迹所及，"东吴浙，西襄汉，北淮，南越，凡乔岳巨浸，灵洞珍苑，空迥绝特之观，荒怪幽僻之踪，可以拓诗之景、助诗之奇者，周遭何啻数千万里"⑥。可以说，南宋半壁江山之绝大多数地区都有他们的歌吟和身影。但是由于时代的种种限制，他们漫游江湖以建功业的目的并未实现。"功名非我有，何处问生涯"⑦，"多难堪长客……叹息谩伤神"⑧，年轻时的理想和壮心在数十年中多次碰壁，只落得"千愁万恨两眉头"⑨的境地，转而更淡泊了名利之心，越来越强烈地产生了"功名未必胜鲈鱼""除却谋归总是虚"⑩的归隐思想，终于先后走上了回乡归隐的道路。从严、戴两人长期漫游江湖、怀才不遇、布衣终生的相似经历和诗中所表现的内容情感来看，将严羽与戴复古一起归之于江湖诗派似乎并无不当。

第四，在诗歌创作见解上，两人也有诸多相同或相近的观点。严羽的《沧浪诗话》以禅说诗，提倡学习李杜，师法盛唐，创"兴趣"说，强调妙悟，

① [宋]严羽：《沧浪集》卷二，《梦中作》，《景印文渊阁四库全书》，第 56 页。
② [宋]严羽：《沧浪集》卷二，《闻雁二首》其二，第 60 页。
③ [宋]严羽：《沧浪集》卷二，《空斋》第 1179 册，第 52 页。
④ 金芝山校点：《戴复古诗集》卷七，《韵次谷口郑柬子见寄》，第 220 页。
⑤ 金芝山校点：《戴复古诗集》卷六，《家居复有江湖之兴》，第 96 页。
⑥ 金芝山校点：《戴复古诗集》附录二，吴子良《石屏诗后集序》，第 322 页。
⑦ 金芝山校点：《戴复古诗集》卷四，《庐州界上寄丰帅》，第 112 页。
⑧ [宋]严羽：《沧浪集》卷二，《乱途中》，第 50 页。
⑨ 金芝山校点：《戴复古诗集》卷八，《望江南》，第 239 页。
⑩ 金芝山校点：《戴复古诗集》卷六，《都下书怀》，第 174 页。

猛烈批评江西诗派“以文字为诗，以才学为诗，以议论为诗……多务使事，不问兴致，用字必有来历，押韵必有出处”①，同时也不赞成四灵效法晚唐，批评其“止入声闻辟支之果，岂盛唐诸公大乘正法眼者哉”②。而戴复古的一些论诗诗特别是《论诗十绝》也表达了与严羽相同或相近的看法。《论诗十绝》第一首曰：“文章随世作低昂，变尽风骚到晚唐。举世吟哦推李杜，时人不识有陈黄。”第六首曰：“飘零忧国杜陵老，感寓伤时陈子昂。近日不闻秋鹤唳，乱蝉无数噪斜阳。”推崇盛唐之李白、杜甫和开盛唐之风的陈子昂，对以黄庭坚、陈师道为首的江西诗派和四灵所追慕的晚唐诗风均表示了贬抑的态度。其第四首曰：“陶写性情为我事，留连光景等儿嬉。锦囊言语虽奇绝，不是人间有用诗。”第七首曰：“欲参诗律似参禅，妙趣不由文字传。个里稍关心有悟，发为言句自超然。”第八首曰：“诗本无形在窈冥，网罗天地运吟情。有时忽得惊人句，费尽心机做不成。”③强调写诗应以“陶写性情”“吟情”为主，并似佛家参禅那样来领会、体悟诗之妙趣，而不是专在文字技巧上求寄托，这些主张也是与严羽“吟咏情性”的“兴趣”说和参禅、妙悟的主张相通而与江西派和四灵异趣的。

三、严羽、戴复古之异

当然，如果深入比较严羽和戴复古两人的创作和诗论主张，那么不难发现，他们并非毫无二致，而是同中有异，互有短长的。

从诗歌创作方面看，两人的作品都有述志抒怀、伤时忧国、愤世嫉俗、同情民瘼、羁旅行吟、思乡怀友、写景状物等内容，题材相当广泛，风格也较多样，有朴率自然、平易轻快的，有苍凉沉郁、雄浑豪放的；而且或古风，或律绝，众体兼备。翻阅严羽《沧浪先生吟卷》，可以看到其中不少作品的内容具有较强的现实性和鲜明的倾向性，艺术上也达到了相当的高度，尤其是部分歌行体诗篇，笔墨酣畅淋漓，颇有盛唐的神韵格调，在南宋诗坛上可谓自具一格。正如戴复古所赞许的：“长歌激古风，自立一门户。”④前人往往只重

---

① 郭绍虞：《沧浪诗话校释》，第 26 页。

② 郭绍虞：《沧浪诗话校释》，第 27 页。

③ 金芝山校点：《戴复古诗集》卷七，《论诗十绝》，第 230—231 页。

④ 金芝山校点：《戴复古诗集》卷一，《祝二严》，第 18 页。

视严羽的理论著作《沧浪诗话》，而忽视甚至贬抑他的诗作，认为其"独任性灵，扫除美刺""只能摹写王、孟之余响"①，未免有欠公允。但如果将戴复古的《石屏诗集》与严羽的《沧浪吟》相比，那么毋庸讳言，戴复古的诗歌不仅在数量上多出严羽近十倍，更主要的是，诗的思想艺术成就显然也比严羽要高。这首先表现在戴诗对社会现实的反映更广阔更深刻，对黑暗政治和炎凉世态的认识和揭露也更尖锐有力。从《石屏诗集》和《石屏词》中不难看出，作者的笔触几乎伸入到社会的各个角落，涉及各类人物，凡边关前线、繁华都市、名山大川及穷乡僻壤、大小官吏、江湖社友、耕钓酒侠、僧人寒士等等，诗中都有不同程度的描写，从而表达了一个在野的进步文人对时局、社会、人生和自然界的认识和感受，反映了普通平民的愿望和爱憎。其中有忧虑、伤感，有歌颂、期待，有同情、慨叹，有揭露、谴责。例如，"听言天下事，愁到酒樽前"②、"最苦无山遮望眼，淮南极目尽神州"③是寄意中原、伤时忧国之情的流露；"榻前一奏一万字，历历写出忠义怀"④是对力主抗金的官员的赞颂；"休言谷价贵，菜亦贵如金"⑤、"妻病无钱供药物，自寻野草试单方"⑥是对处于荒年与穷困绝境的下层人民的同情；"道谊欲灰伤世变，利名如海溺人深"⑦是对炎凉世态的感慨；"狂夫嗜饮夜偷酒，污吏容私昼攫金"⑧、"志士不能行所学，明君亦或讳忠言"⑨则是对朝廷醉生梦死的主和派、贪官污吏们的斥责。王埜《石屏诗序》中说他"长篇短章，隐然有江湖廊庙之忧，虽诋时忌，忤达官，弗顾也"⑩，可以说相当准确地揭示了戴诗强烈的爱国主义情感和对社会黑暗面的批判精神。其次，戴诗博采众长而自成一家，感情真挚而又富有理趣的艺术特色和风格，亦颇获当时诸多学者和诗人的好评。赵以夫序其诗曰："戴石屏诗备众体，采本朝前辈理致，而守唐人格律，其用

① 郭绍虞：《沧浪诗话校释》，第281页。
② 金芝山校点：《戴复古诗集》卷二，《秋怀》，第33页。
③ 金芝山校点：《戴复古诗集》卷七，《江阴浮远堂》，第212页。
④ 金芝山校点：《戴复古诗集》卷一，《见真舍人赛疏有感》，第25页。
⑤ 金芝山校点：《戴复古诗集》卷三，《庚子荐饥》，第71页。
⑥ 金芝山校点：《戴复古诗集》卷七，《访友人家即事》，第213页。
⑦ 金芝山校点：《戴复古诗集》卷六，《裘司直见访留款》，第168页。
⑧ 金芝山校点：《戴复古诗集》卷六，《访张元薄》，第168页。
⑨ 金芝山校点：《戴复古诗集》卷六，《都中次韵申季山》，第206页。
⑩ 金芝山校点：《戴复古诗集》附录二，第326页。

工深矣。"[①]吴子良之序亦曰:"石屏戴式之,以诗鸣海内余四十年……其诗清苦而不困于瘦……工巧而不露于斫……诗之意义贵雅正,气象贵和平,标韵贵高逸,趣味贵深远,才力贵雄浑,音节贵婉畅。若石屏者,庶乎兼之矣。"[②]这些评论,虽然有过誉之处,但大体符合戴诗的实际。总的说来,戴诗的艺术成就,除了刘克庄,南宋后期众多的江湖诗人是难与比肩的,包括严羽在内。

而就诗学理论和批评而言,则严羽的成就和影响又非戴复古所能及。前面我们列举了戴复古与严羽在诗歌创作主张和批评上的一些相同或相似的观点,这并不意味着两人的论诗见解及其影响没有差异。其差异一是表现在对江西诗派和四灵的态度上,严羽的批评显得尖锐而深刻,尤其是对于江西诗派的"诗病",如其《答吴景仙书》开头所说,乃是"直取心肝刽子手",全无曲意回护之考虑,认为"辨白是非,定其宗旨,正当明目张胆而言,使其词说沉着痛快,深切著明,显然易见;所谓不直则道不见,虽得罪于世之君子,不辞也"[③]。而戴复古虽亦推崇盛唐,对江西派和四灵的诗风均有所不满,但持论较为通达,批评较为委婉,且在创作上也注意兼收两派各自之长处。他在《祝二严》中除了高度赞扬严羽的人品、才华和诗艺外,同时又认为他"持论伤太高,与世或龃龉"。从这两句诗中,我们固然可以感觉到戴复古对严羽的杰出诗论在当时不为世人所理解、显得曲高和寡,表示了同情和叹息,同时似也可以体察到他对严羽一些"持论太高"的观点抱有某种保留的态度,并非完全赞同。其次,在诗与理的关系问题上,严羽强调"别趣""妙悟",批评"本朝人尚理而病于意兴"[④],鲜明地提出了诗歌创作和审美活动的特殊性问题,这对江西诗派的"以文字为诗,以才学为诗,以议论为诗"的流弊起到了某种补救的作用,也深化了对诗歌创作规律的探讨。但他认为写诗可以"不涉理路""不借学力""一味妙悟而已"[⑤],过分夸大审美直觉能力的作用,忽视理性思维的重要意义,也有一点偏颇。而戴复古对于诗中之"理""志""真"似乎都很重视。包恢在《石屏诗集序》中即指出:"第尝私窃评

---

① 金芝山校点:《戴复古诗集》附录二,第 325 页。

② 金芝山校点:《戴复古诗集》附录二,第 322 页。

③ 郭绍虞:《沧浪诗话校释》,第 251 页。

④ 郭绍虞:《沧浪诗话校释》,第 148 页。

⑤ 郭绍虞:《沧浪诗话校释》,第 12 页。

之，古诗主乎理，而石屏自理中得；古诗尚乎志，而石屏自志中来；古诗贵乎真，而石屏自真中发。此三者皆源流之深远，有非他人之所及者。理备于经，经明则理明。尝闻有语石屏以本朝诗有不及唐者，石屏谓不然。本朝诗出于经，此人所未识，而石屏独心知之。故其为诗正大醇雅，多与理契，志之所至，诗亦至焉。”[①]此序又曰，石屏写诗“殆不滞于书与不多用故事耳”，“其为诗，自胸中流出，多与真会”。由此可见戴复古在重视诗中之真意，反对江西派“资书以为诗”之弊病的同时，对于儒家的传统诗学观念亦有所继承和发扬。他之所以对当时有人提出的“本朝诗有不及唐者”的观点不以为然，强调“本朝诗出于经”，就是他看到了宋诗工于理、重理趣这一与唐诗所不同的特点。我们自然不能据此即认定戴复古扬宋而抑唐（因为从《论诗十绝》等诗可知，总的来说，他是更推崇盛唐之诗的），但从中仍可发现其论诗主张有着调和各派诗学观点或者说对各派观点兼收并蓄的倾向。显然，这与严羽那种强烈的反理学倾向是不同的。第三，两人在表达诗学观点的方式上有显著的差别。严羽诗论，主要见之于他所撰的《沧浪诗话》。此书虽然尚留有过去一般诗话那种随笔、札记体的某些痕迹，但已充分表现出作为理论著作所应有的系统性和逻辑性。全书分为五个部分：诗辨、诗体、诗法、诗评和考证（书后还附有他写的一封论诗的信——《答出继叔临安吴景仙书》。这五个部分互相关联，合成一个整体。此书认真总结了古代诗歌的发展特别是唐诗、宋诗创作的正反两方面的经验，全面、系统地论述了诗歌鉴赏批评、诗歌创作以及诗体、诗法等重要问题，鲜明地揭示了诗歌艺术的审美特点，促进了传统美学研究的深入，从而成为宋代一百多部诗话中逻辑最为严密、理论最为深入的一部诗话体学术著作，在当时及后世产生了很大的影响。而戴复古的论诗主张则散见于其诗词作品或一些短文之中。展读《石屏诗集》，我们可以发现其中除了常为人称引的论诗诗《论诗十绝》外，还有直接或间接论诗的作品或诗句，如《题郑宁夫玉轩诗卷》、《谢东倅包宏父三首》其一与其三、《杜甫祠》、《侄孙戴昺以〈东野农歌〉一编来，细读足以起予……因题其卷末以归之》、《读放翁先生剑南诗草》、《阅四家诗卷》和《戏题诗稿》等诗作，各从某一方面表现了他进步的诗学观点和独特的审美感受。论诗诗的出现自非始于戴复古，唐代杜甫即写有《戏为六绝句》等为

① 金芝山校点：《戴复古诗集》附录二，第324页。

人称赏的论诗诗。但似戴复古那样写有如此之多的论诗诗，而且见解精到又不失诗之品质的，在宋代诗人中并不多见。更新颖的是，戴氏还以词来评论诗词（如《望江南》数首）。可以说，戴氏的论诗诗，在我国古代文学批评史上亦有其不容忽视的地位。不过，这些论诗诗，除了《论诗十绝》之外，大部分见于诗集的各卷之中，各不相续，所论大多数是某一位或某几位作家的风格或具体作品的特色，尚缺乏对诗歌艺术规律广泛而深入的探讨。加之受诗歌体裁特点的制约，难以像写论文那样条分缕析，自然也不可能如严羽的《沧浪诗话》那样建立起完整的理论体系。

总之，严羽和戴复古两人的诗歌创作与论诗主张有许多相同或相似之处，亦有某些差异，可谓是同中有异，互有短长，各有千秋。而这又与他们的生活与创作经历、所处的环境、思想艺术个性等是分不开的。由于戴复古比严羽在江湖上游历的时间更久，所经的区域更广，交游的友人更多，人生遭遇更复杂曲折，并且终生以写诗为业，殚精竭虑以求佳作，故其诗反映的社会生活面更宽广，表达的思想情感更丰富深刻，艺术特色也更鲜明。而严羽，虽也爱好写诗，但似更倾心于诗歌艺术规律的探寻和诗歌理论的建树。由于其家境似比戴复古要优裕一些，在江湖上游历的时间相对较短，在家乡隐居的时间相对较长，这亦为他潜心研究自己最感兴趣的诗学提供了有利的条件。为了纠正江西派诗风的种种流弊，创立符合艺术特性的诗学理论，引导诗歌创作走上新的道路，严羽表现出非凡的斗争勇气和钻研精神，终于写出了《沧浪诗话》这部体系严整、思想深刻的诗歌理论著作。可贵的是，两人似乎对各自的短长都有着比较清醒的认识，且能互相倾慕，十分真诚地尊重对方并学习对方的长处，在同志式地探讨诗艺的过程中发展诗友之间的情谊，一改文坛上以往那种“文人相轻”的陋习，这是十分难得的。由此，不禁令我们想到，如果各个时期的学者文人都能像严羽与戴复古那样相互尊重、互相切磋、共求进步，该有多好啊！

本文始刊于《浙江师大学报(社会科学版)》2001年第5期

参考文献

一、古籍

（一）史部

［汉］司马迁：《史记》，中华书局1999年版。

［唐］房玄龄：《晋书》，中华书局1974年版。

［宋］陈耆卿纂：《（嘉定）赤城志》，见《宋元方志丛刊》，中华书局1990年版。

［宋］陈振孙撰：《直斋书录解题》，徐不蚉、顾美华点校，上海古籍出版社1987年版。

［宋］罗濬：《（宝庆）四明志》，宋刻本。

［宋］潜说友：《（咸淳）临安志》，《景印文渊阁四库全书》第490册，台湾商务印书馆1986年版。

［宋］王象之：《舆地纪胜》，中华书局1992年版。

［元］陶宗仪：《南村辍耕录》，中华书局1959年版。

［元］脱脱等：《宋史》，中华书局1985年版。

［明］陈道：《（弘治）八闽通志》，明弘治刻本。

［明］陈让：《（嘉靖）邵武府志》，影印天一阁藏明嘉靖刻本，上海古籍出版社1982年版。

［明］戴铣：《朱子实纪》，明正德八年鲍雄刻本。

［明］李清馥：《闽中理学渊源考》，《景印文渊阁四库全书》第460册，台湾商务印书馆1986年版。

［明］徐麟：《（嘉靖）武宁县志》，明嘉靖刻本。

［明］叶良佩：《（嘉靖）太平县志》，明嘉靖刻本。

［明］袁应祺：《（万历）黄岩县志》，明万历刻本。

［明］曾才汉等：《太平县古志三种》，中华书局1997年版。

[清]陈宝善,王咏霓:《(光绪)黄岩县志》,清光绪三年刊本。

[清]陈世声:《(道光)武宁县志》,清道光二十九年刻本。

[清]何庆朝:《(同治)武宁县志》,清同治九年刻本。

[清]黄宗羲撰,全祖望补修:《宋元学案》,中华书局 1986 年版。

[清]陆心源:《宋史翼》,中华书局 1991 年版。

[清]阮元:《(道光)广东通志》,清道光二年刻本。

[清]徐松辑:《宋会要辑稿》,中华书局 1957 年版。

[清]永瑢、纪昀等:《四库全书总目提要》,《景印文渊阁四库全书》第 3 册,台湾商务印书馆 1986 年版。

[清]喻长霖:《台州府志》,上海古籍出版社 2015 年版。

[清]曾国藩:《(光绪)江西通志》,清光绪七年刻本。

(二)子部

[宋]陈景沂:《全芳备祖》,浙江古籍出版社 2018 年版。

[宋]洪迈:《容斋随笔》,孔凡礼点校,中华书局 2015 年版。

[宋]张端义:《贵耳集》,《景印文渊阁四库全书》第 865 册,台湾商务印书馆 1986 年版。

[宋]周密:《齐东野语》,齐鲁书社 2007 年版。

[明]冯梦龙:《情史》,凤凰出版社 2011 年版。

[明]蒋一葵:《尧山堂外纪》,明刻本。

[明]凌迪知:《万姓统谱》,《景印文渊阁四库全书》第 957 册,台湾商务印书馆 1986 年版。

[清] 毕沅校注:《墨子》,吴旭民校点,上海古籍出版社 2014 年版。

[清]褚人获:《坚瓠集》,清康熙刻本。

[清]戚学标:《台州外书》,上海古籍出版社 2016 年版。

[清]戚学标:《台州史事杂著三种》,吉林文史出版社 2017 年版。

[清]宋世荦编:《台州丛书甲集》,清嘉庆二十二年刊本。

(三)集部

[梁]刘勰撰:《文心雕龙注释》,周振甫注释,人民文学出版社 1998 年版。

[梁]萧统编:《文选》,中华书局1977年版。

[宋]陈起编:《江湖小集》,《景印文渊阁四库全书》第1375册,台湾商务印书馆1986年版。

[宋]陈起编:《江湖后集》,《景印文渊阁四库全书》第1357册,台湾商务印书馆1986年版。

[宋]陈起编:《南宋六十家小集》,汲古阁影宋本。

[宋]陈思编,[元]陈世隆补:《两宋名贤小集》,《景印文渊阁四库全书》第1362册,台湾商务印书馆1986年版。

[宋]戴复古:《石屏诗集》,[明]马金编校,四部丛刊续编本,上海书店1985年版。

[宋]方回:《桐江集》,清嘉庆宛委别藏本,商务印书馆1935年影印。

[宋]刘克庄:《后村诗话》,王秀梅点校,中华书局1983年版。

[宋]魏庆之:《诗人玉屑》,王仲闻点校,中华书局2007年版。

[宋]严羽:《沧浪诗话校释》,郭绍虞校释,人民文学出版社1983年版。

[宋]叶适:《水心先生文集》,四部丛刊影明刻黑口本。

[元]方回选评,李庆甲集评校点:《瀛奎律髓汇评》,上海古籍出版社2005年版。

[元]吴师道:《吴师道集》,邱居里、邢新欣点校,浙江古籍出版社2012年版。

[明]郭子章:《豫章诗话》,明万历三十年吴献台刻本。

[明]毛晋辑:《宋六十名家词》,上海古籍出版社1989年版。

[明]田艺蘅:《诗女史》,明嘉靖三十六年刻本。

[明]吴讷编:《百家词》,见张惠民:《宋代词学资料汇编》,汕头大学出版社1993年版。

[明]卓人月:《古今词统》,明崇祯刻本。

[清]陈衍评选:《宋诗精华录》,曹中孚校注,巴蜀书社1992年版。

[清]陈焯编:《宋元诗会》,《景印文渊阁四库全书》第1463册,台湾商务印书馆1986年版。

[清]厉鹗辑:《宋诗纪事》,上海古籍出版社2013年版。

[清]戚学标:《景文堂诗集》,清乾隆五十六年刻本。

[清]陶元藻:《全浙诗话》,清嘉庆元年怡云阁刻本。

[清]吴之振等编选:《宋诗钞》,中华书局1986年版。

傅璇琮等主编:《全宋诗》,北京大学出版社 1998 年版。
刘卓英主编:《诗渊》,书目文献出版社 1993 年版。
钱锺书:《宋诗选注》,人民文学出版社 1958 年版。
唐圭璋编:《全宋词》,中华书局 1965 年版。
吴文治主编:《宋诗话全编》,江苏古籍出版社 1998 年版。
曾枣庄、刘琳主编:《全宋文》,上海辞书出版社 2006 年版。
曾枣庄主编:《宋代序跋全编》,齐鲁书社 2015 年版。

二、专著

陈伯海:《严羽和沧浪诗话》,上海古籍出版社 1987 年版。
袁行霈:《中国文学概论》,高等教育出版社 1990 年版。
程千帆、吴新雷:《两宋文学史》,上海古籍出版社 1991 年版。
顾吉辰:《〈宋史〉考证》,华东理工大学出版社 1994 年版。
王岚:《望江集:宋集宋诗宋人研究》,北京联合出版公司 2020 年版。
罗竹风主编:《汉语大词典》,汉语大词典出版社 2001 年版。
王岚:《宋人文集编刻流传丛考》,江苏古籍出版社 2003 年版。
戴福年:《戴复古研究文集》,中国文史出版社 2004 年版。
萧涤非、刘乃昌主编:《中国文学名篇鉴赏》(词赋卷),山东大学出版社 2007 年版。
许志刚:《严羽评传》,南京大学出版社 2009 年版。
傅璇琮总主编、程章灿主编:《宋才子传笺证·南宋后期卷》,辽海出版社 2011 年版。
吴茂云:《戴复古论稿》,上海古籍出版社 2013 年版。
吴茂云、何方彤:《戴复古研究》,浙江大学出版社 2013 年版。
易平主编:《赣文化通典》,江西人民出版社 2013 年版。
张健:《知识与抒情:宋代诗学研究》,北京大学出版社 2015 年版。
钱锺书:《谈艺录》,商务印书馆 2016 年版。
陈晓华:《清代目录学研究》,光明日报出版社 2021 年版。
首都图书馆编:《盛世文华　四库纵谈》,学苑出版社 2021 年版。

三、论文

吴茂云:《戴复古原籍会在江西吗》,《台州师专学报》1999 年第 2 期。

吴茂云、张继定:《戴复古的籍贯是江西修水吗?》,《湛江师范学院学报(哲学社会科学版)》1999 年第 4 期。

叶嘉莹:《良家妇女之不成家数的哀歌》,《中国文化》2008 年第 2 期。

吴茂云:《新发现〈戴氏家乘〉中戴复古家世和生卒年》,《台州学院学报》2013 年第 2 期。

陈丽华:《戴复古游历泉州诗文释读》,《台州学院学报》2015 年第 4 期。

胡传志:《戴复古与徐似道交游略考》,《中国诗学研究》2017 年第 2 期。

胡传志、姜双双:《南宋诗人徐似道生平与著作》,《安徽师范大学学报(人文社会科学版)》2018 年第 6 期。

王岚:《〈全宋诗·戴复古诗〉补正》,《河南社会科学》2018 年第 2 期。

熊海英:《晚宋江湖诗人宋自逊家世生平与交游创作考论——兼及对南宋“江湖诗人”和“江湖体”的再认识》,《湖北大学学报(哲学社会科学版)》2020 年第 1 期。

后　记

本书原拟于2022年上半年定稿并于当年出版。但由于2022年初，笔者不幸老病复发，赴上海某医院就诊。2022年9月，病体得以缓解后回到浙江师范大学。考虑到原有书稿比较单薄，于是酌情增写了数篇考证文章，之后又按出版社的要求，继续校改原稿，查核书稿大量引文的出处和页码，并以当页脚注的格式标示于后。然而笔者电脑操作水平有限，上网查找文句出处和文献页码颇费时日，页下脚注也不合规范，一不小心，版面往往乱码。几番波折后，最终形成定稿，交付出版社审校。

感谢浙江大学出版社石国华先生和本书策划编辑宋旭华主任，对我这位多病而又不谙电脑操作技术的老年人，给予特殊的照顾，对按出版要求修改书稿给予了具体的指导。宋主任还针对我不谙电脑操作的问题，主动联系浙师大人文学院副院长、文献学博士李义敏老师，安排他指导的研究生苑景坤予以相助。在正式进入审校程序之后，部门安排方涵艺老师接任本书稿的责编工作。方老师与宋老师一样，不厌其烦地对书稿一遍遍地认真审阅酌改，纠正了书稿中多处失误，并且对年迈的笔者给予了特殊的宽待。这种不辞辛苦为他人作嫁衣的编辑精神和严谨细致的工作作风让笔者不胜感佩。

感谢浙师大江南文化研究中心、人文学院、图文信息中心的领导和多位老师以及研究生、本科生，分别以不同的方式(或在精神上予以诚挚的关怀、鼓励，或热心帮助查检文献资料，或运用电脑技术手段标示当页脚注和文献出处，或审改、校对书稿，等等)，多方面地帮助我摆脱困境。其中尤以古典文献学硕士生苑景坤、古代文学博士生刘宇颂两位女同学费时及出力最多，极大地减轻了我因不谙计算机操作而影响书稿定稿的压力。

感谢古典文献研究和点校注释名家罗仲鼎先生，他虽然年长于我且著述繁忙，却仍然应我之恳请，认真审正拙稿，并为之作序，恳切地予以指点和鼓励。

感谢戴复古研究专家、原温岭市政协文史委主任吴茂云先生和原温岭市地方志办公室主任蔡宝定先生，长期激励、支持笔者从事戴复古研究，并对本书的编辑出版，提出积极的建议。

感谢通览审校拙稿的金华季显方先生以及各地所有关心、支持本书编撰和出版的老师和朋友！

最后，我要深深地感谢我的家人——妻子刘兵和儿子张惟对我撰写本书稿的大力支持。妻子不仅含辛茹苦，长期承担了繁杂的家务，还无微不至地照顾我多病的身体，多方面给予精神支撑；儿子虽然在外地工作，业务繁忙，依然想方设法，为我提供较为舒适的阅读写作和休闲养老的生活环境，从各方面为我排忧解难，让我在晚年得到了极大的精神安慰和放松。

总之，没有上述各部门、单位的领导、专家以及亲朋好友们的协力相助，这本冷门的考证专著，是很难问世的。对此，我长怀感恩之心，愿本书之出版，不负各方的相助和期望。

笔者自思，人生在世，治学为文，从根本上说，就是两个执念，一是探求真相，一是追求真理。为此，对历史文献的考证辨别乃是必不可少的工作。笔者才疏学浅，又年老多病，去日无多，自知无力承担重要学术项目，但也想在力所能及的范围内，学习古代师旷倡导的“秉烛夜读”之精神，在探求真相和真理的道路上，零打碎敲，做一点微观的考据工作，尽一点绵薄之力。如此，吾愿亦已足矣。

著者 2025 年 5 月于金华市师大街绿城御园

图书在版编目（CIP）数据

戴复古考论 / 张继定著. -- 杭州 ：浙江大学出版社，2025. 8. -- ISBN 978-7-308-26688-8

Ⅰ. K825.6；I207.227

中国国家版本馆 CIP 数据核字第 20256KP515 号

戴复古考论

张继定　著

策划编辑　宋旭华

责任编辑　方涵艺

责任校对　牟琳琳

封面设计　项梦怡

出版发行　浙江大学出版社

（杭州市天目山路 148 号　邮政编码 310007）

（网址：http://www.zjupress.com）

排　　版　杭州青翊图文设计有限公司

印　　刷　浙江省邮电印刷股份有限公司

开　　本　710mm×1000mm　1/16

印　　张　20.5

字　　数　356 千

版 印 次　2025 年 8 月第 1 版　2025 年 8 月第 1 次印刷

书　　号　ISBN 978-7-308-26688-8

定　　价　98.00 元
